지식의 의지에 관한 강의

Leçons sur la volonté de savoir
Cours au Collège de France, 1970-1971
suivi de *Le savoir d'Œdipe*

par Michel Foucault

지식의 의지에 관한 강의

콜레주드프랑스 강의 1970~71년

「오이디푸스의 지식」 수록

미셸 푸코 지음 | 양창렬 옮김

일러두기

1. 한국어판의 번역대본으로 사용한 프랑스어판, 그리고 각주를 첨부하거나 교열하는 과정에서 참조한 영어판, 일본어판의 서지사항은 아래와 같다.

   - 프랑스어판. *Leçons sur la volonté de savoir: Cours au Collège de France, 1970-1971* suivi de *Le savoir d'Œdipe*, édition établie sous la direction de François Ewald et Alessandro Fontana, par Daniel Defert, Paris: Seuil/Gallimard, 2011.
   - 영어판. *Lectures on the Will to Know: Lectures at the Collège de France, 1970-1971* and *Oedipal Knowledge*, ed. Arnold I. Davidson, trans. Graham Burchell, New York: Palgrave Macmillan, 2014.
   - 일본어판. 『〈知への意志〉講義: コレージュ・ド・フランス講義(1970~1971): 付「オイディプスの知」』, 慎改康之・藤山真 翻訳, 東京: 筑摩書房, 2014.

2. 프랑스어판에서 지은이가 이탤릭체로 강조한 대목은 모두 고딕체로 표시했다.

3. 본문과 각주의 '[ ]' 안에 있는 내용은 특별한 표시가 없는 한, 프랑스어판 편집자 혹은 옮긴이가 읽는이들의 이해를 돕기 위해 덧붙인 것이다. 단, 영어판이나 일본어판 등에서 덧붙여진 경우에는 해당 내용 뒤에 약자로 '— Eng./日.'처럼 명기했다.

4. 프랑스어판의 편집자 후주는 숫자(1), 2) ……)로 표기해 본문에 삽입했고 본문 각주는 별표(*, ** ……)로 표시해 구분했다. 옮긴이 주는 십자가표(†, ‡ ……)로 표시했다.

5. 푸코의 '콜레주드프랑스 강의' 한국어판은 강의라는 특성을 살리기 위해 본문(푸코의 실제 발언)을 경어체로 옮겨왔다. 그러나 1970~71년 강의는 푸코의 실제 강의를 녹취한 것이 아니라 준비된 강의원고를 편집한 것이다(본서의 「강의정황」을 참조하라). 이런 까닭에 1970~71년 강의의 한국어판인 본서에서는 본문을 경어체로 옮기지 않았다.

6. 인명, 지명, 작품명은 국립국어원이 2002년 발간한 『외래어 표기 용례집』을 따랐다. 단, 이미 관례적으로 쓰이는 표기는 그대로 따랐다.

7. 단행본·전집·정기간행물·팸플릿·영상물·음반물·공연물에는 겹낫표(『 』)를, 논문·기고문·단편·미술 등에는 홑낫표(「 」)를 사용했다.

차 례

프랑스어판 편집자 서문

미셸 푸코는 안식년이던 1977년만 제외하고 1970년 12월부터 1984년 6월 사망할 때까지 줄곧 콜레주드프랑스에서 가르쳤다. 푸코의 강좌명은 '사유 체계의 역사'^{Histoire des systèmes de pensée}였다.

1969년 11월 30일 콜레주드프랑스 교수 총회에서 쥘 뷔유맹의 제안으로 개설된 이 강좌는 장 이폴리트가 죽을 때까지 맡았던 '철학적 사유의 역사'^{Histoire de la pensée philosophique}를 대체한 것이었다. 1970년 4월 12일 교수 총회에서 푸코는 이 신규 강좌의 전임교수로 선출했다.[1] 그때 푸코는 43세였다.

1970년 12월 2일 푸코는 교수취임 기념강의를 했다.[2]

콜레주드프랑스에서의 수업은 특이한 규칙에 따라 진행됐다. 교수들은 연간 26시간만 강의하면 됐다(그 시간수의 절반까지는 세미나 형태로 할 수 있었다).[3] 교수들은 매년 새로운 연구업적을 발표해야 했고, 매번

---

1) 푸코는 교수선발 서류심사용으로 작성해 제출한 소책자를 다음과 같은 말로 끝맺었다. "사유 체계의 역사를 쓰는 일에 착수해야 할 것이다." Michel Foucault, "Titres et travaux," *Dits et Écrits*, t.1: 1954-1969, éd. Daniel Defert et François Ewald, avec collab. Jacques Lagrange, Paris: Gallimard, 1994, p.846.

2) 이 강의는 1971년 5월 『담론의 질서』라는 제목으로 갈리마르 출판사에서 출간됐다. Michel Foucault, *L'Ordre du discours*, Paris: Gallimard, 1971. [이정우 옮김, 『담론의 질서』(개정판), 중원문화, 2012.]

3) 1980년대 초까지 푸코는 그렇게 했다.

강의내용도 바꿔야 했다. 강의나 세미나 출석은 완전히 자유로워서 등록을 하거나 학위증을 제출할 필요가 전혀 없었다. 교수들도 학위증을 수여하지 않았다.[4] 콜레주드프랑스 식의 용어를 따르자면, 교수들은 학생을 가진 것이 아니라 청강생을 가지고 있었다.

푸코의 강의는 [몇몇 예외를 빼면] 1월 초부터 3월 말까지 매주 수요일에 열렸다. 학생, 교사, 연구자, 그리고 호기심으로 온 사람들과 많은 외국인들이 섞인 청강생의 숫자는 매우 많아서 콜레주드프랑스의 원형 강의실 두 개를 가득 메웠다. 푸코는 자신과 '청중' 사이의 거리가 너무 멀다고, 따라서 강의에 으레 따르는 상호교류가 이뤄질 수 없다고 가끔 불평했다.[5] 푸코는 정말로 공동의 작업장이 될 수 있는 세미나를 꿈꿨다. 그래서 여러 가지 시도를 해봤다. 말년에 가서는 강의가 끝난 뒤 청강생들의 질문에 답하는 데 오랜 시간을 할애하기도 했다.

1975년 『누벨옵세르바퇴르』 기자인 제라르 프티장은 그 분위기를 다음과 같이 적었다. "마치 물속에 뛰어드는 사람처럼 잰걸음으로 돌진하듯이 강단에 들어섰을 때, 푸코는 자기 의자에 당도하기까지 몇 사람을 타고 넘어야 했다. 그러고는 원고지를 놓기 위해 녹음기들을 한쪽 옆으로 밀고, 웃옷을 벗고, 램프에 불을 켠 뒤 시작하는 것이었다. 이 모든 것이 마치 시속 1백km처럼 신속했다. 이어서 우렁우렁하고 설득력 있는 목소리가 확성기를 통해 나왔다. 이 확성기는 석고 수반에서 올라오는 희미한 불빛으로 밝혀진 강의실에 유일하게 허락된 현대 문물이었다.

---

4) 콜레주드프랑스 안에서만 그랬다.

5) 1976년 푸코는 수강생의 숫자를 줄여보려고 강의시간을 오후 5시 45분에서 아침 9시로 옮겨봤지만 허사였다[푸코는 '9시 30분'이라 말했다]. Michel Foucault, *"Il faut défendre la société": Cours au Collège de France, 1975-1976*, éd. s. dir. François Ewald et Alessandro Fontana, par Mauro Bertani et Alessandro Fontana, Paris: Galli-mard/Seuil, 1997, pp.4~5. [김상운 옮김, 『"사회를 보호해야 한다": 콜레주드프랑스 강의, 1975~76년』, 도서출판 난장, 2015, 16~18쪽.]

좌석은 3백 개였지만 5백 명이 입추의 여지없이 부대끼며 자리를 메웠다. …… 푸코의 말은 전혀 웅변조가 아니었다. 투명하고 무섭도록 설득력이 있었다. 즉흥성에는 한 치의 틈도 허락하지 않았다. 푸코는 바로 전해 자신이 수행한 연구의 의미를 설명하기 위해 1년에 12시간 공개강좌를 가졌다. 그래서 푸코는 최대한 압축했고, 마치 기사를 다 쓰고 난 뒤에도 아직 쓸 말이 너무 많이 남아 있는 기자처럼 여백을 가득 메웠다. 오후 7시 15분 푸코는 강의를 끝냈다. 학생들이 푸코의 책상으로 모여들었다. 푸코에게 말을 하기 위해서가 아니라 녹음기를 끄기 위해서였다. 질문은 없었다. 혼잡한 청강생들 틈에서 푸코는 혼자였다." 푸코는 자기 강의에 대해 이렇게 말했다. "제 가설을 토론에 부쳐야 하는데 그렇게 하질 못했습니다. 가끔, 예컨대, 강의가 좋지 않을 때면 별것 아닌 것, 질문 하나만 있어도 상황[강의]을 바로 잡을 수 있을 텐데 말이죠. 그러나 그런 질문은 한 번도 나오지 않았어요. 프랑스에서는 집단 효과 탓에 토론이 불가능합니다. 되돌아오는 수로水路가 없으니 강의는 연극처럼 되어버리죠. 저로서는 청중 앞에서 배우, 아니면 곡예사가 될 수밖에요. 그리고 강의가 끝나면 말할 수 없는 고독에 휩싸입니다."[6]

푸코는 연구자의 자세로 강의에 임했다. 도래할 책을 위한 탐사요 문제화 영역의 개간이기도 했던 푸코의 강의는 미래의 연구자에게 부치는 초대장처럼 정식화됐다. 그래서 콜레주드프랑스에서의 강의는 이미 출간된 푸코의 어느 책과도 겹치는 부분이 없다. 비록 책과 강의가 공통의 주제를 다루고 있더라도 강의는 그 어떤 책의 밑그림도 아니다. 강의는 고유의 지위를 지니고 있다. 강의는 푸코가 행한 '철학적 행동'의 전체 속에서 특별한 담론적 체제에 속한다. 특히 푸코는 강의에서 지식과 권력의 관계를 다루는 계보학 프로그램을 전개했다. 푸코는 1970년대 초

6) Gérard Petitjean, "Les Grands Prêtres de l'université française," *Le Nouvel Observateur*, 7 avril 1975.

부터 그때까지 자신을 지배했던 담론 형성의 고고학 작업과는 반대로, 이 계보학 프로그램에 따라 자신의 작업을 성찰하기 시작했다.[7)]

매 강의는 시사적인 기능도 있었다. 강의를 들으러 오는 청강생들은 매주 짜임새 있게 전개되는 이야기에만 매료된 것은 아니었다. 그 내용의 탄탄한 논리에만 사로잡힌 것도 아니었다. 청강생들은 강의에서 시사 문제에 대한 명쾌한 설명을 발견할 수 있었다. 푸코에게는 시사 문제를 역사와 대각선으로 잇는 탁월한 재주가 있었다. 푸코가 프리드리히 니체나 아리스토텔레스를 말하고, 19세기의 정신감정서나 그리스도교의 전원시를 평가할 때면 청강생들은 항상 거기에서 현재를 비추는 조명, 또는 당대의 사건에 대한 설명을 이끌어낼 수 있었다. 그러므로 푸코가 강의에서 보여준 강점은 학자적인 박학과 개인적인 현실 참여, 그리고 시사적인 사건에 대한 연구를 절묘하게 교차시킨 점에 있다.

❧

1970년대에는 카세트 녹음기가 크게 발달하고 완성된 탓에 푸코의 책상도 예외 없이 녹음기의 침입을 받았다. 푸코의 강의(그리고 몇몇 세미나)가 그렇게 해서 보존됐다.

우리의 책은 녹음 기록이 보관되어 있는 한, 푸코가 공적으로 행한 말만을 그 전거로 삼는다. 가능한 한 글자 그대로 옮기려고 애썼다.[8)] 우리는 푸코의 말을 있는 그대로 독자들에게 전달하고 싶었다. 그러나 말을 글로 옮기는 작업은 편집자의 개입을 불가피하게 만든다. 적어도 구

---

7) Michel Foucault, "Nietzsche, la généalogie, l'histoire," *Dits et Écrits*, t.2: 1970-1975, éd. Daniel Defert et François Ewald, avec collab. Jacques Lagrange, Paris: Gallimard, 1994, p.137. [이광래 옮김, 「니체, 계보학, 역사」, 『미셸 푸코: 광기의 역사에서 성의 역사까지』, 민음사, 1989, 330쪽.]

8) 특히 우리는 질베르 뷔를레와 자크 라그랑주가 콜레주드프랑스와 현대출판기록소 (Institut Mémoires de l'édition contemporaine)에 맡긴 녹음테이프를 사용했다.

두점을 찍고, 문단을 나누는 일은 해야 한다. 그러나 실제로 행해진 강의에 가능한 한 근접해 있으려는 것이 우리의 원칙이었다.

불가피한 경우에는 중복과 반복 부분을 삭제했다. 중간에서 중단된 문장들은 복원했고, 부정확한 구문은 교정했다.

말줄임 부호(……)는 해당 부분의 녹음 내용이 들리지 않는다는 것을 뜻한다. 문장이 불분명할 경우에는 괄호([ ]) 안에 그 내용을 추측해 넣어 완성하거나 첨언을 넣었다.

푸코가 사용한 강의원고[노트]와 실제로 말한 내용[단어들]이 현저히 차이 날 때에는 해당 부분에 별표(*)를 치고 그 차이를 해당 쪽수의 아래에서 밝혀 놓았다.

인용문들은 확인하고 나서 실었고, 푸코가 참조한 텍스트 역시 그 서지사항을 밝혀 놓았다. 비판 장치는 불명료한 점을 해명하거나 어떤 암시를 분명하게 밝힐 때, 또는 비판적 논점을 정확히 하기 위해서만 제한적으로 사용했다.

독서를 돕기 위해 각 강의 앞에 해당 강의의 주요 논점을 알려주는 간단한 개요를 붙여뒀다.

매 권의 말미에는 『콜레주드프랑스 연감』에 수록된 해당 강의의 요지를 덧붙여 놓았다. 푸코는 대개 강의가 끝난 직후인 6월에 이 강의요지를 작성했다. 푸코에게 있어서 이 강의요지는 자기 강의의 의도와 목적을 돌이켜보는 기회였다. 그러니까 이 강의요지야말로 푸코의 강의에 대한 최상의 소개인 셈이다.[9]

매 권의 말미에는 해당 강의의 편집자가 책임을 지고 집필한 「강의

---

9) 1970~71년 강의의 요약은 이전에 출판된 바 있다. *Annuaire du Collège de France, 71e année: Histoire des systèmes de pensée, année 1970-1971*, 1971, pp.245~249; Michel Foucault, *Dits et Écrits*, t.2: 1970-1975, éd. Daniel Defert et François Ewald, avec collab. Jacques Lagrange, Paris: Gallimard, 1994, pp.240~244; rééd., t.1: 1954-1975, Paris: Gallimard, 2001, pp.1108~1112.

정황」이 붙어 있다. 이 글은 해당 강의를 푸코의 출판된 저서들 속에 자리매김하고, 해당 강의가 푸코에 의해 사용된 여러 자료들 가운데서 차지하는 지위를 밝혀주는 전기적·이데올로기적·정치적 맥락에 대한 정보를 독자들에게 제공해준다. 이렇게 함으로써 우리는 독자들의 이해를 돕고, 각 강의가 준비되고 행해졌던 상황이 망각되어 불러일으킬지도 모를 오해를 미리 피하려고 했다.

1970~71년 행해진 강의를 모은 『지식의 의지에 관한 강의』, 이어지는 「오이디푸스의 지식」은 다니엘 드페르가 편집을 맡았다.

❧

콜레주드프랑스 강의록의 출간으로 푸코의 '작품'이 지닌 새로운 측면이 빛을 보게 됐다.

본래의 의미에서 콜레주드프랑스 강의록은 미공개 원고라고 볼 수 없다. 왜냐하면 푸코가 공적으로 행한 말을 전재한 것이기 때문이다. 이 책이 보여주듯이, 푸코가 강의에서 활용한 노트 자료는 매우 공들여 준비한 것이었다.

콜레주드프랑스 강의록의 출판은 푸코의 상속인들의 동의를 얻어 이뤄졌다. 상속인들은 프랑스와 외국에서 푸코의 강의록을 원하는 많은 사람들의 열망에 부응하기 위해 이런 결정을 내렸다. 물론 신뢰할 수 있는 조건 속에서 작업이 이뤄져야 한다는 전제가 붙었다. 우리 편집자들은 상속인들의 신뢰에 답할 수 있도록 최대한의 노력을 기울였다.

프랑수아 에발드
알레산드로 폰타나

강 의
1970~71년

1강. 1970년 12월 9일

지식의 테마에서 진리의 테마로 이동하다. 아리스토텔레스 이후 철학사에서 지식에 대한 욕망이 생략되다 | 니체가 이 외부성을 복권하다 | 『형이상학』 A권에 대한 내적·외적 독해. 아리스토텔레스의 지식 이론은 희랍 비극의 위반적 지식, 소피스트적 지식, 플라톤적 상기를 배제한다 | 아리스토텔레스의 호기심과 권력 의지: 지식의 두 형태학

지식의 의지. 이것이 내가 올해 강의에 붙이고 싶은 제목이다. 솔   [1]
직히 지금까지 내가 했던 역사적 분석들 대부분에 이 제목을 붙일
수도 있었을 것 같다. 내가 이제 하고 싶은 분석을 특징지을 수 있
는 것도 바로 그 제목이다. (과거의 것이든 미래의 것이든) 이 모든
분석들에서 "지식의 의지*의 형태학을 위한 여러 단편들" 같은 뭔
가를 알아볼 수 있을 것이라고 나는 생각한다.

어쨌든 나는 이 테마를 몇 년간 이런저런 형태로 다뤄볼 생각이   [2]
다. 때로, 그 테마는 특정 역사 연구에 쓰일 것이다. 16~18세기 동
안 경제 과정에 관한 지식이 어떻게 수립됐는가? 또는 17~19세기
동안 섹슈얼리티에 관한 지식이 어떻게 조직되고 배치됐는가? 필
시 더 드물겠지만 그 테마를 그 자체로 다루는 경우도 있을 것이다.
내가 방금 언급한 역사적 분석들의 토대로 쓰일 수 있는 지식의 의
지 이론을 정립하는 것이 어느 정도까지 가능한지 보고 싶다.

---

* "지식의 의지"는 실제로 『성의 역사』 제1권의 제목이 된다. Michel Foucault, *Histoire de la sexualité, t.1: La Volonté de savoir*, Paris: Gallimard, 1976. [이규현 옮김, 『성의 역사 1: 지식의 의지』(제3판), 나남, 2010.]

그래서 구체적 연구와 이론적 구두점[결산]을 번갈아 하기로, 하지만 불규칙한 방식으로 필요에 따라 그렇게 해볼까 한다.

[3]　　그 이론적 구두점 하나를 올해 찍어볼 생각이다. 동시에 우리는 세미나에서 하나의 역사적 조사에 착수할 텐데, 이 조사는 어쩌면 수년간 지속될 수도 있다. 세미나의 전체적 틀은 19세기 프랑스의 형벌 제도일 것이다. 과학을 자처하는 담론(의학, 정신의학, 정신 병리학, 사회학)이 그때까지 전적으로 명령적인 체계였던 형벌 체계 내에 어떻게 편입됐는가가 분석의 정확한 요점이 될 것이다. **거의** 전적으로라고 말해야 할 수도 있다. 실제로 16~17세기 마녀 재판에 의사들이 개입했음을 생각한다면 문제가 훨씬 더 위로 거슬러 올라간다는 사실을 충분히 알 수 있다. 이 편입이 분석의 요점이다. 형사 사건 관련 정신감정서가 특별히 중요한 자료가 될 것이다. 마지막으로 연구 범위는 법 담론에서 진리 담론이 갖는 기능을 탐지하고 그 담론의 효과를 가늠하는 것이 되겠다.

[4]　　　강의와 관련해서는 지난 시간에1) 내가 어떤 **게임**2)을 하고 싶

---

1) 1970년 12월 2일 콜레주드프랑스 취임 강의 때. 그 강의는 『담론의 질서』라는 제목으로 출간됐다. Michel Foucault, *L'Ordre du discours*, Paris: Gallimard, 1971. [이정우 옮김, 『담론의 질서』(개정판), 중원문화, 2012.]

2) 프리드리히 니체가 『비극의 탄생』[1872]에서 사용한 게임의 은유(이것은 아직 푸코의 핵심 개념 가운데 하나가 되기 전이다)를 곧바로 제시하면서 푸코는, 게임 개념을 사용함으로써 니체를 하이데거적 해석에서 벗어나게 만든 오이겐 핑크를 언급하는 것일까? Eugen Fink, *Spiel als Weltsymbol*, Stuttgart: W. Kohlhammer, 1960; *Le Jeu comme symbole du monde*, trad. Hans Hildenbrand et Alex Lindenberg, Paris: Minuit, 1966. 이것은 전략적 게임, 진리/진실 게임이 아니다. 푸코는 그런 [게임] 개념을 나중에 사용한다. 질 들뢰즈가 소환되는 「강의정황」의 "푸코의 게임" [Le jeu de Foucault]이라는 단락을 참조하라. Daniel Defert, "Situation du cours," *Leçons sur la Volonté de Savoir: Cours au Collège de France, 1970-1971*, éd. s. dir. François Ewald et Alessandro Fontana, par Daniel Defert, Paris: Gallimard/Seuil, 2011, pp.269~272. [본서의 「강의정황」, 374~378쪽]. [핑크는 니체가 헤라클레이토스의 '놀이' 개념에 깊은 영감을 받았다고 본다. 또한 마르틴 하이데거가 존재의 역

은지 이미 간략히 지적했다. 다음의 것들을 알아내는 것이 중요하다. 진리의 의지가 담론에 대해 배제의 역할을 하는 것은 아닌지, 즉 진리의 의지가 광기와 이성의 대립이나 금기 체계가 맡을 수 있는 역할과 어떤 부분에서는, 정말 어느 정도 유사한 역할을 하는 것은 아닌지. 달리 말해 다음의 것들을 알아내는 것이 중요하겠다. 진리의 의지가 여느 다른 배제 체계만큼 깊숙이 역사적인 것은 아닌지, 진리의 의지가 다른 체계처럼 근본적으로 자의적인 것은 아닌지, 진리의 의지가 다른 체계처럼 역사 속에서 변경 가능한 것은 아닌지, 진리의 의지가 다른 체계처럼 모든 제도망에 의거하고 다른 체계처럼 모든 제도망에 의해 끊임없이 재개되는 것은 아닌지, 진리의 의지가 다른 담론들은 물론이고 다른 일련의 실 [5] 천들에 행사되는 구속 체계를 형성하는 것은 아닌지. 요컨대 어떤 현실 투쟁과 어떤 지배 관계가 진리의 의지에 걸려 있는지를 아는 것이 중요하다.

바로 이것이 내가 이번 강의의 테마를 특징지었던 방식이다. [6]

이런 표시 몇 가지를 제시하면서 내가 아무렇지 않게 건너뛴 것 같은 물음들이 줄줄이 있음을 잘 알 수 있다. 우선 다음의 물음. 진리의 의지라고 말할 때(거짓에 맞서 참을 선택하는 의지를 말할까 아니면 진리/오류 체계를 놓고 부과하는 더 근본적인 의지를 말할까?), 진리의 의지가 문제인가 아니면 지식의 의지가 문제인가? 이 두 개념 사이에 있는, 둘 중 어느 한쪽을 분석하다보면 반드시 마주치기 마련인 인식이라는 개념은 또 어떠한가? 따라서 이 세 개념, 즉 지식, 진리, 인식 사이의 게임을 정해야 한다.

사, 근대 형이상학 해석에 대한 자신의 틀 속에서 니체를 해석하려 했지만, "니체가 존재와 생성을 놀이로 파악하는 곳에서, 그는 더 이상 형이상학의 경계 안에 머물지 않는다"고 주장한다. 이는 하이데거의 니체 해석에 대한 핑크의 응답으로 볼 수 있다. Eugen Fink, *Nietzsches philosophie*, Stuttgart: Kohlhammer, 1960, pp.41, 188.]

다른 물음. 그것도 의미론 분야에 속한다. 의지를 무슨 뜻으로 이해해야 할까? 이 의지라는 단어의 의미와 인식에 대한 욕망이나 지식에 대한 욕망 같은 표현에서 볼 수 있는 욕망이라는 단어의 의미 사이에 무슨 차이가 있을까? 여기서 따로 다루는 '지식의 의지'라는 표현과 '인식에 대한 욕망'이라는 더 친숙한 표현 사이에 무슨 관계를 수립해야 할까?

[7]   이 의미론적 의문들은 이런 유의 연구가 대개 그렇듯 필시 끝에 가야만 완전히 풀릴 수 있을 것이다.3) 적어도 정기적으로 푯말을 세우고 중계-정의를 제안해야 할 것이다.

하지만 다른 문제가 있다. 먼저 [첫 번째로] 이런 문제. 어떤 인식, [어떤] 지식, 어떤 분과학문, 어떤 담론 사건에 관한 역사 연구가 어떤 점에서 지식의 의지 문제로 귀착될 수 있었는가? 사실 지금까지 지식의 의지에 호소할 필요를 느낀 과학사가는 거의 없음을 인정해야 한다. 지식의 의지라는 개념은 어떤 점에서 요청되는가, 혹은 필수불가결한가?

인식론이 제공하는 역사 분석 도구로는 충분하지 않다.

두 번째 문제. 지식의 의지와 인식의 여러 형식들의 관계. 이론적 수준에서. 역사적 수준에서.

세 번째 커다란 문제. 정초하는 주체를 참조하지 않으려는 지식 분석에서 의지 개념을 중심 개념으로 끌어내는 것이 마땅한 일인가? 그것은 지고의 주체 같은 뭔가를 새롭게 재도입하는 다른 방식이 아닌가?4)

---

3) 여정의 진짜 끝은 [1981~82년의 콜레주드프랑스 강의인] 『주체의 해석학』의 1강 (1982년 1월 6일/첫 번째 시간)일 것이다. Michel Foucault, *L'Herméneutique du sujet: Cours au Collège de France, 1981-1982*, éd. s. dir. François Ewald et Alessan -dro Fontana, par Frédéric Gros, Paris: Gallimard/Seuil, 2001, pp.18~20. [심세광 옮김, 『주체의 해석학』, 동문선, 2007, 60~63쪽.]

네 번째 문제. 지식의 역사적 현상들 배후에서 일종의 커다란 [8] 언명의 의지(설령 그것이 익명적이더라도)를 발견하는 것이 중요하다면, 우리는 일종의 자율적이고 이념적인 역사, 다시 말해 지식의 의지가 자신이 나타나는 장소인 현상을 스스로 결정하는 그런 역사로 돌아가는 것은 아닌가? 그런 역사는 사유나 의식이나 문화의 역사와 어떤 점에서 다를 수 있을까? 이 지식의 의지를 사회의 역사에서 전개되는 투쟁과 지배의 현실적 과정에 어느 정도까지 연결할 수 있을까?

쟁점이 무엇인지 마침내 분명해졌다. 다섯 번째 문제는 말하지 않겠고 대신 내가 언급한 모든 문제를 관통하는 문제를 말해보겠다. 내가 그것에 응할 수 있을지 모르겠지만, 문제라기보다는 열린 내기라고 말해야 할 것 같다. [그것은 다음을 아는 데 있다.]

— [첫째,] 참된 담론의 역사 아래에서 참 또는 거짓에 대한 의지의 역사를, 참과 거짓의 연계 체계를 놓으려는 어떤 의지의 역사를 밝혀낼 수 있는지.

— 둘째, 참 또는 거짓 체계의 역사적이고, 특이하며, 항상 갱신 [9] 된 게임[작동]이 우리 문명에 고유한 어떤 지식의 의지의 중심 에피소드를 형성한다는 사실을 발견할 수 있는지.

— 마지막으로, 진리의 의지라는 형태를 띤 이 지식의 의지를 한 주체나 익명의 힘에 연결하는 것이 아니라 현실 지배 체계에 연결할 수 있는지.

---

4) 여기서 푸코는 자기 연구의 쟁점을 콜레주드프랑스 지원서에서 제시한 더 인식론적인 쟁점으로부터 완전히 옮긴다. 그 지원서는 다음의 책에 수록됐다. Michel Foucault, "Titres et travaux"(1969), *Dits et Écrits*, t.1: 1954-1969, éd. Daniel Defert et François Ewald, avec collab. Jacques Lagrange, Paris: Gallimard, 1994, pp.842~846; réed., t.1: 1954-1975, Paris: Gallimard, 2001, pp.870~874. [이하 이 책에서의 모든 인용은 '수록글(발표 연도), *DÉ*, 권수, 쪽수'만 표기한다].

— 하나같이 아주 길고 아주 복잡한 이 모든 과정을 요약하려면 진리의 게임을 구속과 지배의 네트워크에 재위치시켜야 할 것이다. 진리, [아니] 오히려 참과 거짓의 체계[5]라고 불러야 할 진리는 그토록 오랫동안 우리에게 안 보이려고 등 돌리고 있던 그것의 폭력이라는 얼굴을 드러내게 될 것이다.

[10]   이 연구에서 철학 담론은 별로 의지가 안 된다고 말해야 한다. 물론 인식에 대한 의지나 욕망, 진리에 대한 사랑 등을 거론하지 않은 철학은 거의 없다. 하지만 사실을 말하면 그것에 주변적 지위 이상을 부여한 철학은, 아마 스피노자와 쇼펜하우어를 제외하고는, 극소수이다. 마치 철학은 자신이 달고 있는 이름이 실제로 무엇을 가리키는 것인지에 관해 먼저 할 이야기가 없는 듯. 마치 철학이 제 이름 안에 인수한 이 지식에 대한 욕망을 자기 담론의 첫머리에 위치시키기만 해도 제 존재가 정당화되고 자신이 대번에 필연적이고 자연적임을 보일 수 있게 되는 듯. 모든 인간은 본성상 지식을 욕망한다……. 철학자가 아닌 사람이 누구겠으며, 철학은 세상 어떤 것보다 필연적이지 않겠는가?

내가 오늘 저녁 한 가지 예를 통해 보이고 싶은 것은 다음과 같다. 철학이라는 이름 안에 들어감으로써 철학의 존재를 설명하고 정당화하는 이 지식에 대한 욕망이 어떻게 철학 담론의 시초에서부터 생략됐는지.

---

5) 마르셀 데티엔은 최근 '알레테이아'(희랍어로 진리)와 '레테'(망각)로 이뤄진 대조적인 짝말을 묘사했다. 데티엔은 자신이 묘사한 짝말을 빌헬름 루터가 묘사했던 것과 구별했다. Wilhelm Luther, *Wahrheit und Lüge im ältesten Griechentum*, Leipzig: R. Noske, 1935(1954년과 1958년에 개정판이 나왔다); Marcel Detienne, *Les Maîtres de vérité dans la Grèce archaïque*, préface de Pierre Vidal-Naquet, Paris: Maspero, 1967, pp.45~49. [데티엔이 루터의 연구 방법과 자신의 연구 방법을 구별하는 대목은 인용된 책의 5쪽, 각주 6번에 나온다.] 다음의 글도 참조하라. Defert, "Situation du cours," p.266. [본서의 「강의정황」, 370~371쪽.]

내가 택한 예는 아리스토텔레스의『형이상학』서두이다.　　　[11]

다음 주에는 프리드리히 니체가 어떻게 처음으로 인식에 대한 욕망을 인식 자체의 주권에서 벗어나게 했는지, 어떻게 거리와 외부성, [즉] 아리스토텔레스가 삭제했고 모든 철학에서 그 삭제가 유지됐던 외부성을 복구했는지 보일 것이다.

[12월] 23일에는 지식의 [의지*]의 문제를 제기한 사유가 어떤 대가를 치러**야 할 것인지** 보도록 하자.

❧

아주 유명하고도 아주 진부한 구절.『형이상학』첫머리에 주변적 [12] 으로 위치함으로써 저작에 영향력을 행사하는 것 같은 구절. "모든 인간은 본성적으로^{φύσει}[phusei] 인식에 대한 욕망을 갖는다. 다양한 감각에서 오는 즐거움이 그 증거이다. 사람들은 쓸모를 떠나 감각을 그 자체로 즐기는데, 다른 어떤 감각들보다 특히 눈을 통한 감각을 즐기기 때문이다."[6]

이 구절을 저작의 틀 내에서 읽는 것이 가능하다. 이 구절을 이루는 요소 하나하나가 아리스토텔레스 철학에서 그 의미, 가치, 기능을 부여받는 것이다. 아리스토텔레스 철학으로 정당화되지 않는 요소는 하나도 없다. 이 투명한 구절은 거의 주변적 성격을 띠는데도 저작 내부에 다시 포함될 수 있다. 내적 독해가 가능한 것이다. 하지만 외적 독해도 가능하다. 우리는 이 구절에서 철학 담론 자체에 대한 조작을 탐지할 수 있다. 비단 아리스토텔레스의 철학 담론뿐 아니라 서양 문명에 존재했던 철학 담론에 대한 조작을.[7]

---

* 강의원고에는 '의지'(volonté)가 아니라 '진리'(vérité)라고 되어 있다.

6) Aristote, *La Métaphysique*, t.1, éd. et trad. Jules Tricot, [édition de référence,] Paris: J. Vrin, 1948, livre A, 1, 980a21-24, p.1. [조대호 옮김,『형이상학』, 도서출판 길, 2017, 31쪽.] 푸코가 강연 때 읽었던 강의원고와 필사본에는 이 인용구가 없다.

[......*]

[14]   나는 아리스토텔레스의 이 구절, 약간 한계 구절인 이 구절이
그와 비슷한 위치를 차지하고 유사한 기능을 하는 다른 몇몇 구절
과 마찬가지로 어떤 '철학적 조작자'를 구성한다고 말하고 싶다.
체계에 내적이며 체계로부터 전적으로 해석 가능한 요소들을 갖춘
이 구절은 철학 체계 전체, 그것의 가능성, 그것의 정당화, 그것의
기원, 그것의 필연적 생성을 다룬다. 그리고 이 구절은 체계 자체를
넘어 철학 담론 일반의 지위를 다루고 그것에 작용한다.

   — 철학적 조작자: 르네 데카르트의 텍스트.[8] 거기서 데카르트
는 진리에 도달하고자 하는 욕망을 놓고, 회의의 근거들을 나열하
며, 광인이 될 가능성을 스스로 배제한다.

   — 철학적 조작자: 스피노자의『지성 교정론』.[9] 그것은 새로운
삶에 대한 욕망, 우리가 소유한 부의 불확실성, 영원하고 완벽한
선에 도달하는 것의 불확실성 및 참된 이념[의 행복]에서 이 선의
발견을 다룬다.

---

7) 『주체의 해석학』의 1강(1982년 1월 6일/첫 번째 시간)에서 푸코는 아리스토텔레스
를 이렇게 묘사한다. "그 사람 안에서 우리는 철학의 창시자를 알아봤다." Foucault,
L'Herméneutique du sujet, p.19. [『주체의 해석학』, 61쪽.]

 * 강의원고의 13쪽에 줄이 그어져 있다.

8) 푸코가『광기의 역사』에서 인용하고 있는 르네 데카르트의『성찰』[1641] 서두를
보라. Michel Foucault, *Histoire de la folie à l'âge classique*, Paris: Plon, 1961, pp.55
~56. [이규현 옮김,『광기의 역사』, 나남, 2003, 113~116쪽.] 그것은 1963년부터
1972년까지 자크 데리다와 벌인 논쟁의 대상이 된다. Jacques Derrida, *L'Écriture
et la Différence*, Paris: Seuil, 1967. [남수인 옮김,『글쓰기와 차이』, 동문선, 2001.]

9) 푸코는 스피노자의『지성 교정론』§5를 원용한다. 이 구절은 몇몇 연관성에도 불구
하고 스토아적이기보다는 훨씬 더 데카르트적이다. 푸코는 예전에 샤를 아퓡 판의
해당 구절에 주석을 많이 달아뒀다. Benedictus de Spinoza, "Traité de la réforme de
l'entendement"(1677), *Œuvres*, t.1, trad. et annot. Charles Appuhn, Paris: Garnier,
1929.『주체의 해석학』의 2강(1982년 1월 6일/두 번째 시간)에서 똑같은 구절이 다
시 원용된다. Foucault, *L'Herméneutique du sujet*, p.29. [『주체의 해석학』, 66쪽.]

과학 텍스트에서도 필시 '인식론적 조작자'라 부를 만한 것을 [15] 식별할 수 있을 것이다. 과학 텍스트는 자신이 그 안에 속하는 담론의 가능성 자체를 다룬다. 여기서 가능성을 공리나 공준, 사용된 기호와 그 기호의 사용 규칙으로 이해해서는 안 된다. 가능성을 담론의 정합성, 엄밀함, 진리, 과학성을 가능케 하는 것으로 이해할 것이 아니라 담론의 존재를 가능케 하는 것으로 이해해야 한다. 내가 생각하는 것은, 예를 들어 페르디낭 드 소쉬르의 『일반 언어학 강의』[1916]의 첫머리이다. 또는 식물의 생식기 구조에 관한 칼 폰 린네의 텍스트10)이다(이 텍스트는 분류학적 기술記述의 가능성을 정초하는데, 이 기술의 대상은 바로 이 기술의 가능성의 조건, 즉 이 생식기 구조 자체이다).

아리스토텔레스의 텍스트로 돌아가자. 첫 문장은 이렇다. 모든 [16] 인간은 본성적으로 지식을 욕망한다.11)

---

10) Carl von Linné, *Système sexuel des végétaux*, t.1, trad. Nicolas Jolyclerc, Paris: Chez Ronvaux, Imprimeur, An VI(1798), pp.19~20; Michel Foucault, *Les Mots et les Choses*, Paris: Gallimard, 1966, chap.V, §VII("Le discours de la nature"). [이규현 옮김, 『말과 사물』, 민음사, 2012, 235~242쪽.]

11) Aristote, *La Métaphysique*, t.1, livre A, 1, 980a21, p.1. [『형이상학』, 31쪽.] 들뢰즈는 『차이와 반복』에서 이미 이 전제에 대한 니체적 주해를 제안한 바 있다. "전제의 유무를 검증하기 위해 철학자들이 여기저기 뱉어놓은 선언들, 가령 '모든 사람들은 본성상 알기를 좋아한다'에서부터 '양식(良識)은 이 세상에서 가장 공평하게 분배되어 있는 어떤 것이다'에 이르는 여러 가지 선언들을 긁어모은다는 것은 헛된 일이다……. 철학의 가장 일반적인 전제들에 대해 의문을 품었던 니체는 이 전제들이 본질적으로 도덕적이라고 말한다. 왜냐하면 오로지 도덕만이 우리에게 사유가 선한 본성을 지니고 사유 주체가 선한 의지를 지녔음을 설득할 수 있고, 또 오로지 선(善)만이 사유와 참 사이에 가정된 친근성을 근거 지을 수 있기 때문이다……. 종류를 막론하고 어떠한 전제도 없이 성립할 수 있는 철학이 있다면, 이제 이 철학이 갖춰야 할 조건들은 훨씬 명쾌하게 드러난다. 가령 이런 철학은 사유의 도덕적 이미지에 의존할 것이 아니라 오히려 이 이미지와 이 이미지가 함축하는 '공준들'에 대한 어떤 과격한 비판으로부터 출발해야 할 것이다." Gilles Deleuze, *Différence et Répétition*, Paris: PUF, 1968, pp.172~173. [김상환 옮김,

이 문장은 아주 명확히 세 가지 테제를 함축한다.

1° 지식에 대한 욕망이 있다.

2° 이 욕망은 보편적이며 모든 인간에게서 발견된다.

3° 그것은 본성적으로 주어진다.

a – 아리스토텔레스는 이 테제들의 증거를 제공한다. 그렇지만 이 증거들, 오히려 이 증거는 σημεῖον[sēmeion]으로서 주어진다. σημεῖον이라는 용어를 '징표'signe라고만 옮겨서는 안 된다. 그것은 일반적으로 증거, 증언, 뭔가를 분명히 나타내는 것을 가리킨다. 철학자와 연설가가 모종의 증거(σημεῖον: '그 증거로')를 도입하는 것은 전통적 방식이다. 하지만 아리스토텔레스에게 이 표현은 아주 특수한 유형의 추론으로 이끈다. 원인을 통한 추론이 아니라 예를 통한 추론, 그것도 특수한 사례를 통한 추론. 특수한 사례는 아직 가설 단계에 있는 일반 원리 아래 포섭되어 있다. 그리고 특수한 사례의 진리가 일반 원리의 진리를 수립한다. 이것이 상식추론 enthumēma이다(어쨌든 상식추론의 가능한 구조 중 하나이다).12)

[17]　　　모든 인간이 지식을 욕망한다는 증거가 상식추론으로 주어진다는 것, 이는 사소하지 않다. 천만의 말씀이다.

『차이와 반복』, 민음사, 2004, 294~295쪽.] 이 주해에 대한 푸코의 설명은 다음을 참조하라. Michel Foucault, "Ariane s'est pendue"(1969); *DÉ*, t.1: 1954-1969, pp.767~771; rééd., t.1: 1954-1975, pp.765~799; "Theatrum philosophicum" (1970), *DÉ*, t.2: 1970-1975, pp.75~99; rééd., t.1: 1954-1975, pp.943~967. [권영숙·조형근 옮김, 「철학극장」, 『푸코』, 새길, 2012, 205~245쪽.]

이 구절은 『차이와 반복』과 이 1970년 콜레주드프랑스 강의를 잇는 은밀한 대화를 표시한다. 뿐만 아니라 들뢰즈의 텍스트에서 이어지는 부분은 그 자체가 『말과 사물』과의 대화임을 보여준다. 이 구절은 또한 다음의 책과도 관련이 있다. Martin Heidegger, *Was heißt Denken?*, Tübingen: M. Niemeyer, 1954; *Qu'appelle-t-on penser?*, trad. Aloys Becker et Gérard Granel, Paris: PUF, 1959. [권순홍 옮김, 『사유란 무엇인가』, 도서출판 길, 2005.]

12) 아리스토텔레스는 다양한 상식추론들(또는 '수사추론들')을 묘사한다. Aristote, *Rhétorique*, I, 2, 1356b sq.; II, 23. [천병희 옮김, 『수사학/시학』, 도서출판 숲, 2017,

b – 이 증거는 감각이 즐거움을 낳는다는 것, 그 중에서도 눈을 통한 감각이 즐거움을 낳는다는 것이다. 감각은 쓸모와 아무 관계없이 그 자체로 즐거움의 원인이다.

이 증거, 오히려 이 특수한 사례에는 세 번의 이동이 포함되어 있다. 이 이동은 일반에서 특수로 간단히 내려가게 해주는 이동에 완전히 포개지지는 않을지 모른다.

α. 인식εἰδέναι [eidenai]에서 감각αἴσθησις [aisthēsis]으로, 종국에는 눈을 통한 감각으로 이동. 즐거움을 동반한 감각은 어떤 점에서 인식에 대한 욕망의 예가 될 수 있을까?

β. 두 번째 이동. 본성에φύσει 새겨져 있다는 인식에 대한 욕망이 이제 그 자신에 사로잡힌, 바꿔 말하면 모든 쓸모와 상관없이, 또 나중에 나오겠지만 모든 행위와 상관없이, 감각의 즐거움으로 제시된다. 감각의 쓸모없음이 마치 본성에 새겨진 듯 말이다.

γ. 아리스토텔레스의 전통적 용어인 욕망ὀρέγονται [oregontai] 13)에서 즐거움으로 이동. 하지만 즐거움을 가리키는 데 전통적 단어인 ἡδονή [hēdonē]가 아니라 아리스토텔레스가 잘 안 쓰는, 특히 그의 전통적 쾌락론에 안 나오는 ἀγάπησις [agapēsis]가 쓰인다.

33쪽 이하; 208~229쪽.] 상식추론은 변증술적 추론인 삼단논법의 대체물이다. Léon Robin, *Aristote*, Paris: PUF, 1944, pp.53 sq, 289. [어떤 것들의 존재(주어진 전제)로부터 '보편적으로' 또는 '대체로' 그것들 이외의 다른 것이 귀결하는 경우, 그 추론을 특히 연설의 경우 상식추론이라고 부른다. Aristote, *Rhétorique*, I, 2, 1356b16 -18;『수사학/시학』, 33~34쪽. 연설에서 상식추론을 쓸 때는 청중을 설득하기 위해 이미 알려진 내용은 생략하는 생략삼단논법을 사용하기도 한다. enthumēma를 '상식추론'으로 번역하는 것과 관련해서는 다음을 참조하라. 김헌,「레토릭사전 1차년도 항목 표본 검토: 레토릭-수사학/피스티스-입증/엔튀메마-상식추론」, 한국수사학회 고려대학교 레토릭연구소 2005년 9월 학술발표회, 37~41쪽. 엔튀메마에 관한 연구로는 다음을 참조할 것. 한석환,『아리스토텔레스 수사학 연구』, 서광사, 2015.]

13) "Πάντες ἄνθρωποι τοῦ εἰδέναι ὀρέγονται φύσει"(모든 인간은 본성적으로 인식을 욕망한다[Pantes anthrōpoi tou eidenai oregontai phusei]). 앞의 각주 6번 참조.

[18]   ἀγάπησις는 오히려 다음을 뜻한다. 어떤 것 내지 누군가에게 도리를 다하다, 자신이 그것[어떤 것 내지 누군가]에 빚진 애정을 그것에 표시하다, 권리상 그것에 돌아가야 할 것을 기꺼이 그것에 귀속시키다, 그리고 [자신이 받은] 이 다른 것에 만족하다, 그것이 자신에게 도리를 다했음을 인정하다. ἀγάπησις는 질서에 대한 만족을 가리킨다. 자기 마음에 드는 어떤 것에서 얻는 즐김.

　　따라서 하나의 테제
　　　　상식추론 형식의 하나의 논변,
　　　　이 논변에서 일어나는 세 번의 이동을 갖는다.

[19] A. 첫 번째 질문: 감각과 그것의 고유한 즐거움은 어떤 점에서 인식에 대한 본성적 욕망의 만족스런 예인가?

　　세 가지를 증명해야 한다:

　　— 감각은 확실히 하나의 인식이다.

　　— 감각은 즐거움을 동반한다.

　　— 우리가 감각에서 얻는 즐거움은 감각을 인식으로 만들어주는 것과 연결된다.

　　첫 번째 명제: 감각은 확실히 하나의 인식이다. 『영혼에 관하여』[14]에 이런 이야기가 나온다.

　　— 감각은 하나의 활동(감각하는 것과 감각 대상의 공통 행위) 이다.

　　— 그것은 감각하는 영혼의 활동이다.

[20]　　— 이 활동은 결과적으로 어떤 것의 성질ποιόν[poion]을 현실화한다. 감각은 질적 인식 행위이다.

---

14) Aristote, *De anima*, III, 2, 425b, 26 sq. [유원기 옮김, 『영혼에 관하여』, 궁리, 2001, 202쪽 이하.] 또한 다음을 참조하라. Robin, *Aristote*, pp.182~193.

두 번째 명제: 감각은 즐거움을 동반한다.『니코마코스 윤리학』,
X, 6의 구절15)에 이런 이야기가 나온다.

— 즐거움은 활동과 똑같은 것으로 간주되어서는 안 된다. 즐
거움은 활동과 다르다.

— 하지만 즐거움은 의당 활동이 전개되어야 할 때 활동을 동
반한다.

— 게다가 감각 활동이 종별적으로 존재하는 만큼 즐거움도 각
기 다르다.

세 번째 명제: 감각을 인식으로 만들어주는 것은 감각의 즐거
움을 촉발한다.

여기서 두 계열의 정당화가 있다. 하나는『형이상학』의 이 구
절에 암시된 것이고, 반대로 다른 하나는 거기에 부분적으로나마
현존하는 것[이다].

암시적 정당화가『니코마코스 윤리학』에서 [재]발견된다. 환
자에게 유쾌해 보이고 건강한 사람에게 유쾌하지 않은 것들이 있
고, 그 반대도 있다. 온전한 사람에게 유쾌한 것들이야말로 정말
유쾌하며, 그것이야말로 참된 즐거움을 가져다준다. 왜냐하면 그
런 감각들만이 대상의 실질적 성질을 현실화하기 때문이다. 즐거 [21]
움은 인식의 진리 자체와 연결된다. 인식이 없는 곳에는 진정 즐
거움이란 없다.

이 텍스트에서 이뤄진 명시적 정당화는 더 신기하다. 물론 그것
은 아리스토텔레스의 다른 텍스트에서도 [발견되는] 것이긴 하지
만 말이다. 그 정당화는 다음과 같다. 다른 것보다 더 많은 인식을

---

15) Aristote, *Éthique de Nicomaque*, éd. et trad. Jean Voilquin, Paris: Garnier, 1940, X,
6. [강상진·김재홍·이창우 옮김,『니코마코스 윤리학』, 도서출판 길, 2011, 367~369쪽.]
푸코는 특히 [희랍어-프랑스어 대역판인] 이 판본에 노트를 덧붙였다.

주는 감각이 있다. 그런 감각은 최대의 즐거움을 가져다준다. 그 감각은 바로 시각이다.

시각이 다른 감각보다 더 많은 인식을 주는 까닭은 이렇다. 자신이 지각하는 특유한 성질들(색, 빛)을 통해, 시각은 [다른 감각에도 속하는] 공통의 감각 대상(예컨대 정지와 운동, 수, 단일성;『영혼에 관하여』)을 파악할 수 있게 해준다.16) 단일성을 파악할 수 있게 해주는 시각은 색 같은 감각 대상을 통해 색을 지닌 개체들을 구별할 수 있게 해준다.

『형이상학』에는 이런 구절이 나온다. 시각은 "가장 많은 차이점들을 밝혀준다."17)

시각은 다른 감각들보다 더 많은 인식을 담당하기에 그만큼 더 많은 즐거움을 준다. 그 이유는 (촉각이나 미각 같은) 감각의 다른 즐거움은 무제한적이고, 무절제에 열려 있으며, 결과적으로 싫증으로 뒤집힌다는 데 있다(『에우데모스 윤리학』). 시각의 즐거움은 제 고유의 한계에 머물며, 참된 즐거움으로 머문다.

[……*]

[23]   [다른] 이동: 본성[적으로 주어지는 것]에서 쓸모없음으로. 또는 감각적 즐거움 일반에서 인간이 제 고유의 감각에서 얻어낼 수 있는 인간 특유의 즐거움으로.

B. 앞선 물음에 따라 제기되는 물음이 있다. 모든 감각이 즐거움을 준다면, 그리고 감각의 인식 활동에 상응하게 즐거움을 준다면, 동

---

16) Aristote, *De anima*, II, 6; III, 1, 425a. [『영혼에 관하여』, 159~161, 196~199쪽.]

17) "감각들 가운데 시각이 우리가 사물을 아는 데 가장 큰 구실을 하고 가장 많은 차이점들을 밝혀준다." Aristote, *La Métaphysique*, t.1, livre A, 1, 980a21, p.2. [『형이상학』, 31쪽.]

  * 강의원고의 22쪽에 줄이 그어져 있다.

물은 왜 감각을 가지고 있으면서도 인식을 욕망하지 않을까? 아리스토텔레스는 왜 인식에 대한 욕망을 모든 인간에게, 오로지 인간에게만 귀속하는 듯 보일까?

그 이유는 인간의 성격을 규정하고, 인간으로 하여금 동물들과 달리 쓸모없는 감각에서 즐거움을 끌어낼 수 있게 해주는 유적 차이에 있다.

a - 첫 번째 차이들은 동물성과 인간성의 경계에 있는 감각에 [24] 서 발견된다.

— 감각으로부터 어떤 동물들 안에는 기억이 생겨난다.

— 청력, 청각. 이는 아리스토텔레스에서 자주 반복되는 테마이다. 어떤 동물(개미와 벌)에게는 청력이 없다. 아리스토텔레스는 청력이라는 현상을 아주 폭넓게 이해한다. 텍스트에 따르면 청력은 결국 분절되지 않은 소리τῶν ψόφων[tōn psophōn]를 듣는 것이다. 하지만 그것은 또한 언어를 알아들을 수 있는 능력, 더 높은 수준에서는 교육을 받을 수 있는 능력이기도 하다.[†]

기억과 함께 영리함φρόνιμος[phronimos]이 나타난다. 청력과 함께 배움의 능력과 자질, 학생이 될 소질, 'μαθητικός'[mathētikos]가 될(훈육될) 수 있음이 나타난다.

b - 감각을 지닌 동물과 다르게 인간의 성격을 규정하는 두 번째 차이는 τέχνη[technē](기술)와 ἐπιστήμη[epistēmē/학문]이다.

『형이상학』([A, 1,] 981b)[‡]에서 말하듯 기술과 학문의 성격은 가르쳐질 수 있다는 데 있다. 따라서 그것들은 청각을 거친다. 또한 그 [25] 것들은 "경험에서 얻은[**] 많은 생각들"ἐκ πολλῶν τῆς ἐμπειρίας ἐννό

[†] 아리스토텔레스, 『형이상학』, 32쪽(A, 980b23).

[‡] 아리스토텔레스, 『형이상학』, 34~35쪽.

[**] 푸코가 인용한 쥘 트리코의 번역판에는 '경험적인'(expérimentale)으로 되어 있다. Aristote, *La Métaphysique*, t.1, livre A, 1, 981a6-7. [『형이상학』, 33쪽.]

-ηματων[ek pollōn tēs empeirias ennoēmatōn]에서 끌어낸 하나의 보편적 판단을 수반한다는 특징을 갖고 있다. 다시 말해 그것들은 기억에 의지한다. 마지막으로 그것들은 자주 경험보다 효과가 떨어진다는 특수한 성질을 갖는다. 경험은 사례를 인지하고 기회를 포착할 줄 안다. 기술과 학문은 일반적 원칙을 내놓지만 그것의 규칙, 도식, 적용 원칙을 제공하지는 않는다.

c – 마지막으로 인간 본성을 감각을 지닌 동물에서 분리하는 세 번째 차이는 σοφία[sophia/지혜]의 현존이다. σοφία는 원인에 대한 인식이다. 원인에 대한 인식은 보편성을 갖추고 있다는 점에서 본질에 대한 인식에 포함된다.

원인에 대한 인식은 최고의 인식이다. 그것은 자신에게만 쓸모 있다. 그것은 자유롭다. 그것은 자기 외에 다른 목적을 갖지 않는다. 그것은 어떤 쓸모에도 좌우되지 않는다.

그 자체가 목적이 되는 인식은 모든 인식의 목적이요 모든 인식이 지향하는 바이다.

[26]   『형이상학』의 [서두에 나타난] 생각을 조금 연장해 우리는 두 원리를 서로 연관시킬 수 있다. 한편으로, 인간에게 종별적인 인식 방식이 있다. 그것은 감각의 방식과는 전혀 다르다. 그 인식의 질료(질료인)는 우선 기억의 이미지와 분절된 소리이다. 그것의 형상(또는 형상인)은 τέχνη와 ἐπιστήμη이다. 그것의 목적이자 목적인은 지혜, σοφία이다. 다른 한편으로, 각 수준에서 쓸모의 끈이 풀린다. 벌과 개미의 예를 통해 이 점을 볼 수 있다. 청력은 삶에 필수적이진 않다. τέχνη와 ἐπιστήμη는 경험보다 쓸모가 덜하다. 마지막으로 최후의 반전으로서, σοφία는 자신만을 목적으로 삼는다.

이제 이 유명한 "쓸모없는 감각에서 얻는 만족"이, 자연 어디서나 발견되는, 인식에 대한 커다랗고 일반적인 욕망의 그렇게 특수한 사례인지도 모르겠고, 또 오로지 특수한 사례라고 보기도 어렵다고 말해야겠다. 이 두 번째 분석의 추이를 따르자면, "쓸모없는 [27] 감각에서 얻는 만족"은 특히 여전히 초보적인 모델이요, 자기 외에 다른 목적을 갖지 않는 인식의 매우 작은 패러다임이다.

 감각의 동물적 수준에 머무는 한, 인간은 삶에 쓸모 있는 것의 수준에 그칠 것임에 틀림없다. 하지만 인간이 직접 쓸모 있지는 않은 감각을 만족시킨다면, 이미 어떤 쓸모에도 종속되지 않을 인식 행위가 나타난다. 그런 인식 행위는 그 자체로 제 고유의 목적이기 때문이다.

 [······*] 모든 인간에게 본성적으로 주어지는 인식에 대한 욕망 [28] 의 증거가 쓸모없는 감각(그렇지만 감각은 본성상 쓸모 있다)의 만족에 있음을 보고 놀랐을 테다. 거기서 문제가 됐던 본성은 사실 자신 외에 다른 목적을 갖지 않는 인식을 추구하게 되어 있는 인간의 어떤 본성이었다. 이 궁극적 목적은 자기 주변을 맴돌던 쓸모의 증거에서 일순간 벗어나자 단순 감각 활동을 자기 쪽으로 끌어당겨 그 활동을 이미 즐거운 것으로 만들었다.

이제 세 번째 이동과 관련된 세 번째 물음에 쉽게 답할 수 있다. 왜 [29] 아리스토텔레스는 "모든 인간이 인식을 욕망한다"는 것을 증명하기 위해 감각에서 발견되는 즐거움, **즐김**을 논변으로 제시할까?

 이 이동의 열쇠는 필시 ἀγάπησις라는 단어의 용법에 있다. 모든 활동은 알맞은 조건에서 전개되면 ἡδονή라 불리는 쾌락을 동반한다. 반대로 가장 고차원적 활동에 동반되는 것은 탁월함과 관조 같이 뭔가 다른 것이다. 즉 εὐδαιμονία[eudaimonia], 행복이다.

 하지만 감각이 관조의 패러다임일 때, 감각이 자신의 쓸모없음에서 즐거움을 찾을 때, 감각이 이미 관상觀想의 이미지일 때 어떤

---

* 강의원고 28쪽의 3/4이 삭제되어 있다.

[30] 특정한 쾌락이 그 감각에 동반될까? 분명 아무 감각이나 배가할 수 있는 ἡδονή를 동반하지는 않을 것이다. 연속성, 습관, ἕξις[hexis/습성]를 함축하는 εὐδαιμονία를 동반하지도 않을 것이다. 그 감각에는 특정 범주의 ἡδονή가 동반된다. 그 특정 범주의 ἡδονή는 관상이 누릴 미래의 행복의 징표요 패러다임과 같다. 그 감각에는 ἀγάπησις가 동반된다. 쓸모없는 감각이 도래할 관조의 패러다임이 되듯, 쓸모없는 감각을 배가하는 즐김은 이미 미래의 행복을 그린다. 그런 즐김이 곧 ἀγάπησις이다.

따라서 ἀγάπησις라는 단어에는 이원성이 있다. 그 단어는 감각적이고 동물적인 쾌락의 질료를 가리키면서도 이미 인간 특유의 행복의 형상을 취하는 것이다.

[31]   *따라서 아리스토텔레스의 이 텍스트에는 애매함뿐 아니라 의미의 중첩도 있다.

— 본성φύσει이라고 말할 때, 아리스토텔레스는 본성 일반만 뜻하는 것이 아니라 동물과 다른 인간의 유적 차이도 뜻한다.

— σημεῖον이라 부르는 증거를 도입할 때, 아리스토텔레스는 일반 원리의 특수 사례로서의 예를 가리킬 뿐 아니라 도래할 어떤 것의 패러다임도 가리킨다.

— ἀγάπησις라는 용어를 사용할 때, 아리스토텔레스는 감각의 즐거움을 뜻할 뿐 아니라 관조의 행복을 예고하는 어떤 것을 뜻하기도 한다.**

---

* 실제 강의에서 보존된 일부 내용에 기초해 편집자가 추가한 부분. 강의원고에는 다음과 같은 도식만 들어 있다.

본성	예	즐거움
φύσει	σημεῖον	ἀγάπησις
차이화	패러다임	행복

** 실제 강의에서 녹취해 추가한 부분은 여기서 끝난다.

이 중첩을 통해 아리스토텔레스는 한편으로 인식에 대한 욕망을 본성에 기입하고, 그 욕망을 감각과 신체에 연결한 뒤, 그 상관물로서 어떤 향유 형태를 제시하는 데 도달한다. 동시에, 다른 한편으로는 인식에 대한 욕망에 지위와 토대를 제공한다. 그 욕망은 인간의 유적 본성 위에, 그리고 자기 외에는 다른 목적을 갖지 않고 그 안에서 즐거움이 행복이 되는 지혜와 인식의 요소 위에 세워진다.

그에 따라 신체, 욕망이 생략된다. 감각에 밀착해 원인에 대한 평온하고 비신체적인 중요 인식으로 향하는 운동, 이 운동 안에는 이미 이 지혜에 도달하려는 어렴풋한 의지가 있다. 이 운동은 이미 철학인 것이다.

최고의 인식, 즉 제1원리에 대한 인식과 궁극 원인에 대한 인식 [32] 역할을 하는 철학은 또한 처음부터 모든 인식에 대한 욕망을 포함하는 역할을 한다. 철학의 기능은 다음을 보장하는 것이다. 감각에서부터, 신체에서부터 정말 인식에 속하는 것이 있다면 그것은 이미 본성상 그리고 그것을 이끄는 목적인과 관련해 관조와 관상에 속한다는 것. 철학의 기능은 또한 다음을 보장하는 것이다. 욕망은 겉보기와 달리 인식 앞에 있지도 않고 인식 바깥에 있지도 않다는 것. 왜냐하면 욕망 없는 인식, 순수 관조의 행복한 인식은 이미 그 안에 감각의 단순한 즐김 속에서 진동하는 인식에 대한 욕망이라는 원인을 갖고 있기 때문이다.

이제 이 텍스트에서 약간 뒤로 물러나보자. 그러면 그 텍스트가 전 [33] 제하거나 가능케 하는 대대적인 몇 가지 사건을 탐지할 수 있다.

1/ 인간이 본성적으로 지식을 욕망하며, 이 욕망이 감각의 즐거움에서부터 예고된다고 말하는 것은 위반하고, 금지된, 가공할 지식이라는 테마의 배제를 전제한다.

이 테마는 희랍 비극에서, 특히 아이스퀼로스와 소포클레스[에서] 끊임없이 발견된다. 지식,* 희랍 비극의 주인공이 본성적으로 거리를 두는 것은 바로 지식에 대한 욕망이다.

먼저, 설령 비극의 주인공이 지식을 욕망한다 해도 그것은 감각에서부터 자신의 본성에 새겨진 자연적 운동에 의해 그 주인공이 움직였기 때문은 아니다. 주인공이 지식을 욕망하게 되는 것은 멀리서, 그리고 위에서 어떤 말이 선고됐기 때문이다. 그 어떤 말이란 이중의 의미에서 수수께끼 같은 말이다. 주인공은 그 말을 이해하면서 이해하지 못하고, 그 말을 듣고 안심하면서 불안해한다.

[34] 『페르시아인들』18)에서 그 어떤 말은 왕비의 꿈이요, 다레이오스의 혼백이다. 『트라키스 여인들』19)에서는 켄타우로스가 데이아네이라에게 한 예언, 즉 헤라클레스는 마법의 약에 당해 "더 사랑하려고 다른 여인을 쳐다보는 일은 결코 없게" 될 것이라는 예언이다(576-577행). 『오이디푸스 왕』에서는 물론 보고된 소문이다.

그런데 (모호한 동시에 희망을 주기 때문에) 욕망된 이 지식은 가공할 지식이다.

a – 사실 이 지식은 질투 많고 탐욕스러운 신들이 쥐고 있다. "신의 생각의 길은 덤불과 짙은 어둠 속으로 뻗어 있어 그 누구의 눈에도 안 보이죠"(아이스퀼로스, 『탄원하는 여인들』, 93행).20)

---

* 강의원고에는 "지식과 관련해"(par rapport au savoir)라고 되어 있다.

18) Eschyle, *Les Perses*, v.780 sq. [천병희 옮김, 「페르시아인들」, 『아이스퀼로스 비극 전집』, 도서출판 숲, 2008, 230쪽 이하.]

19) Sophocle, *Les Trachiniennes*, éd. et trad. Paul Masqueray, Paris: Les Belles Lettres, 1942, str.576-577, cf. str.555-577. [천병희 옮김, 「트라키스 여인들」, 『소포클레스 비극 전집』, 도서출판 숲, 2008, 320, 319~320쪽.]

20) Eschyle, *Les Suppliantes*, v.93, éd. et trad. Paul Mazon, Paris: Les Belles Lettres, 1923. [천병희 옮김, 「탄원하는 여인들」, 『아이스퀼로스 비극 전집』, 도서출판 숲, 2008, 300쪽.]

b – 이어서 그 지식은 그 지식과 연관된 자들을 눈멀게 한다. 시선을 던지는 지식, 그리고 그 지식의 시선은 그 시선이 가 닿아 머무르는 자들을 눈부시게 한다. 오이디푸스가 비밀에 시선을 던지는 것이 아니다. 비밀이 오이디푸스에게 시선을 던지고, 오이디푸스에게서 눈을 떼지 않으며, 오이디푸스를 붙잡아 결국 후려친다. 그 지식은 그 지식과 연관된 자들을 눈멀게 한다. 신들이 자신들의 비밀을 조금 풀어내줄 때, 주인공만 이 지식(다가오며 주인공을 위협하는 지식, 하지만 청중과 코로스는 이미 알고 있던 지식)을 알아채지 못할 정도로 말이다. 아이아스에게 일어난 일이 바로 그것이다.21) 아이아스는 아테네 여신 탓에 방황했다. 모두가 그 사실을 안다. 하지만 아이아스는 자기 옆에 있는 이 가공할 존재를 보지 못한다. 아이아스는 자신을 파괴하는 위대한 형상을 보지 못한다. 아이아스는 그 형상에게 기원한다. "내 그대에게 청하건대, 그대는 늘 지금 같은 동맹자로서 나를 도와주십시오."

c – 마지막으로 지식은 목숨을 빼앗는다. 지식이 주인공을 엄습할 [때] 주인공은 그 지식에 저항하지 못한다. 빛의 번득임과 죽음의 번득임은 합류한다.

즐거움에서 행복(우리는 가르칠 뿐 예언하지는 않는 말을 매개 [35]로, 망각도 아니고 수수께끼도 아닌 기억을 매개로 행복을 향해 본성적으로 움직인다)으로 가는 지식에 관한 아리스토텔레스의 테마, 이 모든 테마는 비극적 지식에 대립된다.22) 게다가 『형이상학』서

---

21) Sophocle, *Ajax*, v.70 sq. [천병희 옮김, 「아이아스」, 『소포클레스 비극 전집』, 도서출판 숲, 2008, 237쪽 이하.]

22) 이 구절은 니체의 구절, 즉 "최초로 내가 저 비극적인 것을 발견했다"(Ich habe das Tragische erst entdeckt)와 함께 놓고 볼 때 그 의미를 온전히 얻는다. Friedrich Nie-tzsche, "Der Wille zur Macht," *Nietzsches Werke*, Bd.16, Leipzig: C. G. Naumann, 1901[1899], §1029, p.377. [강수남 옮김, 『권력에의 의지』, 청하, 1988, 587쪽; 백승

두에서 조금 지나 아리스토텔레스는 이렇게 말한다. 신은 질투할 줄 모른다.[23]

2/ 인간이 본성적으로 인식을 욕망하고, 이 인식에 대한 욕망이 관상적 행복으로 향하는 운동에 의해 이미 움직여진다고 말하면서, 아리스토텔레스는 "우리는 왜 인식을 욕망하는가?"라는 소피스트적인 물음 내지 소크라테스-소피스트적인 물음을 게임 바깥에 제쳐둔다.

다양한 형태로 떠오르는 물음은 [다음과 같다].

— 탁월함에 따라서 또는 이미 훌륭한 본성을 지녔기에 지식을 욕망한다면, 우리는 왜 배우는가? 우리는 이미 아는데 말이다.

— 또는, 우리가 나쁜 이유로(타인을 이기려고 또는 부정한 소송에서 이기려고) 배움을 욕망한다면, 배우기 위해 변화해야 하거나 배운다는 사실이 배우는 자를 변화시키게 될 것이다. 요컨대 지식의 주체는 욕망의 주체와 똑같을 수 없을 것이다. 『에우튀데모스』에 따르면 가르치는 것은 목숨을 빼앗는 것이다.[24] 이 모든 것 배

영 옮김, 『유고(1884년 초~가을)』, 책세상, 2004, 41쪽]; Charles Andler, *Nietzsche, sa vie et sa pensée*, t.6: La Dernière Philosophie de Nietzsche. Le renouvellement de toutes les valeurs, Paris: Bossard/Gallimard, 1931, p.358. 재인용. 또한 다음을 참조하라. "아리스토텔레스뿐 아니라 특히 우리의 염세주의자들도 오해했던 **비극적** 감정…….『비극의 탄생』은 모든 가치에 대한 나의 첫 번째 전도였다. 그것에 의해 나는 내 의지와 내 지식이 자라나는 그 지반으로 다시 돌아간다, 철학자 디오뉘소스의 최후의 제자인 나는 — 영원 회귀의 스승인 나는……." Friedrich Nietzsche, *Le Crépuscule des idoles*, éd. et trad. Henri Albert, Paris: Mercure de France, 1943, p.235. 푸코가 노트한 판본. [백승영 옮김, 「우상의 황혼」, 『바그너의 경우 외』, 책세상, 2002, 203쪽("내가 옛 사람들의 덕을 보고 있는 것," §5).]

23) "신이 질투할 줄 안다는 것은 받아들일 수 없다"([푸코의] 필사본에는 "대표적인 반[反]-비극적 정식"이라고 덧붙여져 있다). Aristote, *La Métaphysique*, t.1, livre A, 2, 983a, p.10. [『형이상학』, 39쪽.]

24) "지금[푸코는 '그 자신'이라고 쓰고 있다] 그인 그가 더 이상 그[클레이니아스]가 아니기를 당신들이 바란다니……. 그러면 당신들은 그가 죽기를 바랄 뿐이라고 봐도

후에 철학이 끊임없이 감추려 했던, 자신의 탄생이 그것과 완전히 [36] 무관하지 않을지도 모르기에 감추려 했던 커다란 물음이 모습을 드러낸다. 지식은 팔 수 있는 것인가? 한편으로, 지식은 갈망과 소유의 대상인 귀중품처럼 자기 안에 갇힐 수 있는가? 다른 한편으로, 지식은 부와 재화의 게임과 유통에 들어갈 수 있는가?

만일 지식이 욕망되는 것이라면, 그것이 다른 것처럼 재화가 되거나, 다른 것과 함께 화폐의 보편성 속에 들어가지 못할 이유가 어디에 있는가?

이 물음을 아리스토텔레스는 게임 바깥에 제쳐둔다. 인식에 대한 욕망을 인식의 완성보다 훨씬 앞에, 가장 낮은 수준에, 즉 감각의 수준에 놓으면서. 인식에 대한 욕망이 감각에서 먼저 출현하는 만큼 그 욕망이 이미 인식에 속하도록 만들면서. 인식에 대한 욕망은 인식에 갇혀 있다. 하지만 인식은 인식에 대한 욕망과 더불어 한꺼번에 주어지지 않는다.

[……*] 여전히 인식에 대한 욕망의 본성적 성격을 긍정하면서 [37] [아리스토텔레스는] 기억과 천상 위의 세계에 관한 플라톤의 테마를 게임 바깥에 제쳐둔다.

한편으로, 아리스토텔레스에게 인식에 대한 욕망은 감각의 수 [38] 준에서, 감각 안에서 예고된다. 인식에 대한 욕망은 감각에서 벗어나고 감각 너머로 나아가 거기서 더 참된 실재를 찾으려는 기획과 아무 관련이 없다. 반대로 위험이 있다면, 그것은 바로 인간이 감각에서 벗어나지 못한다는 사실이다. 다른 한편으로, 기억은 인식에 대한 욕망의 전체 운동 과정에서 필수불가결하다. 이 기억은 감각

되겠습니까?" Platon, "Euthydème," *Œuvres complètes*, t.1, éd. et trad. Léon Robin, Paris: Gallimard, 1971, 283d, p.577. [김주일 옮김, 『에우튀데모스』, 이제이북스, 2008, 53쪽.]

* 강의원고 37쪽의 3/4에 줄이 그어져 있다.

과 연결되어 있다. 왜냐하면 기억은 감각의 지속이자 흔적이기 때문이다. 지식에 대한 욕망은 φαντασία[phantasia/상상]를 멀리하지 않는다.[25] 지식은 φαντασία에 새겨지고, 그것에 의거한다.

　하지만 아리스토텔레스는 플라톤의 테마를 멀리하면서도 플라톤과 같은 문제를 해결하고 있음을 알 수 있다. 아리스토텔레스는 적어도 플라톤과 동일한 이론적 요청에 따른다. 즉, 인식에 대한 의지가 인식 자체라는 사전 조건 말고 다른 것에 바탕을 두게 놔두지 말 것. 인식에 대한 욕망이 인식 내부에 완전히 포함되어 있게 할
[39] 것. 인식이 처음부터 인식을 이미 취하게 만들 것. 인식이 처음 발생할 때부터 인식에 그것의 장소, 법칙, 운동의 원리를 부여할 것. 이 요청을, 플라톤은 상기réminiscence의 신화를 가지고 충족시켰다. 그 신화는 다음과 같다. 네가 알기도 전에, 네가 알려고 욕망하기도 전에, 너는 알고 있었다, 너는 이미 알았던 것이다.

　우리는 상기설을 초월적 이데아들의 상관물로 읽을 뿐 아니라 인식과 인식에 대한 욕망을 서로 연결하는 방식으로 읽곤 한다. 사실 우리는 상기설을 인식에 대한 욕망을 인식 내부에 거주시키는 방식으로 읽어야 한다.

　μνήμη[mnēmē/기억]를 감각의 자취 속에 위치시키면서 아리스토텔레스는 배치를 뒤집는다. 하지만 아리스토텔레스는 기억에 똑같은 역할을 부여한다. 인식에 대한 욕망은 자신의 본성에 있어서, 현실태에 있어서, 잠재태에 있어서 자신이 욕망하는 인식을 벗어나지 않는다.

[40] 따라서 아리스토텔레스의 텍스트는 세 가지 테마의 배제를 전제

---

25) 상상은 특히 다음의 책에서 다뤄진다. Aristote, *De anima*, III, 3. [『영혼에 관하여』, 208~218쪽.]

한다. 비극적 지식의 테마, 학습-상품의 테마, 인식-기억의 테마. 다른 방식이지만 [플라톤*]처럼 아리스토텔레스는 인식을 욕망의 외부성과 욕망의 폭력에서 보호하려 한다. 인식에 대한 욕망은 인식이 인식 자체와 하는 게임에 불과하다. 인식에 대한 욕망은 인식의 발생, 지연, 운동을 드러낼 뿐이다. 욕망은 지연된 인식이다. 하지만 인식이 매달린 조급한 중단 속에서 이미 가시화된 인식이다.

인식 안에 인식에 대한 욕망을 포함시키는 것은 플라톤보다는 아리스토텔레스에게 다음의 결과를 낳는다. 지식과 욕망은 다른 두 장소에서 두 주체나 두 권력에 의해 보유될 수 없다. 지식을 욕망하는 자는 이미 지식을 소유한 자이거나 지식을 소유할 수 있는 자이다. 폭력 없이, 전유 없이, 투쟁 없이, 거래[도] 없이, 자신의 본성을 그저 현실화함으로써, 지식을 욕망하는 자는 결국 지식을 갖게 될 것이다. 즉 하나의 주체가 지식에 대한 욕망에서 인식으로 가는 것이다. 왜냐하면 인식이 욕망에 앞서는 것**26)으로서 거기 없다면 욕망 자체도 존재하지 않을 것이기 때문이다.

---

* 강의원고에는 "플라톤"(Platon)이 아니라 "후자"(ce dernier)라고 되어 있다.

** '앞서는 것'(précédence). 애매하다. '섭리'(providence)라고 읽을 수도 있다.

26) 피에르 오방크는 이렇게 쓴다. "추론은 선행하는 진리에 의거한다는 점에 그 고유함이 있다. …… 악순환이라기보다는 진리가 진리 자체에 **앞섬**." Pierre Aubenque, *Le Problème de l'Être chez Aristote*, 2e éd., Paris: PUF, 1966, p.54. 강조는 편집자. [주의] 다음부터 따로 언급하지 않는 이상, 이 책에서 굵게 표시된 구절은 텍스트에서 강조된 것이다. [이 인용구의 맥락을 살려 옮기면 다음과 같다. "아리스토텔레스에게 참된 인식은 논리적인 순서뿐만 아니라 시간적인 순서에 따라 전개된다. 자신의 **전제(pré**misses)의 진리를 **전제하지(pré**suppose) 않는 어떤 논증도 가능하지 않다. 추론은 선행하는 진리에 의거한다는 점에 그 고유함이 있다. 아리스토텔레스는 악순환(나중에 회의론자들은 아리스토텔레스의 추론을 그렇게 비난한다)이라는 비난보다는 진리가 진리 자체에 앞선다는 점 때문에 이 추론이 불가피하게 불완전하다고 본다. 만일 논증이 항상 이미 시작된 것이라면, 출발점들에 대해서는 논증이 가능하지 않을 것이다. 첫 번째 추론의 전제들은 '처음이자 논증 불가능한 것'일 테다."]

[41]   거꾸로 인식에 대한 욕망은 본성상 이미 인식 같은 어떤 것, 인식에 속하는 어떤 것이다. 인식에 대한 욕망은 자기와 다른 것에 대한 인식을 바랄 수 없다. 왜냐하면 인식에 대한 욕망은 인식으로부터 인식을 바라기 때문이다. 인식은 욕망의 대상이자 목적이자 질료이다. 그러므로,

— 한편으로, 다양한 욕망들 가운데 독특하고, 분리된 그리고 평온한 욕망이 있을 것이다. 그것은 호기심, 알기 위해 알고자 하는 욕망 등으로 불릴 것이다.

— 다른 한편으로, 이 욕망에서는 어떤 폭력도, 어떤 지배의지도, 어떤 배제 및 거부의 힘도 발견되지 않을 것이다. 욕망과 지식의 외부성의 게임을 욕망과 지식의 상호 소속, 지식에 의한 욕망의 포함, 동일 본성 같은 어떤 것이 대체한다.

따라서 우리는 다음의 것을 이해한다.

α. 욕망과 지식을 동일한 심급(동일한 영혼, 동일한 주체, 동일한 의식)에 거주시킬 필요성.

[42]   β. 니체나 지그문트 프로이트가 그랬듯 의지와 욕망을 의식 바깥으로 다시 끄집어내야 한다는 스캔들.

γ. 단일 인식 주체 안에서 미리 포착되지 않을 수 있는 지식의 의지를 철학적으로 사고해야 하는 어려움.

어휘를 고정해보자. 욕망과 지식에 미리 앞서 단일성, 상호 소속, 동일 본성을 부여할 수 있게 해주는 체계를 인식이라고 부르기로 하자. 그리고 바람의 대상, 욕망의 목적, 지배의 도구, 투쟁의 쟁점을 재발견하기 위해 인식의 내부성에서 뽑아내야 하는 것을 지식이라고 부르기로 하자.

[43] *좀 더 뒤로 물러나보자. 물리도록 진부한 테마, 누구나 결국 조금은 철학자가 아니냐는 테마가 수 세기 전부터 존재한다.

철학 담론이 위 테마를 물리치자마자 다음의 테마가 출현한다. [즉,] 철학은 특정한 과제라는 테마. 철학은 다른 모든 과제에서 물러나 거리를 두며 다른 어떤 과제로도 환원될 수 없다는 테마. 하지만 철학 담론이 그에 못지않게 정기적으로 다시 취하는 테마는 이렇게 언명한다. 철학은 진리 자체의 운동과 다르지 않다. 철학은 자기를 의식하는 의식이다. 세상에 눈을 뜬 자는 이미 철학자이다.

그런데 철학이 인식 일반의 최초 운동과 연결된다는 이 항상 물리쳐지고, 항상 다시 취해진 테마는 초기 희랍 철학자들에겐 매우 낯설게 보였을 것이라는 사실을 지적해야 한다. 하지만 우리는 바로 그 테마가 어떤 기능을 하는지 볼 수 있다. 가장 거칠고 가장 신체적인 인식에 이미 관조가 있다는 것이다. 바로 그것, 이 관조가 그것에 고유한 논리에 따라 또는 지식이 관조하는 대상의 필연 [44] 성에 따라 인식의 운동 전체를 이끌 것이다. 결과적으로 욕망은 욕망의 효력과 함께 생략된다. 욕망은 이제 원인이 아니다. 인식이야말로 인식 자체의 원인이 된다(관념에서 출발하든, 명백함에 대한 감각에서 출발하든, 인상에서 출발하든 별로 중요하지 않다). 인식은 인식 자체의 원인이요 인식과 관련된 욕망의 원인이 된다.

따라서 욕망의 주체와 인식의 주체는 하나이다. 소피스트적 문제(아직 인식하지 않고 욕망하는 자는, 인식하고 더 이상 욕망하지 않는 자가 될 수 없다), 이 문제는 사라진다. 『에우튀데모스』의 이상한 토론에서 소피스트는 말한다. "네 친구가 배우기를 네가 바란다면, 그는 이제 똑같은 사람이어서는 안 되네. 그는 죽어야 하지."† 욕망의 주체와 인식의 주체 사이에 죽음이 아이러니하게 틈입한다. 이 모든 것은 이제 사라질 수 있다. 왜냐하면 욕망은 인식 주체가 자

---

* 청중의 노트에 따르면 푸코는 이 43쪽을 읽지 않은 것 같다.

† 앞의 각주 24번을 참조하라.

기가 인식하는 것 주위에서 거의 지각되지 않을 정도로 진동하고 있는 것에 지나지 않기 때문이다. "모두가 다소 철학자이다"라는 천 년도 넘은 낡은 테마는 서구 역사에서 정확한, 할당 가능한 기능을 갖는다. 그것은 더도 말고 덜도 말고 인식에 대한 욕망을 인식 자체 안에 봉쇄하는 것이다.

2강. 1970년 12월 16일

인식과 진리의 함축 관계 해체를 분석하기 위하여 | 욕망, 진리, 인식이 하나의 이론적 구조를 이루는 아리스토텔레스의 체계에서 진리가 점하는 모호한 우위. 스피노자, 칸트, 니체가 이 체계성을 뒤집으려 하다 | 쾨니히스베르크의 '늙은 중국인'에게서 해방되기, 하지만 스피노자를 죽이기 | 니체가 진리와 인식의 귀속 관계를 걷어내다

지난주 나는 얼핏 아주 진부해 보이는 아리스토텔레스의 텍스트 [1]
를 하나 분석하려고 시도했다. 그 텍스트에서는 지식에 대한 욕망과 그것의 본성적 성격이 관건이었다. 그런데 용어들을 자세히 연구하면서 우리는 지식에 대한 이 본성적 욕망이 먼저 **쓸모없는 감각**에서 얻는 **즐거움**으로 표현됐음을 알게 됐다. 세 번의 이동은 두 가지 사실을 밝혀줬다.

1/ 욕망의 뿌리에는, 욕망이 표면화되어 작용하기 전에도, 인식이 있다. 그것은 물론 여전히 감각적인 인식이지만 이미-거기에 있는 인식이며, 욕망은 그것으로부터 전개될 수 있다.

그러므로 인식은 인식에 관한 욕망의 전제조건이다. 그리고 이 [2]
욕망 자체는 인식이 인식에 대해 행하는 일종의 지연과 다르지 않았다. 즉, 욕망은 인식을 지연시켜 인식의 진정한 본성인 관조에 단숨에 도달하게 만드는 유예와 상관관계를 맺는다.

2/ 하지만 이 세 번의 이동은 다른 것도 보여줬다. 우리가 아리스토텔레스의 텍스트에서 본 것은 실제로 다음과 같다.

— 감각은 인식의 정당한 예로 간주될 수 있다. 그 이유는 감각이 참에, 즉 고유한 성질을 갖는 사물 자체에 접근할 수 있다는 데

있다. 우리는 또한 다음의 사실을 봤다.

— 감각에서 어떤 형태의 즐거움$^{\alpha\gamma\alpha\pi\eta\sigma\iota\varsigma}$[agapēsis]을 얻을 수 있다면, 그것은 감각이 우리에게 관조의, 다시 말해 참 자체에 대한 인식의 앞선 형상으로 제시될 수 있기 때문이다.

[3]   우리는 마지막으로 다음의 사실을 봤다.

— 이 즐거움은 감각의 쓸모없음과 연결된다. 즉 감각이 단지 동물적 삶과 그것의 욕구에 복무하는 역할을 한 것이 아니라 진리에 그 자체로 접근할 수 있다는 사실에 연결된다.

요컨대 텍스트 아래에서 인식에 대한 일종의 본성적 욕망, 얼핏 보면 모든 인식에 앞서는 욕망이 논의되는데, 바로 그 텍스트 아래에 두 가지 조작이 있었던 것이다. 하나는 인식을 욕망 아래에 욕망의 원리 자체로 재도입하는 것이다. 다른 하나는 훨씬 더 은밀한 것으로서, 진리를 욕망과 인식 사이의 제3의 요소로 도입하는 것이다. 아리스토텔레스의 다른 텍스트들에서 발견되는, 삼중의 이동을 정당화하는 수단으로 보이는 모든 추론과 증거, 이 모든 텍스트들은 감각과 그것의 즐거움이 진리와 관계맺음을 전제한다.

인식에 대한 욕망 일반이 있고, 인식이 제 고유한 운동 내에서 욕망 같은 어떤 것을 낳을 수 있다면, 이는 모든 것이 이미 진리의 질서 속에서 전개되기 때문이다.

[4]   인식에 대한 욕망을 보증하고 근거 짓는 것으로서의 진리.

내 생각에 결국 가장 중요한 요점은 다음과 같다. 욕망에서 인식으로 가는 이행이 실현되려면 진리가 있고, 있어야 한다.

— 욕망에서 이미 진리가 문제가 되고 있기 때문에, 욕망은 인식에 대한 욕망일 수 있다.

— 거꾸로 진리와 맺는 관계가 근본적이기 때문에, 인식에 대한 욕망은 이미 그 자체로, 그 뿌리에 있어서 인식의 질서에 속한다. 마지막으로,

― 진리와 맺는 관계가 인식과 욕망 양자를 지배하기 때문에, 인식과 욕망은 하나의 동일한 주체만 가질 수 있다. 인식의 주체와 욕망의 주체가 동일한 것으로 간주될 수 있는 까닭은 그것들이 진리와 동일한 관계를 맺기 때문이다.

따라서 진리는 세 가지 역할을 한다. 진리는 욕망에서 인식으로 가는 이행을 보장한다. 진리는 반대로 그리고 거꾸로 욕망에 대한 인식의 선차성을 정초한다. 진리는 욕망하는 주체와 인식하는 주체의 동일성을 야기한다.

바로 이것, 욕망 및 인식과 관련해 진리가 하는 작용이야말로 [5] 이 모든 체계성의 강력한 계기를 구성하는 것이다.

서양 철학에서 프리드리히 니체 전까지 욕망과 의지가 인식에 대한 종속에서 헤어나지 못했던 것도, 인식에 대한 욕망이 늘 인식의 선행성에 의해 배가됐던 것도, 진리와 맺는 이 근본적 관계 탓이다.

베네딕투스 데 스피노자는 거기서도 극한까지 갔다고 말할 수 있다. 이 이론적 구조의 가장 높은 지점까지, 그 구조에서 빠져나와서 그것을 뒤집을 정도로 가장 가까이.

『지성 교정론』의 서두를 [보자]. ["…… 참되고, 알려질 수 있으며, 영혼이 다른 모든 것을 포기하면서 그것에 의해서만 움직여질 수 있는 선 같은 것이 있는지, 그것을 발견하고 획득함으로써 지속적이고 지고한 기쁨을 영원히 누릴 수 있는 선 같은 것이 있는지 찾기로 결심했다."*]1) 여기서는 아리스토텔레스에서처럼 인식에 대한 욕망이

---

* 강의원고에는 위 인용구가 들어 있지 않다.

1) Benedictus de Spinoza, "Traité de la réforme de l'entendement"(1677), Œuvres, t.1, trad. et annot. Charles Appuhn, Paris: Garnier, 1929, §1, p.224. 푸코가 주해를 달아 놓은 판본은 1950년대의 것 같다(본서 1강[1970년 12월 9일]의 각주 9번 참조).

문제가 아니라 행복에 대한 욕망이 문제이다. 영원한 행복, 그 무엇으로도 손상될 수 없는 행복(이 행복이 인식의 영역에 속하리라는 이야기는 아직 전혀 나오지 않았다). 그런데 이 행복 속에서, 오히려

[6]   이 행복을 찾을 수 있는 조건에 대한 검토 속에서, 이 행복의 불확실성 내지 확실성에 대한 검토 속에서 참된 관념, 참된 관념에 고유한 행복이 (이 탐구 자체의 작용을 통해) 발견된다. 바로 거기에서 인식을 추구하려는 결심이 전개된다. 진리는 인식과 인식에 대한 욕망을 모두 정초하는 것으로 지명된다. 진리로부터 다른 모든 요소들이 전개되고 정렬된다.

우리는 여기서 아리스토텔레스의 텍스트의 외관상의 배치가 모두 뒤집어지는 것을 볼 수 있다. 여기에는 행복과 참된 관념의 일치가 있다. 그로부터 인식에 대한 의지와 인식이 전개된다. 아리스토텔레스에게는, 별로 쓸모없는 감각의 작은 행복으로 조심스럽게 표명된, 인식에 대한 본성적 욕망이 있다. 하지만 아리스토텔레스의 텍스트가 유지될 수 있으려면 관조(참에 대한 관조, 그리고 관조적 행복)가 이미 모습을 드러내고, 관조가 잠재적으로나마 감각적 행복과 인식에 대한 욕망에 새겨질 필요가 있었다.

스피노자는 고전 형이상학을 가능케 했던 것을 분명하고 조리있게 지명한다.[2]

[7]   바로 이 의지-인식-진리 관계가 니체에게 문제가 된다.[3]

---

2) 자신의 판본에서 아퐁은 이렇게 강조한다. 스피노자에 따르면 지식은 스토아적 관조가 아니라 능동적이고, 데카르트적이며, 베이컨적이다. 그것은 사물, 신체, 영혼을 변형한다. 현자는 거대한 전체에 흡수되는 것이 아니라 그것을 자신과 동화시키려 한다. [즉] 사유에 의한 참의 발생.

3) "나는 몹시 놀랐고 완전히 매혹됐다네. 내게 **선구자**가 있다네, 그것도 얼마나 놀라운 선구자인가! 나는 스피노자를 거의 모르고 있었지. 이제야 스피노자를 읽어보려고 했다니, 그것은 본능이라네. 먼저 스피노자 철학의 전체적인 경향은 나와 같다네. 즉 인식을 가장 강력한 정념으로 만드는 것일세. 이어서 스피노자의 교의의 다섯

어림잡아 보면, 니체의 텍스트는 인식의 형식과 인식의 법에서 인식에 대한 욕망을 해방하려는 시도로 읽을 수 있다(그리고 [그렇게] 읽혀야 한다).

a – 인식의 뿌리에, 인식이 돌발하는 역사적 지점에, 욕망이 있음을 보이는 것이 중요하다. 그리고 이 욕망이 인식과 근친 관계가 없음을 보이는 것이 중요하다. 목적의 수준에서도 근친 관계가 없고 기원이나 본성에서도 근친 관계가 없다.

기원의 근친 관계가 전무하다. 말하자면, 인식한다는 것은 살아간다는 것이기 때문이다. 인식한다는 것은 움직이도록 떠밀리는 것이기에 싫어한다는detestari 것이다. 목적의 수준에서 소속 관계가 전무하다. 우리는 지배하고 이기기 위해 인식하는 것이지 인식하기 위해 인식하는 것이 아니기 때문이다.

b – 또한 인식의 역사를 통틀어 인식의 발전을 이끈 것은 인식   [8]
된 내용의 내적 필연성도 아니고 인식 형식의 이념적 발생도 아닌, 의지의 어떤 규칙, 즉 금욕주의임을 보이는 것이 중요하다.

c – 마지막으로 인식 행위의 배후에서, 의식의 형식을 따라 인식하는 주체의 배후에서 본능들, 부분적 자아들, 폭력들, 그리고 욕망들의 투쟁이 전개됨을 보이는 것이 중요하다.

물론 이 모든 것은 니체의 텍스트에서 풍부하게 발견된다.[4) 하   [9]

가지 점에서 나는 나 자신을 발견했네……. 스피노자는 자유의지, 목적론, 우주의 도덕적 명령, 비이기적인 것, 악을 부인했지"(1881년 7월 30일 실스-마리아에서 프리드리히 니체가 프란츠 오버베크에게 보낸 우편엽서[편지 147]). Georges Walz, éd., *La Vie de Frédéric Nietzsche d'après sa correspondance*, Paris: Rieder, 1932. 재인용.

4) 본서의 「강의요지」에서 푸코는 『즐거운 학문』(1883)만 언급한다. Michel Foucault, "Résumé du cours," *Leçons sur la Volonté de Savoir: Cours au Collège de France, 1970-1971*, éd. s. dir. François Ewald et Alessandro Fontana, par Daniel Defert, Paris: Gallimard/Seuil, 2011, p.219. [본서의 「강의요지」, 310쪽.] 푸코의 [강의를 위한] 준비 노트는 『인간적인 너무나 인간적인』(1878~79)을 참조한다. 하지만 푸코는

지만 인식의 저편으로 넘어가기 위한 이 모든 노력, 인식의 한계를 뛰어넘고 인식 바깥에 위치하고자 하는 이 노력, 이 노력은 크게 위협받으며 불안정하게 머물 위험이 있다.

사실, 인식의 이 저편을, 이 외부를 어떻게 인식할 수 있을까? 인식 바깥의 인식을 어떻게 인식할까? 인식 바깥의 진리를 전제해야 할까? 인식의 한계를 바깥에서 정의하기 위해 우리가 의거해야 하는 그런 진리를 전제해야 할까? 우리가 그것에서 빠져나와야 하는 이 인식에 의거하지 않고서 우리는 어떻게 이 진리에 접근할 수 있을까?

혹은 우리가 인식에 대해 말하는 것은 참이지만 인식의 내부에서만 그럴 수 있거나. 혹은 우리는 인식 바깥에서 말하지만 우리가 말하는 것이 참임을 긍정해주는 것이 아무것도 없거나.

니체의 담론의 경계에서, 그 담론 위로 임마누엘 칸트가 여전히 고개를 내밀고 위협하는 모습이 보인다.5)

[10]　　칸트의 딜레마는 피할 수 없다. …… 하지 않는 한. 진리와 인식의 소속 관계가 걷어내어지지 않는 한. 인식 활동이 본성적으로,

---

1950년대 이래로 니체의 텍스트 전체에 노트를 했다. 「진리와 법적 형태들」에서 푸코는 "완전히 칸트주의로, 적어도 완전히 신칸트주의로" 출간된 「비도덕적 의미에서의 진리와 거짓에 관하여」(1873)를 언급한다. 이 논문은 여기에 나온 푸코의 고찰의 출발점이 됐을 것이다. Michel Foucault, "La Vérité et les formes juridiques" (1974), *Dits et Écrits*, t.2: 1970-1975, éd. Daniel Defert et François Ewald, avec collab. Jacques Lagrange, Paris: Gallimard, 1994, pp.538~646(543쪽 이하); rééd., t.1: 1954-1975, Paris: Gallimard, 2001, pp.1406~1490(1410쪽 이하).

5) "형이상학자들. 나는 근대 철학의 가장 큰 불행인 칸트에 대해 말한다." Friedrich Nietzsche, *Œuvres philosophiques complètes*, t.14: Fragments posthumes (début 1888-début janvier 1889), éd. Giorgio Colli et Mazzino Montinari, trad. Jean-Claude Hémery, Paris: Gallimard, 1977, p.283. [백승영 옮김, 『유고(1888년 초~1889년 1월 초)』, 책세상, 2004, 413쪽.]

또는 운명적으로, 또는 기원적으로 참을 인식하는 것과 다르지 않은 한. 참이 인식에 주어지는 것(또는 거부되는 것)과 다르지 않은 한. 참이 인식과 더불어 (인식이 참에 도달한다고, 혹은 참이 어쩔 수 없을 정도로 인식에서 분리되어 있다고 말할 수 있게 해주는) 공통의 장소를 갖는 것과 다르지 않는 한.

진리와 인식이 정당한 권리로 서로가 서로에게 소속되지 않을 때만 우리는 인식할 수 없는 [그리고] 동시에 알려지지 않은* 진리의 역설에 빠지지 않고 인식의 저편으로 넘어갈 수 있을 것이다.

(칸트와[의] 차이:

관념학idéologie

— 도달할 수 없는 진리

— 그리고 제한된 인식.)

내 생각에 욕망, 본능, 인식에 대한 의지(이것들은 인식 자체로 [11] 환원될 수 없다)에 관한 니체의 모든 분석은 진리와 인식의 함축 관계를 해체할 수 있게 해주는 작업에 의해 배가된다. 인식에 대한 욕망을 인식으로 환원한 아리스토텔레스가 인식과 진리의 인척 관계를 소리 없이 이야기했던 것처럼 말이다.

오늘 저녁에는 진리와 인식의 이 함축 관계 해체(인식에 대한 의지를 분석하기 위한 가능성의 조건이자 실마리)에 대해 분석해보고 싶다. 하지만 시작하기 전에 두 가지를 지적하자.

a – 은밀하게 수행된 이 작업은 니체가 인식 저편으로 넘어가 인식을 비판하기 위해 과학(생물학, 역사, 문헌학)[6]에서 대거 차용

---

* 강의원고에는 "인식할 수 없는 [그리고] 동시에 알려지지 않은"(à la fois inconnaiss-able [et] inconnue)이 아니라 "인식할 수 없는 동시에 알려지지 않은"(à la fois incon-naissable inconnue)이라고 되어 있다.

6) 샤를 앙들레는 자신의 저서에서, 니체가 이 다양한 분야에서 연구한 저자들을 상기한다. Charles Andler, *Nietzsche, sa vie et sa pensée*, t.6: La Dernière Philosophie de

한 지식 내용을 사용할 때 보여준 대담함과 순진함을 설명해줄 수
[12] 있다. 지식 내용을 이렇게 쓰는 것은, 만일 그 사용과 동시에 인식
과 진리의 함축 관계 해체가 작동하지 않거나, 오히려 그 사용 자
체가 그 자체로 인식과 진리의 함축 관계를 해체하지는 않은 채 다
른 방향으로 진행될 때, 곧바로 비판 대상이 될 수 있다.

　　니체의 실증주의는 극복해야 할 니체 사유의 한 계기가 아니
다. 니체의 실증주의는 어쩌면 위에서 내려다보면서 그 깊이를 파
악해야 할 피상적 수준이 아니다. 그것은 직각을 이루는 두 방향에
따른 비판 행위이다. 하나는 인식 바깥을 향하고, 다른 하나는 인
식과 진리의 비장소를 향한다.7) 따라서 이 실증주의를 암시적 간
과법逆言法으로 다루거나 조심스럽게 다뤄서는 안 된다. 이 실증주
의적 비판 안에서 중요한 일이 일어날 것이다.

　　b – 두 번째 지적으로 말할 것 같으면, 그것은 니체와 칸트, 니
체와 스피노자의 관계와 관련 있다. [니체에게] 칸트는 위험, 미세
한 일상의 위기이다. 칸트는 함정들로 이뤄진 망이다. 스피노자는
위대한 타자, 유일한 상대이다.

[13]　　칸트는 모든 인식 비판에 쳐진 함정이다. 칸트는 이렇게 단언
한다. 우리는 저편으로 절대 넘어갈 수 없을 것이다. 저편으로 넘
어가면 진리를 놓치게 될 것이다. 우리가 취할 담론은 불가피하게
독단론인데, 왜냐하면 독단론은 진리의 인식을 수중에 갖지 않고
서도 스스로에게 그것[진리의 인식]을 보장하면서 자신을 참으로
제시하기 때문이다.8)

　　Nietzsche. Le renouvellement de toutes les valeurs, Paris: Bossard-Gallimard, 1931.
푸코는 여기서 십중팔구 현대 역사가들의 작업에 주어진 기능을 떠올린다.
7) 니체의 기획의 의미를 논하는 이 모든 토론은 마르틴 하이데거의 텍스트 『사유란
무엇인가?』에 맞서는 것이다. [본서 1강(1970년 12월 9일)의 각주 11번을 참조하라.]
8) "'참된 세계'는 이를 수 없고 증명할 수 없으며 기약도 할 수 없다. 하지만 이미 위안

그러나 스피노자, 그는 상대이다. 『지성 교정론』부터 『윤리학』
의 마지막 명제까지 진리와 인식이 참된 관념의 형식에 속함을 지
명하고 정초하고 연장한 것은 바로 그 사람이니 말이다.

니체가 보기에 스피노자는 탁월한 철학자이다. 진리와 인식을
가장 엄밀한 방식으로 연결한 것이 바로 그이기 때문이다. 칸트의
함정에서 벗어나기 위해서는 스피노자를 죽여야 한다. 비판에서
벗어나려면, "쾨니히스베르크의 늙은 중국인"9)에게서 벗어나려
면 진리와 인식의 이 소속 관계를 해체하는 수밖에 없다. 스피노자
는 이 소속 관계에 자신의 이름을 남길 권리를 갖고 있다. 왜냐하
면 그 소속 관계를 처음부터 끝까지, 첫 번째 공리에서부터 마지막
결론까지 사고했던 사람이 바로 그이기 때문이다.

으로서, 의무로서, 명령으로서 생각되고 있다([그 세계는] 근본적으로는 옛 태양과 같
은 것이지만, 이제 안개와 회의를 통과한다. 그 이념은 숭고하고 창백하며 북방적이고
쾨니히스베르크적이 됐다)." Friedrich Nietzsche, *Le Crépuscule des idoles*, éd. et trad.
Henri Albert, Paris: Mercure de France, 1943, pp.133~134. [백승영 옮김, 「우상의
황혼」, 『바그너의 경우 외』, 책세상, 2002, 103쪽(「어떻게 '참된 세계'가 결국 우화가 되
어버렸는지」, §3).]

또한 다음의 언급을 참조하라. "칸트의 비판주의의 부패한 오점은 조잡한 눈에
도 서서히 인식될 수 있는 것이 되고 있다. 칸트는 '현상'과 '물자체'를 구별할 권리
를 더 이상 갖고 있지 않았다. 칸트는 현상으로부터 현상의 **원인**에로 추론하는 것을
허락하기 어려운 일이라고 거부하고 있었기 때문에 이 낡은 구별을 계속 유지할
권리를 손수 포기하고 있었던 것이다. 이것은 인과성에 순전히 **현상 내적인** 가치를
부여한다는 칸트 자신의 생각에 어울리는 것이다." Friedrich Nietzsche, *La Volonté
de puissance*, t.1, éd. et trad. Geneviève Bianquis, Paris: NRF/Gallimard, 1947, livre
I, chap.2, §168, p.90. [강수남 옮김, 『권력에의 의지』, 청하, 1988, §553, 340쪽; 이진우
옮김, 『유고(1885년 가을~1887년 가을)』, 책세상, 2005, 231~232쪽.]

9) 사실 니체는 칸트를 "쾨니히스베르크의 위대한 중국인 …… 그 자신이 위대한 비판
가"로 지칭한다. Friedrich Nietzsche, *Par-delà le bien et le mal: Prélude d'une philo
-sophie de l'avenir*, éd. et trad. Henri Albert, Paris: Mercure de France, 1948, §210.
[김정현 옮김, 「선악의 저편」, 『선악의 저편/도덕의 계보』, 책세상, 2002, 187쪽.] 푸코
는 「진리와 법적 형태들」(앞의 각주 4번 참조)에서 니체와 칸트의 관계로 돌아간다.
그 논문은 이 강의의 주요 테마들을 반복한 것이다.

[14]   스피노자는 칸트의 조건이다. 우리는 스피노자에게서 해방된 이후에야 칸트에게서 벗어날 수 있다.[10] 회의주의자들의 순진함, 신칸트 학파의 순진함,[11] 비판에서 출발해 스피노자에게서 벗어날 수 있다고 믿었던 칸트 자신의 순진함.[12] 스피노자에게 의지해 철학 담론의 관념론에서 벗어날 수 있다고 믿는 자들의 순진함.[13]*

10) 특히 다음을 참조하라. Nietzsche, *Le Crépuscule des idoles*, p.140. [「우상의 황혼」, 109쪽("반자연으로서의 도덕," §4)]; *Par-delà le bien et le mal*, §21. [「선악의 저편」, 41~43쪽.]

11) 철학사에 대한 이런 개관은 『칸트와 형이상학의 문제』(1929)의 하이데거와 신칸트 학파를 가르는 해석을 가리키는 것 같다. 이에 대해서는 다음을 참조하라. Jules Vuillemin, *L'Héritage kantien et la révolution copernicienne*, Paris: PUF, 1954.

12) 특히 다음을 참조하라. Immanuel Kant, "Kritik der Urteilskraft"(1790), *Kant's ge-sammelte Schriften*, Bd.20, Berlin: Walter de Gruyter, 1942, §72, 73, 80. [백종현 옮김, 『판단력 비판』, 아카넷, 2009, 448~452, 452~456, 485~490쪽.]

13) 이 암시는 루이 알튀세르를 겨냥한 것일 수 있다. 알튀세르는 이 강의에서 여러 차례 암묵적으로 언급된다.

 * 엘렌 폴리티스가 강의 중에 필기한 노트에서는 여기서부터 니체에 대한 긴 설명이 시작된다. 그 설명은 이어진 12월 23일의 강의에서도 계속된다. 강의원고에는 그 설명[그리고 12월 23일의 강의]이 더 이상 나오지 않는다. 그 설명의 주요 얼개는 아메리카 대륙[캐나다]에서 했던 강의에서 발견된다. 본서에 부록으로 수록된 「니체에 관한 강의」(279~305쪽)를 참조하라.

3강. 1971년 1월 6일*

소피스트들**: 그들의 등장과 배제 | 진리와의 관계에서 본 아리스토텔레스의 철학사. 철학 담론은 시학 담론과 지위가 같을 수 없다 | 아리스토텔레스가 수세기 동안 통용될 철학의 역사적 존재 방식을 설정하다 | 소피스트들을 배제함으로써 가능해진 철학의 존재 | 소피스트라는 인물. 궤변이라는 기술 | 궤변술은 단어의 물질성을 변조한다 | 소피스트 배제에서 플라톤과 아리스토텔레스가 맡은 상이한 역할

나는 두 가지 분석 모델에서 출발했다. (내가 보기에 철학 전통을 특 [1]
징짓는 듯한) 한 모델에서, 지식의 의지는 자신이 전개할 사전事前의
인식 안에서 시차時差이자 내적 유예로서 파악된다.

다른 모델에서, 인식 활동은 그 자체로 인식에 속하지 않는 과
정의 표면에서 일어나는 순수 사건으로 분석되어야 한다.*** 이 사
건들의 집합을 지식이라 부르자. 인식(즉, 주체-객체 관계)으로 말
하면, 그것은 인식 활동 안에서 일어나는 효과일 것이다. 피할 수
는 없었지만 필연적이지 않을 수도 있는 효과. 마지막으로 진리는
정당한 권리를 갖고서 인식에 연결된 것이 아니다. 진리와 인식은
서로 상대의 전거가 되는 동시에 서로를 배제하는 관계에 있다.

---

* 12월 23일의 강의와 관련해서는 본서 2강(1970년 12월 16일)의 마지막 각주를 참
조하라. 또한 본서의 부록인 「니체에 관한 강의」(279~305쪽)를 참조할 것.
** 강의원고상의 제목. 텍스트에 '[Les] Sophistes'의 첫 글자가 대문자로 표기되어 있
었기에 그대로 따른다.
*** 이 분석은 본서의 「니체에 관한 강의」에서 발전된다.

[2]   그러므로 기획은 이렇다. 주체와 객체 체계(인식 이론)에 준거하지 않고, 지식의 사건들과 그 사건들 안에서 일어나는 인식 효과에 관계하는 역사연구를 수행할 수 있을까? 인식을 형식이나 능력으로 사전에 설정하고서, 이 능력을 현실화하거나 경우에 따라서는 그 능력의 형식을 변경할 수 있는 특이한 행위[1]를 지식의 사건으로 설정하는 전통적 짜임새를 뒤집을 수 있는 가능성을 가늠하는 것이 문제이다.

바로 이것이 소피스트들과 관련해 내가 우선 하고 싶은 것이다. 소피스트들이 등장했다가 배제된 과정을 지식의 사건으로, 그러니까 어떤 진리 언명 유형을 야기하고, 나중에 규범적 형식이 되는 어떤 인식 효과를 야기한 사건으로 분석하기.

[3]   방법의 문제는 일단 내버려두겠다. 첫 번째 조사를 마치고 나서 그 문제로 돌아갈 것이다. 오늘은 이 분석을 위한 출발점으로서 궤변술의 역사의 귀결점으로 보이는 것을 다뤄보고 싶다. 그 귀결점을 궤변술의 배제 행위라고 [부를] 수도 있겠다.

거기서 출발하고 나서 궤변술 자체로 거슬러 올라가볼까 한다.

이 배제 행위를 플라톤에서, 심지어 『소피스트』(이 저작은 소피스트의 정의를 제공한다)에서 찾을 게 아니라 아리스토텔레스[2]에서 찾아야 한다고 생각한다. 『소피스트적 논박』에서, 그리고 『분석론』과 『형이상학』의 몇몇 구절에서 말이다.

---

1) 지식과 인식의 구분에 관해서는 다음을 참조하라. Michel Foucault, "VI. Science et savoir"(IV), *L'Archéologie du Savoir*, Paris: Gallimard, 1969. [이정우 옮김, 「6) 과학과 지식」(4장), 『지식의 고고학』(개정판), 민음사, 2000.]

2) 외젠 뒤프레엘에 이어 피에르 오방크는 소피스트적 추론(소피스트적 논박) 연구에 아리스토텔레스의 논리학과 존재론 이해를 위한 중요한 자리를 부여했다. 푸코는 자신의 논거 전반부에서 오방크를 따르는 듯하다. Pierre Aubenque, "Être et langage"(chap.II), *Le Problème de l'Être chez Aristote*, 2ᵉ éd., Paris: PUF, 1966.

이 배제 행위를 평가하자면 『형이상학』의 다음 구절에서 출발 [4] 해야 할 것 같다.

"…… 궤변술은 겉모양은 철학처럼 보이지만 실제로는 그렇지 않다"……ἡ δὲ σοφιστικὴ φαινομένη, οὖσα δ'οὖ[hē de sophistikē phainomenē, ousa d'ou] (Γ, 2, 1004b27).3)

그리고 좀 더 위, 즉 A권에서 아리스토텔레스가 선행 철학자들에 대해 [했던] 분석들과 이 구절을 곧장 비교해봐야 할 것 같다.

『형이상학』 A권에서 플라톤이나 플라톤 이전의 선대 철학자들이 어떻게 분석됐을까?

알다시피 아리스토텔레스는 자신의 고유한 원인론을 확증하려 한다. 자기보다 앞선 철학자들이 [질료인, 형상인, 목적인, 작용인 이외의] 다섯 번째 원인을 찾았다면 아리스토텔레스 자신이 틀린 것이다. 그들이 그것을 발견하지 못했다면 아리스토텔레스 자신의 신념이 확증되는 것이다.

따라서 철학자들은 이미 어느 정도로 진리의 요소 안에 있다. [5] 하지만 철학자들은 어떻게 진리의 요소 안에 있을까? 이 모든 상이한 철학 담론들은 진리와 무슨 관계를 맺을까?

1/ 우선, 각 철학은 저마다 하나 또는 여러 요소들을 진리(원인, 제1본성, 실체 또는 우연적 속성)의 요소로 파악하기 때문에 다른 철학과 구별된다. 각 철학은 진리와 상이한 관계를 맺음으로써 자신의 독특한 정체성을 갖는다(탈레스는 물을 질료인으로 지명했고, 아

---

3) Aristote, *La Métaphysique*, t.1, éd. et trad. Jules Tricot, Paris: J. Vrin, 1948, livre Γ, 2, 1004b27, p.117. [조대호 옮김, 『형이상학』, 도서출판 길, 2017, 136쪽.]

낙사고라스는 작용인을 찾았다). 간단히 말해 진리와 어떤 관계를 맺느냐가 한 철학의 형상인을 구성한다.

2/ 그 다음, 한 철학의 고유한 발전이나 한 철학에서 다른 철학으로 가는 이행은 진리에 의해 강제된다.

"이렇게 철학자들이 앞으로 나아가며 사실 자체가 그들에게 길을 터놓고 탐구의 길로 그들을 함께 내몰았다"([A, 3,] 984a18-20).[4]

"이 사람들과 그런 종류의 원리들 다음으로, 이것들이 사물들의 본성을 발생시키기에는 충분하지 못했기 때문에, 철학자들은 다시 …… 진리 자체의 힘에 강제로 이끌려 또 다른 원리를 찾게 됐다" (헤라클레이토스의 불이라는 원리, 아낙사고라스와 클라조메나이의 헤르모티모스의 Νοῦς[Nous/지성])([A, 3,] 984b7-11).[5]

[6]   진리는 철학 담론에서 변화나 운동의 작용인이라고 하겠다.

3/ 하지만 더 있다. 철학의 대상은 제1원리이며, 이미 초기 철학자들은 제 나름대로 제1원리를 찾았다. 그렇지만 [『형이상학』의] 한 구절은 우리에게 다음을 알려준다.

"영원한 존재들의 원리들은 필연적으로 가장 참일 수밖에 없다. 그것들은 한때만 참인 것은 아니며, 또 그것들의 있음의 원인이 되는 어떤 것도 있지 않고, 그것들이 다른 것들에 대해 그 있음의 원인이 되기 때문이다. 그러므로 각 사물들에 있어서 그것의 있음의 정도와 진리의 정도는 서로 상응한다"(α, 1, 993b26-32).[6]

---

4) Aristote, *La Métaphysique*, t.1, livre A, 3, 984a18-20, p.16. [『형이상학』, 44쪽.]

5) Aristote, *La Métaphysique*, t.1, livre A, 3, 984b7-11, p.17. [『형이상학』, 46쪽.]

사물들의 원리를 진술하며, 철학자들은 존재 자체를 진술한다.

진리는 철학의 질료인이라고 말할 수 있다. 철학에서 진술된 원리는 그 자체로 가장 많은 존재와 가장 많은 진리를 갖는 것이다.

4/ 마지막으로, 철학은 필요가 아니라 경이에서 생겨난 학문임을 잊지 말자.7) 경이는 제 자신의 무지를 깨닫게 해주고, 인식의 효과에 의해서만 그리고 인식의 선善을 위해서만 무지에서 벗어나고 싶게 만든다.

> "초기 철학자들이 …… 무지를 피하기 위해서 철학을 시작했다면, 그들은 분명히 인식 때문에 학문을 추구한 것이지 유용성 때문에 그렇게 한 것이 아니다"(A, 2, 982b19-22).8)

진리는 철학의 목적인이다(게다가 α, 1, 993b21에서 분명하게 말하듯,† 이론적 학문의 목적은 진리이다). [7]

이런 조건에서 철학이 어떻게 참이 아닐 수 있을까? 철학이 어떻게 오류를 포함할 수 있을까? 서로 양립할 수 없는 철학들이 어떻게 있을 수 있을까?

아리스토텔레스는 그 이유를 이렇게 말한다. 철학자들은 "마치 훈련이 안 된 사람들이 전쟁터에서 하는 것과 같은 행태를 보여줬다. 그들은 좌충우돌 가끔 멋진 타격을 가하긴 하지만, 학문적 인식에 의거해서 그렇게 하는 것은 아니다"(A, 4, 985a14-16).9)

---

6) Aristote, *La Métaphysique*, t.1, livre α, 1, 993b26-32, p.61. [『형이상학』, 85쪽.]

7) "사태가 정말 그런지 의아하게 생각함(驚異)." Aristote, *La Métaphysique*, t.1, livre A, 2, 983a13, pp.10~11. ["모든 사람은 사물들의 존재 방식에 대한 놀라움에서 출발……." 『형이상학』, 40쪽.]

8) Aristote, *La Métaphysique*, t.1, livre A, 2, 982b19-22, p.9. [『형이상학』, 38쪽.]

† 아리스토텔레스, 『형이상학』, 84쪽.

철학자에게 부족한 것은 자신을 이끄는 동시에 강제하는 이 원리들에 대한 학문, 이 진리에 대한 학문이다. 철학자에게 부족한 것은 제1원리들과 네 가지 원인들에 대한 체계였다.

철학자는 진리 안에 있다. 철학자는 정당한 권리를 갖고서 처음부터 진리 안에 있다. 진리는 철학자가 말하는 것 안에 실체로서 현존한다. 진리는 철학의 발전에 작용인으로서 작동한다. 진리는 각 철학의 독특성에 형상을 부여한다. 진리는 철학자가 논하는 모든 주제에서 목적 구실을 한다. 철학자는 진리의 네 가지 인과성의 지도를 받는다.

[8]   이 모든 초창기 철학들을 둘러싼 우연, 미망, 침묵의 여백이 있다. 이 철학들은 자신들의 네 가지 원인 노릇을 하는 진리의 필연에 붙들려 있다. 하지만 이 철학들은 이 네 가지 원인을 인식하지 못했기에 알지도 못하고 바라지도 않고서 네 가지 원인에 대해 말했다. 닥치는 대로 응전할 뿐 자신들을 끌고 가고 에워싸는 전장의 전략도 이해하지 못한 풋내기 병사들이 [그렇듯*] 말이다. 거기서 화살과 문의 유명한 은유가 나온다.

"진리가 …… '누가 도대체 화살로 대문을 못 맞추랴?'란 속담을 말할 때와 사정이 같다면"(α, 1, 993b3-5).10)

하지만 대단히[그토록] 넓은 과녁에 화살을 꽂지 못할 일이 없다면, 우리가 이 지점이나 저 지점을 맞추는 것은 순전히 우연에 따른 셈이다.

---

9) Aristote, *La Métaphysique*, t.1, livre A, 4, 985a14-16, p.20. [『형이상학』, 48쪽.]
  * 강의원고에는 '그렇듯'(tels)이 아니라 '처럼'(comme)이라고 되어 있다.
10) Aristote, *La Métaphysique*, t.1, livre α, 1, 993b3-5, p.60. [『형이상학』, 83쪽.]

결 론

아리스토텔레스는 철학사를 진리의 요소 안에서 이뤄지는 강제이자 우연의 운동으로 이야기한다. 진리의 요소는 그 운동 속에서 표명되는 동시에 감춰져 있다. 이 철학사는 그 독특성에 있어서 세 가지 중요성을 갖는다.

1/ 아리스토텔레스는 철학 담론을 몇몇 해석 및 분석 기술에서 떼어낸다. 그리하여 아리스토텔레스는 이 해석 및 분석 기술에 속하는 다른 모든 담론에서 철학 담론을 분리한다.

　　a – 진리가 철학자에 의해 말해진 동시에 말해지지 않았다고(말더듬기의 방식으로 말해지고 말해지지 않았다고) 이야기하면서, 아리스토텔레스는 문법학자들이 시인들을 주해할 때 유행했던 해석 방법에 훨씬 더 가까이 간다. 호메로스가 네스토르나 오뒷세우스 같은 인물 아래 의도적으로 감췄던 것을 가리키는 상징 방법 내지 우의적 방법 말이다.[11]

　　하지만 차이가 있다, 그것도 중요한 차이가 있다. 아리스토텔레 [10] 스의 관점에서는 말해진 것과 말해지지 않은 것의 애매함, 철학자의 발언에서 진리가 감춰진 동시에 현존하도록 만드는 이 공백 없는 거리, 그림자인 이 빛은 신탁처럼 [진리를] 의도적으로 감추거나 신중하게 유보한 효과에 지나지 않는다. 철학자들이 진리를 이야기하지 않는다면, 그 이유는 그들이 인자해서 진리의 끔찍한 얼굴로부터 인간들을 보호하고 싶어 해서가 아니라, 자신들에게 어떤 지식이 결여되어 있어서이다.

---

11) 히피아스(A, 10)와 안티폰(A, 6)에게 오뒷세우스는 꾀바름의 표상이었고 네스토르는 지혜로움의 표상이었다. 히피아스와 안티폰은 트로이에서 웅변술을 기초했다고 가정되곤 했다. *Grammatici Graeci*, éd. Richard Scheider, Gustav Uhlig, et Alfred Hilgard, Leipzig: [s.n.,] 1878~1910; réimpr. Hildesheim: Georg Olms, 1965.

다음의 사실을 곧바로 덧붙여야 한다. 이 결여는 몇몇 주석가들(특히 소피스트들)이 시인들을 비난할 때 근거로 들었던 무지에 속하는 것도 아님을. 아리스토텔레스의 분석에 따르면 철학자는 지식/비-지식의 차원에 있다. 그것은 비밀의 차원도 아니고 무지의 차원도 아니다. 그것은 이중적 태도로도, 인식의 결함으로도 규정될 수 없는 차원이다. 거기서 관건은 진리와의 관계 맺음 자체를 구성하는 어떤 결여이다. 철학자가 발설하는 진리는 그가 말하지 않거나 말할 수 없는 것으로 결정된다.

[11] 철학 담론은 우의적 주해에서 벗어나는[만큼] 실증주의적 비판에서 벗어나야 한다. 철학 담론은 시학 담론과 더 이상 지위가 같을 수 없다.

b – 모든 철학 담론에 존재하는 개별 작업의 우연, 미망, 이어서 진리의 강제, 진리가 부과하는 법칙, 진리가 그리는 여정 사이의 어떤 작용을 제시하면서, 아리스토텔레스는 철학 담론을 여하한 정치적 유형의 파악 방식에서 (또는 그때까지만 해도 희랍사에서 그와 별반 다르지 않던, 사법적 파악 방식이나 수사학적 파악 방식에서) 떼어낸다.

철학자가 자신의 철학 담론에서 무슨 말을 하든, 설령 그가 덕이 모자란 사람이든 불량 시민이든, 어쨌든 그 철학자는 진리 안에 있을 것이다. 뭔가 진리 같은 것이 철학자의 담론에 등장할 것이다. 반대로 철학자의 담론은 결코 진리의 역사에서 완전히 없어지지도 완전히 사라지지도 않을 것이다. 어느 식으로든 철학자는 진리의 역사 속에서 무한정 자신을 반복할 것이다. 철학자는 우리가 완전히 쫓아낼 수 없는 자, 우리가 완전히 소멸시킬 수 없는 자이다. 철[12] 학의 도편추방은 없다. 연설이 철학자를 누르고 승리를 거둘 수 있고, 철학자가 시합에서 패할 수 있으나, 이 승리나 시합은 철학자의 담론에서 발설되는 진리의 몫을 전혀 타격하지 못한다.

물론 철학자는 이제 헤시오도스가 말하던 θεῖος ἀνήρ[theios anēr/훌륭한 사람]가 아니다.12) 정당한 권리를 갖고서 해야 할 바(해야 할 바=참이자 정의)를 말하던 자가 아니다. 그렇다고 수사적이고 정치적인 ἀγών[agōn/경쟁]의 인간도 아니다.

철학자는 진리에 관해 자신이 말하지 않았던 것에 늘 지배되지만 결코 패하지도 배제되지도 않는다. 『형이상학』에서 신화적이자 합리화된 철학사를 말하는 가운데 아리스토텔레스는 진리가 원인이거나 진리가 문제가 되는 담론을 다른 담론 실천에서 고립시켜 게임 바깥에 제쳐둔다. 아리스토텔레스는 그런 담론을 시학적이고 신화적인 말에서 근본적으로 떼어낸다. 아리스토텔레스는 그런 담론을 수사적이고 정치적인 토론에서도, 플라톤에게서는 [철학 담론이] 부분적으로 여전히 가담했던 그런 토론에서도 떼어낸다. 아리스토텔레스에게 철학 담론은 다른 담론에서 그와 동등하거나 유사한 것을 찾을 수 없는 역사적 연쇄와 귀속의 방식을 뜻한다.

2/ 아리스토텔레스의 이 분석이 중요한 두 번째 이유는 그것이 수 [13]

---

12) θεῖος ἀνήρ는 제우스의 뜻을 밝히는 시인 같은 자이다. Hésiode, *Les Travaux et les Jours*, éd. et trad. Paul Mazon, [édition de référence,] Paris: Les Belles Lettres, 1928, v.293-294. [천병희 옮김, 「일과 날」, 『신들의 계보』, 도서출판 숲, 2009, 115쪽.] 여기에서 푸코는 다음의 책을 언급한다. Marcel Detienne, *Crise agraire et attitude religieuse chez Hésiode*, Bruxelles/Berchem: Latomus, 1963, pp.42~51. (푸코의 독서 카드에서 발췌한 노트: 헤시오도스의 시에 나타난 Ἀλήθεια[Alētheia/진리].) 이 분석은 다음에서 반복된다. Marcel Detienne, *Les Maîtres de vérité dans la Grèce archaïque*, préface de Pierre Vidal-Naquet, Paris: Maspero, 1967, p.25. ["시인은 늘 무사 여신들에게 영감을 받는 자이다. 시인이 부르는 노래는 그 여신들이 그에게 들려준 경이로운 송가이다. 점쟁이-예언자로서 헤시오도스는 '제우스의 뜻'을 계시한다고 자부한다."] 또한 다음의 책을 참조하라. Ludwig Bieler, *Theios Anēr: Das Bild des "göttlichen Menchen" in Spätantike und Frühchristentum*, 2 vol., Wien: O. Häfels, 1935~36; réimpr. Darmstadt: Wissenschftliche Buchgesellschaft, 1956, 1976².

세기 동안, 필시 지금까지 통용되는 철학의 역사적 존재 방식을 설정한 데 있다.

물론 변주는 상당히 많았지만 아리스토텔레스의 것과 (유비의 방식으로) 닮은 철학사는 별로 없었던 것 같다. 아리스토텔레스의 이 분석에서 다른 이들이 모방한 모델을 찾을 수 없다 해도 우리는 거기서 다른 분석의 가능성을 본다.

철학사는 개별 작업과, 진리가 역사를 가로질러 닿은 목적지 사이의 어떤 작용에 따라 늘 정리된다. 철학사는 지명된 개별성을 통해 늘 표시된다. 철학사는 고유명으로 지칭된, 고유명으로 지칭될 수밖에 없는 단위들을 항상 어떤 수준에서 조작한다. 이 단위들과 이 단위들을 지칭하는 고유명들에 비하면 경험론이니, 범신론이니, 합리론이니 같은 단위들은 추상적 구축물이다.

[14] 사실상 철학사는 늘 개별성들의 분산으로 이해된다. 이 개별성들이 철학적 계기로서 가치가 있다면, 그것은 이런저런 형태로 진리 자체가 개별성들에 주어졌거나 뭔가 진리 같은 것이 개별성들을 통해 말했기 때문이다. 개별성들의 오류까지 포함해, 진리에 의해 야기되지 않는 것은 없다.

따라서 진리는 모든 철학 작업(또 진리야말로 하나의 철학 작업이라는 사실)에 의해 정당한 권리로서 늘 사고된다. 하지만 이 진리에 대한 사유를 동시에 진리의 회피, 망각, 무시, 미완성으로 만드는 것이 있는데,13) 모든 철학에서 사유되지 않은 것이 바로 그것이다.

---

13) 전통전 진리 관념인 adequatio[(인식 대상과 인식의) 합치/일치]를 탈구축하는 부정 접두사 표현 α-λήθεια[a-lētheia/비-망각]는 이 강의에서 끊임없이 고려 대상이 되며 종국에 지역적 계보학을 부여받는다. 'Alētheia/Lēthē'의 대립은 다음의 책에 나온다. Detienne, *Les Maîtres de vérité dans la Grèce archaïque*, p.51. 푸코는 이 책에 노트를 많이 했다. 위의 대립 덕분에 푸코는 마르틴 하이데거를 비판적으로 우회할 수 있었다. [이 맥락에 더 잘 부합하는 구절은 데티엔의 책 27쪽에 나온다. "주권의 관리 혹은 전사 귀족 계급을 찬양하는 자로서 시인은 늘 '진리의 대가'이다. 그

각각의 독특한 작업과 관련해 모든 새로운 철학은 다른 철학이 사유하지 못한 것을 사유해야 할 것이다. 철학은 철학사에 의해 반복과 주석의 상호 관계에 있는 것으로 이해된다. 각각의 철학은 다른 철학이 사유하지 못한 것(그것을 통해 다른 철학이 진리와 맺는 독특한 관계가 규정된다)을 사유하는 것이 중요하다.

철학사가 끊임없이 자임한 과제는 아리스토텔레스가 다음과 같이 말하면서 철학사에 제안했던 과제와 매우 가깝다.

"그들[=철학자들]은 ……, 어떻게 보면, 말하면서 말하지 않은 셈 [15]
이 된다……"(A, 7, 988b13-14).[14]

"어떻게 보면 그것들이[=원리들] 모두 이전에 논의된 듯하지만,
달리 보면 전혀 그렇지 못하다"(A, 10, 993a14-15).[15]

철학사에서 이렇게 몇몇 원리들이 보장된다.
— 내부성의 원리, 즉 외부에서 철학에 접근할 수 없다는 원리.
철학은 진리의 요소 안에 있기 때문에, 또 철학 담론은 항상 진리와 근본적이고 지울 수 없는 관계를 수반하기 때문에, 철학적이지 않은 어떤 담론이나 실천도 실질적으로 철학에 도달할 수 없다.

의 '진리'는 확연적 '진리'이다. 무엇도 그 진리에 이의 제기할 수 없으며, 무엇도 그 진리를 논증할 수 없다. 이 '진리'는 우리의 전통적 진리 개념과는 완전히 다르다. 알레테이아는 명제와 그 명제의 지시 대상 사이의 일치가 아니다. 판단과 다른 판단 사이의 일치도 아니다. 알레테이아는 '거짓말'의 반대가 아니다. '거짓'에 반대되는 '참'은 없는 것이다. 중요한 대립이 있다면, 그것은 오직 알레테이아와 레테 사이의 대립뿐이다. 이 사유의 수준에서 볼 때, 만일 시인이 진정 신들렸다면, 만일 그가 미래를 내다보는 능력에 바탕을 두고 말을 한다면, 그의 말은 '진리'와 같아지게 된다."]

14) Aristote, *La Méaphysique*, t.1, livre A, 7, 988b13-14, p.35. [『형이상학』, 61쪽.]
15) Aristote, *La Méaphysique*, t.1, livre A, 10, 993a14-15, p.58. [『형이상학』, 78쪽.]

— ……로 되돌아가는, 자기 중복 원리. 철학은 자신이 말해야 하는 것을 어떻게 보면 늘 이미 말했다. 그렇다면 자신 안에서가 아니라면, 아직 사유되지 않았던 것을 이미 사유된 사유 속에서 사유하지 않는다면, 이미 말해진 것을 사유의 대상이자 동시에 반복의 주체로서 간주하지 않는다면, 철학은 지금 말해야 하는 것을 어디서 찾을 수 있겠는가?

[16]

보다시피 철학 담론이 자신에 대해 늘 앞서야 한다는 것, 철학이 이미 사유됐던 것을 사유해야 할 권리 또는 필연성, 모든 외부성의 제거, 바로 이것이 아리스토텔레스가『형이상학』, A권에서 철학의 역사성에 부여한 형식이다.16) 이것은 아리스토텔레스가 A권 첫머리에서 인식과 욕망의 게임에 부여했던 형식이기도 하다.

결국 인식 이론과 철학사에 주어진 양상이 역사 내내 끊임없이 서로 호응했다고 말할 수 있다. 외부를 제거하는 것이 중요했다. 인식 이론의 외부, 그것은 욕망이었거나 적어도 욕망으로 상징화됐던 것이었다. 철학사에서 외부를 대표하고 상징하는 것은 소피스트, 그리고 소피스트라는 인물이 수반했던 모든 것이다.

[17]

내가 아리스토텔레스의 이 구절에 주의를 기울인 까닭은 이렇다. 그 구절이 철학의 어떤 내부성을 정의하고 규정하는 것 같기 때문이고, 그 구절이 철학 담론의 어떤 바깥을 배척하는 것 같기 때문이다. 그것을 제거함으로써 철학의 존재 자체가 가능해지는 바깥, 그것에 철학 담론이 어렴풋이 기대는 바깥을.

과학이 철학 담론 내부에 기원을 두고 있음을 인정한다면 우리는 여기 놓인 문제의 쟁점이 무엇인지 알 수 있다. 배제를 통해 철

---

16) "아리스토텔레스는 처음으로 자기 철학 곁에 역사에 대한 개인적 입장 개념을 수립한 사람이다." Werner Jaeger, *Aristoteles: Grundlegung einer Geschichte seiner Entwicklung*, Berlin: Weidmann, 1923; Aubenque, *Le Problème de l'Être chez Aristote*, p.71. 재인용.

학 담론의 바깥을 정의했던 몸짓 그리고 철학과 진리를 모종의 방식[으로] 묶었던 몸짓, 이 몸짓이야말로 우리의 지식의 의지를 특징지음에 틀림없다. 그 몸짓을 찾아내야 한다.

3/ 이 텍스트는 그것이 함축한 것(철학사의 가능성) 때문에 흥미롭 [18] 지만, 그것이 배제하는 것 때문에 못지않게 흥미롭다. 이 텍스트가 배제한 것은 『변증론』 마지막 권, 『소피스트적 논박』(초기 저작 중 하나. 윌리엄 닐을 참조하라[17]) 같은 다른 텍스트에 나온다. 아리스토텔레스의 텍스트에서 소피스트들이 나오는 곳은 주로 그곳(또한 몇몇 다른 텍스트)이다. 아리스토텔레스가 소피스트들에 대해 말하는 방식, 그리고 소피스트들에게 내준 자리는 소크라테스 이전 철학자들에게 주어진 [자리와] 확연히 다른 의미를 갖는다.

먼저 지적할 것은 소피스트들이 거기서 대놓고 그리 문제가 되지는 않는다는 사실이다. 소피스트라는 인물 일반이 그리 문제되지도 않는다. 암시적인 경우를 제외하고 소피스트라는 직업, 즉 보수를 받고 하는 교육, 정치적·도덕적 무례함, 동시대인들과 소피스트의 계승자들이 수시로 비난한 바 있는 성급한 백과사전적 지식 [등]이 그리 문제된 것도 아니다.[18]

거기서 문제가 되는 것은 궤변술, 궤변, 소피스트적 논변·논박·담론이다. 모든 일은 마치 소크라테스-플라톤이 소피스트들과 벌 [19] 인 대토론이 마무리된 듯 진행된다. 소피스트적 논변(어느 토론에

---

17) "아리스토텔레스의 초기 논리학 저작 가운데 하나로 보통 간주되는 『소피스트적 논박』." William Kneale and Martha Kneale, *The Development of Logic*, Oxford: The Clarendon Press, 1962, p.13. [박우석·배선복·송하석·최원배 옮김, 『논리학의 역사 1』, 한길사, 2015, 71쪽.]

18) Henri-Irénée Marrou, *Histoire de l'éducation dans l'Antiquité*, Paris: Seuil, 1948, 1964[6]. [소피스트라는 직업에 관해서는 87~89쪽을 볼 것.]

서나 생길 우려가 있는 논변)의 추상적 위험 말고는 소피스트에게서 남은 것이 하나도 없는 듯 말이다.

모든 일이 마치 궤변과 소피스트가 서로에게서 떨어져나간 듯, 플라톤 당시에는 아직 잘 분리되지 않은 짝이 이번에야 갈라진 듯, 소피스트는 쫓겨났지만 궤변은 포함되고 제어된 듯 진행된다. 하지만 곧이어 이 점을 지적해야 한다. 궤변은 거짓 추론이나 추론의 오류라는 일반 범주에 문제없이 있는 그대로 통합되지 않는다. 궤변은 변증술 토론에 끼지도 못한다. 궤변은 주변부에 따로 자리를 차지한다. 하지만 이 포함 자체가 의심스럽다. 궤변에 대해 거둔 승리는 어쩌면 절대로 명확하거나 결정적이지 않을 것이다.

아리스토텔레스에게서 발견되는 이 가벼운 곤란은 서양 철학 [20] 에서 궤변을 다룰 일이 있을 때마다, 지긋지긋한 소피스트들에 대한 기억이 사라질 법도 할 만큼 아주 오랜 시간이 [지나도], 사라질 기미를 보이지 않는다.

스콜라 철학 전통에서:19)

(1) 궤변적 토론은 다른 논리 게임과 함께 교과서 연습 문제에 속한다.

— 필연적이지 않은 명제에서 모순 명제가 연역될 수 있을 때, **해결 불능 명제**20)가 있었다. 예) Dico falsum[나는 거짓을 말한다].

---

19) 『소피스트적 논박』은 중세 논리학자들에게 가장 영향을 많이 끼친 아리스토텔레스의 형식논리학 저작이었다. W. and M. Kneale, *The Development of Logic*, p.226. ["형식논리학에서 12세기 논리학자들에게 강력한 인상을 주었던 아리스토텔레스의 저작은 우리가 예상하는 『분석론 전서』가 아니라 『소피스트적 논박』이었다." 『논리학의 역사 1』, 408쪽.] 외제니오 가랭은 이렇게 명시한다. "1150년 이후 아리스토텔레스는 **오르가논**, 자연학, 형이상학을 가지고 파리대학교에 결정적 영향력을 행사했다. 주교의 학교는 산산 조각났다. …… 13세기부터 유럽의 대학들은 꽃을 피운다." Eugenio Garin, *L'Éducation de l'homme moderne, 1400-1600*, Paris: Fayard, 1968, pp.62~64.

— 그것이 참인지 거짓인지 상관없이 증명될 수 있을 때, **궤변**
이 있었다.

> 예) logica est scientia[논리는 학이다] — 논리는 학을 통해 획
> 득되기 때문에,
>
> logica non est scientia[논리는 학이 아니다] — 논리는 단지
> modus sciendi[인식 방법]이기 때문에 (『시제르 드 쿠르트라
> 이 저작집』에서 가스통 발레랑이 인용한 예).[21]

궤변 훈련은 어느 지점에서 필연성을 착각했는지 보여주는 교
수의 개입에 의해 종결되어야 했다. 교수는 망상을 일소하고 무엇
이 올바른 해소책인지 보여줘야 했다.

해결 불능 명제가 논리에 내재된 괴물 또는 난제였던 반면, 궤
변은 일소할 수 있어야 하는 일시적 효과에 지나지 않았다.

(2) 장 뷔리당은 『소피스트적 논박』에 관한 『주해』에서 다음 [21]
을 구별한다.

> — disputatio doctrinalis[학문적 토론].[22] 그것은 엄밀한 학문에
> 이르러야 한다.
>
> — disputatio dialectica[변증술적 토론]. 그것은 어떤 언명의 불
> 확실성을 축소해야 한다.

---

20) 궤변 중 '거짓말쟁이의 역설'의 다른 형태들에 대해서는 다음을 참조. W. and M.
Kneale, *The Development of Logic*, pp.228~229. [『논리학의 역사 1』, 410~413쪽.]

21) 시제르 드 쿠르트라이는 "ex parte vocis"[언어의 측면에서] 용어들의 의미값에 따
라 문법의 성격을 규정하고, "per relationem ad res," 즉 대상에 대한 본질적 관계
에 따라 논리학의 성격을 규정했다. 결과적으로 철학자는 사물들의 본질을 고찰
하므로 문법학자보다 한 수 위이다. Charles Thurot, *Notices et extraits de divers
manuscrits latins pour servir l'histoire des doctrines grammaticales au Moyen Âge*
(1868), Frankfurt am Main: Minerva, 1964, p.128.

22) 토론은 300년 넘게 대학 교과에 포함된 논리 숙달 훈련이었다. W. and M. Kneale,
The Development of Logic, p.300. [『논리학의 역사 1』, 528쪽]; Jean Buridan, *Sophi
-smata*, Paris: Imprimé par Jean Lambert, [s.d.]

— disputatio tentativa[시문적 토론]. 그것은 제자의 인식을 계발해야 한다.

— disputatio sophistica[궤변적 토론]. 거기서 진리는 도외시된다. 스콜라주의 이후에도, 이를테면 제임스 마크 볼드윈이 편집한 『철학·심리학 사전』[1902]에서 궤변의 가장 심각하고 가장 철학적으로 문제적인 형태를 거론할 때, 찰스 샌더스 퍼스는 궤변이란 **겉으로는** 논리적 엄밀함을 준수하지만 그 결론을 용인할 수 없는 추론이라고 정의한다.[23]

[22]   그런데 허울뿐이고 진리 따위 신경 쓰지 않으며 잠시 착각을 일으킬 뿐인 추론들을 철학이 걱정하는 이유는 무엇일까? 왜 이 그림자 놀이에 자리를 내줘야 할까? 대개 속임수이고 조잡한 계략일 뿐인 것을 쫓아버리는 게 그렇게 어려울까?

존재하지 않는 것을 어째서 그리 오래 신경 써야 할까? 가장, 연극, 부정직한 싸움으로만 제시되는 것을 어째서 이렇게 걱정해야 할까? 참과 거짓만 신경 써야 할 담론이 어째서 아직도 도덕 경찰 노릇을 할 필요가 있을까? 참인지 거짓인지만 말해야 하는 자리에서 이 정직과 부정직을 가르는 윤리 게임은 도대체 무엇일까?

이 물음에 답하려면 필시 아리스토텔레스의 분석을 검토해야 한다. 소피스트들이 부재하는 가운데 궤변이 처음으로 논박됐던 그 순간을 고려해야 하는 것이다.

[23]   아리스토텔레스가 텍스트 내내 궤변과 거짓 추론의 본성상의 차이를 주장했음에 주목하자.

[『소피스트적 논박』의] 176b30[24]에서 아리스토텔레스는 오류

---

23) Charles Sanders Peirce, *Collected Papers*, Cambridge: Harvard University Press, 1931~58, iii-8 vol. 재수록. [퍼스가 기고한 어떤 항목인지는 특정되어 있지 않다.]

24) Aristote, *Réfutations sophistiques: Organon VI*, éd. et trad. Jules Tricot, [édition de référence,] Paris: J. Vrin, 1969[1939], 176b30, p.86. 또한 같은 책의 165b11-23

추론의 일반 범주 안에서 거짓 추론과 참되지 않은 추론을 구별한다. "왜냐하면 거짓의 결론이 추론됐던 경우이든가 혹은 참된 추론이 아닌 것이 추론인 것처럼 보이는 경우이든가, [이 두 경우 가운데 어느 쪽인가에 따라서] 오류 추론이 생겨나기 때문이다."

이 구절 조금 뒤에서 아리스토텔레스는 거짓 추론 ὁ ψευδής συλλ-ογισμός[ho pseudēs sullogismos]을 규정한다. 아리스토텔레스는『분석론 전서』(II, 2)에서도 거짓 추론을 분석했다. 결론이 참이어도 전제가 거짓인 경우 또는 결론이 거짓인 경우 거짓 추론이다.

이 거짓 추론 형식은 더 세분된다. 결론이 거짓인 경우는, 전제가 거짓일 때 또는 두 전제는 참이지만 결론이 합당한 방식으로 도출되지 않았을 때이다.

아리스토텔레스는 거짓 추론 맞은편에 궤변 추론을 놓는다. 아 [24] 리스토텔레스는 궤변 추론을 두고 외견상의 추론*[에 지나지 않다고] 수차례 말한다.

[『소피스트적 논박』의] 서두를 보자.

"그런데 어떤 추론들은 실제로 추론 συλλογισμοί[sullogismoi]인 데 반해, 다른 것들은 추론인 것처럼 보이지만 실제로는 그렇지 않다는 것은 분명하다"(164a23-25).[25]

소피스트는 추호도 자발적으로나 비자발적으로 실수하는 자가 아니다. 소피스트와 무지한 자(또는 바보)의 차이는 (우리가 상대를

(6쪽)도 참조하라. [김재홍 옮김,『소피스트적 논박』, 한길사, 2007, 147쪽, 또한 53~54쪽을 참조할 것.]

* 강의원고에는 복수로, 즉 "추론에 지나지 않는다"(ce [n'est un] raisonnement)가 아니라 "추론들에 지나지 않는다"(ce ne sont des raisonnements)라고 되어 있다.

25) Aristote, *Réfutations sophistiques*, 164a23-25, p.1. [『소피스트적 논박』, 45~46쪽.]

쓰러트리기 위해 스스로 빠지는) 자발적 오류와 (두 대화자 중 한 명은 그 희생자가 될 수도 있는) 비자발적 오류의 차이가 아니다. 소피스트는 오류를 함정으로 만들고 거짓 추론을 교활한 무기마냥 이용할 수 있는 사람으로 해석되어서는 안 된다. 소피스트는 참된 추론이나 거짓 추론의 차원과 다른 차원에 있다, 소피스트는 추론의 외견의 편에 있다. 소피스트는 그림자와 반영 속에 있다. 소피스트 [25] 는 추론의 신기루 속에 있을 뿐 실제로 추론하지는 않는다. 게다가 오류가 아니라 외견 때문에 선고된 이 무효는 소피스트의 추론뿐만 아니라 그의 지혜σοφία[sophia] 전체에 적용된다.

> "왜냐하면 궤변술은 외견상으로는 지혜처럼 보이지만 실제로는 그렇지 않으며"ἔστι γὰρ ἡ σοφιστικὴ φαινομένη σοφία οὖσα δ'οὔ[esti gar hē sophistikē phainomenē sophia ousa d'ou] (165a21-22).26)

그리고 아리스토텔레스[는 이어서 말한다.] 우리는 아래에서 이 구절을 다시 자세히 논할 것이다.

> "(…… 또 궤변가[소피스트]는 외견상으로는 지혜 같이 보이지만 실제로는 그렇지 않은 지혜에 의해서 돈을 버는 자이기 때문이다.) 그들[='그런 사람들']에게는 또한 지혜로운 사람의 일을 수행한다고 여겨지는 것이, 실제로 지혜로운 사람의 일을 수행하면서 그렇게 여겨지지 않는 것보다 …… 더 필요하다는 것은 아주 분명하다"(165a22-24).27) (171b도 참조하라.)

---

26) Aristote, *Réfutations sophistiques*, 165a21-22, p.3. [『소피스트적 논박』, 49~50쪽.]

27) Aristote, *Réfutations sophistiques*, 165a22-24, pp.3~4. [『소피스트적 논박』, 50쪽. 171b는 101~107쪽.]

돈이 이 외견의 핵심이다. 돈이 이 외견의 이유요, 필시 상징이 기도 하다. 문제는 이 추론의 외견이 무엇인지, 참된 추론 또는 거 짓 추론의 저편이 무엇인지, 못지않게 수수께끼 같은 추론의 현실 에 대립되는 이 수수께끼 같은 요소가 무엇인지 아는 데 있다.

추론의 이런 외견은 어떻게 생겨날 수 있을까?   [26]

아리스토텔레스의 분석을 따라가 보면, 일견 이 모든 외견상의 추론이 열거된 모습은 가장 조잡한 계략에서 여전히 세련되지 못 한 논리 게임에 이르기까지 엄청나게 이질적이라는 인상을 준다.

— μανθανεῖν[manthanein/배우다·이해하다]처럼 한 단어의 단순 동음이의에서 비롯된 궤변들이 있다.[28]

— 발음이 다르지만 철자가 비슷한 두 단어를 사용하면서 생 기는 최악의 궤변들이 있다. 그리고 적어도 우리에게 진짜 문법적 문제 내지 논리적 문제를 제기하는 궤변들이 있다(οὗτος[houtos/ 이것]의 용법 참조).

궤변적 기술 가운데에는 우리가 긍정도 부정도 할 수 없는 (그 래서 거기에 진리값을 부여할 수 없는) 명제의 사용도 포함된다. 그 리고 너무 빨리 말하거나 질문의 순서를 뒤집거나 제기된 질문 중 정말 중요한 것을 감추는 기술도 있다.

이런 난립 속에서 아리스토텔레스가 제안하는 [궤변의] 분류는 [27] 적어도 처음 접할 때는 그다지 도움이 안 되는 것 같다. 아리스토 텔레스는 궤변들의 형식이나 원리에 따라 분류하지 않고 획득된 효과에 따라서 [궤변들을] 분류하기 때문이다.

— 논박하는 듯 보이는 궤변.

---

28) 본서 1강(1970년 12월 9일)의 43쪽과 각주 24번, 앞의 62~64쪽을 참조하라. 또 한 플라톤이 보여주는 두 소피스트와 클레이니아스의 웅변 시합을 참조하라. Platon, "Euthydème," *Œuvres complètes*, t.1, éd. et trad. Léon Robin, Paris: Galli- mard, 1971, 275d-277e. [김주일 옮김, 『에우튀데모스』, 이제이북스, 2008, 39~43쪽.]

— 상대의 오류를 드러내는 듯 보이는 궤변.

— 상대가 역설을 주장하도록 만드는 듯 보이는 궤변.

— 어법상의 잘못을 저지르게 만드는 듯 보이는 궤변.

— 상대가 객설에 빠지게 만드는 듯 보이는 궤변.

그런데 『소피스트적 논박』 서두의 구절은 궤변을 일반적으로 설명한다. 솔직히 이 설명은 꽤 이상하다. 이 설명은 거의 일반적인 것으로 주어지지만 궤변의 아주 작은 범주에 관련될 뿐이다.

"논박은 결론의 모순을 동반하는 추론이다. 그런데 소피스트들은 실제로 논박을 수행하고 있지 않음에도 여러 이유 때문에 논박을 수행하고 있는 것처럼 보인다. 그 이유들 가운데 가장 일어나기 쉽고 가장 흔한 하나의 이유는 사용되는 이름들에 의존해서 이뤄진 논의이다. 왜냐하면 대화 형식을 취해서 논의하는 경우 논의되는 바로 그 사물을 실제로 제시해서 논의할 수 없기 때문에 사물 대신에 상징으로서 이름을 사용하고, 그래서 이름들에서 생기는 것이 또한 사물들에서도 생긴다고 생각하기 때문이다. 이것은 마치 계산하는 사람이 계산하는 데 사용되는 작은 돌에 대해서 그와 같이 생각하는 것과 마찬가지이다. 그러나 이름과 사물의 경우들이 똑같은 것은 아니다. 이름들과 정의들의 숫자는 한정되는 데 반해서 사물은 숫자적으로 한정이 없기 때문이다. 그렇기 때문에 동일한 정의와 하나의 이름이 불가피하게 여러 사물을 가리키게 되는 것이다"(165a4-13).[29]

이 구절을 확장할 필요가 있으나 일단 제쳐두자. 이 구절에서 한 가지는 분명하다. 궤변의 효과의 위치가 지정된 것이다. 진술의

---

29) Aristote, *Réfutations sophistiques*, 165a4-13, pp.2~3. [『소피스트적 논박』, 47~49쪽.]

실천에서 **변조된** 것은 사물 자체가 아니라 사물의 언어적 상징이다. 아주 정확히 말하면 사물의 이름이 변조된 것이다.

상징화 덕분에 궤변이 가능하다고 해서 전자로 후자가 설명되 [28] 는 것은 아니다. 궤변은 단어를 기호로 만드는 차원에서 만들어지지 않는다. 궤변은 이름과 사물의 차이, 상징적 요소와 상징화된 요소 사이의 차이에서 만들어진다. 이 차이는 무엇으로 이뤄질까?

그것은 단어가 의미의 효과를 만들어내는 반면, 사물은 의미 효과를 만들어내지 못한다는 그런 차이가 아니다. φύσις[phusis]와 νόμος[nomos] [사이의], 사물의 자연적 성격과 단어의 규약적 성격 사이의 차이도 아니다.

그 차이는 이름의 수가 유한하고 사물의 수가 무한하다는 사실, 단어가 상대적으로 부족하다는 사실, 단어와 사물의 일대일 대응 관계를 수립할 수 없다는 사실에 있다. 즉, 단어와 그것이 지칭하는 것 사이의 관계는 셈할 수 있게 해주는 관계와 동형적이지 않다.

달리 말하면, 단어의 물질성에 고유한 성격(단어의 부족)이 궤변을 낳는다. 소피스트는 서로 다른 두 사물을 말하기 위해 똑같은 [29] 단어, 똑같은 이름, 똑같은 표현을 사용하는 자이며, 따라서 소피스트는 말해진 것의 동일성 속에서 두 사물을 이야기한다.

이제 삼단논법의 정의, 즉 "규정된 어떤 전제에서 규정된 것과 다른 결론이 전제를 통해 필연적으로 따라 나오는 추론"(『분석론 전서』, I, 24b18)을 상기해보자.30) (그리고 삼단논법에 대한 논박이 무엇인지 상기해보자. 그것은 선행 추론의 결론에 반대되는 추론이다.)31) 그러면 궤변이 논리적 제약을 통해서 덜 용인된 전제들로

---

30) Aristote, *Premiers Analytiques: Organon III*, éd. et trad. Jules Tricot, Paris: J. Vrin, 1936, Livre I, 24b18, pp.4~5. 쥘 트리코는 [추론이 아니라] '진술'(un discours)이라고 옮긴다. 이 역자에 따르면 'ratiocinatio'[추론]는 키케로가 사용한 용어이다 (Cicéron, *De inventione*, I, 57).

부터 출발해 새로운 어떤 것을 말하는 것이 아니라, 대화 상대자가 설령 머릿속에 동일한 전제들을 갖고 있지 않더라도 동일한 언표로 동일하게 말해진 것을 그것들†의 물질적 동일성에서 붙들어두는 것으로 이뤄짐을 알 수 있다. 이는 사물을 지칭하는 이름들의 마주침, 혼란, 유사, 동일성 때문이다. 단어들의 근본적 부족에서 기인한 우발적 중첩 때문인 것이다.

[31]   이로부터 결론 하나를 끌어낼 수 있다. 궤변은 결함 있는 추론 범주가 아니다. 궤변은 아예 추론이 아니다. 오히려 궤변은 추론의 뒤집어진 이미지이다. 추론에서는 전제들의 동일성이 인정되지만 궤변에서는 차이가 있다. 한쪽에는 논리적 필연이 있지만 다른 쪽에는 사실의 부족과 우연이 있다. 한쪽에는 새로운 명제가 있지만, 다른 쪽에는 말해진 것의 반복이 있다. 마지막으로 한쪽에는 진리의 강제와 타인의 납득이 있지만, 다른 쪽에는 상대가 말해진 것에, [즉] 말해진 것의 물질성에 붙잡히는 함정이 있다.

곧바로 반론이 제시된다. 단어의 물질적 부족은 아리스토텔레스의 텍스트에서 모두는 아니고 몇 가지 궤변만 설명할 뿐이다. 그것은 동의어의 존재(예컨대 μανθανεῖν이라는 한 단어에 '배우다'라는 뜻도 있고 '이해하다'라는 뜻도 있다)에서 기인한 궤변이나 모호한 어법의 존재32)("나는 적의 포획을 바란다.")에서 기인한 궤변이

---

31) Aristote, *Premiers Analytiques*, Livre I, 25b40-26a1-2, pp.13~14.

† '그것들'이 무엇을 가리키는지 불분명하다. [30]을 참조한다면 물질성을 갖는 것은 말해진 것(=언표)이다. 의미상, A라는 전제를 가리키기 위해 말해진 X₁과 B라는 전제를 가리키기 위해 말해진 X₂에서 그것들(X₁과 X₂)의 동음이의에 따른 물질적 동일성(X)을 뜻한다고 볼 수 있다.

32) 앙드레 라랑드는 희랍어와 라틴어에 모호함이나 모호한 어법의 예가 많다고 특기한다. André Lalande, *Vocabulaire technique et critique de la philosophie*, vol.1, Paris: PUF, 1926, p.42. 희랍어와 라틴어에서는 어떤 것이 주어이고 어떤 것이 보어인지 어순으로는 확실히 표시되지 않는다.

나 (글로 쓰인 텍스트에서) 강세 찍는 방식에 따른 애매함의 존재에서 기인한 궤변을 설명한다.[33]

요컨대 단어의 물질적 부족은 아리스토텔레스가 진술 자체에 연결된 논박이라고 부른 것을 설명할 뿐 나머지는 설명해주지 않는다. 게다가 아리스토텔레스는 이름들의 부족이 "가장 일어나기 쉽고 가장 흔한 하나의 이유"([『소피스트적 논박』], 165a5)[34]라고 말한다. 이유들 가운데 단지 하나라는 것이다.

이제 아리스토텔레스가 제안한 궤변들의 분류를 모두 살펴보면, 간접적이든 비간접적이든 진술의 물질성이 다양한 측면에서 [32] 늘 쟁점이 됨을 깨닫게 된다. 부족(상이한 것들을 이야기하기 위해 입에 담거나 글로 쓴 하나의 단어, 하나의 표현)의 궤변 말고도, 다음의 궤변들이 있다.

- 분리의 궤변. 진술은 단어들의 연속으로 이뤄진다. 일단 이 연속이 성립되면 우리는 마음대로 분리하고 모을 수 있다.

  A, B, C _____ A와 B, C

  AB와 C

  예) 5는 2와 3(2+3)이고, 그리고 5는 2이기 때문에 짝수이고 3이기 때문에 홀수이다(『소피스트적 논박』, 166a33).[†]

- 대체의 궤변. 진술은 어떤 조건에서 하나가 다른 하나의 자리를 바꿀 수 있는 요소들로 이뤄진다.

---

33) "나는 다른 것을 추가하거나 강세를 달리 해서 사물이 바뀌지는 않는다고 생각한다"(히피아스). Eugène Dupréel, *Les Sophistes*, 1er éd., Neuchâtel: Éditions du Griffon, 1948, p.141. 재인용.

34) "…… 가장 일어나기 쉽고 가장 흔한." Aristote, *Réfutations sophistiques*, 165a5, p.2. [『소피스트적 논박』, 48쪽.]

† 아리스토텔레스, 김재홍 옮김, 『소피스트적 논박』, 한길사, 2007, 60쪽.

소크라테스는 하얗다.

하얀 것은 색이다.

따라서 소크라테스는 색이다.

[33] • 연합의 궤변. 진술은 집단을 이뤄 의미를 갖는 요소들로 구성된다. 하지만 첫 번째 집단에서 분리된 하위 집단도 의미를 형성한다.

인도인은 검다.

그런데 인도인은 치아가 하얗다.

그러므로 인도인은 하얗고 검다.[35]

• 혼동의 궤변. 진술에서 연속적이지만 구분되는 어떤 요소들은 결합될 수도 있다.

A와 B는 하나의 사람인가?

그렇다.

A와 B를 때리면서 우리는 한 사람을 때리지 두 사람을 때리지 않는다.

• 선행성의 궤변. 진술은 명제의 무한정한 연속이다. 어쨌든 대화 상대가 그 연속을 처음부터 끝까지 현실화하고 동시적인 것으로 만들 수 없는 이상, 연속은 원하는 만큼 항상 연장될 수 있다.

예컨대 꽤 길게 토론하면서 우리는 명제가 증명되지 않았는데도, 즉

— 그 명제가 정말 증명되어야 하거나(원리의 청원),

---

35) 여기서 색은 사람을 특정하지 않는다. 그것은 우연적 속성이지 본질이 아니다. 이 것은 플라톤주의자와 페리파토스 학파 사이의 논쟁과 관련 있다. 다음을 참조하라. Aristote, *La Métaphysique*, t.2, éd. et trad. Jules Tricot, Paris: J. Vrin, 1948, livre I, 9, 1058b10-12. [조대호 옮김, 『형이상학』, 도서출판 길, 2017, 411~412쪽.]

— 그 명제가 거짓인데도(하지만 그 명제가 거짓임을 알아차릴 수 없다), 증명됐다고 믿게 만들 수 있다.

이런 식으로 아리스토텔레스는 아주 빨리 말하기, 말의 파도 속에서 상대를 압도하기, 질문의 자연스런 순서를 어지럽히기를 궤변의 계열에 집어넣는다.

- 무한정 증식의 궤변. 이것은 연속과 대체의 작용이다. [34]

- 반복의 궤변. 이미 말해졌던 것 그리고 말해진 대로 반복할 수 있는 것들이 있다.

    하나의 동일한 주제에 관해 이미 발설된 문장들의 집합이 있다. 토론을 이 주제 가운데 하나로 끌고 가 상반되는 명제들의 집합을 항상 반복할 수 있다.

    예) 자연과 법 중 어느 것이 선호할 만한가에 관하여.

- 문법의 궤변. 진술은 여러 요소들의 집합인데, 그 요소들 중 어떤 것은 사물과 관계하는 동시에 진술 자체와 관계한다. 진술의 요소들 사이에는 사물들의 관계를 재현하지 않거나 그 관계와 동형이 아닌 (문법적) 연결 관계가 있다. 사물에서 그 등가물을 찾을 수 없는 문법적 강제 또는 자유가 있다.

    예컨대, 중성이나 지시사 관련 문법.

보다시피 아리스토텔레스의 궤변 분석은 온통 진술의 물질성 수 [35] 준에 위치한다. 궤변은 이 물질성에 내재하는 하나의 전술이다. 또한 보다시피 진술의 특정한 물질성(처음 볼 때는 단어와 사물의 수적 불균등으로, 이름의 부족함으로 나타났다)은 이제 더 많은 차원에 걸쳐 등장한다.

— 먼저 단어의 부족만이 아니라 진술을 구성하는 요소들이 서로 필연적으로 연속을 이루고 치환되는 것이 가능하다 — 선형적 성격.

— 더 넓게는 모든 언표가 이전 진술의 거대한, 사실대로 말하면 완전히 제어할 수 없는 계열 안에 기입된다는 사실이 있다 — 계열적 성격.

— 한층 더 넓게는 진술이 일정 수의 실제 사건들(말해진 것들)[36], 즉 일단 만들어지면 변화될 수 없는 실제 사건들로 구성된다는 사실이 있다. 말해진 것은 말해진 것이다. 네가 그것을 말했다면, 너에겐 안 된 일이지만 어쩔 수 없다 — 사건적 성격.

— 마지막으로 진술의 물질성이 토론하는 사람들의 투쟁, 경쟁, 전투 상황과 연결되어 있다는 사실이 있다 — 전략적 성격.

[36] 삼단논법과 궤변을 이제 다음과 같이 대립시킬 수 있다.

(1) 삼단논법의 특징은 전제가 '놓였다'는 사실이다. 여기서 '놓였다'는 것은 전제가 옳든 그르든 참인 것으로 수용되고, 인정됐다는 것, 즉 받아들여졌다는 의미이다. 궤변의 특징은 문장이 놓였다는 사실이다. 여기서 놓였다는 것은 문장이 실제로 말해졌다는 의

---

36) Clémence Ramnoux, *Héraclite, ou l'Homme entre les choses et les mots*, Paris: Aubier-Montaigne, 1959. 특히 가리켜진 사물들에 대립되는 의례의 관용어구, 신성한 이야기. 푸코는 프랑스국립도서관에 보관된 『지식의 고고학』 첫 수고본에서 그 책의 대상이 '말해진 것들'이라고 했다. ["**말해진 것들의 보존자들**과 전승 담당자들. 발명자들은 문제가 안 된다. 왜냐하면 전승은 태곳적부터 이어져 온 것이며, 신의 깊숙한 곳에서 유래하는 것으로 간주되기 때문이다. **말해진 것들**은 행해진 것들과 **가리켜진 것들**에 반대된다. 예컨대 엘레우시스 의례에서 **말해진 것들**이란 (지원자가) 알아야 하는 관용어구들이다. aporrēsis[금지] 예비 의식에서, 의식을 관장하는 인사는 '이 관용어구(의례의 관용어구 내지 신성한 이야기?)의 경험'이 충분치 않은 지원자를 떨어뜨릴 수 있었다." Ramnoux, ibid., 1968². p.288.]

미이다. 인정됐든 아니든, 실제로 받아들여졌든 아니든 상관없다. 그 문장은 말해진 것[사물]이다.

(2) 삼단논법은 온통 두 한계(전제에 대한 동의, 결론의 필연적 진리) 사이에서 전개된다. 궤변은 선행하는 언표들의 무제한 계열에서 작동한다.

(3) 삼단논법은 개념의 강제, 즉 이름을 통해 의미화된 것의 강제를 따른다. 궤변은 단어가 의미하는 바와 무관하게 단어 자체의 수준에서 자유 전술처럼 전개된다.

(4) 삼단논법은 (대화 상대자들의 동의에 따라 승인된) 진리 효과를 산출한다. 궤변은 (상대가 말을 계속 하면 모순에 빠질 수밖에 없는 상황에 따라 승인된) 승리 효과를 산출한다.

이로부터 우리는 다음을 이해할 수 있다.

α. 궤변은 오류 추론이다(단순한 거짓 추론이 아니다).

궤변은 엄격한 의미에서 추론 바깥에 있는 것일 뿐 추론이 전혀 아니다. 추론의 조작은 의미화된 것(개념들)의 수준에서 이뤄진다. 궤변의 조작은 상징의 물질성 수준에서 일어난다. 기의의 수준에 [37] 서 만들어지는 것은 (상징의 물질성 수준에서 벌어지는) 실제 조작의 그림자에 지나지 않는다.

『소피스트적 논박』 서두에 나오는 은유를 필시 엄밀한 의미에서 이해해야 할 것이다. "작은 돌을 다루는 데 능란하지 못한 사람이 그것에 숙달된 사람에게 속임을 당하는 것처럼, 이와 동일한 방식으로 논의하는 경우에서도"(165a14-15).[37]

두 번째 결론:

---

37) Aristote, *Réfutations sophistiques*, p.3. [『소피스트적 논박』, 49쪽.] 계산하는 데 사용되는 작은 돌을 암시.

β. 궤변은 차이를 도입함으로써 해소된다.

한편으로 이 차이는 개념을 구축하고, 의미의 관념성을 제어하고 조직하며, 종과 유를 나누고, 실체와 우연적 속성, 주어와 술어를 구별할 수 있게 해준다. 요컨대 우리가 그것으로부터 참된 언표 내지 거짓 언표를 정식화할 수 있는 의미의 전 우주를 구축할 수 있게 해준다. 또한 이 차이는 언표들을 부수고 통제함으로써 말해진 것의 동일성, 진술의 요소들의 치환이나 혼동, 언표들의 연속이 만들어내는 무한정한 랩소디를 가로막는다.

궤변에서 벗어나는 수단들을 열거하는 장^{章} 내내 아리스토텔레스는 차이의 역할을 제시한다. 구별해야 한다고 아리스토텔레스는 줄기차게 말한다.

[38]   차이[38]를 사고함으로써 진술의 물질성을(그리고 결국 부족함에 기원을 둔 이 모든 동일성, 혼동, 반복을) 중화할 수 있다. 차이를 사고함으로써 진술의 물질성을 가로지르고, 물질성의 표면에서 작동하는 추론의 그림자를 흩뜨리며, 개념과 그것의 관념적 필연으로부터 추론을 조직하고, 그 대신 진술을 이 필연에 투명하도록 만들 수 있다(그리하여 자신의 물질성에 무관하게 만들 수 있다). λόγος [logos/진술]는 자신의 전개에 있어서 개념적 필연과 동일 평면에 있을 수 있게 되는 것이다.

진술의 물질적 실재성을 제거하는 수단인 차이는 진리 내지 명제의 오류의 장 같은 명제학†의 조건이다.

---

38) 질 들뢰즈는 아리스토텔레스의 『형이상학』에 나타난 차이, 더 일반적으로 철학에 나타난 차이를 분석한다. Gilles Deleuze, *Différence et Répétition*, Paris: PUF, 1968, pp.45~50. [김상환 옮김, 『차이와 반복』, 민음사, 2004, 90~98쪽.] 다음도 참조하라. Michel Foucault, "Theatrum philosophicum"(1970), *Dits et Écrits*, t.2: 1970-1975, éd. Daniel Defert et François Ewald, avec collab. Jacques Lagrange, Paris: Gallimard, 1994, pp.75~99; rééd., t.1: 1954-1975, Paris: Gallimard, 2001, pp.943~967. [권영숙·조형근 옮김, 「철학극장」, 『푸코』, 새길, 2012, 205~245쪽.]

세 번째 결론. 그로부터 우리는 궤변술이 어떤 점에서 왜 결코 명 [39] 제학의 평면과 접할 수 없는지 알 수 있다. 궤변은 결코 실제로 진술적이지 않다. 진술의 물질성이 중화되고, 이어서 말하는 대상에 대한 참조의 축에 따라 이 진술이 취급될 때에만 명제학이 있을 수 있다. 있는 것이 있지 않고 있지 않은 것이 있다고 말하는 것은 거짓이다. 있는 것이 있고 있지 않은 것이 있지 않다고 말하는 것은 참이다(『형이상학』, B, 996b26-30).[‡]

궤변술은 진술의 어떤 '질료적인' 것의 수준에서 늘 유지된다. 궤변술은 현실 사건들(실제로 말해진 것)로부터 전개된다. 궤변술은 물질적 성질이나 규정(소리의 동일성, 단어의 분리 가능성, 단어 무리의 대체 가능성)을 이용한다. 이로부터 궤변술이 도달하는 곳은 모두가 인정해야 하는 참된 명제가 아니라 두 상대방 가운데 한쪽의 침묵이다. 한쪽은 말을 이을 수 없고, 이 물질성의 게임에서 배제되는 것이다. 참을 이야기하면서 두 주체가 똑같은 사물을 생

[†] '명제학'은 l'apophantique을 옮긴 것이다. 희랍어 ἀποφαίνεσθαι [apophainesthai]는 "뭔가를 밝히다, 나타내다, 설명하다, 주장하다" 등을 가리키는 동사이며, 이로부터 "선언적, 진술적"을 뜻하는 ἀποφαντικός [apophantikos]라는 형용사가 나온다. 아리스토텔레스는 『명제론』에서 이렇게 말한다. "모든 문장[진술](λόγος)은 무엇인가를 나타낸다. 하지만 도구로서가 아니라, 앞서 말한 대로 합의에 따라 그렇다. 그러나 모든 문장이 진술적이지는 않고, 참이나 거짓이 들어 있는 문장만이 진술적(ἀποφαντικός)이다. 참이나 거짓이 모든 문장에 들어 있지는 않다. 예를 들어 기도문도 문장이지만, 참도 아니고 거짓도 아니다. 이런 다른 종류의 문장들은 제쳐두자. 그런 것들에 대한 고찰은 수사학이나 시학에 더 적절하기 때문이다. 지금 우리의 연구는 진술문을 다루고 있다"(IV, 16b33-17a7). 아리스토텔레스, 김진성 옮김, 『범주론·명제론』, 이제이북스, 2005, 130~131쪽. 여기서 진술문이란 사실상 참 또는 거짓으로 판별될 수 있는 명제 형태로 표현된 문장을 뜻한다. 프랑스어 l'apophantique은 ἀποφαντικός를 로마자로 옮겨 적은 뒤 정관사를 붙여 만든 명사이지만, 단순히 진술문(le discours apophantique)을 가리키지는 않는다. 푸코가 그 단어를 궤변술의 반대말로서, 그러니까 "명제로 표현된 문장을 다루는 학문 내지 조작"을 가리키기 위해 쓰고 있으므로, '명제학'이라고 옮긴다.

[‡] 아리스토텔레스, 『형이상학』, 100쪽.

[40] 각하도록 이끄는 게 관건이 아니다. 관건은 사물들을 그것들이 말해졌던 수준에서 변형함으로써 말하는 주체 가운데 한쪽을 진술에서 배제하는 데 있다.

명제학은 대상과의 연속적 관계맺음으로 정의된다. 궤변술은 주체의 배제로 정의된다.

명제학에서 진술의 물질성은 축소된 별것 아닌 그림자에 지나지 않는다. 궤변술에서는 추론이 그림자가 될 것이다. 하지만 그것은 나머지-그림자, 즉 자기 뒤에 남겨진 그림자는 아닐 것이다. 그것은 사람들이 그 뒤에 몸을 숨기는 무대의 그림자, 꼭 닮은 사람, 마임일 것이다. 궤변은 추론의 외견일 뿐이라던 아리스토텔레스의 말의 의미를 이제 이해할 수 있다. 소피스트는 단어를 변조할 뿐이면서 마치 추론하는 척한다. 소피스트는 진술의 물질성과 관련한 코미디이자 가면극에 지나지 않는 추론의 무대 공간에 위치한다. 아리스토텔레스는 이 진술의 물질성이 그림자일 뿐임을, 명제학의 관념적 필연에 비해 하나의 그림자, 찌꺼기에 지나지 않음을 잘 알
[41] 고 있다. 그러므로 자신이 추론하는 시늉을 하는 그림자 극장 뒤에서, 소피스트는 무대 뒤에서 진술의 그림자를 붙들 뿐이다.

이로부터 논리학사에 발생한 거대한 분열을 이해할 수 있다.
— 우선 진술의 물질성을 중화하는 개념과 차이의 논리. 이 논리의 문턱은 개별적인 것과 개념적인 것일 테다.
— 말해진 것의 물질성에서 출발해 의미와 비물질성이 출현하는 지점을 정의하려고 시도하는 진술의 논리.
이 논리의 문턱은 진술의 물질성과 의미의 비물질성 사이에 있을 것이다. 이 논리학 에피소드가 메가라 학파39)(그리고 에우불리

---

39) 소크라테스의 제자 에우클레이데스가 창시한 메가라 학파는 일상어를 가지고 논

데스의 거짓말쟁이 발견)에서 스토아 학파(그리고 φωνή[phōnē/소리]와 λεκτόν[lekton/의미되는 것]의 차이)까지 전개된다.[40]

마침내 우리는 아리스토텔레스가 어떻게 플라톤이 그렸던 선 [42]에 포함되는지, 또 어떻게 아리스토텔레스가 자리를 옮기는지 잘 알 수 있다. 결국 『소피스트』는 시늉, 비존재 그리고 소피스트 사이의 관계를 분석한 것이었다. 대화편의 핵심은 비존재가 λόγος에 닿을 수 있음을 증명하는 것이었다. 『소피스트』의 목적은 다음과 같은 소피스트적 논변을 논박하는 것이었다.

— 어떤 것이 말해졌다면, 이 말해진 것은 존재한다.

— 만일 어떤 것이 존재한다면, 그것은 참이다.

— 그러므로 비존재와 오류는 결코 진술에 도달할 수 없다.

플라톤이 이방인을 통해 대답하게 만든 것은 거짓 진술이 있을 수 있다는 것이다. 다시 말해 있지 않은 것이 있다고 말하는 진술 (여기 있는 테아이테토스가 [하늘을] 난다),[41] 또는 있는 것이 있지

___

리 연구를 한 최초의 기관 가운데 하나로 꼽힌다. 메가라 학파 사람들은 처음으로 논쟁적이라고 불렸다. 에우클레이데스의 후계자 에우불리데스는 참과 거짓의 나눔 가운데 하나인 '거짓말쟁이의 역설'을 정식화했다고 인정받는다.

40) 분절된 단어와 구분되는 목소리 이론 이외에도, 스토아 학파는 비물체적인 것으로서의 의미되는 것(lekton), 물체적인 것들로서의 의미하는 것(phōnē), 언어 표현, 표현된 대상을 구별했다. Sextus Empiricus, *Adversus mathematicos*, VIII, 11-12; W. and M. Kneale, *The Development of Logic*, passim. [『논리학의 역사 1』, 특히 270~279쪽을 참조할 것.] 또한 다음의 책을 참조하라. Diogène Laërce, *Vie, doctrines et sentences des philosophes illustres*, VII, 55-63; Émile Bréhier, *Les Stoïciens*, Paris: Gallimard, 1962, pp.34~37. 재인용. [전양범 옮김, 『그리스 철학자 열전』, 동서문화판, 2008, 436~440쪽.]

41) "테아이테토스, 지금 내가 대화를 나누고 있는 자가 하늘을 난다"(263a), Platon, "Le Sophiste," *Œuvres complètes*, t.2, éd. et trad. Léon Robin, Paris: Gallimard, 1970, p.329. [이창우 옮김, 『소피스트』, 이제이북스, 2012, 146쪽.] 또한 다음의 언급을 참조하라. "······ 있는 것들이 있지 않다고 그리고 있지 않은 것들이 있다고 말을 한다면, 그 진술은 거짓으로 간주될 것입니다"(240e-241a), Platon, "Le Sophiste," p.294. 『소피스트』, 85쪽.]

않다고 말하는 진술이 있을 수 있다는 것이다. 바로 이것이 λόγος ἀποφαντικός[진술문]⁴²⁾의 정의이다. 거짓 진술이 있을 수 있다면, 거짓 진술을 참된 진술로 통용하는 사람도 있을 수 있다.

[43]   소피스트를 가능케 하는 데 성공하기 위해서는 존재, 비존재, 참여에 관한 거대한 플라톤 이론이 모두 필요했다. 소피스트는 거짓 진술이 있기에 가능했다. 거짓 진술이 가능했던 이유는 (파르메니데스의 말을 거슬러) 비존재가 존재한다고 말할 수 있었던 데 있다. 그런데 이 조건에서 궤변은 어떤 거짓 진술보다 더 배제되지는 않는다. 심지어 조금 덜 배제된다. 궤변은 참으로 통용될 수도 있는 거짓 진술이기 때문이다.

궤변을 진정으로 배제한 것은 아리스토텔레스였다.

― 아리스토텔레스는 궤변을 참의 외견을 가질 수 있는 거짓 추론이 아니라, 참도 거짓도 아닌 추론의 외견으로 정의한다.

― 아리스토텔레스는 추론의 외견을, 모상을 다루는 어떤 기예가 아니라 진술의 물질성에 대한 게임과 연결한다.

― 즉, 대담하게 아리스토텔레스는 물질성 속에서 말해진 것을 λόγος의 관념적 현실에 출몰하는 비현실적 그림자로 만든다.

---

42) logos apophantikos 또는 진술 명제. "모든 진술/문장이 명제(ἀπόφανσις)인 것은 아니고, 참이나 거짓이 들어 있는 진술만이 명제이다." Aristote, *De interpretatione*, 4, 17a2 sq. [김진성 옮김, 「명제에 관하여」, 『범주들/명제에 관하여』, 이제이북스, 2009, 144쪽. 전반부의 희랍어 원문은 "apophantikos de ou pas"로서, "모든 문장이 진술적이지는 않고"로 옮길 수 있다.] 다음도 참조하라. "모든 것이 있으면서 있지 않다는 헤라클레이토스의 이론은 모든 것을 참으로 만들며, 모순 관계의 중간에 어떤 것이 있다는 아낙사고라스의 이론은 모든 것을 거짓으로 만드는 것 같다." Aristote, *La Métaphysique*, t.1, livre Γ, 7, 1012a26~28, p.240; *La Métaphysique*, t.2, livre Θ, 10, 1051b3, pp.54~ 55. [『형이상학』, 168, 377쪽.]

4강. 1971년 1월 13일

궤변과 참된 담론* | 진술문의 역사를 어떻게 쓸 것인가 | 논리적 변조 대 궤변적 변조 | 언표의 물질성, 명제의 물질성. 레몽 루셀, 장-피에르 브리세, 루이 울프슨, 오늘의 소피스트들 | 플라톤은 소피스트라는 인물을 배제한다. 아리스토텔레스는 궤변의 기술을 배제한다 | 궤변, 그리고 진술과 말하는 주체의 관계

지난번에 우리는 아리스토텔레스가 궤변을 어떻게 철학의 게임 바 [1] 깥에 제쳐두는지 살펴봤다. 정당한 권리를 갖고서 진리의 요소 안에 있는 철학 담론을 아리스토텔레스가 어떻게 구성했는지, 철학 담론과 관련해 궤변적 실천이 어떻게 외부성, 비실재성에 지나지 않는지 말이다. 그림자.

그런데 소피스트들**을 다루는 역사가들은 이 추방 조치를 철회하기를 바라는 어떤 경향이 있다. 거리를 축소하고 철학 담론 내 [2] 에서 궤변 담론에 실재성을 다시 부여하려는 것이다(19세기의 조지 그로트, 테오도르 곰페르츠, [20세기의] 외젠 뒤프레엘).[1] 마치 소피

---

* 강의원고상의 제목.

** 강의원고에는 "소피스트들"이 소문자(sophistes)가 아니라 대문자(Sophistes)로 쓰여 있다. 원래의 철자 표기법을 그대로 따랐다.

1) George Grote, *Aristotle*, London: J. Murray, 1872. 조지 그로트는 프리드리히 니체보다 먼저 소피스트들을 복권했다. 샤를 앙들레에 따르면 니체는 『권력 의지』에서 그로트의 결론을 취했다(§427, 437). [강수남 옮김, 『권력에의 의지』, 청하, 1988, 267~268, 277쪽; 백승영 옮김, 『유고(1887년 가을~1888년 3월)』, 책세상, 2000, 491~493쪽; 『유고(1888년 초~1889년 1월 초)』, 책세상, 2004, 90~92쪽]; Charles Andler,

스트들이 자신들의 진지함과 실재성을 오직 이 철학 담론에서 끌
어올 수 있다는 듯 말이다. 이는 결국 암묵적으로 아리스토텔레
스 식의 배제에 다음과 같은 형태로 동의하게 된다. "소피스트들
은 그들이 당한 고발에 대해 죄가 없다. 그들에게 죄가 있었다면,
그들이 사람들에게 비난받는 것을 말하고 행했다면, 물론 우리는
지금껏 그랬듯 그들을 순수 외견 속에 방치할 것이다. 하지만 그
들 역시 어떤 면에서는 철학자들이다. 그들 역시 어떻게 보면 참
된 담론, 존재를 이야기하는 담론, 존재 안에 있는 담론의 영역에
속한다. 그들은 철학의 한계 너머에서 생명도 육신도 없이 배회하
는 그림자들이 아니다. 그들은 철학에 그들의 자리, 장소, 따라서
실재성을 갖는다."

[3]   나는 분석을 달리 해보고 싶다. 궤변술과 철학 사이의 거리를
애써 축소하고 싶지 않다. 역사적 재평가라는 쪽문으로 소피스트
들을 다시 들여보내고 싶지 않다. 아리스토텔레스, 그의 동시대인
들 그리고 그의 계승자들이 지각했던 거리 그대로, 그들이 선고했
던 배제 그대로 놔두고 싶다.

소피스트들의 관념과 문제가 철학자들의 그것과 합류하게 되
는 일종의 공통 공간을 수립하기보다 외부로 이동해보고 싶다. 희

Nietzsche, sa vie et sa pensée, t.6: La Dernière Philosophie de Nietzsche. Le renou-
vellement de toutes les valeurs, Paris: Bossard/Gallimard, 1931, p.213;. Theodor
Gomperz, *Griechische Denker: Eine Geschichte des antiken Philosophie*, 3 Bd., Lei-
pzig: Veit & Co., 1896~1909; *Les Penseurs de la Grèce: Histoire de la philosophie
antique*, 3 vol., trad. Auguste Reymond, Paris/Lausanne: F. Alcan/Payot, 1908~10
(이 책 3권의 5~8장은 재편집되어 다음의 제목으로 출간됐다. *Les Sophistes*, trad. Oli-
vier D'jeranian, Paris: Éditions Manucius, 2008); Heinrich Gomperz, *Sophistik und Rhe
-torik: Das Bildungsideal des εὖ λέγειν in seinem Verhältnis zur Philosophie des fünf
-ten Jahrhunderts*, Leipzig/Berlin: B. G. Teubner, 1912; Eugène Dupréel, *Les
Sophistes*, 1er éd., Neuchâtel: Éditions du Griffon, 1948.

랍 사회 같이 한 사회 안에서 소피스트들의 담론이 존재 양식과 기능 양식에 있어서 어떤 것일 수 있었는지 분석해보고 싶다. 그런 유형의 담론이 어떤 조건에서 존재하고 사라질 수 있었을까? 이 물음은 우리를 전혀 다른 유의 분석으로 끌고 갈 것이다. 그것은 더 이상 철학사 분석이 아닐 것이다. 즉, 지금까지 배제 절차와 그 배제 [4] 절차가 남긴 공백을 탐지하는 데 쓰였던 방법이 아닐 것이다.

오늘 나는 이 배제의 수준에 계속 머물려고 한다. 철학에서 참된 추론 내지 거짓 추론과 오류 논변 사이에 적용되는 대립 조치를 철학의 관점에서 다뤄보고자 한다. 철학 내부에 머물면서 맹목적으로나마 어떤 외부(소피스트는 철학의 외부를 상징하며, 그 외부의 가장 위협적이고, 가장 완고하며, 가장 냉소적인 부랑자이다)를 알아볼 수 있는 방법을 보이고자 한다.

아리스토텔레스는 어떻게 이 배제에 착수하는 것일까?

궤변술을 φαινομένη φιλοσοφία ἀλλ'οὐκ οὖσα[phainomenē philosophia all'ouk ousa/철학으로 나타나지만 철학으로 존재하지는 않는 것]로 정의하면서 그랬다. 존재를 갖지 않는 철학. 그런데 어떻게 철학이 존재하지 않으면서 나타날 수 있을까?

추론의 외견을 하고 있으나 추론은 아닌 추론이 당연히 존재하는 것이다. 이 비-철학의 비-존재의 존재 이유는 외견상의 추론 [5] 의 비-존재에 있다.

『소피스트적 논박』은 완전히 이질적인 다양한 추론, 논변, 난점, 함정을 가로질러 우리를 끌고 간다. 배우는 것은 바로 아는 자들이다. 왜냐하면 문법학자는 자기 제자들이 자기에게 암송하는 것을 배우기 때문이다.

"너는 나에게 적의 포획을 바란다. 다시 말해 너는 적이 나에 의해 포획되기를 바란다, 하지만 너는 또한 적이 포획을 실행하기를 바란다"[4, 166a8을 참조하라].†

다른 예. "아테나이인들에게 속하는 것은 아테나이인들의 소유물이겠는가? — 그렇다. …… 그렇다고 하면 인간은 동물 세계에 속하지 않겠는가? — 그렇다. 따라서 인간은 동물 세계의 소유물이겠군"[17, 176b].†

다른 예. 코리스코스2)는 소크라테스와 다르다. 그런데 소크라테스는 인간이다. 따라서 코리스코스는 인간과 다르다.

다른 예. 우리에게 더 이상 없는 것은 우리가 잃은 것이다. 만일 열 개의 작은 뼈 중에서 네가 하나를 준다면, 네겐 더 이상 열 개의 작은 뼈가 없다. 따라서 너는 열 개의 작은 뼈를 잃었다.

또 다른 예. 왜 묻는지, 무엇에 대해 묻는지 제시하지 않은 채 질문하기. 논의가 어디쯤 왔는지 상대가 알 수 없도록 질문을 마구 쏟아내기 또는 아주 빨리 말하기.

다른 예. 예컨대 한 사람을 가리키는 데 중성('이것')을 쓰는 것과 같은 몇 가지 문법 현상을 사용하기.

[6]   다른 예. 기성의, 이미 마련된 논변을 사용할 수 있을 때까지 논의를 끌고 가기.

다른 예. 대화 상대가 철학자, 전문가, 몇몇 사람에 고유한 테제를 지지할 때 대중적 테제, 즉 οἱ πολλοί[hoi polloi/다중]가 하는 이야기를 거기에 대립시키기, 또는 그 반대로 하기.

---

† 아리스토텔레스, 김재홍 옮김,『소피스트적 논박』, 한길사, 2007, 57쪽.

‡ 아리스토텔레스,『소피스트적 논박』, 144쪽. 이하 본문에서 이어지는 여섯 가지 '예'들의 출처는 각각 다음과 같다. 앞의 책, 65쪽(5, 166b33-35); 161~166쪽(22, 178a); 113쪽(12, 172b13-24); 121~122쪽(14, 173b26 이하); 114쪽(12, 172b25-28); 117쪽(12, 173a19-30).

2) 코리스코스/코리스쿠스는 아리스토텔레스가 자주 언급하는 인물로서 트로아드 반도의 스켑시스에 있던 플라톤 서클을 이끌었다. 코리스코스의 아들 넬레우스가 아리스토텔레스의 수고들을 받았을 수 있다. 다음을 참조하라. Léon Robin, *Aristote*, Paris: PUF, 1944, pp.10~11.

아리스토텔레스는 상당히 유치한 이 궤변들을 적어도 처음에는 그 자체의 형식이 아니라 결과에 따라 분배한다. 이 궤변들은 오류 추론, 즉 외견 말고는 다른 실재성을 갖지 않는 추론이다. 그러므로 이 궤변들은 그 자체가 산출하려는 효과 말고 다른 원리를 갖지 않는다. 이 궤변들은 외견의 모습을 꾸민다.

그로부터 아리스토텔레스는 용어 다섯 개의 분류를 제안한다.

— 논박하는 체 하는 궤변. 다시 말해 대화 상대가 제시한 명제와 모순되는 명제를 증명하는 척하기(논박).

— 상대의 오류를 나타나게 만드는 척하는 궤변(예를 들어 상대의 전제 가운데 하나가 틀렸음을 증명하기)(오류).

— 아무도 이성적으로 지지하지 않는 특이한 테제를 상대가 지지함을 보이는 척 하는 궤변(역설).

— 대화 상대가 자신의 문법을 인식하지 못하고 어법 어김을 [7] 범하고 있다고 믿게 만드는 궤변.

— 상대가 의미 없는 말을 하면서 말 더미를 무한히 쌓고 있다고 믿게 만드는 궤변.

이 커다란 항목들 각각에서 아리스토텔레스는 무엇이 이런저런 결과를 획득하는 데 가장 자주 사용되는 궤변인지 지적한다(예컨대 거짓 논박을 위해서는 동음이의를 쓴다. 역설을 위해서는 기성의 진술을 사용한다. 어법 어김을 위해서는 낯선 문법을 들먹인다).

하지만 이제 추론을 말장난 형태로 만들고 다른 이들이 '악의'라고 부를 수 있는 기법을 써서 토론을 뒤죽박죽으로 만드는 이 모든 기법에 공통된 무엇이 있을 수 있는지 자문한다면, 진술의 요소들을 물질적으로 변조한 것이 문제임을 꽤 쉽게 알 수 있다.

❧

우리는 아리스토텔레스가 제안한 분류와는 별개로 이 변조들을 탐 [8]

지하고, 분류하려고 시도했다.

　— 똑같은 단어를, 설령 그것에 똑같은 뜻이 없어도, 그것의 물질적 동일성 속에서 반복하거나 반복시키기(필요한 경우, 3세기까지 강세 표시를 안 하던 [희랍어의] 애매한 표기법 이용하기).

　— 진술을 구성하는 단어들의 선형적 계열을 분리하고 재구성해 완전히 늘리기.

　— 이미 구성되어 있어서 단어 대 단어를 맞춰 반복하기만 하면 되는 계열들에 호소하고 그 계열들을 작동시키기.

　— 몇몇 문법적 특수성[을 활용하기*].

[9]　아리스토텔레스와 철학이 불법이라고 판정한 이 변조는, 참된 추론에 의해 수행되는 변조와 정확히 무슨 차이가 있을까?

A. 변조 자체와 변조 규칙에 관한 차이들의 첫 번째 집합이 있다.

　— 결국 (아리스토텔레스의 관점에서) 어느 정당한 추론이라 할 것 없이 소피스트들의 실천에 들어 있는 것과 별반 다르지 않은 변조를 포함하고 있다. 예컨대 모든 A는 B이다. 그런데 모든 B는 C이다. 따라서 모든 A는 C이다.

　우리는 첫 두 언표를 둘로 나누고 첫 번째 명제의 후반부를 두 번째 명제의 후반부로 치환한다. 하지만 변조는 늘 두 가지를 가정한다.

　— 먼저 진술을 구성하는 여러 단위와 그것들의 구성에 관한 정의. 주어, 술어, 명제.

　— 이어서 주어, 술어, 명제를 이것에서 저것으로 치환하는 규칙. 범주, 동치, 종속.

---

* 강의원고에는 "[특수성을] 활용하기"(utiliser)가 아니라 "[특수성]의 활용"(utilisation de)이라고 되어 있다.

요컨대 넓은 의미의 문법 전체. 요소론, 조합론, 치환론.

궤변은 명제의 기본 구조가 아니라 언표의 존재에 의거한다.[3] [10] 즉, 단어들이 발설됐다는 사실, 그것들이 만들어진 그대로 또는 상대 마음대로 반복되고 재조합될 수 있는 것으로 토론 중간에 남아 있다는 사실에 의거하는 것이다. 말해진 것은 말해진 것이다. 이상적이고 규칙적이며 어떤 유형의 내용을 수용할 수 있는 형식으로서가 아니라 조금은 전리품처럼. 전사들이 전투를 마치고 가운데 모아놓고 εἰς μέσον[eis meson/가운데에서] 말다툼과 시비를 벌이며 제 것이라 주장하게 되는 전리품처럼.[4]

궤변의 출발점은 εἰς μέσον, 즉 가운데 놓여야 한다. 상대들과 관련해 궤변이 갖는 공유재적 성격은 궤변의 일반적 형식에 기인하지 않고 이 장소, 이 순간, 이 환경에서 궤변이 차지하는 위치에 기인한다. 이것은 무슨 뜻인가?

a – 궤변은 하나의 사건처럼 만들어졌다. 다시 말해 한 번에 결정적으로 만들어졌다. 그것은 만들어진 대로 남는다.

그런데 이 사건의 서로 다른 부분들은 명제 형식의 관점에서는 전혀 등가적이지 않지만, 사건의 [각도에서 보면] 동질적이다.

"5=2+3"이라는 언표에서 5, 2, 3은 똑같은 방식으로 만들어 [11] 진 사건들이다. 따라서 2+3을 분리할 수 없다고 주장할 이유가 없다.[5]

---

3) 언표가 명제, 문장, 기호 등과 맺는 관계에 대한 긴 설명으로는 다음을 참조하라. Michel Foucault, "III. La description des énoncés"(III), *L'Archéologie du Savoir*, Paris: Gallimard, 1969, pp.140~148. [이정우 옮김, 「3) 언표의 기술」(3장), 『지식의 고고학』(개정판), 민음사, 2000, 155~165쪽.]

4) 집단과 관련된 것은 가운데 놓는다. 그곳은 정치적 공간으로서 공적 발언과 가운데 바깥에서 언급되는 사적 발언을 구별한다. Marcel Detienne, *Les Maîtres de vérité dans la Grèce archaïque*, préface de Pierre Vidal-Naquet, Paris: Maspero, 1967, p.98.

사건은 원하는 부분만큼 분할 가능하며 그렇게 나뉜 부분들은 서로 동질적이다. 귀속 유형들에 관한 이론, 요소들 사이의 치환 규칙은 있을 수 없다. 작동하는 유일한 차이는 다음과 같다.

— 게임과 관련해 내부와 외부의 차이.

— 기억 또는 망각의 차이.

보존된 발언과 기억으로 정의되는 어떤 현재성에 속한다는 것. 불변하는 형식적 차이가 아니라 현재성의 장의 부유하는 경계들.

b — 하지만 언표가 εἰς μέσον[가운데] 놓였던 사실은 다른 것을 뜻한다. 궤변적 논변이 존재하려면 어떤 것이 말해진다는 사실만 고려해서는 충분하지 않다. 어떤 것이 누군가에 의해 말해졌다는 사실을 고려해야 한다. 바로 이 점을 더 자세히 연구할 필요가 있다.

말하는 주체에게 어떤 언표를 귀속시키는 것은 주체가 언표에 집어넣고자 했던 의미나, 뜻하고자 했던 의도 내지 그 주체의 생각을 가리키지 않는다. 말하는 주체가 동사 μανθανεῖν[manthanein]을 사용할 경우, 그 주체가 '배우다'를 이야기하고자 했다는 것은 별로 중요하지 않다.6) 이 의도로 인해 토론에서 단어 사용이 고정

[12] 되지는 않는다. 훨씬 더 급진적이게도, 궤변 시합이 시작되면 말하는 주체는 단어 사용에 관한 (문법적이거나 논리적인) 규칙들, 모든 상대가 승인했을 법한 그 규칙들을 참조할 수 없게 된다. '메타언

---

5) 이 궤변은 5를 짝수이면서 홀수로 제시한다. Aristote, *Réfutations sophistiques: Organon VI*, éd. et trad. Jules Tricot[édition de référence], Paris: J. Vrin, 1969[1939], 166a30-35. [김재홍 옮김, 『소피스트적 논박』, 한길사, 2007, 59~60쪽.] 이는 아리스토텔레스에 대한 푸코의 주석에 들어맞지 않는다.

6) 이 동사는 '배우다'와 '이해하다'를 모두 뜻한다. 그것은 유명한 말싸움의 이중-의미 대상이다. Platon, "Euthydème," *Œuvres complètes*, t.1, éd. et trad. Léon Robin, Paris: Gallimard, 1971, 275a-277d. [김주일 옮김, 『에우튀데모스』, 이제이북스, 2008, 37~43쪽. 277e-278b도 참조할 것.]

어적 중재의 수준'에 호소할 수 없는 것이다. 각 주체는 귀속이나 전가 같은 무매개적 관계에 의해 말해진 것에 연결된다. 즉, 주체가 스스로 그것을 말했기 때문이거나, 아니면 주체가 그것에 대해 그렇다고 대답했기 때문이거나.

말하는 주체가 언표에 들러붙기는 하지만, 이는 규칙들이나 설정된 의미에 대한 지지를 뜻하지 않는다. 주체가 자신의 언명을 끝까지 고수할 수 있다면, 그 언명은 주체의 계정에 계속 남게 된다. 주체는 그 언명을 전유할 수 있고, 그는 이겼다. 주체가 언명을 고수할 수 없다면, 그는 그 언명을 잃은 것이고 그는 졌다. 주체가 참을 말했느냐 거짓을 말했느냐는 별로 중요하지 않다. 그는 지키지 못했다. 그는 제 자신의 문장과 단절하고 전유 또는 전가를 포기할 수밖에 없다. 그렇게 주체는 배제된다.

궤변은 증명되지 않는다. 궤변은 이기거나 진다. [13]

아리스토텔레스에 따르면 논리적이고 정당한 변조는 익명의 변하지 않는 공통 규칙 체계를 전제한다. 개인들은 이 규칙들 안에 자리 잡고서 자신들의 언표를 만들며 하나의 명제를 새로운 것, 참된 것으로 인정받도록 만든다. 반면 궤변은 특정 기억의 장에 붙들린 담론적 사건이 한 개인에게 전가될 수 있는 수준에서 작동한다. 그 개인의 정식화를 지배했던 것이 의도된 의미냐 형식적 규칙이냐는 아무래도 상관없다.

궤변의 명백한 무질서, 악의, 유치함 아래서 말하는 주체와 진술의 상호 위치가 문제가 된다(일어난 사건, 기억, 전가, 고수나 포기).

참된 추론의 질서정연함, 정직, 성숙이라는 삼중의 성격은 규칙, 주체, 만들어진 언표, 뜻하고자 하는 의도 사이의 아주 일반적이긴 해도 정해진 관계를 함축한다. 이 관계는 언표의 사건적 성격을 중화한다.

[14]   반대로 사건, 사건의 지속, 반복, (내적 차이화 규칙 없이) 유지된 동일성, (소유만큼이나 범죄와도 인접한 형식에 따른) 전가 가능성을 둘러싸고 조직되는 주체와 언표의 관계를, 즉 궤변을 특징짓는 이 모든 관계를, 철학(그리고 과학)은 배제한다. 요컨대 철학적이거나 과학적인 담론은 그런 [주체와 언표의] 관계를 형식적으로 무질서하고, 도덕적으로 부정직하며, 심리적으로 유치하다며 배제하는 것이다. 논리학, 도덕, 심리학은 궤변의 부정하고 무질서하며 유치한 것들을 배제하는 데 신경 쓴다.

궤변은 엄격한 의미에서 도착倒錯이다. 말하는 주체는 궤변 속에서 자신의 진술의 육체, 즉 물질성과 이치에 맞지 않는 관계를 맺는다. 성숙한 도덕 질서에서 허락되지 않는 그런 관계를 말이다. 오늘날 진정한 소피스트는 어쩌면 논리학자들이 아니라 레몽 루셀, 장-피에르 브리세, 루이 울프슨이다.[7]

[15] B. 이 변조들의 진리 효과와 관련한 두 번째 차이 집합. 이번에는 궤변을 먼저 검토하고 나서 정당한 추론으로 넘어가겠다.

---

7) 푸코는 이 세 저자와 제논을 함께 거론한 바 있다. Michel Foucault, "Sept propos sur le septième ange"(1970), *Dits et Écrits*, t.2: 1970-1975, éd. Daniel Defert et François Ewald, avec collab. Jacques Lagrange, Paris: Gallimard, 1994, pp.13~25; rééd., t.1: 1954-1975, Paris: Gallimard, 2001, pp.881~893. 1970년에 푸코는 장-피에르 브리세의 『논리적 문법』(1878)을 [위의 글을 서문으로 붙여] 출간했고, 질 들뢰즈는 루이 울프슨의 『분열증자와 언어』에 서문을 썼다. Jean-Pierre Brisset, *La Grammaire logique*, Paris: Tchou, 1970; Louis Wolfson, *Le Schizo et les Langues*, préface de Gilles Deleuze, Paris: Gallimard, 1970. 이 저자들은 진술을 기표가 아니라 사물로 다루는 상이한 방식을 보여준다. 『레몽 루셀』에서 푸코는 이런 유형의 분석을 이미 선보였다. 들뢰즈는 『의미의 논리』에서 똑같은 저자들과 그들의 기호 체제를 거론한다. 거기에서 관건은 '플라톤주의의 전복'이다. Michel Foucault, *Raymond Roussel*, Paris: Gallimard, 1963; Gilles Deleuze, *Logique du sens*, Paris: Minuit, 1969. [이정우 옮김, 『의미의 논리』, 한길사, 1999.]

1/ 궤변에 관하여. 궤변은 자주 진리와 모순의 문제이다.

  — 하나의 명제가 대화 상대에게 긍정과 동의를 얻을 때 그것
  은 참으로 긍정된다. 그리고

  — 화자가 하나의 언표를 정식화해 놓은 다음에 그것과 전혀
  다른 언표를 내놓을 때, 사람들은 화자에게 이렇게 말한다. 잠
  깐! 너는 모순된 말을 하고 있어.

  진리의 예: 네가 잃어버리지 않은 것을 너는 아직 갖고 있다. 그
  런데 너는 뿔을 잃지 않았다. 따라서 너는 뿔을 갖고 있다.

  모순의 예: 『엘렉트라』.8)

  a – 더 자세하게 살펴보면, 제출되거나 인정받은 언명은 근본 [16]
적으로 명제의 진리와 관련되는 게 아니라 말하는 주체가 자신이
말한 것을 지키려는 의지와 관련되어 있음을 알 수 있다. 언명은
사실 확인의 질서가 아니라 오히려 맹세의 질서에 속한다. 선언은
사실을 언표하지 않는다. 선언은 언표와 그 언표를 입증할 수 있
는 언표 외부 현실 사이의 관계를 설정하지 않는다. 선언은 화자
와 그 화자가 말하는 것을 연결한다. 선언은 현실성의 언명이라기
보다는 충실성의 언명이다. 궤변에서 [무엇인가를] 참으로 간주하
는 것은 [그것을] 견지하겠다는 다짐이다. 그러므로 중요한 사실은
이상한, 부분적인, 제한적인, 불연속적인, 균형을 잃은 존재론을 궤
변이 수반한다는 것이다.

---

8) 출처 표시가 중단됐다. 아마 푸코가 강의 때 해당 구절을 읽었을 텐데, 세 명의 비
극 작가(아이스퀼로스, 소포클레스, 에우리피데스) 중 가장 궤변적이고 풍자적인 에
우리피데스의 『엘렉트라』를 가리키는 것 같다. "아폴론께서 몽매하시다면 누가 지
혜롭단 말이지?" Euripide, *Électre*, v.972. [천병희 옮김, 「엘렉트라」, 『에우리피데스
비극 전집 1』, 도서출판 숲, 2009, 588쪽.] 아폴론이 부친 살해를 명할 수 있다면 이
는 궤변(우리는 부정의해지지 않고서는 정의로울 수 없다)이나 마찬가지이다.

사실 소피스트가 변조하는 한 가지, 그가 관계하는 하나의 존재는 말해진 것의 존재, 즉 물질적 실재성에서 본 언표의 존재이다. 이는 역설적 물질성인데, 왜냐하면 말해진 것은 소리, 문자, 따라서 사물의 부족 같은 부족을 함축하기 때문이다. 말해진 것의 선형적이고 계열적인 전개, 그리고 [그럼에도] 말해진 것을 고수하기.

[17] 다른 모든 사물 중 단어만 갖는 물질적 실재성이 있다면, 단어는 분명 다른 사물들과 교통할 수 없다. 단어는 사물들을 의미할 수 없게 된다. 사물들을 반영하거나 표현할 수 없게 되는 것이다. 단어와 그 단어가 말한다고 간주되는 사물 사이에 유사성은 없다. 기껏해야 단어는 사물에 의해 부추겨지거나 유발될 수 있는 것이다.

단어가 사물을 의미하지 않기에 우리는 진술에서 출발해 사물에 도달할 수 없다. [소피스트에게] 진술은 진술이 말하는 대상이 그렇듯이 그 자체가 하나의 사물이다. 바로 이런 사실에 의해서만 진술은 진술이 말하는 대상으로부터 분리된다. [진술과 진술이 말하는 대상이] 사물이라는 지위를 똑같이 갖는다는 사실이 의미작용 관계의 단절을 함축하는 것이다.

우리가 진술에서 출발해 사물에 도달할 수 없다면, 단어는 무엇에 대해 말하는 것이며, 무엇을 가리키는 것일까? 아무것도 없다. 우리가 존재에 대해 말한다고 여길 때 우리는 아무것도 말하지 않는 셈이다.

존재는 존재하지 않는다고 이야기하는 순간부터 우리는 단어들을 사용하며, 우리가 이야기하는 것, 우리가 이야기한다는 사실, 이 모든 것은 존재한다. 우리는 존재가 존재하게 만든다. 우리가 말한다는 사실을 통해서 말이다. 마찬가지로 우리는 비존재가 존재하게 만든다. 우리가 '비존재'를 언표하기 때문이다. 하지만 우리는 또한 비존재가 존재하지 않게 만든다. 우리가 사용하는 단어는 아
[18] 무것도 [가리키지] 않기 때문이다. 특히 '비존재'는 아무것도 가리

키지 않는다. 그것['비존재']이 우리가 동의하는 존재도, 거부하는 존재도 가리키지 않는 것처럼 말이다.

그리하여 엘레아 학파가 구상했던 소크라테스 이전의 존재론 전체9)가 궤변적 실천 주위에 결집하는 모습을 보게 된다. 플라톤이 『소피스트』에서 소피스트를 제압하고자 할 때 문제가 되는 것이 바로 그 존재론이다. 소피스트를 제압하기 위해 플라톤은 [엘레아 학파의] 그 존재론을 제압해야 할 것이다. 하지만 소피스트들에게서 발견되는 이 역설은 귀속attribution을 둘러싼 게임이 아니다. 이 역설은 존재의 설정과 귀속의 언표가 맺는 곤란한 관계를 증언하지 않는다. 이 역설은 다른 모든 것을 배제하면서 언표된 사건과 그 사건을 이야기하는 자의 관계를 정초한다. 그것은 명제의 진리에 필요한 존재론(그리고 그것의 고유한 난점)이 아니다. 그것은 한 언표를 한 주체에게 전가할 수 있게 해주는, 끊임없이 해체되면서도 재개되는 존재론이다.

궤변에서 나타나는 외견적 진리 효과는 사실 진술적[담론적] 사건과 말하는 주체 사이의 유사 법적인 관계이다. 그로부터 소피스트들에게서 두 가지 테제가 발견된다. 모든 것은 참이다(네가 어떤 것을 말하자마자 그것은 존재에 속한다). 아무것도 참이 아니다(네가 아무리 단어들을 사용한들 단어들은 결코 존재를 이야기하지 않는다).

b – 모순에 관해서도 똑같이 이야기할 수 있을 것이다. 겉보기 [19]에 궤변은 언표를 무효화하기 위해 모순을 사용한다. 하지만 자세히 살펴보면 전혀 다르다. 궤변적 게임에서 자기모순에 빠지지 않는 것은 **똑같은** 것을 이야기하는 것이다. 동일한 방식으로, 실체적

---

9) 그것은 두 개의 테제를 연합한다. 1/ 있는 것은 있다. 있지 않은 것은 있지 않다; 2/ 전체는 하나이다. 두 번째 테제는 플라톤과 아리스토텔레스에 의해 논박됐다.

으로 똑같은 것을 이야기한다는 것이다. 자기모순에 빠지는 것은 그저 다른 것을 이야기하는 것, 똑같은 것을 이야기하지 않는다는 것이다. 기의와 차이의 철학에서 분명히 볼 수 있듯, 우리는 한 가지를 말하고, 그 다음 모순에 빠지지 않고서 다른 것을 말할 수 있다. 반대로 궤변술에서 유일한 존재는 말해진 것이며, 거기에는 두 가지 가능성밖에 없다. 똑같은 것을 이야기하기, 아니면 똑같은 것을 이야기하지 않기(견지하거나 견지하지 않거나, 이는 실로 모순적이다).

존재론이라고는 존재와 비존재의 게임밖에 없던 궤변술에 논리학으로는 동일자와 타자의 대립밖에 없는 이유가 이해된다. 따라서 궤변술은 소크라테스 이전 사유의 이 모든 역설을 사용하지만 그것을 진술이라는 유일한 수준으로 옮기면서 그렇게 했다.

[20]　궤변이 아무리 존재/비존재, 모순/무모순, 참/거짓 같은 익숙한 대립을 사용해도 이 게임의 진행 방식을 잘 이해할 필요가 있다.

— 참/거짓은 그것의 등가인 '인정된/인정되지 않은'으로 기능한다.

— 존재/비존재는 그것의 등가인 '이야기된/이야기되지 않은'으로 기능한다.

— 무모순/모순은 '기각되지 않은/기각된'으로 기능한다.

보다시피 모든 대립은 하나의 게임 속에서 진술[담론]이 사건으로서 존재하는 수준에서 작동한다. [대립은] 승자/패자를 가르는 근본 대립에서 절정에 달하는 게임 속에서 [작동한다]. 대립의 좌측에 있는 자가 승자이다. (실제로) 이야기했고 나중에 그 이야기가 자신에게 전가되어도 좋다고 스스로 인정한 것을 똑같이 되풀이하는 자가 승자이다.

궤변: 지배 관계 수립를 목적으로 하는 도착적 변조.

논쟁적 철자 바꾸기.

지독하게 가차 없는 진술.

욕망과 권력의 게임.

2/ 진술문.   [21]

진술문은 존재와 관련 있다. 진술이 존재하고 사건이 되며 만들어
지는 수준에서 그런 것이 아니라, 진술이 이야기하는 **것**의 수준에
서 그렇다. 그것은 존재 또는 비존재를 이야기하기 때문에 하나의
명제학적 진술[진술문]이다.

다음으로 진술이 명제학적인 까닭은 그것이 (사물과 비슷하지
않다는 이유로) 진리에서 배제되는 것도 아니고 (그것이 사물이라
는 이유로) 진리에 포함되는 것도 아니기 때문이다. 그것이 명제학
적인 까닭은, 어떤 것이 존재한다고 말하면서 사물이 존재하거나
(따라서 그것은 참이거나) 사물이 존재하지 않거나(따라서 그것은
거짓이거나) 하는 데 있다. 또는 어떤 것이 존재하지 않는다고 말
하면서 사물이 존재하거나(따라서 그것은 거짓이거나) 사물이 존재
하지 않거나(따라서 그것은 참이거나) 하는 데 있다.

진술이 명제학적인 것은 현실과 존재가 산출된 사건의 수준
에서 서로 합류하는 동시에 논쟁하게 되는 경우가 아니라 존재와
비존재가 언표에서 이야기되는 것인 경우, 그리고 진리(그리고 오
류)가 이 이야기된 존재와 존재 자체 사이의 관계를 통해 정의되
는 경우이다.

진술문은 언표의 물질성과 언표의 사건을 괄호 안에 넣어둬야
하는 것이다.

진술문이 존재와 맺는 관계는 이상과 같다. 그러므로 참된 명제 [22]
가 왜 모순을 배제하는지 이해할 수 있다. 실제로 어떤 것이 존재한
다고 가정해보자. 명제는 이 어떤 것이 존재한다고 말할 경우에만
참일 것이다. 이 어떤 것이 존재하지 않는다고 말하면 그 명제는

참이 아닐 것이다. 따라서 이 사물이 존재하면서 존재하지 않는다고 동시에 언명하는 명제는 참일 수 없다.

보다시피 이 모순 금지는 언표의 동일성이나 언표의 물질적 타자성과 더 이상 관련이 없다. 모순 금지는 긍정하거나 부정하는 행위 자체를 대상으로 한다. 우리는 똑같은 것을 똑같은 관계 아래 동시에 긍정하고 부정할 수 없다.

[23] 이를 바탕으로 아리스토텔레스가 말하는 λόγος ἀποφαντικός[logos apophantikos/진술문]가 이중의 대립 체계 속에서 수립됨을 머릿속에 잘 새겨둬야 한다.

— 진술문은 기원, 주문, 명령, 요컨대 참이나 거짓인 명제로 귀결될 수 없는 이 모든 정식화에 명시적으로 대립된다[『명제론』, 4, 17a2].† λόγος ἀποφαντικός는 다른 언표행위에 대립되는 언표행위의 한 유형이다. λόγος ἀποφαντικός는 진술적 언표이다.10)

— 진술문은 어쨌든 다른 수준, 그러니까 진술의 형태를 띠면서도 사건적 실재성의 수준에서 작동되고 기능하는 언표들에 암묵적으로 대립한다. 만들어진 사물로서의 언표에, 특정 주체가 역사적으로 지금 여기에서hic et nunc 만든 사물로서의 언표에 대립하는 것이다.

[24] 이 수준에서 명제학은 언표들의 한 범주이길 그친다. 명제학은 하나의 조작opération이다. 즉, 언표와 실재성·존재·진리 사이의 관계가 언표행위 사건 수준에서는 끊어지더라도 그것이 언표 안에서

---

† 아리스토텔레스, 김진성 옮김, 「명제에 관하여」, 『범주들/명제에 관하여』, 이제이북스, 2009, 144쪽.

10) William Kneale and Martha Kneale, "Aristotle's Theory of Meaning and Truth"(ch.II, 4), *The Development of Logic*, Oxford: The Clarendon Press, 1962, pp.45~54. [박우석·배선복·송하석·최원배 옮김, 『논리학의 역사 1』, 한길사, 2015, 123~138쪽.]

102 지식의 의지에 관한 강의

이야기된 것으로, 이야기된 것과 사물 자체 사이의 관계로 옮겨지도록 만드는 쉼 없이 갱신된 몸짓인 것이다.

명제학은 언표와 존재 사이 의미작용의 (항상 관념적인) 수준에서만 관계를 수립한다. 의미작용에 자신의 장소를 갖는 이 관계를 통해 언표는 참 또는 거짓일 수 있다.

명제학은 존재를 관념적인 의미작용 쪽으로 치환하는 조작으로서 나타난다. 명제학은 이제 (진술적이지 않은) 다른 유형의 언표들에 대립하는 것이 아니라, 전도된 조작에, 즉 언표가 존재와 맺는 관계를 언표행위 사건 수준에서만 유지하는 전도된 조작에 대립한다. 명제학을 전도해버리는 이 조작을 궤변적 조작, 쟁론술이라고 부르기로 하자.11)

진술문에 비해, 궤변이 언표를 다루는 방식은 늘 엉뚱한 추론, 추론의 그림자, 추론의 외견으로 비칠 것이다.

궤변의 물질성에 비해 명제학은 관념성에 대한 호소로 비칠 것 [25]이다. 하나가 다른 하나에 대해 늘 그림자에 해당할 것이다.

자, 우리는 거대한 대립의 한가운데 있음에 틀림없다. 논리학이 규정되는 출발점이 되는 거대한 대립이 진술적/비진술적 대립이라면(논리학은 적어도 그것의 고전적 형식에서 진술적인 것만 다룬다), 철학에서, 과학에서 그리고 필시 서구 지식 전체에서 대립은 명제학과 궤변적 비판 사이에 있다고 하겠다. 이 대립은 언표 범주들 사이의 대립이 아니고 수준들 [사이의] 대립이다.†

결국 다음의 사실을 잊어서는 안 된다. 아리스토텔레스는 이미 [26]

---

11) ἔρις[eris]에서 논쟁이라는 말이 파생됐다. "논쟁의 지혜"[쟁론술]. Platon, "Euthydème," 272b. [『에우튀데모스』, 33쪽.] 그것은 메가라 학파에 꼬리표처럼 붙는 상당히 전문적인 용어이다. Diogène Laërce, *Vie, doctrines et sentences des philosophes illustres*, II, 106. [전양범 옮김, 『그리스 철학자 열전』, 동서문화동판, 2008, 144쪽.]

† 의미작용의 수준과 언표행위 사건의 수준의 대립.

궤변의 배제를 실행한다. 어쨌든 아리스토텔레스는 궤변을 『변증론』 말미에서 부록으로, 기괴함의 목록 형태로, 처방과 해독제의 형태로만 취급할 정도로 상당히 제압한다. 반대로 플라톤은 알다시피 궤변과 소피스트의 위험을 전혀 제거하지 못했다. 아직 아리스토텔레스에게서처럼 철학 담론의 비실재적 그림자를 언급하는 것이 문제가 아니었다. 궤변술[의] 안에서 궤변술에 맞서 철학 담론을 정초하는 게 중요했던 것이다.[12] 플라톤은 궤변을 언제 어떻게 제압했는가? 궤변은 어쩌면 결코 제압되지 않았다. 그래서 필시 아리스토텔레스의 명제론과 범주론이 필요했던 것이다. 하지만 플라톤은 소피스트를 굴복시켰다고 믿는다. 어느 순간에?

[27]　　바로 『소피스트』에서. 『소피스트』에서 승리(또는 소피스트라는 인물에 대한 지배)가 이뤄진다. 이 승리를 뒷받침하는 지점은 두 곳이다. 첫 번째 지점은 우리가 머릿속으로 자신과 토론을 벌일 때 진리에 접근한다는 언명에 있다.[13] 이와 연결된 두 번째 지점은 거짓을 말하는 것은 있는 것이 있지 않다고 말하는 것이라는 언명에

---

12) 『오르페우스의 정치』에서 질 쉬송은 이렇게 쓴다. "연설가와 소피스트는 한때 와해되어버린 [주술적-종교적 성좌의] 진술[들]을 중계하게 된다. 반면 철학이 생겨나기 이전의 분파들(오르페우스교도, 퓌타고라스 학파)은 기만적 외양(아파테)이나 억견(독사)을 거부하고 속임수도 외양도 지배하지 않는 단 하나의 장소, 즉 사후의 장소인 저승을 특권화한다는 점에서 플라톤적 진리의 원형을 구상하게 된다." Gilles Susong, *La Politique d'Orphée*, Paris: Grasset, 1975, p.99.
　　쉬송은 푸코의 1971년 콜레주드프랑스 강의를 들었던 것 같다. 쉬송은 푸코의 강의가 마르셀 데티엔의 테제를 수렴하고 있음을 강조한다. "푸코가 자신의 대중 강연에서 데티엔의 핵심 테제들을 취했다는 사실은 대단히 흥미롭다⋯⋯. 왜냐하면 내 생각에는 『진리의 대가들』에서 처음으로 [이] 희랍 연구자가 (이는 그 자신의 행보에서 아주 중요한데) 클로드 레비-스트로스를, 레비-스트로스의 방법론의 결절점이라 할 수 있는 애매함 분석을 원용했기 때문이다." Susong, ibid., p.99.

13) Platon, "Le Sophiste," *Œuvres complètes*, t.2, éd. et trad. Léon Robin, Paris: Gallimard, 1970, 263a, 264a, 264b. [이창우 옮김, 『소피스트』, 이제이북스, 2012, 145, 149, 150쪽.]

있다. "당신에 관해 언급되기는 하지만, 다른 것들이 동일한 것들로서 그리고 있지 않은 것들이 있는 것들로서 말해진다면, 동사들과 명사들로부터 생긴 이런 결합이야말로 실제로 그리고 참으로 거짓 진술이 되는 것 같습니다"(『소피스트』, 263d).[14]

이 두 명제에서 출발해 플라톤은 소피스트를 외견과 모상의 인간으로 정의할 수 있게 된다.

이와 똑같은 두 근본 명제가 아리스토텔레스에서 발견된다. [28]

아리스토텔레스는 『형이상학』, Γ권[15]에서 있는 것은 있고 있지 않은 것은 있지 않다고 말하는 사실이 참된 언표라고 정의하고, 『분석론 후서』(I, X, 76b)에서 추론과 증명이 외부의 진술과 관계하지 않고 영혼 안에 있는 것과 관계한다고 말한다("ὁ εἴσω λόγος, ὁ ἐν τῇ ψυχῇ"[ho eisō logos, ho en tēi psuchēi]). 아프로디시아스의 알렉산드로스는 이렇게 주해했다. "οὐκ ἐν ταῖς λέξεσιν ὁ συλλο -γισμός οὐ τὸ εἶναι ἔχει, ἀλλ'ἐν τοῖς σημαινομένοις"[ouk en tais lezesin ho sullogismos hou to einai echei, all'en tois sēmainomenois].[16] 진술의 물질성의 배제, 명제가 참 또는 거짓이 될 수 있게 해주는

---

14) Platon, "Le Sophiste," p.330. [『소피스트』, 148쪽.]

15) Aristote, *La Métaphysique*, t.1, éd. et trad. Jules Tricot[édition de référence], Paris: J. Vrin, 1948, livre Γ, 4, 1006a35-38 et passim. [조대호 옮김, 『형이상학』, 도서출판 길, 2017, 143쪽. 또한 같은 권의 이곳저곳을 참조하라.]

16) "표현들을(ταῖς λέξεσιν[tais lezesin]) 따르고 그것들이 의미하는 바를(τοῖς σημαι -νομένοις[tois sēmainomenois]) 따르지 않는 현대인들은 [그것들과 동치인 표현들의 명사에 대입해] 같은 결과가 나오지 않는다고 말한다"(아프로디시아스의 알렉산드로스, 서기 3세기의 위대한 2세대 아리스토텔레스 주석가). *Alexandri Aphrodisiensis in Aristotelis metaphysica commentaria*, ed. Michael Hayduck, Berlin: Preussische Akademie der Wissenschaften, 1891. 다음도 참조하라. *Alexandri Aphrodiensis in Aristotelis Analyticorum priorum Lib. I Commentarium*, ed. Maximilianus Wallies, Berlin: G. Reimeri, 1883, p.84; W. and M. Kneale, *The Development of Logic*, p.158. 재인용. [『논리학의 역사 1』, 300쪽.]

조건을 부여하는 명제학의 출현, 기표-기의 관계의 지배, 진리의 출현 장소로서의 사유에 허락된 특권, 이 네 현상은 서로 연결되어 있다. 이 현상들은 서양 과학과 철학이 역사적으로 발전하는 데 초석이 됐다.

[29] **결 론**

나는 우리를 여전히 지배하고 있는 아리스토텔레스의 관점에서 지각될 수 있는 궤변의 형태학을 강조했다. 왜냐하면 그 형태학에 힘입어 우리가 해결해야 할 역사적 문제를 더 잘 정의할 수 있기 때문이다.

α. 담론과 말하는 주체의 관계는 (적어도 특정 담론 실천 안에서) 어떻게 철학적-과학적 담론을 낳는 방식으로 이동할 수 있었을까?

β. 궤변적 토론에서 작동하던 지배 관계는 어떻게 배제되고 제거되고 괄호 쳐짐으로써, 또는 어쩌면 망각되고 억압됨으로써 (진리의 방식을 따라 존재에 자신을 맞춘다고 자처하는) 진술문을 야기할 수 있었을까?

이 이중의 변환의 역사를 연구해야 한다. 십중팔구 소피스트들은 그 변환의 마지막 에피소드에 지나지 않을 것이다.

5강. 1971년 1월 27일*

희랍 사회에서 진리와 연결되는 기능을 맡는 담론. 사법 담론, 시학 담론 | 헬레니즘 문명의 문턱에 있는 후기 자료 검토 | 『일리아스』와의 대조: 호메로스의 준-사법 논쟁. 네 가지 대결 체계 | 재판관의 최고권과 야만적 최고권 | 호메로스적 판결 또는 유명한 '아킬레우스의 방패' 장면

서 론

— 궤변술을 명제학과 회고적으로 대립시킴으로써 형식적으로 정   [1]
의하기.

— 조금 뒤로, 궤변술 너머로 거슬러가서 궤변술이 어떻게 구성됐
는지 살펴보기.

— 뒤로 거슬러가서 소크라테스 이전 사유를 재발견하는 것이 아
니라 진리와 제도적으로 연결됐던 담론 유형들을 분석하기. 진리
에 관해 무엇을 생각하고 무엇을 말할 수 있었는가를 분석하는 것
이 아니라 진리가 어떻게 희랍 사회에서 그것의 출현 장소, 그것의
강제된 기능·분배·형식을 찾았는지 분석하기.

　　사법 담론과 시학 담론이 연구대상이 될 것이다.

I. 최후의 상태와 최초의 상태   [2]

1/ 과정[헬레니즘 문명]의 끝에서, 그것도 우리 시대와 가장 가까

---

* 1971년 1월 20일에는 강의가 없었다.

운 끝에서 우리의 관행과 별반 다를 것 없는 진리 수립 규칙이 발견된다.

이집트에서 출토된 파피루스에는 희랍이 이집트에 세운 식민지들, 특히 알렉산드리아와 관련된 다수의 법정 텍스트가 보존되어 있다. 희랍의 소송 절차 규칙에 따라 (형사나 민사 사건 관련) 증언이 진행된 방식은 아래와 같다.

(1) 피고나 원고는 자신들이 소환할 증인의 이름, 증언의 주제, 증인이 지지할 주장을 서판에 기입한다. 피고나 원고는 이 서판을 법관에게 제출한다.

[3] (2) 증인은 법률이 정하는 형식에 따라 서판에 쓰인 것이 참이라고 서약한다.

(3) 그 다음 증인은 "자신이 목격했거나 본 사실"을 증언하고 "다른 증언을 추가하지 않는다."

(4) 이 사실에는 증인이 알지 못하는 요소들도 몇 가지 있을 수 있다. "…… 그는 자신이 안다고 이야기하는 것을 증언하며, 자신이 알지 못한다고 이야기하는 사실에 관한 증언에서 면제받는다는 맹세를 한다"(*Pap. Ital.*, lig.222-233).[1]

(5) 위증이 밝혀질 경우 판결은 바뀔 수 있으며, 위증자는 계쟁 비용의 1.5배를 지불하는 벌을 받게 된다.

보다시피 판결의 효력은 (적어도 부분적으로) 몇 가지 언표들의 진실에 달려 있다. 그 언표가 거짓인 경우 판결은 뒤집힐 수 있다.

---

1) 다음에서 인용한 자료. Claire Préaux, "Le témoignage dans le droit grec classique," *Recueils de la Société Jean Bodin pour l'histoire comparative des institutions*, t.16: La Preuve, Bruxelles: Éditions de la Librairie encyclopédique, 1965, pp.206~222.

판결의 효력은 단순히 판결 형식의 적법성에 기인하지 않는다. 소송이 수리 가능하고, 절차가 준수됐으며, 선고가 똑바로 이뤄졌다고 해서 판결이 유효해지는 것은 아니다. 진실이 이야기되는 것이 필수적이다. 진실이 아주 특수한 양식과 틀에 따라 이야기될 필요가 있다. 한편으로 소송과 관련 있으며, 다른 한편으로 진실이거나 거짓일 수 있다고 법관이 인정한, 미리 규정된 요소들에 관해 이야기되어야 한다. 소송에 진실 담지자의 자격으로만 개입하는 개인이 이 진실을 이야기해야 한다. 개인은 소송에 어떤 이해관계가 걸려 있어서 개입하는 것이 아니다. 또는 소송의 두 당사자 중 한 쪽과 혈연이나 연대로 엮여 있어서 개입하는 것도 아니다. 개인은 진실의 주체 또는 진실의 언표자로서만 개입한다. [한 개인은] 자신이 본성상 또는 권리상 보유한 어떤 권위에 의해서 진실의 언표자가 되는 것이 전혀 아니다. 개인은 봤거나 들었기 때문에, 목격했기 때문에, 현장에 있었기 때문에 진실의 언표자가 된다. 자신이 목격하지 않은 것은 자동으로 증언에서 제외된다. [4]

지각 관계는 법적 진실 언표행위의 바탕이 된다. 그 관계 덕분에 그런 언표행위가 가능하다. 증언은 보기의 경험을 둘러싸고 조직된다(로마 시대 알렉산드리아에서부터, 어쩌면 그 이전부터 전문가, 즉 의사의 증언이 받아들여진다. 지식으로의 이행). [5]

같은 시대에 데모스테네스는 이렇게 말한다. "법은 우리가 아는 것, 우리가 목격한 행위만 증언하라고 명한다. 어느 것도 빼거나 보태지 못하도록 모든 것은 글로 기록되어야 한다. 풍문에 따른 증언은 그런 발언을 한 자가 사망한 경우가 아닌 이상 금지된다"(「스테파노스에 맞서」, II, §6).2)

---

2) Préaux, "Le témoignage dans le droit grec classique," pp.206~222. (클레르 프레오는 이 말이 데모스테네스의 것이라는 데 이의를 제기하지 않는 것 같다. 루이 제르네는 이

이렇게 진실을 언표하는 행위는 두 가지 절차에 의거한다. 이 절차는 진실에 덧붙지만 진실과 동일시되지는 않는다.

— 진실을 이야기하겠다는 맹세, 그리고

— 형벌.

맹세는 종교적 차원의 벌이나 징벌과 관련되고, 형벌은 재판정에서 부과한 벌과 관련된다.

[6]   마지막으로 진실을 언표하는 행위는 기록의 체계에서 파악된다. 그 체계는 다음의 것을 가능케 하는 것으로 나타난다.

— 증언의 요점을 사전에 결정(어떤 것이 참이거나 거짓일 수 있는지, 어떤 것에 대해 증언이 성립되는지),

— 증언의 의미를 고정(증언이 무엇을 이야기할 것인지, 증언이 무엇을 참이라고 단언할 것인지),

— 증언 역시 처벌 가능한 대상이자 새로운 소송의 대상이 될 수 있도록 구성. 증언을 가능한 혐의 대상으로 구성.

진실을 언표하는 행위는 희랍 소송 절차 내에서 다양하게 규정되는 요소이다.[3] 이 규정들은 진실이 어디서나, 아무 때나, 아무 사람의 입에서나, 아무것에 대해서나 이야기되지 못하게 하는 효과가 있다. 진실의 언표는 그것이 이야기하는 대상과 관련해 한정된다. 오로지 몇몇 확인 가능한 사실들만이 참 또는 거짓 언표일 수 있다.

진실의 언표는 그것을 발설하는 주체와 관련해 한정된다. 그것은 소송 사건 자체에 연루되지 않고 그 사건의 목격자였던 주체로 [7]   부터 유래해야 한다. 진실의 언표는 알고 있다고 추정되는 주체로

것이 아폴로도로스의 말이라고 생각한다.)

3) Louis Gernet, "Introduction à l'étude du droit grec ancien," *Archives d'histoire du droit oriental (AHDO)*, II, 1938, pp.281~289.

부터, 즉 소송 사건과 당사자 관계를 맺는 주체가 아니라 소송 사건의 사실들과 지식의 관계를 맺는 주체로부터 유래해야 한다.

진실의 언표는 그것의 효과와 관련해 한정된다. 왜냐하면 적어도 일정 부분 진실의 언표는 판결을 결정하며, 그 언표가 거짓이면 부정확한 판결을 낳기 때문이다. 거짓일 경우 그것은 판결[의] 재검토와 혐의를 초래한다.

고전기 희랍 소송 절차에서는 진실의 언표와 관련해 조회 대상의 재단[범위 한정], 언표하는 주체의 자격 결정, 그리고 효과의 분배가 있다.

2/ (헬레니즘 문명의 문턱에 있는) 이 최후의 상태의 맞은편에 최초의 상태를, 즉 어쨌든 우리에게 증거가 남아 있는 가장 오래된 상태를 세워보자. 그러면 사법적 시비 또는 사법 이전의 시비에서 진실의 정식화는 어떻게 나타날까?⁴⁾

메넬라오스와 안틸로코스 사이의 시비.⁵⁾　　　　　　　　　　[8]

---

4) 선-법(先-法) 개념은 제르네의 연구를 참조한다. 푸코가 여기서 보고하는 사례의 분석이 이 논문에 들어 있다. Louis Gernet, "Droit et pré-droit en Grèce ancienne," *L'Année sociologique*, 3ᵉ série (1948-1949), Paris, 1951, pp.21~119; *Anthropologie de la Grèce antique*, Paris: Maspero, 1968, pp.175~260. 재수록; *Droit et Institutions en Grèce antique*, Paris: Flammarion, 1982, pp.7~119. 재수록.

5) Homère, *Iliade*, t. IV, éd. et trad. Paul Mazon, Paris: Les Belles Lettres, 1938, XXIII /Ψ, v.340-592, pp.111~121. [천병희 옮김, 『일리아스』(개정판), 도서출판 숲, 2015, 657~667쪽. 『악을 행하기, 참을 말하기: 사법[재판]에서의 고백의 기능』의 두 번째 강의 (1981년 4월 22일) 전반부에서 푸코는 메넬라오스와 안틸로코스의 시비를 다시 한 번, 더 자세히 다룬다. 거기서는 참을 말하기(진실의 말)와 정의를 말하기(정의의 말)라는 두 형태의 발언을 구별하고, 그 두 형태의 발언이 형법에서 연결되는 형태로서 고백이 문제가 된다. 특히 마차 경주에서 맹세의 도전으로 이어지는 경쟁의 양상, 또 안틸로코스의 고백/자백을 통해 진실이 의례적으로 현현하게 되는 과정(알레투르기)이 강조된다. Michel Foucault, *Mal faire, dire vrai: Fonction de l'aveu en justice(cours de Louvain, 1981)*, éd. Fabienne Brion et Bernard E. Harcourt, Louvain-la-Neuve, Belgique: Presses universitaires de Louvain, 2012, pp.20~34.]

전차 경주. 물론 반환점 옆에는 포이닉스를 '심판'으로 세워 "달리는 것을 자세히 기억해뒀다가 나중에 진실을 보고토록 했다." 그러나 시비가 벌어지자 도움을 청하는 상대는 포이닉스가 아니다.

— 메넬라오스는 아르고스인들의 "지휘자들"이 전 인민 앞에서 판결을 내리는 방식으로 그 지휘자들 앞에서 소송을 제기한다.

— 메넬라오스는 곧 생각을 바꾼다. "내가 몸소 판결을 내리리다." 그러고는 안틸로코스에게 "관례에 따라" 맹세하라고 제안한다. 자신이 메넬라오스의 전차를 방해하지 않았음을, "대지를 떠받치고 대지를 흔드는 자를 걸고" 맹세하라고 말이다.

— 안틸로코스는 자기 잘못을 시인하고 상황을 모면한다.

'진실'이라는 용어는 사용되지 않았지만 이 소송 절차에서 문제가 되는 것은 물론 진실이다. 그러나 진실은 전혀 다르게 분배된다. 진실의 한정, 진실의 배분, 진실의 효과, 심지어 진실이 진실로 드러나도록 만드는 것은 전혀 다른 법칙을 따른다.

[9]   [이 시비에서] 진실은 이야기되는 것이 아니다(이야기되는 것과 존재하거나 존재하지 않는 것 사이의 관계도 아니다). 진실은 우리가 맞서는 것, 우리가 대항하겠다고 받아들이거나 받아들이지 않는 것이다. 진실은 우리가 항복하는 가공할 힘이다. 진실은 자율적 힘이다. 하지만 진실의 본성이 무엇인지 잘 이해해야 한다. 그것은 멍에마냥 우리가 속박되는 구속력이 아니다. 우리는 도덕적으로나 법적으로 거기에 속박되도록 요구받지 않는다. 진실은 우리가 그것에 노출되는 힘이요 제 고유한 위협력을 갖는 힘이다. 진실에는 공포에 떨게 만드는 어떤 것이 있다. 진실은 그다지 인간을 속박하는 법이 아니라, 오히려 인간에게 맹위를 떨칠 수 있는 힘이다.

고전기의 [사법] 체계에서 진실은 제3자, 증인에 의해 이야기되는 것이다. 증인은 두 소송 당사자 중 어느 쪽에 진실이 있는지 말하는 역할을 맡는다.

[이와 달리 선-법의 단계에 속하는] 여기서는 진실 자체가 제3자이다. 진실은 이쪽에도 없고 저쪽에도 없다. 그리고 소송 절차의 진행은 어느 쪽에 진실이 있는지 결정하는 데 있지 않고, 양측 중 어느 쪽이 진실의 권능, 이 가공할 온상과 감히 대결할 것인지(혹은 대결을 포기할 것인지) 결정하는 데 있다.

진실은 진술에 그 근거지를 두지 않는다. 혹은, 진실을 표명하 [10] 는 것은 진술이 아니다. 진술을 통해서 우리는 진실에 접근한다. 맹세와 저주의 형태로 견딜 수 없는 시선에 노출되는 자를 지목하는 것이 바로 진술이다.

진실의 맹세에서 어떤 것이 폭로된다면, 그것은 지나간 일도 아니고, 사태 자체도 아니다. 폭로되는 것은 오히려 진실에 포착되기를 받아들인 자의 무방비 노출이거나, 반대로 진실을 회피하려는 자의 도피이다. 양측 중 하나가 자신의 노출을 받아들이는 것은 재판관의 행위의 결과가 전혀 아니다. 진실의 권능을 도입하는 것은 중재자의 개입이 아니다. 양측 중 한쪽이 다른 쪽에게 도전하는 것이다. 당신은 진실의 시련을 받아들일 텐가 말 텐가?

이는 진실이 언명되는 장인 맹세가 항상 일련의 경쟁 속에 붙들려 있게 만든다. 그것이 ἀγών[agōn)[6]의 급전 중 하나, 투쟁의 [11] 면면 중 하나이다.

진실과 맺는 관계는 투쟁 자체와 본성이 다르지 않다. 어떤 의미에서 그 관계는 다른 차원에서 전개되지 않는다. 싸움이 멈추고

---

6) Ἀγών, "경기에서 소집된 것과 같은 모임. 이 '회의'는 경기를 가리키다가, 나중에는 소송을 가리키게 됐다." Gernet, "Droit et pré-droit en Grèce ancienne," art. cité, p.98; [agōn은] "경기장이나 재판정에서 이뤄지는 경쟁을 가리킨다." Gérard Sautel, "Les preuves dans le droit grec archaïque," *Recueils de la Société Jean Bodin pour l'histoire comparative des institutions*, t.16: La Preuve, Bruxelles: Éditions de la Librairie encyclopédique, 1965, p.121.

나서야 진실이 밝혀지기 시작하는 것이 아니다. 진실은 중립적인 장소(재판관의 정신 l'esprit du juge)*에서 구성되는 것이 아니라 ἀγών의 공간에서 구성된다.

진실의 시련은 ἀγών과 관련해 최종적이다. 바로 이런 의미에서 진실의 시련은 독특하며 다른 어떤 것으로도 환원 가능하지 않다. 그렇다면 그것의 조작력은 무엇인가?

— 만일 시련을 받아들인다면 피고인은 곧바로 승자가 된다.

— 만일 시련을 거부하면 피고인은 곧바로 패자가 되며, 도전을 신청한 자가 승자가 된다.

진실의 시련은 진실이 그 자체로 표명되지 않더라도 작동한다. 진실은 침묵을 지키며 물러서 있다. 진실은 진실에 접근하길 두려워하지 않는 자의 몸짓, 맹세, 저주를 통해 간접적으로만 표시된다. 이 시련이 소송의 판결에 결정적인 경우는 그것이 이동을 실행할 때이다. 진실의 시련을 통해 서약자는 다른 ἀγών의 공간, 즉 신과 더불어 또는 신에 맞서 진행되는 ἀγών의 공간에 들어서게 된다.

[12] 저주를 통해, 서약자는 신들의 권능에 자신을 맡긴다. 결정하는 것은 신들의 권능이다. 하지만 신들의 권능은 진실의 방향으로 결정할까? 사실 맹세의 시련 뒤에 서약자에게 무슨 일이 일어날지는 한마디도 없다. 우리가 아는 것이라곤 다음의 것들뿐이다. 서약자는 신들의 권능 안에 있다는 것, 신들이 서약자를 또는 서약자의 자손들을 벌할 수 있다는 것, 신들이 서약자의 재산이나 신체에 타격을 가할 수 있다는 것, 신들이 서약자를 보호할 수도 있고 엄벌에 처할 수도 있다는 것.

따라서 맹세는 다른 세계, 신들의 권능이 지배하는 세계로 들어가게 만든다. 그렇지만 신들은 진실과 이어져 있지 않다. 서약자가

---

* 또는 "주체의 정신"(l'esprit du sujet). 어느 표기가 맞는지 결정할 수 없다.

거짓 맹세를 했다면 신들의 분노가 서약자를 파멸시킬 위험이 있지만, 그것은 확실하지도 자동적이지도 않다. 징벌이 있을 수 있다 해도, 그것이 언제 어떤 형태로 일어날지는 최후의 순간까지 감춰져 있다.

한 가지는 확실하다. 신들이 벌하기로 작정한 날, 우리는 신들의 벼락을 피할 수 없으리라는 것. 맹세는 언젠가 드러날 보이지 않는 진실의 왕국에 들어가게 만들지 않는다. 맹세는 투쟁의 위험과는 비교도 안 될 정도로 위험한 지역으로 전투를 이동시키며, 그 전투의 법이 인간의 시선에 절대로 불투명한 지역으로 전투를 이동시키는 것이다.

선-법의 단계에서[7] 진실은 네 가지 투쟁, 네 가지 대결, 네 가 [13] 지 위험으로 구성된 체계 내부에서 출현한다.

α. 현재의 시비(이 경우에는 전차 경주)를 초래한 투쟁, 폭력, 부정행위.

β. 이 최초의 폭력에 이어지는 대결, 자기 권리가 침해당했다고 여기는 자의 요구, 각자 권리를 내세우는 두 상대. 이 두 번째 시비는 첫 번째 시비의 결과로, 그것에 응답해 일어난다. 이 두 번째 시비는 다양한 형태를 취할 수도, 무한히 이어질 수도 있다.

γ. 진실의 맹세를 하는 도전. 너는 서약할 용기가 있는가? 이 세 번째 시비는 두 번째 시비가 제공한 가능성 가운데 하나이다. 두 번째 시비는 기나긴 일련의 보복의 모습을 취하거나 위의 도전의 형태를 취할 수 있을 것이다. 그렇지만 이 도전은 전체(첫 번째와 두

---

7) "선-법의 상징은 본질적으로 실효적[인 상징]이다. 건네는 손 내지 받는 손 [내지 쥐는 손]. 권력을 긍정하거나 권력을 포기하거나 권력을 수여하는 지팡이, 저주의 말, 저주의 가치를 갖는 몸짓이나 자세. [tomia(제물 절단)의 의례, 희생자가 흘리는 피 또는 헌주에 쓰인 포도주 등]. 이 모든 것은 제 능력에 의해 즉각 작용한다." Gernet, "Droit et pré-droit en Grèce ancienne," pp.104~105.

번째 계열)에 종지부를 찍는 역할을 한다. 따라서 그 도전은 최종적이며 예 또는 아니오라는 두 가지 형태밖에 취할 수 없다.

δ. 마지막으로 신들과의 대결. 이 대결은 삼중의 성격을 띤다. 두 상대의 시비를 한쪽과 신들(도전을 신청한 자는 게임 바깥에 놓인다)로 이동시키기. 앞선 모든 대결을 대체하기. 무한정한 새로운 계열을 개시하기.

[14] 이 진실을 고전기에 작동하는 진실과 비교해보면 모든 차이를 가늠할 수 있다.

α. 한쪽[고전기 법]에서 진실은 시비의 형태로 이야기된다. 다른 쪽[상고기 법]에서 진실은 저주의 형태로 접근된다.

β. [고전기 법에서] 진실은 제3자 입장에 있는 증인에 의해 이야기된다. 상고기 법에서 진실은 한쪽이 그것에 응수할 수 있거나 없는 다른 쪽을 향해 신청하는 도전이었다.

γ. 고전기 법에서 진실은 판별한다. [상고기 법에서] 호메로스에게 진실은 두 상대 중 한쪽의 몫이 되거나 오히려 두 상대 중 한쪽이 진실의 몫이자 진실의 먹이가 된다.

δ. 고전기 법에서 진실은 재판관의 결정에 들어가는 한 요소이다. 상고기 법에서 진실은 결정을 내린다.

[15] 하지만 공통점이 있다. 진실은 최고권의 어떤 행사와 연결된다. 어떤 권위를 행사함으로써 재판관은 진실을 요구하고, 진실에 따라 판결과 그 집행을 부과한다. 호메로스의 맹세에서 서약자는 진실의 도전을 받아들일 때 (대지와 바다를 흔드는) 제우스의 최고권에 노출된다. 하지만 고전기 법의 경우에는 이미 구성된 최고권의 공간에서 진실이 소환되고 정식화되고 증명된다. 재판정의 공간에서 진실은 드러나도록 이끌린다. 그래서, 오로지 그래서 진실은 이 최고권의 적용 지점과 한계를 규정한다.

선-법에서, 두 상대가 한쪽이 다른 한쪽에 대해 또는 서로 최고권의 관계를 받아들이지 않는 경우, 진실의 시련은 무제한적이고 야만적인 최고권에 호소한다.

두 진실 사이에서 권력의 체계 전체가 변경된다. 이 두 사법적 진실 형태 사이에서 권력이 문제가 된다는 사실의 증거 또는 적어도 징표가 헬레니즘 시기의 '법-이전적' 맹세 유형에서 꽤 꾸준히 발견된다.

그런 유형의 맹세는 상대들이 국가 조직에서 제안한 법적 기구 [16] 바깥에서 갈등을 해결하고자 하는 경우에 발견된다. 기원전 134년의 한 텍스트에는 이렇게 적혀 있다.[8] "네가 입은 상처는 우리 탓이 아니며, 누가 너에게 상처를 입혔는지 우리는 모른다. 우리 형제 암모니오스와 헤르모클레스는 우리와 함께 우리의 맹세가 참임을 서약한다……. [그들이 이렇게 맹세하면] 에피스타테스[9]에게 호소하게 되지 않는 이상 그들은 석방돼야 한다."

물론 아주 다른 형태이긴 하지만 호메로스의 맹세의 원리가 여기서 발견된다. 맹세를 받아들이는 것은 적어도 상대들과 관련해 결정적 가치를 지닌다. 그러나 이 맹세는 그것의 효력의 반을 상실했다. 시련을 거부하는 경우 재판관이 개입하기 때문이다.

이제 문제는 진실 체계-사법적 결정-정치적 최고권의 변환을 분석하는 데 있다.

우리는 이 변환을 두 시기로 나눠 연구할 것이다.

— 솔론까지 이어지는 변경들 전체.

— 고전기, 즉id est 소피스트 시대까지 이어지는 변경들 전체.

---

8) Préaux, "Le témoignage dans le droit grec classique," p.221.

9) Epistatēs. 담당자, 즉 고대 희랍의 다양한 '관리들,' 특히 재판을 담당하던 관리들의 칭호이다.

[17] II. 변환의 첫 번째 그룹

정치-사법 조직의 설립. 이 조직은 어느 시기에 어떤 조건 아래에서 설립됐는지 잘 알려져 있지 않지만, 우리가 방금 예로 든 십중팔구 전사 사회의 특징인 사적 의례 절차에 포개지는 것이다.

이 상고기의 조직에 관한 애매한 증언(아킬레우스의 방패)이 호메로스[의 시]에 나온다.10) 그 뒤 헤시오도스에게서도 그 시비를 볼 수 있다.11) 직접적인 법률 문서들의 출처는 주로 고르튄 법†이다.

[18] 1/ 아킬레우스의 방패 장면을 보자. 두 소송인이 있다. 한 사람은

---

10) Homère, *Iliade*, t. III, éd. citée, XVIII/Σ, v.497-508, p.186. [『일리아스』(개정판), 548~549쪽.] 여기 묘사된 것은 헤파이스토스가 제작한 방패 장식의 일부이다. 그것은 세 겹의 테로 이뤄져 있다. 첫 번째 테 가운데에는 우주가 있고, 그 다음에는 도성과 재판정 장면이 있으며, 마지막에는 경작지와 전원생활이 묘사되어 있다. 아킬레우스의 방패 장면은 여러 저자들의 주해 대상이 됐다. Jean Gaudemet, *Les Institutions de l'Antiquité*, Paris: Sirey, 1967, pp.139~140; Hans Julius Wolff, ["The Origin of Judicial Litigation among the Greeks," *Traditio*, IV, 1946, pp.31~87]; Robert Johnson Bonner and Gertrude Smith, [*The Administration of Justice from Homer to Aristotle*, vol.1, Chicago: The University of Chicago Press, 1930, pp.26~42]; Artur Steinwenter, [*Die Streitbeendigung durch Urteil, Schiedsspruch und Vergleich nach griechischem Rechte*, München: C. H. Beck, 1925, p.29 이하]; Gustave Glotz, [*La Solidarité de la famille dans le droit criminel en Grèce*, Paris: A. Fontemoing, 1904, pp.114~134]; 제르네는 이 장면을 '전형'(un cas d'école)이라 말한다. [Gernet, "Droit et pré-droit en Grèce ancienne," pp.71~76.]

11) Hésiode, *Le Bouclier [d'Héraclès]*, éd. et trad. Paul Mazon, Paris: Les Belles Lettres, 1928. [천병희 옮김, 「헤라클레스의 방패」, 『신들의 계보』, 도서출판 숲, 2009.]

† 고르튄 법은 도리에이스인들 사회의 일면을 보여주는 12표법이다. "그 내용은 노예와 자유인을 연행할 수 있는 조건, 폭행과 간통, 이혼시의 재산권, 이혼 후에 생긴 자식과 혼인에 의하지 않은 자식의 문제, 재산상속에 관한 규정, 자유인과 노예 사이에 생긴 자식의 신분과 상속권 문제, 노예구입에서의 보증, 여상속인에 관한 규정, 채무자의 사망에 따른 채무법, 기한부 채무에 관한 규정, 과대증여의 금지, 채권자에 불이익을 가져오는 증여의 금지, 저당노예 인수의 금지, 양자에 관한 규정 등이다." 최자영, 『고대 그리스 법제사』, 아카넷, 2007, 54쪽. 고르튄 법의 번역으로는 앞의 책, 739~752쪽을 볼 것.

피의 대가를 다 치렀다고 주장하고, 한 사람은 아무것도 받지 않았다고 한다. 그들에게는 저마다 지지자들이 있다.

원로들은 의견을 제시한다. 모든 연사는 홀을 받아 든다.[†] 최고의 의견을 제시한 자에게는 황금 두 탈란톤이 그 보상으로 주어질 것이다.

이 장면에는 중요한 성격이 다수 포함되어 있다.

a – 각 재판관은 발언을 하는 순간 최고권과 이어진다. 의견을 제시하는 것은 적어도 한순간 최고권자가 되는 것이다. 발언은 최고권의 장소에서만 이뤄진다. 발언권을 얻고 손에 최고권의 상징을 쥐는 것은 동시에 일어나는 연결된 두 행위이다.

b – 하지만 이 최고권은 매우 제한적이고 부분적인 것으로 보 [19] 인다. 사실 '재판정'은 공동으로 결정한 의견을 제시할 일이 없다. 각자가 의견을 제시한다. 다른 의견보다 나은 의견이 있을 것이다. 이 의견은 두 가지 효과를 갖게 된다. 그 의견은 결정을 이끌 것이다. 그 의견은 상위의 권위에 의해 보상받을 것이다.

따라서 의견은 엄격한 의미에서 (살인 그리고/또는 채무의) 사적 사안과, 다툼에만 관심 있는 최고권 사이의 '게임'으로 나타난다.

최고권은 재판관들이 판결할 수 있게 할 뿐이며, 재판관이 드는 홀에 상징적으로만 현전하기 때문에, 간접적으로만 개입한다.

c – 하지만 그 이상의 것이 있다. 재판관에게 살인 사건 자체는 제소되지 않는다. 재판관은 누가 살인자고 그 살인자가 어떤 벌을 받아야 하는지에 대해서는 말할 권한이 없다. 재판관은 피의 대가가 잘 치러졌는지의 여부만 말해야 한다. 재판관은 전개된 소송 절

[†] 회의장에서 발언할 때에도 손에 홀을 쥔다. 텔레마코스는 이타케인들의 회의에서 발언하려고 할 때 전령 페이세노르에게서 홀을 건네받는다(『오뒷세이아』, II, 37행이하). 아킬레우스가 아카이오이족의 회의에서 아가멤논에게 신랄한 말을 건넬 때에도 손에 (황금 못을 박은) 홀을 쥐고 있었다(『일리아스』, I, 234행과 245행).

차가 올바른지의 여부, 완전한지의 여부만 결정해야 한다. 재판관은 범죄와 관련해 개입하는 것이 아니라 개인들이 계쟁을 해결하기 위해 실행하는 법적 관례의 적용에 관해서만 개입한다. 더 정확히 말하면 집행에 대해서 개입한다.

[20]   재판관의 지위는 부차적이다. 재판관은 법의 전개를 관리하나 그 주도권과 급전은 그의 소관이 아니다. 재판관은 참에 대해 이야기할 일이 없다. 재판관은 사태의 진실을 수립할 일이 없다. 재판관이 말해야 하는 것은 무엇을 해야 하는가이다.

d – 시비가 전개되는 무대 주위로 양측의 지지자들이 몰려든다. 그들은 자신이 지지하는 자를 지원하려고 달려 나오려 하지만 지키는 자들에게 제지당한다. 한쪽의 이 현존, 이 몰려듦, 다른 한쪽의 이 제지는 중요하다. 소송 절차에서 행위하고, 요구하며, 피의 대가를 치르는 것은 개인 자체가 아니라 그 개인과 연대한 한 집단 전체이다. 이 집단 전체가 승소하거나 패소한다. 개인은 법적 주체가 아니다.

지지자들이 재판이 벌어지는 장소에 접근하지 못한다는 사실은 무슨 뜻인가? 법의 개인화인가? 아마 아닐 것이다. 재판이 벌어지는 이 장소에서 보복 게임은 멈추고 집단은 서로를 비난하기를
[21] 그친다는 사실. 투쟁(ἀγών)은 일종의 실질적 전위를 통해 다른 장소로 옮겨진다. 그 다른 장소는 운동 경기를 연상시키지 않을 수 없으며, 거기에는 대결, 경합, 선고, 결정, 상이 있다.

e – 마지막으로 ἵστωρ[histōr/심판]가 온다.12) ἵστωρ는 증인이

---

12) Homère, *Iliade*, t. IV, XXIII/Ψ, v.486. [『일리아스』(개정판), 663쪽.] 이 구절도 장 고드메가 주해한 바 있다. Gaudemet, *Les Institutions de l'Antiquité*, p.140. 고드 메는 histōr의 어근이 is=wid(라틴어 video[보다])라고 제안한다. 다음의 책을 참 조하라. Alfred Ernout et Antoine Meillet, *Dictionnaire étymologique de la langue latine*, Paris: Klincksieck, 1951. 마르셀 데티엔은 '증인'이란 "**보는** 자이자 **듣는** 자요,

아니다. 오히려 '아는' 자, 유능한 자, 규칙, 관습, 분쟁을 단 칼에 해결하는 방식에 익숙한 자이다.

두 상대 바깥에, 그들 위에, 앞에 또는 옆에 판결하는 정치권력이 출현한다. 이는 두 단계로 이뤄져 있다(재판관은 원로들이며, 원로들 자신도 판결을 받는다). 사법적 권한이 두 상대에게 부과되기는 하지만 ἵστωρ라는 아주 불확실한 형태로 그렇게 한다. 그것은 두 상대 가운데 누가 옳은지 판정하는 판결이지만, 사실대로 말하면 배상 절차와 관련될 뿐 피해 자체와 관련되지 않는다.

이 호메로스적 판결의 성격에서 미래의 변환의 씨앗을 볼 수 있다.

— 정치권력과 사법권력의 다소 완전한 동일시(층위 구분의 소멸).

— 성문법이 ἵστωρ를 대체.   [22]

—진실 속에서 확립된 사실에 대한 판결. 사실을 수정할 때 요구되는 절차에 대해서만 판결하지는 않게 된다.

요컨대 권력의 행사(결정을 정식화하는 권리), 기록에 대한 강제적 참조, 그리고 진실의 수립이 서로 연결되는 하나의 담론 체계 구성.

---

mnēmōn의 계승자라는 점에서 보면 그는 **시대의 증인**이기도 하다"(강조는 편집자)라고 강조하고 있다. Marcel Detienne, *Les Maîtres de vérité dans la Grèce archaïque*, préface de Pierre Vidal-Naquet, Paris: Maspero, 1967, p.101, n.80. [데티엔은 위 각주에서 histōr의 두 성격을 구분한다. "histōr는 증인, 즉 **보고 듣는** 자이다. mnēmōn의 계승자라는 점에서 보면, 그는 시대의 증인(mémorialiste)이기도 하다." 푸코는 본문에서 분쟁 해결 절차를 기억했다가 인용하는 histōr의 성격을 강조하고 있다. histōr를 증인이 아니라 '아는 자'로 해석할 때 푸코는 로버트 존슨 보너와 거트루드 스미스의 견해도 참조한 것으로 보인다. "histōr는 '전문가', '아는 자'를 뜻한다. 그 단어는 물론 판결을 내리는 자 또는 증인을 가리키는 데 쓰이기도 한다." Bonner and Smith, *The Administration of Justice from Homer to Aristotle*, vol.1, p.35, n.2.]

하지만 앞서가지는 말자.

2/ 문헌 자료의 두 번째 지층을 통해 우리는 호메로스에서 그 윤곽을 짐작해볼 수 있는 체계, 그리고 그 체계를 문제시하고 맹렬히 공격해 더 이상 유통되지 못하게 만드는 체계와 대면하게 된다.*

---

* 갑자기 끝났다. 푸코 스스로 첫 번째 쪽에 '미완성'이라고 써 놓았다.

6강. 1971년 2월 3일

헤시오도스* | 호메로스와 사법 담론에서 진실 발언의 성격 규정 | 희랍의 시련 재판 의례와 그리스도교의 종교 재판 | 마조히즘에서 쾌락과 진실의 시련 | 뇌물 먹는 재판관-왕의 dikazein에 맞서 krinein을 예찬하는 헤시오도스 | 헤시오도스에서 Dikaion과 dikē | 희랍의 법 공간에서 krinein의 확대, 그리고 진실 단언의 새로운 유형 | 드라콘의 입법과 배상 | Dikaion과 세계 질서

호메로스의 텍스트에는 두 가지 유형의 판결이 있다. [1]

전사 무리에서는 판결이 그리 문제가 안 되고 오히려 맹세와 진실 도전의 게임으로 끝나는 시비가 중요하다. 도시나 촌락의 환경에서는 당국의 개입이 중요하다. 하지만 당국은 이차적 수준에서, 곧 주도권이 오직 개인에게 있는 배상 절차에 대해서만 개입한다. 당국은 배상이 이뤄졌는지는 신경 쓰지 않는다. 배상이 진행되면 그 진행이 규칙에 맞는가만 신경 쓴다. 이 두 유형의 절차는 필시 두 유형의 사회 집단과 어쩌면 두 상이한 시대에 상응한다.

더 멀리 가기 전에 다음을 지적해두고 싶다. 진실의 언명은 기 [2] 원에서부터 혹은 어쨌든 우리가 아는 가장 의고적인 형태에서부터 사법 담론에 현전했다는 것이다. 진실의 언명은 외래 부품처럼 사후에 덧붙여진 것이 아니다. 처음부터 어떤 언표들은 진실의 발언이어야 하는 것으로서 제도화됐다. 진실과 관련을 맺는 발언, 진

---

* 강의원고상의 제목.

실을 작동시키는 발언, 더구나 진실과 공개적이고 불확실하며 위험한 게임에 들어가는 발언으로서 말이다.[1)]

그리고 이 발언들에 그저 외적인 장식 기능만 있는 것은 아니다. 발언들이 맡는 조작 역할은 결정적인데, 왜냐하면 그 발언들을 둘러싸고, 그 발언들에 입각해, 연쇄 보복에서 신들의 위협적인 복수로의 이행이 일어나기 때문이다.

진실이 그 안에 맴돌지 않는 사법 담론은 없다. 이런 뜻에서 조르주 뒤메질이 『세르비우스와 포르투나』에서 말했던 것에 동의할 필요가 있다.[2)] "인류의 행동과 관련해 가능한 옛날로 거슬러 올라

[3] 가보면 '참된 발언'은 그에 저항할 만한 세력이 거의 없는 힘이다. …… 진실은 가장 유효한 언어적 무기 가운데 하나, 가장 생식력이 뛰어난 힘의 씨앗 가운데 하나, 인간의 제도를 위한 가장 견고한 토대 가운데 하나로서 아주 일찍이 인간에게 나타났다."

하지만 잘 이해해야 할 것이 있다. 이 참된 발언은 근원적으로 그리고 야생 상태로 주어지는 것은 아니다. 참된 발언은 하나의 사

---

1) 상고기 희랍에서 재판관은 참을 말한다. δίκαιος καὶ ἀληθής[dikaios kai alēthēs/공정하고(올바르고) 참된]의 연결을 아주 자주 만날 수 있다. Euripide, *Les Suppliantes*, v.859. [천병희 옮김, 「탄원하는 여인들」, 『에우리피데스 비극 전집 1』, 도서출판 숲, 2009, 404쪽]; Platon, *Lois*, IX, 856a7. [박종현 옮김, 『법률』, 서광사, 2009, 625쪽]; Démosthène, *Harangues*, II, éd. et trad. Maurice Croiset, Paris: Les Belles Lettres, 1925, pp.110~112; Sophocle, *Œdipe roi*, éd. et trad. Paul Masqueray[édition de référence], Paris: Les Belles Lettres, 1922, v.1158. [천병희 옮김, 「오이디푸스 왕」, 『소포클레스 비극 전집』, 도서출판 숲, 2008, 75쪽.] (다음의 책에 의거함. Rudolf Hirzel, *Themis, Dike und Verwandtes: Ein Beitrag zur Geschichte der Rechtsidee bei den Griechen*, Leipzig: S. Hirzel, 1907, pp.108~115; réimpr. Hildesheim: G. Olms, 1966.)

2) Georges Dumézil, *Servius et la Fortune*, Paris: Gallimard, 1943, pp.243~244. [푸코는 『악을 행하기, 참을 말하기: 사법[재판]에서의 고백의 기능』에서도 조르주 뒤메질을 인용하며 강의(1981년 4월 22일)를 시작한다. Michel Foucault, *Mal faire, dire vrai: Fonction de l'aveu en justice(cours de Louvain, 1981)*, éd. Fabienne Brion et Bernard E. Harcourt, Louvain-la-Neuve, Belgique: Presses universitaires de Louvain, 2012, p.17.]

실을 확인하기 위한 직접적이고 보편적이며 간결한 형식을 갖추고 있지 않다. 사법 제도가 그것의 토대, 규범, 정당화의 명목으로 제도 밖에서 참으로 확인되거나 될 수 있는 것의 집합에 호소한다고 상상해서는 안 된다. 사법 담론은 자신에 선행하거나 외적일 수 있는 참의 언표에 따라 (최종적으로 또는 처음부터) 질서를 갖추지 않는다. 사법 담론에서 [어떤 발언이] 진실과 맺는 관계는 사법 담론에 고유한 형식과 규칙에 따라 수립된다.

우리는 다음의 사실을 봤다.

— 진실은 사실을 확인하지 않는다. 진실은 서약된다. 맹세와 저주.

— 참된 발언은 봤던 것 또는 경험했던 것에 의거하지 않는다. 참된 발언은 미래에 일어날 수 있는 신들의 분노에 노출된다.

— 참된 발언은 일어난 것을 밝히지 않는다. 사태를 겨냥하면   [4]
서, 참된 발언은 위험을 감수하는 자를 지목하고, 위험을 거부하는 자를 떼어낸다.

— 마지막으로, 참된 발언은 공정한 결정의 근거를 제공하지 않는다. 참된 발언은 제 고유의 유효성을 통해 결정을 가져온다.

우리가 현재 알고 있는 체계에서, 희랍 고전기에 이미 확립된 체계에서, 참된 발언은 무엇보다 증언의 발언이다. 참된 발언은 사실 확인의 형태를 띠며, 일어났던 것에 의거하고, 일어났던 것을 드러내는 기능을 한다. 참된 발언의 모델, 오히려 그것의 비언어적 등가물은 지각이다. 참된 발언은 우리가 있었던 대로, 우리가 봤던 대로 사물을 현시하는 것이다. 증인의 발언은 현전의 대체물이다.

호메로스 시기와 관련해 우리가 거론하는 체계에서, 참된 발언의 비언어적 등가물은 시련 재판,[3] 육체적 시련이다. 무한정한 위

---

3) 시련 재판에 관해서는 다음의 책을 참조하라. Gustave Glotz, *L'Ordalie dans la Grèce*

험에 스스로를 노출하거나 누군가를 노출시키기. 진실의 맹세를 하거나 타격, 벼락, 바다, 야생 짐승의 위험에 몸을 내맡기기. 이것들은 동일한 형태와 동일한 조작적 효력을 갖는다. 상고기 사법 실천에서 진실의 발언은 빛 그리고 사물에 대한 시선과 연결된 것이 아니라 미래의 불확실한 사건의 불투명함과 연결되어 있다.

[5]

진실 발언의 역할이 이렇다는 증거는 시련 재판이 제도적으로 맹세의 대안으로 사용됐다는 사실에 있다. 두 상대가 신분이 동등하지 않은 경우, 어느 한쪽의 맹세가 받아들여지지 않았을 경우, 그는 시련 재판에 처해졌다. 여성들의 경우(바위의 시련4))가 그러했다. 유기된 아이들의 경우가 그러했다. 노예들의 경우가 그러했다. 그들이 맞닥뜨려야 했던 육체적 위험, 그들의 체형體刑이 그들의 진실 맹세였다.

노예들에게 체형을 가하는 진실의 시련이 어떻게 희랍의 사법 실천 내내 보존되고 조금씩 다른 역할을 맡게 되는지 보는 것도 흥미롭다. 기원전 4세기에는 자기 주인이 한 행위의 증인이 될 [수도 있건만] 노예라는 처지 때문에 진실을 이야기하지 못할 수도 있는 노예에게서 자백을 받아낼 때 [진실의 시련이 쓰인다].

[6]

체형은 진실-증언의 영역에 들어가지만 주인에게는 자신의 노예에게 가해지는 시련을 거부할 권리가 있다. 그런 거부는 다소

---

primitive, Paris: Albert Fontemoing, 1904; *Études sociales et juridiques sur l'Antiquité grecque*, Paris: Hachette, 1906, pp.81~84, 94; Gérard Sautel, "Les preuves dans le droit grec archaïque," *Recueils de la Société Jean Bodin pour l'histoire comparative des institutions*, t.16: La Preuve, Bruxelles: Éditions de la Librairie encyclopédique, 1965, pp.125~126.
4) 죄를 진 여인은 바위 꼭대기에서 뛰어내려 바다의 신들에게 맡겨졌다(레우카다에서 뛰어내리기). ['레우카다'(현재의 레프카다[Lefkada])는 이오니아 해에 있는 작은 섬으로서, 그리스의 시인 사포(612?~570?)가 이곳의 바위에서 바다로 뛰어내려 자살한 곳으로도 유명하다.]

시련 재판을 거부하는 효과가 있으며, 어쨌든 주인의 소송에 불리한 지점, 부정적 징표가 된다.

진실과 체형의 관계의 역사를 모두 살펴봐야 할 수도 있다.

⚜

귀스타브 글로츠는 어쩌면 희랍의 시련 재판의 핵심을 말한 것 같다. 바로 이 관점에서 종교 재판을 연구해야 할 것이다.* 종교 재판에서 진실의 시련은 그리스도교인의 고백 행위 때문에 복잡해진다. 하지만 종교 재판에서 관건은 고백을 얻어내기 위한 그저 단순한 기술이 아니다. 종교 재판의 시련을 떠받치는 이접들의 전체 네트워크가 있다.

— 혹은 너는 시련에 저항하며, 네가 마법사임을 고백하지 않고 있다. 따라서 악마가 너로 하여금 견딜 수 없는 것을 견디게 만든 것이다. 따라서 너는 악마의 수하다. 따라서 너는 다른 체형, 그러니까 악령에 지배당한 이 육신과 이 육체적 세계에서 네 혼을 떼어낼 최후의 체형까지 받아 마땅하다.

— 혹은 너는 시련에 저항하지 않고, 고백하고 있다. 따라서 너는 바로 사탄의 수하이다. 따라서 너는 처벌 받아 마땅하다. 고백하면 처벌을 면하게 될 거라고 우리는 네게 약속했다. 고백했기에 너는 용서받았고, 너는 죄를 사함 받은 채 죽을 것이다. 우리는 죽 [7]
을 죄를 짓지 않을 것이다. 왜냐하면 우리가 하나님의 재판정으로 조용히 보내는 자는 회개하지 않은 죄인이 아니기 때문이다.

이런 이유 때문에(어쨌든 광기 때문에5)), 진실과 체형이 역사

---

* 순교는 그것에 포함된 체형을 견디며, 우발적 사건처럼 자신[순교자]을 구원하러 오는 신과 함께 진실을 유지하는 것이다(푸코의 노트).

5) 푸코는 여기서 17세기에 실험된 '광기의 연극적 실현'을 참조한다. Zacutus Lusitanus, *Praxis medica admiranda*, [Lugduni: Joannem Antonium Huguetan,] 1637. 푸코

적으로 과중한 관계를 맺어 왔기 때문에 시체 부검, 즉 생명과 질병의 진실을 수립하기 위한 사후의post mortem 체형이 상당한 난점을 보인 것도 무리는 아니다.

마조히즘. 마조히스트는 고통 속에서 자신의 쾌락을 구하는 자가 아니다. 마조히스트는 오히려 진실의 시련을 받아들이는 자, 자신의 쾌락을 그 시련에 들게 하는 자일지 모른다. 진실의 시련을 끝까지 견딘다면, 당신이 내게 준 시련을 끝까지 견딘다면, 나는 당신의 담론을 이긴 것이며 내 언명은 당신의 언명보다 더 강한 것이 되리라. 마조히스트와 그 파트너 사이의 불균형은 파트너가 명제학적 용어로 물음을 던진다는 사실과 관계 있다. 네 쾌락이 무엇인지 말해봐, 네 쾌락을 보여 봐. 내가 네게 던지는 물음의 틀에 맞게 네 쾌락을 나열해봐. 내가 네 쾌락을 확인하게 해줘. 역설의 활용.

마조히스트는 시련 재판의 용어로 답한다. 나는 당신이 할 수 있는 것보다 늘 더 많이 견딜 것입니다. 내 쾌락은 항상 전치되고 결코 채워지지 않는 이 과잉에 있습니다. 내 쾌락은 당신이 하는 것에 있지 않고 당신의 몸짓 하나하나가 내 쾌락 앞으로 던지는 이 텅 빈 그림자 속에 있습니다.

자기 파트너의 명제학적 물음에 마조히스트는 대답이 아니라 시련 재판의 도전으로 응수한다. 오히려 마조히스트는 시련 재판의 도전을 듣고 그 도전에 대답한다. 당신이 나라는 존재에 대해 상상할 수 있는 것의 극한에서 나는 내 쾌락을 언명하노라고.

는 다음의 책에서 이것[광기의 연극적 실현]을 묘사한 바 있다. "병자의 정신착란의 진실을 도전으로서 받아들이는 것이 하나의 습관이었다." Michel Foucault, *Histoire de la folie à l'âge classique*, Paris: Plon, 1961, pp.400~405. [이규현 옮김, 『광기의 역사』, 나남, 2003, 527~533쪽.] 푸코가 자주 논평한 광기의 도덕 요법은 엄격히 말하면 정신착란의 연극화를 뒤집은 절차에 해당한다.

새로운 유형의 판결, 소송 절차, 선고가 이전의 원초적인 형태 옆에서 출현한다. 이것이 변환의 주요 핵심이다.

두 단어, 즉 δικάζειν[dikazein]과 κρίνειν[krinein]의 존재가 이 대립을 표시한다. 헤시오도스의 텍스트6)에서 작동하는 이 대립은 한편으로 상이한 두 법제의 존재를 나타내는 것 같고, 다른 한편으로 좋은 재판과 나쁜 재판의 대립과 일치하는 것 같다.

"그럴 것이 아니라 제우스께서 보내주시는 최선의 곧은 판결에 따라 우리의 분쟁을 해결하도록 해요 διακρινώμεθα νεῖκος[diakrinōmetha neikos]. …… 그대는 이미 타인의 재산에서 많은 것을 낚아채 갔소. 왕들을, 뇌물 먹은 자들을 많은 뇌물로 매수해서 말이오. 그래서 그들은 그런 재판에 따라 판결을 내리려고 하는 것이라오 βασιλῆας δωροφάγους, οἳ τήνδε δίκην ἐθέλουσι δικάσσαι[basilēas dōrophagous, hoi tēnde dikēn ethelousi dikassai]."7)

---

6) Hésiode, *Les Travaux et les Jours*, éd. et trad. Paul Mazon[édition de référence], Paris: Les Belles Lettres, 1928, v.35-39. [천병희 옮김, 「일과 날」, 『신들의 계보』, 도서출판 숲, 2009, 102쪽.]

7) 헤시오도스는 자신의 형제 페르세스에게 말하고 있다. 페르세스는 헤시오도스의 유산 일부를 강탈했던 것 같다. Hésiode, *Les Travaux et les Jours*, p.87. [「일과 날」, 102쪽. 『악을 행하기, 참을 말하기』의 두 번째 강의(1981년 4월 22일) 후반부에서 푸코는 이 대목을 다시 다룬다. 거기서 푸코는 뇌물에 좌우되는 왕들의 잘못된 판결을 가리키는 dikassai(동사 원형은 dikazein)와 분쟁을 해결하기로 양측이 상호 합의한 상태에서 제우스의 이름으로 권위가 행하는 좋은 판결을 가리키는 diakrinōmetha(동사 원형은 krinein)를 구분한다. 여기서 대립은 '나쁜'과 '좋은'이라는 형용사에 있는 것이 아니라, 두 가지 상이한 사법 실천 체계에 있다. Foucault, *Mal faire, dire vrai*, p.35. dikazein과 krinein의 구분과 관련해 푸코는 루이 제르네의 연구를 참조했을 것이다. Louis Gernet, "Appendice III. La désignation du jugement: dikazein et krinein," *Recherches sur le développement de la pensée juridique et morale en Grèce*, Paris: Ernest Leroux, 1917; rééd., Paris: Albin Michel, 2001, pp.445~448; *Droit et société dans la Grèce ancienne*, Paris: Recueil Sirey, 1955, pp.63~64. 제르네에 따르면, 결정적 증거에 따라 소송 당사자

[9]   이 텍스트에서 여러 가지를 기억해두자.

a – 두 재판이 원용되고 대립되는 대상은 재산과 소유[와 관련한] 농민 분쟁이다. 나쁜 재판은 소송인에게 속하지 않는 것을 소송인에게 귀속시킨다. 반대로 좋은 재판은 각자가 자기 소관인 것을 획득하고 지키도록 해준다.

b – 두 경우 모두 권위에 대한 호소가 있다. 좋은 재판의 경우, 이 호소는 사전 합의διακρινώμεθα[diakrinōmetha]를 함축하는 듯하다. 그 호소는 우리가 알지 못하는 권위 앞에서 이뤄진다. 나쁜 재판의 경우, 그 호소는 왕의 권위(지역의 수장, 귀족 가문의 수장) 앞에서 일어난다.

이 수장들은 온갖 부패에 취약하다. 다른 재판이 제우스의 이름으로 주어진다. 텍스트에 따르면 [이 곧은 판결은] ἐκ Διός[ek Dios], 즉 제우스에게서 비롯된다. 이는 권위를, 어쨌든 다른 보증 체계를 지시하는 것 같다.

[10]   이 대립은 고르튄의 새김글에 훨씬 분명하게 표명된 대립과 두드러진 유사점을 보여준다.[8]

고르튄 법은 두 유형의 판결에 자리를 마련한다.

A. 첫 번째 유형인 δικάζειν에서는 소송인들만 맹세한다. 각 소송인은 자신의 증인과 함께 입회한다. 하지만 증인은 알거나 본 사람이 아니다. 증인은 소송인의 지지자이다. 증인도 서약한다. 하지

들 중 한 편의 승리를 선언하는 것이 dikazein이고, 증거가 없거나 양측의 증거가 팽팽히 맞설 때 재판관이 맹세를 하고 자기 권한으로 판결을 내리는 것이 krinein이다.]

8) 여러 새김글로 구성된 금석 자료. 주요 새김글은 기원전 450년의 것임에 틀림없다. 사실 고르튄(크레타)의 입법은 대략 상고기의 상태(기원전 7세기와 기원전 6세기의 단편 형태의 새김글) 그대로 남아 있었을 것이다. Franz Bücheler und Ernst Zitelmann, *Das Recht von Gortyn*, Frankfurt am Main: J. D. Sauerländer, 1885.

만 증인은 진행될 소송에 관해 진실을 이야기하겠다고 서약하지 않는다. 증인은 진실일 수 있는 제3의 요소에 입각해 두 상대 중 누가 옳은지 판별하는 역할을 맡지 않는다.

증인은 자신이 지지하는 편과 동일한 맹세를 한다. 증인은 해당 편에 속박된다. 증인은 해당 편과 똑같이 거짓 서약자들에 대한 신의 복수에 노출된다. 동시에 증인은 자신이 동반하는 자의 사회적 무게를 나타낸다.

선고는 소송 중인 사실이나 권리에 관한 자유로운 결정이 아니다. 선고는 소송 절차가 적법하게 시작되고 이어졌는지를 기록한다. 특히 선고는 증인의 수와 맹세가 갖는 무게로부터 기계적으로 내려진다.

소유 재산을 둘러싼 갈등에서는 증인 **아홉** 명을 모은 진술이 승 [11] 리하게 된다. 재판관은 이 증언들에 구속된다. 지지하는 편의 맹세가 결정을 가져온다(이는 메넬라오스의 도전 장면과 조금 비슷하다). 하지만 여기서 사라진 것이 있는데 그것은 바로 일대일 도전이며, 즉각적으로 결정되는 거부와 수용의 게임이다.

— 평등한 대결은 개인, 그의 소속, 그의 지지자의 사회적 분화로 대체된다.

— 한 사람이 다른 한 사람에게 던지는(그리고 다른 사람에 의해 수용되거나 거부되는) 도전은 두 사회 집단의 맞대결로 대체된다.

— 마지막으로 응수하거나 응수하지 않은 도전의 즉각적 결정 효과는 제3의 권위의 원리상 기계적인 결정으로 대체된다.

이 소송 절차의 진실은 함께 서약하는 자들의 맹세 속에서 위험 감수의 형태로 언명된다. 참을 이야기하지 않을 경우 신들의 복수에 노출되겠다는 위험 감수. 하지만 진실은 또한 선고에서 기억의 형태로 단언된다. 규칙이 잘 준수됐다는 기억. 뇌물을 바치는 매수꾼들은 왕을 이 기억의 요청에서 떼어놓을 수 있다.

[12]   신들의 미래의 복수, 그리고 심판하는 왕의 정확한 기억.9)

모든 모욕을 기억하는 신들의 위협. 모든 규칙을 상기해야만 하는 자들의 언제나 틀릴 위험이 있는 기억. 이 기억의 이중 요소에서 이런 종류의 판결δικάζειν의 진실이 작동한다.

우리에게는 두 가지 시간적 형상이 있다.

— 인간이 한 현재의 맹세에 대해 신들이 갖는 미래의 기억.

— 가장 오래된 규칙들에 대해 왕들이 갖는 현재의 기억.

이 두 형상과 진실이 맺는 관계는 똑같지 않다.

— 진실은 신들의 미래의 기억에 인간을 노출시킨다.

— 그리고 진실은 왕의 현재 기억에 바탕을 둔다.

이 두 관계는 발생 지점도 똑같지 않고 지지대도 똑같지 않다.

— 전자의 경우, 맹세에서 진실과의 관계를 수립하는 것은 서약자이다.

— 후자의 경우, 선고에서 진실한 심판을 하는 자는 재판관-왕이다.

[13]   두 경우에서, 진실은 비-망각의 형태를 띤다. 인간은 자신들이 신들의 비-망각에 노출된 이상 왕의 비-망각을 요청한다. 이 진실은 은폐 또는 비-은폐와는 아무 상관이 없다.10)

---

9) Louis Gernet, "Le temps dans les formes archaïques du droit," *Journal de psycho-logie normale et pathologique*, vol.53, no.3, juillet-septembre 1956, pp.379~406.

10) 진리의 은폐 또는 비-은폐라는 성격, 진리의 모호한 본질은 물론 마르틴 하이데 거의 Ἀλήθεια[Alētheia], 특히 다음의 책을 참조한다. Martin Heidegger, *Vom We-ssen der Wahrheit*, Frankfurt am Main: V. Klostermann, 1943; *De l'essence de la vérité*, trad. Alphonse de Waelhens et Walter Biemel, Paris/Louvain: J. Vrin/Neu-welaerts, 1948. [이선일 옮김, 「진리의 본질에 관하여」, 『이정표 2』, 한길사, 2005.] 하지만 여기서 푸코는 오히려 (이 강의에서는 결코 언급되지 않는) 마르셀 데티엔이 'Alētheia/Lēthē'[비망각/망각]의 반대말 짝을 발전시켜 기술한 것을 손질해서는 사법 실천의 재구성에 의거해 비튼다. Marcel Detienne, *Les Maîtres de vérité dans la Grèce archaïque*, préface de Pierre Vidal-Naquet, Paris: Maspero, 1967. 다음도

B. Κρίνειν.[11] 고르튄 법은 이 판결 형태 곁에 다른 판결 형태인 κρίνειν의 자리를 마련한다. 처음에 이 판결 형태는 주로 대용의 역할을 맡았던 것으로 보인다. 즉, 관례에 아무런 규정이 없거나 불충분한 경우, 아마도 피해를 예측해야 하는 경우, κρίνειν이 대신 쓰였다.

그런데 이 판결은 급속도로 대거 확대되어, 첫 번째 판결 형태인 δικάζειν이 명시적으로 요구되는 경우를 제외하고는, 완전히 정식으로 자리 잡게 됐다(법에 추가됨). 바로 이 κρίνειν이 희랍의 사법 실천 공간 전체를 차츰 차지하게 된다. 그것은 무엇으로 이뤄지는가? 겉보기에는 간단한 치환이나 배가로 이뤄지는 것 같다. 즉, 재판관은 소송 당사자들이 맹세를 하지 않을 경우 맹세를 하거나, 양편이 맹세를 했는데도 추가로 자신도 맹세를 한다.

1/ 이 맹세의 본성과 기능은 무엇인가?   [14]

그것은 자주 약속의 맹세로 해석됐다(로돌프 다레스트).[12] 재판관은 법을 준수하겠다고 약속한다. 하지만 (그런 경우에 법이 없다는 것 말고도) 고르튄 법에 따르면 재판관은 적어도 몇몇 경우에 그 사실이 진실임을 서약해야 한다. 그렇다고 그것이 확연적 맹세

참조하라. Daniel Defert, "Situation du cours," *Leçons sur la Volonté de Savoir: Cours au Collège de France, 1970-1971*, éd. s. dir. François Ewald et Alessandro Fontana, par Daniel Defert, Paris: Gallimard/Seuil, 2011, pp.261~275. [본서의 「강의정황」, 363~383쪽.]

11) Louis Gernet, "Sur la notion de jugement en droit grec," *Archives d'histoire du droit oriental (AHDO)*, I, 1937, pp.115~116. [이 논문은 다음의 책에 재수록됐다. *Droit et société dans la Grèce ancienne*, Paris: Recueil Sirey, 1955, pp.61~81.]

12) Rodolphe Dareste, Bernard Haussoullier, et Théodore Reinach, eds., *Recueil des in-scriptions juridiques grecques*, Paris: E. Leroux, 1re sér., fasc.3, 1894, p.352 sq.; Gernet, "Sur la notion de jugement en droit grec." 재인용. [올바른 서지사항은 다음과 같다. *Recueil des inscriptions juridiques*, 1re, p.435, n.2; Gernet, "Sur la notion de jugement en droit grec," *Droit et société dans la Grèce ancienne*, p.64, n.5. 재인용.]

(나는 이것이 참이라고 서약한다)일까?(쿠르트 라테).[13] (유산 분할
처럼) 많은 경우 확연적 맹세는 의미가 없을 수 있다.

　　그것은 특히 재판관이 개인적으로 자신을 노출하고 위험을 무
릅쓰게 만드는 맹세이자 자신의 운명을 제 자신이 내리는 선고의
가치와 연결하는 맹세인 것으로 보인다(루이 제르네).[†] 이는 훗날
델포이의 암픽튀오네스[14]가 어느 계쟁에 대해 발언하기에 앞서
하는 맹세와 약간 비슷하다. "아폴론의 재산과 소유지에 대해서
결정을 내리도록 소환된 나는 가능한 한 만사를 진실에 따라 분노
[15]　와 증오 없이 판결할 것이며 추호도 그릇되게 결정하지 않을 것입
니다. …… 내가 맹세를 지킬 시에는 내게 온갖 번영이 주어지기
를. 내가 맹세를 어길 시에는 테미스, 퓌톤의 정복자 아폴론, 레토
와 아르테미스, 헤스티아와 영원의 불이 나를 비참하게 죽여 내게
서 모든 구원을 앗아가기를"(글로츠의 책에서 인용).[15]

---

13) Kurt Latte. Gernet, "Sur la notion de jugement en droit grec." 재인용. [쿠르트 라
테(1891~1964)는 독일의 문헌학자로서, 특히 고대 로마의 종교에 해박했다. 고대 희
랍의 정의와 형벌 제도에 관한 라테의 연구로는 다음이 있다. "Der Rechtsgedanke im
archaischen Griechentum"; "Beiträge zum griechischen Strafrecht," *Kleine Schriften
zu Religion, Recht, Literatur und Sprache der Griechen und Römer*, München: Beck,
1968, pp.233~251, 252~293. 특히 제르네는 라테의 다음 텍스트를 참조한다. *Heiliges
Recht, Untersuchungen zur Geschichte der sakralen Rechtsformen in Griechenland*,
Tübingen: J. C. B. Mohr, 1920, p.41.]

† Gernet, "Sur la notion de jugement en droit grec," *Droit et société dans la Grèce
ancienne*, p.64, n.5.

14) Amphiktuones. 정치적·종교적 동맹에 모인 희랍 도시국가의 위원들에게 주어진
이름. 그들의 회합은 봄에 델포이에서 열리곤 했다(가을에는 테르모퓔레 근처 안
텔라에서 열렸다). 암픽튀오네스는 거짓 서약자를 처벌하기 위한 군사력을 보유
했다. Jean Gaudemet, *Les Institutions de l'Antiquité*, Paris: Sirey, 1967, pp.176~
177.

15) Gustave Glotz, *Études sociales et juridiques sur l'Antiquité grecque*, Paris: Hachette,
1906, p.145. 푸코는 자신의 자료에 해당 인용구를 베껴 썼다.

재판관은 진실을 이야기해야 하고, 이렇게 진실과 관계 맺으면서 더도 말고 덜도 말고 소송인들과 똑같이 신들의 복수에 노출된다. 진실의 언명은 이제 제3자의 위치에서, 소송 당사자들의 위치에 포개지고 그 위에 정리되면서 나타난다. 바로 이 제3자의 언표행위가 결정을 내리는 것이다. 재판관이 하는 맹세의 출현은 단지 보충적인 요식 행위가 아니다. 이것은 사법 담론과 실천의 전혀 새로운 배치이다.

2/ 이 새로운 배치가 함축하는 것은 무엇일까?

a – 소송인들의 맹세의 치환과 기능 저하.

옛날에 이 맹세는 소송인들을 참을 수 없는 진실의 시선과 진실의 복수에 노출시켰다. 이제 알다시피 그 맹세는 참일 수도 있고 거짓일 수도 있다. 나중에 플라톤이 (『법률』에서) 지적하듯이,* 둘 중 하나는 거짓이어야 한다. 참이면서 거짓일 수 있는 맹세는 더 이상 증거 구실을 할 수 없다.

헤시오도스: "악한 자가 더 나은 사람을 굽은 말로 모함하고 거 [16] 짓 맹세로 이를 뒷받침할 것이오"(『일과 날』, 193-194); "맹세는 굽은 판결들과 지체 없이 나란히 달리기 때문이오"(『일과 날』, 219).

아이스퀼로스: "맹세 따위로 불의가 이길 수는 없다는 말이오" (『자비로운 여신들』, 432).†16)

---

* 강의원고에는 "『법률』, IX권"이라고 적혀 있다. 그렇지만 IX권에는 맹세에 대한 언급이 없다. 맹세에 관한 물음은 약간 다른 용어로 XII권의 948b-949b에 등장한다. 그 물음은 라다만티스의 시대에 신들을 걸고 하는 유명한 맹세들이 이후 어떻게 변했는지 알려준다. [박종현 옮김, 『법률』, 서광사, 2009, 815~817쪽.]

† 헤시오도스, 천병희 옮김, 「일과 날」, 『신들의 계보』, 도서출판 숲, 2009, 111, 112쪽; 아이스퀼로스, 천병희 옮김, 「자비로운 여신들」, 『아이스퀼로스 비극 전집』, 도서출판 숲, 2008, 169쪽.

16) [소송을 좌우하는] 결정적 판결에 대한 이런 비판들은 다음의 책에서 인용한 것이다. Sautel, "Les preuves dans le droit grec archaïque," p.131.

소송 당사자들은 진실을 소지한 자로서는 실격이다. 그들은 진실의 권능에 자신을 노출하지 않는다. 그들은 진실을 말하거나 말하지 않을 힘을 수중에 보유한다(그리고 재판관은 소송 당사자들이 서약한 내용에 대해 그것이 참인지 거짓인지 말할 수 있게 된다).

하지만 이 기능 저하는 치환에 의해 배가된다. 맹세는 사실 소송 당사자들에게 존속하지만 소송을 개시하는 의례로 기능한다. 맹세를 통해 소송 당사자들은 자신들이 재판관에 호소하고 있음을 표명한다. 소송 당사자들은 각자가 모순되는 두 테제를 지지하고 있으며, 자신들이 동시에 소송을 청구하기로 했음을(그리고 어느 정도는 소송을 받아들이기로 했음을) 알린다.

"나는 내가 죽이지 않았다고 서약합니다"라거나 "나는 그가 죽였다고 서약합니다"라고 말하는 것은 진실을 언표하는 것이 아니라 소송을 의례적으로 개시하는 것이다.

[17]   이런 판결 형태에서 소송 당사자들의 맹세는 더 이상 결정에 영향을 미치지 못한다. 정확히 말하면 맹세는 두 소송자의 경쟁을 지속하거나 끝내는 역할을 더 이상 하지 못한다. 맹세의 기능은 경쟁을 다른 무대로 옮기는 데 있다. 물론 소송은 늘 하나의 투쟁일 것이다(그것은 고전기까지 계속 ἀγών 또는 νεῖκος로 불릴 것이다[17]). 하지만 소송의 조직은 완전히 달라질 것이다. 왜냐하면 우리는 이제 맹세의 힘이나 무게만 갖고는 상대를 이길 수 없고, 자기 쪽에 재판관의 결정을 수반할 때에만 상대를 이길 수 있을 것이기 때문이다.

소송 당사자들의 맹세는 새로운 투쟁 공간을 의례적으로 여는 구실을 한다. 그 공간에서 투쟁은 상징적으로 전개되며, 재판관의 최고권을 받아들인다(고르튄 법 조항은 부정적으로나마 이를 확인

---

17) agōn 또는 neikos. 투쟁 또는 불화.

해준다. 다른 판단 수단이 없을 때, [이를테면] 다른 편이 궐석하거나 부재할 때, 재판관은 출석한 한쪽 소송인의 맹세를 신임할 수 있다. 소송인의 결정적 맹세는 최후의 수단이다).

b – 하지만 재판관의 맹세는 선고의 새로운 기능을 함축하기도 [18] 한다. κρίνειν에서 재판관의 선고는 상대 중 한쪽의 승리를 기록하는 데, 출석한 힘들을 비교하고 승인하는 데 그치지 않는다. 선고는 승리를 부여한다. 어떻게 보면 선고는 승리를 구성한다. 하지만 무엇에 의거해서 그리 할까? 어떤 측정 원리를 참조해 그리 할까? 이 선고를 정당화하는 것은 무엇일까? 다른 선고보다 정의롭고 옳으며 나은 것으로 간주되는 선고는 어떤 것일까?

1/ 물론 몇몇 시학적 또는 철학적 텍스트들이 이에 대해 이야기해준다. δίκη[dikē/정의]에 부합하고 δίκαιον[18]을 언표하는 선고가 공정하다. 더 분명하게 혹은 더 수수께끼 같이 말해서, δίκαιον καὶ ἀληθές[19]를 언표하는 선고가 공정하다. 또는 나중에 헤로도토스가 말하듯이, κατὰ τὸ ἐόν[kata to eon/진실에 부합하게] 심판하는 선고가 공정하다.[20]

---

18) dikaion. '공정한.' 다음을 참조하라. Hésiode, *Les Travaux et les Jours*, v.225. [『일과 날』, 112쪽.] 결정적 선고에 관해서는 다음을 참조할 것. Erik Wolf, *Griechisches Rechtsdenken*, 4 vol., Frankfurt am Main: Klostermann Verlag, 1950~56[1882]. ["dikaion은 '관습이나 규칙을 준수하는,' '선량한,' '올곧은,' '바른,' '충실한,' '공정한,' '올바른,' '정당한,' '옳은,' '공평한,' '마땅한,' '적정한' 등의 뜻들을 나타내는 중성형 형용사이다." 박종현, 『적도(適度) 또는 중용의 사상: 헬라스 사상을 중심 삼아 살핌』, 아카넷, 2014, 77쪽.]

19) dikaion kai alēthes. 공정하고 참된. 우리는 이 단어들에 상응하는 표현을 비극 작가들에서 발견한다(Hirzel)[앞의 각주 1번을 참조하라].

20) "데이오케스는 재판관으로 유명했다. 왜냐하면 그는 진실에 부합하게 선고할 수 있었기 때문이다(τὰς δίκας ἀποβαίνειν κατὰ τὸ ἐόν[tas dikas apobainein kata to eon])." Hérodote, *Histoires*, I, 97. [김봉철 옮김, 『역사』, 도서출판 길, 2016, 128쪽.] 다른 예들과 더불어 다음에서 재인용. Hirzel, *Themis, Dike und Verwandtes*, op.cit.

어쩌면 이 텍스트들을 주해함으로써 [선고가] 진실과 맺는 관계 내지 존재자와 맺는 관계를 밝힐 수 있겠다. 그 관계들은 선고의 기초가 될 뿐 아니라 공정한 선고에 의해 표명되는 것이다.

[19]   2/ 하지만 희랍의 사법 실천이 필시 더 확실한 실마리가 된다.

고전기 말까지 발견되는 한결같은 사법 실천 원리 가운데 하나에 따르면 모든 행위는 누군가가 누군가에게 의도한 것이어야 한다. 검사, 검찰, 공적인 판사 따위는 희랍 법에 존재하지 않는다. 항상 두 상대가 있고 그 중 한쪽이 다른 한쪽을 고소하고, 고소당한 쪽은 자기변호를 해야 한다.[21]

a – 형사 소송에서 (그리고 이것이 첫 번째 요점의 결론인데) 피의자를 고발하는 것은 도시나 국가나 사법 기관의 소관이 아니다. 그런 고발은 피해자나 피해자의 친지가 할 일이다. 살해의 경우에는 망자의 친지 중 한 명이 살해 피의자를 고발해야 한다. 상속자가 이를 기피할 경우, 가문의 다른 일원이 대신 범죄자의 범죄를 비난할 수 있을 뿐 아니라 적법한 원고의 궐석을 비난할 수도 있다.

소송 절차의 반대편 끝에서도 똑같은 유형의 조항이 발견된다. 선고가 내려졌을 때, 선고의 집행을 요구하고 상징적으로나마 그 집행을 개시하는 것은 소송의 상대이다(아테나이에서는 개인과 도시에 관한 이중 형벌의 경우, 개인이 자신의 빚을 요구하기 시작한 뒤에야 도시도 자신의 빚을 요구할 수 있다).

[20]   선고는 개인들 사이에서 진행되는 배상 절차라는 기반 위에 제 장소를 갖는다. 선고는 배상을 정당화하고 한정지으며 조직한다. 선고는 범죄가 적절하게 벌충되도록 애쓴다. 우리의 형법 전체를 곤경에 빠트리는 커다란 물음(피고는 정말 죄인인가?)은 희랍 법에

---

21) Hartvig Frisch, *Might and Right in Antiquity. "Dike" I: From Homer to the Persian Wars*, trad. Cyrill Charli Martindale, Copenhagen: Gyldendal Boghandel, 1949.

는 낯설다. 희랍 법에서는 사실상 범죄가 제대로 배상됐는가라는 물음밖에 없다.

그렇기 때문에 데모스테네스와 그 후대까지 유효하게 지속되는 드라콘의 입법[22]은 배상에 관한 입법인 것이다.

— 드라콘의 입법은 배상을 요구할 권리, 배상이 충분하다고 선언하거나 배상을 중단할 권리가 누구에게 있는지 자세하게 명시한다(아이와 부모, 형제와 자매, 사촌, 자손, 장인, 형제단兄弟團†).

— 드라콘의 입법은 마찬가지로 (ἀγορά[agora/집회장], 격투기장에서) 언제 배상의 직접적 권리를 행사할 수 있는지 명시한다.

— 드라콘의 입법은 또한 죄인이 추방됐을 때나 피해자가 노예인 경우 배상의 권리를 행사할 수 있는지 없는지도 명시한다.

반대로 범죄의 성질과 관련해, 범죄가 그 자체로 무엇인지에 대해 드라콘의 입법은 초보적이다.

— 정당방위에 의한 살인(이것은 이미 배상이다),   [21]

— 살해,

— 비고의적 살인.

---

22) "드라콘의 법은 현존하는 정체(politeia)를 위한 것이었다." Aristote, *La Politique*, éd. et trad. J. Tricot, Paris: J. Vrin, 1970, II, 12, 1274b15~16. [김재홍 옮김, 『정치학』, 도서출판 길, 2017, 171쪽.] 드라콘에게 귀속된 이 nomoi(법) 또는 thesmoi(관습법)은 역사가들 사이에 논쟁 대상이다. 다음을 참조하라. Françoise Ruzé, *Délibéra -tion et Pouvoir dans la Cité grecque de Nestor à Socrate*, Paris: Publications de la Sorbonne, 1997, pp.342~345. [아테나이는 일찍이 드라콘에 의해 성문법을 마련했다. 드라콘의 법은 작은 죄도 무거운 형벌로 다스리는 사회를 지향했기에 지지 받기 어려웠다(솔론은 '우연 살인' 관련 조항만 남겨두고 드라콘의 법을 폐기했다). "드라콘의 살인 관련 법에서는 고의 살인이 아닌 경우 쌍방간 화해가 가능했고 배상금을 수수할 수도 있었다. 화해가 성립되지 않을 때는 살인자가 무조건 추방되며 화해가 될 때까지 돌아올 수 없다. 피살자의 근친이 없을 때는 더 광범위한 동족으로 형제단 사람들이 화해의 주체가 된다." 최자영, 『고대 그리스 법제사』, 아카넷, 2007, 24, 562~563쪽.]

† phratria. 부족의 하위 단위로서, 기원을 달리하는 씨족들의 연합. 시민의 자격을 심사하는 행정 기능과 제사를 담당하는 제의 기능을 가진 사회 제도.

범죄 사건에 대해 재판관이 선고를 내리는 주요 목적은 배상의 지불명령을 주재하는 데 있다.

b – '민사' 소송에서는 어떠할까? 아주 역설적이긴 하지만 선고의 역할은 동일하다.

제르네가 연구한 유산 상속 소송을 예로 들어보자.[23] 누군가가 다른 누군가를 유산 횡령으로 고발할 경우, 두 상대는 원고도 피고도 아니다. 그들은 대칭적인 두 상대이다. 자신의 권리를 정당화해야 하는 원고는 없다. 각자의 권리 주장을 정당화화기 위해 서로 맞서야 하는 두 명의 경쟁자가 있다. 이런 소송들에는 판결된 것의 권위[기판력既判力]가 없다. 사람들은 새로운 이유를 대면서 소송에 이의를 제기할 수 있다. 권리를 요구하는 제3자가 언제든 끼어들 수 있다. 마지막으로 상속인으로 선언된 자가 사망하고 5년이 경과해야 시효가 성립한다.

계약 관련 소송에서 계약 불이행은 항상 피해로 간주된다.

[22] 선고의 역할은 하나의 권리가 한 주체에게 귀속된다고 선언하는 데 있지 않다. 선고는 주체적 권리에 바탕을 두지 않는다. 그것은 권리의 주체를 인정하는 것과 무관하다.[24] 그것은 응보와 기각의 게임 규칙을 정해야 한다. 각자가 자기에게 고유한 권리를 인정받는 모습을 보는 게 관건이 아니다. 중요한 것은 귀속, 보상, 배상의 게임이 만족스러운 방식으로 이뤄지느냐이다.

희랍의 사법 실천은 자신의 진실 속에 있는 주체의 권리들에 의거할 필요가 없다.[25] 그것은 사물의 귀속과 유통에 부합하며, 사물의 공정한 순환에 부합하는 분배와 배상에 의거해야 한다.

---

23) Gernet, "Sur la notion de jugement en droit grec," pp.126~129.

24) Gernet, "Sur la notion de jugement en droit grec," pp.111~144.

25) Louis Gernet, *Droit et Société dans la Grèce ancienne*, Paris: Sirey, 1964²[1955].

c — 그러므로 우리는 κρίνειν의 정의와 상관적으로 δίκαιον(공정한 것)이라는 새로운 관념이 출현하는 것을 보게 된다.

『일리아스』에 δίκαιον은 존재하지 않는다. Δίκη는 다섯 번 등장하며 시비와 재판에 회부된 소송과 선고 자체를 가리킨다.[26] 헤시오도스에서 δίκαιον은 여러 번 등장하며 늘 Δίκη와 연결된다. 특히 『일과 날』에서 도시국가의 행복과 불행을 논하는 중요한 대목(255-263행)†에 나온다.[27] 이 유명한 대목에서, 왕이 δίκαιον의 원리에 따라 심판을 하지 않으면 일련의 온갖 불행이 뒤따름을 볼 수 있다. 무엇이 그런 불행이며 불행은 어떻게 분배되는가?

[……*]

그리고 인과성 자체가 변경된다. 호메로스의 pre jure[선-법]에 [24] 서는 제우스의 의지가 직접적으로 간청됐다. 헤시오도스에게서는 Δίκη가 매개자 노릇을 한다. 왕이 판결을 잘 내리지 못할 때에는

---

26) 볼프는 실제로 [『일리아스』에 나오는] 다섯 용례(XIX, 55; XXIII, 539; XVIII, 497; XVI, 542; XVI, 388)를 인용한다. [천병희 옮김, 『일리아스』(개정판), 도서출판 숲, 2015, 557, 665, 549, 483, 477쪽.] Wolf, *Griechisches Rechtsdenken*, I, pp.85~94.

† 헤시오도스, 「일과 날」, 113~114쪽.

27) 하르트비히 프리쉬는 헤시오도스에 나오는 dikē의 모든 용례를 확인한다. Frisch, *Might and Right in Antiquity*, p.97. [프리쉬는 헤시오도스의 텍스트에서 dikē가 1) 판결, 2) 재판, 3) 정의, 4) 올바름, 5) 벌, 6) 디케 여신 같이 다양하게 쓰임을 보여준 뒤 곧이어(98~99쪽) dikē에서 파생된 단어들(예컨대 형용사형인 dikaios)과 그 반대말들(adikos, adikia, hubris 등)의 용례를 정리한다. 국내에서 참고할 수 있는 체계적인 연구로는 다음이 있다. 우병훈, 『헤시오도스 《일과 나날》에 나타난 디케(ΔIKH)의 개념』, 서울대학교 서양고전학협동과정 석사학위논문, 2005. 우병훈은 『일과 날』에 쓰인 dikē의 용례를 살핀 뒤 그 단어가 1) 정의(옳은 것), 2) 정의의 여신, 3) 받아야 할 몫, 4) 판단의 의미로 쓰였다고 정리하고는, 헤시오도스가 시를 쓰던 당시에 성문화된 법전이 존재하지 않았으므로 dikē에 법적 소송이나 판결의 함의를 덧붙여서는 안 된다고 주장한다. 하지만 이는 재판이나 소송을 협소한 의미로 파악한 것이다. 『일과 날』에서는 맹세에 기반을 둔 진실 발언들 사이의 다툼과 그에 대한 판결이 문제가 된다.]

* 강의원고의 23쪽은 삭제되어 다음번 강의로 밀렸고 그 강의의 6쪽이 됐다. 본서 7강(1971년 2월 10일)의 150~151쪽을 참조하라.

Δίκη가 대지를 잠시 떠나 제우스의 복수를 간청한다(그녀는 자신의 아비의 무릎으로 달려든다).

불공정의 효과는 무엇보다 정의의 부재이다. 현전하는 정의는 도시의 행복의 징표인 동시에 보증이다. 이와 동일한 뜻에서 아라토스는 세 시대를 묘사한다.[28] 첫째, 황금 시대. 정의가 공공장소와 네거리에 현전하는 시대. 둘째, 은의 시대. 정의가 산등성이로 물러났다가 해질녘에 불타오르는 시대. 셋째, 청동 시대. 정의가 천공으로 물러나 밤에만 반짝이는 시대.

δίκαιον은 세계의 질서와 연결된다. 세계에 현전하는 Δίκη[29]는 인간의 행복이 공정한 판결과 호응하도록 보장한다. [세계 안에] 부재할 경우 Δίκη는 도성과 들판이 불공정한 판결에 시달릴 것이라고 주의시킨다.

로마의 법사상 범주에서 '공정'은 주체의 진정한 권리와 관련되고, 로마 재판관의 공정한 선고는 정말로 참된 법을 이야기해야 하지만,

[……*]

[26]　— 왜 판결은 본질적으로 권리를 선언하거나 구성하는 기능을 갖지 않고 오히려 배상, 재분배, 보상 같이 몫을 배분하는 회로 안에 스스로를 집어넣는가. 재판은 귀속하기보다는 수정한다. 아리스토텔레스 참조.[30]

---

28) Aratos, *Les Phénomènes*. 아라토스의 『파이노메나』(*Phainomena*)는 희랍 세계 전체에서 아주 인기 많았던 천문학 시이다. Marcel Detienne, *Crise agraire et attitude religieuse chez Hésiode*, Bruxelles/Berchem: Latomus, 1963, pp.30~31.

29) Wolf, *Griechisches Rechtsdenken*, pp.34~45.

　* 25쪽이 없다.

30) Gernet, *Droit et Société dans la Grèce ancienne*, op. cit.

— **참**과 **거짓**은 판결 안에서 어떻게 분배되고 기능하는가. 참과 거짓은 소송인들의 맹세와 관련해, 재판관의 맹세와 관련해, 공정과 불공정과 관련해 어떤 역할을 하는가.

— 재판은 어째서 직접적으로 정당한 권리로서 정치적인가. 재판은 도시에서 질서를 유지하기 위한 수단 가운데 하나이다. 자신에게 자연스럽게 돌아갈 것을 각자에게 인지시키는 것이 아니라, 도시의 유대를 적절히 묶고, 각자의 자리가 다른 자들의 자리와 조화롭게 균형을 이루도록 신경을 쓰는 것이다. 이것이 함축하는 바는, (a) 재판을 맡는 것은 바로 정치적 권위라는 것, 그리고 (b) 재판을 맡는 인간이라면 누구든 그 사실로 인해 도시의 정치에 종사한다는 것이다.

사법 담론은 직접적으로 [정치**] 담론으로 인정받는다.　　　[27]

— 결국 왜 공정한δίκαιον 것을 이야기하고, 동시에 사물의 질서가 무엇인지를 이야기하는가(노래하는가 또는 아는가)? 법을 만드는 자는 동시에 세계의 배열을 이야기하는 자일 것이다. 그는 자신의 노래나 지식과 자신의 명령과 최고권을 연동함으로써 세계를 돌본다. 거꾸로 세계의 질서를 인식하는 자는 인간과 도시에 가장 좋은 것과 가장 공정한 것이 무엇인지 이야기할 것이다.

νόμος[법]라는 개념은 중심적이며 애매한 것이 된다. κρίνειν의 법적 형태로부터 δίκαιον, νόμος, 세계의 질서, 도시의 배열과 연관된 독특한 유형의 참된 담론이 출현한다. 그 담론은 여전히 우리의 참된 담론과는 거리가 멀다. 하지만 우리의 것은 그것으로부터 다양한 변환을 거쳐 파생된다.[31]

** 강의원고에서는 "정치"(politique)가 아니라 "사법"(judiciaire)이라고 반복된다.

31) 여기서 어떻게 하이데거가 프리드리히 니체에 대한 단 주석을 떠올리지 않을 수 있을까. "존재자에 대한 시원적이고 희랍적인 파악은 오늘날까지 서양 역사 전체에 걸쳐서 관습적이고 자명한 것으로 굳어진 것과 동일한 정도로 친숙한 것이 됐다

우리는 이 κρίνειν의 왕조에 속하는 것이다.

[28] 결 론

κρίνειν과 더불어 완전히 새로운 유형의 진실 언명이 사법적 담론 및 실천 속에서 구성된다.

이 진실 언명은 재판 담론이 최고권이 행사되는 곳인 정치 담론과 소통하게 만들고, 세계의 질서가 언표되는 곳인 지식 담론과 소통하게 만든다. 바로 이 담론은 솔론과 엠페도클레스, 즉 정의의 왕, 성문법의 시인, 진리의 대가에게서 가장 수준 높게 정식화된다. 이런 유형의 언명은 소피스트들과 함께 사라진다. 아니 차라리, 그 흩어진 조각들이 소피스트들에게서 발견된다. 마치 이런 유형의 언명이 어디에서도 고정되거나 멈출 수 없는 게임 속을 무질서한 상태로 떠돌아다닌 것처럼. 자연에 대립되는 법의 언명, 진실이 없고 모든 담론이 참이라는 언명, 보편적 지식의 언명, 지식은 아무것도 아니라는 언명, 재판을 가르칠 때 쓰는 언명, 모든 소송에서 승리하게 만들어주는 언명. 희랍의 낡은 진실은 넋을 잃고 삼분오열됐다.

[29]   헤시오도스가 노래하고 그가 뇌물을 먹는 왕들의 δικάζειν에 대립시켰던 κρίνειν에서부터, [그리고] 고르튄 법에 의해 제도화된 이 κρίνειν에서부터 상대를 쓰러뜨리는 담론과 논변을 판매하는 상인들에 이르기까지, 어쨌든 여정은 길었다. 그 여정은 크게 세 단계를 거쳤다.

……. 이 두 세계론의 역사적 변전들은 서양 형이상학의 주요 단계들과 일치하지만 우리는 두 세계설과 그것의 역사적 변전들을 여기에서 상세하게 추적할 필요는 없다." Martin Heidegger, *Nietzsche*, Bd.1, Pfullingen: Günther Neske Verlag, 1961; *Nietzsche*, t.1, éd. et trad. Pierre Klossowski, Paris: Gallimard, 1971, p.420. [박찬국 옮김, 『니체 I』, 도서출판 길, 2010, 514쪽.]

— 고정된 성문법의 확립, 즉 어느 정도 공정과 사법 실천을 규제하는 νόμος의 확립. 이는 [소송을 좌우하는] 결정적 계기에 입각해 내려지던 귀족적·전사적 심판이 처음으로 대패했음을 나타낸다. 승리하는 사법적 발언은 이제 무게가 더 나가는 저주의 발언이 아니라 νόμος에 부합하는 발언이다. 이것이 카론다스,[32] 잘레우코스, 드라콘의 시대이다. [이것이] εὐνομία이다.[33]

— 정치-사법 권력의 수립. 이 권력은 도시의 형태를 띠고, 부와 출생의 불평등과 관계없이 원리상 모든 시민에게 동일하게 행사된다. 이것이 솔론의 시대이다.[34] 이것이 ἰσονομία이다.[35]

---

32) 희랍인들에 의해 처음으로 참주 또는 '주인'(이 단어는 기원전 5세기 전까지는 부정적 가치를 띠지 않았다)이라고 규정된 입법자들은 기원전 600년경 카타니아의 카론다스, 기원전 663년경 마그나 그라이키아에 있는 로크리스의 잘레우코스, 기원전 621년경 아테나이의 드라콘이다. Frisch, *Might and Right in Antiquity*, pp.116~118. 또한 다음의 책도 참조하라. Moses I. Finley, *The Ancient Greeks: An Intro-duction to Their Life and Thought*, London: Chatto & Windus, 1963. ["'참주'란 본디 중립적인 단어로서, 누군가 (왕과 달리) 정체상의 정당한 권위 없이 권력을 장악해 유지하는 것을 뜻했다. 거기에는 한 개인이나 통치자로서 참주가 지닌 성질에 대한 어떤 판단도 함축되어 있지 않다." Finley, ibid., p.25.]

33) Eunomia. 조화, 좋은 행정. 다음을 참조하라. Xénophon, *Économique*, IX, 14. [오유석 옮김, 「경영론」, 『향연·경영론』, 작은이야기, 2005, 142쪽.]; Hérodote, *Histoires*, I, 65. [『역사』, 62~64쪽.]

34) 솔론은 기원전 594~591년에 아테나이의 집정관을 지냈다. 아리스토텔레스는 솔론과 함께 민주주의가 시작한다고 본다.

35) Isonomia. 법 앞에서의 평등. 사실상 법은 도시국가 아테나이의 진정한 최고권자이다. 희랍인들은 이 용어로 자주 민주주의 체제를 가리키곤 했다. Gregory Vlastos, "Isonomia," *The American Journal of Philology* (Baltimore, Md.), vol.74, no.4, 1953, pp.337~366. [그레고리 블래스토스는 헤로도토스가 『역사』에 기록한 정치체제 논쟁(III, 80 이하)에 등장하는 isonomia뿐 아니라 더 오래된 텍스트인 '하르모디오스의 노래'와 '알크마이온, 단편 4'에 나오는 isonomos, isonomia도 (빅토르 에렌베르크의 생각과 달리 귀족적 이소노미아가 아니라) 인민의 지배를 함축한다고 본다. 그리고 이소노미아란 민주주의의 옹호자들이 인민의 지배를 정당화할 때 사용한 관념들의 집합으로서, 균등한 분배보다는 법 앞에서의 평등을 뜻한다고 주장한다. 솔론의 시에는

— 마지막으로, 적어도 몇몇 도시에서 일어난 인민의 권력 장악. 이는 참주정을 통해서 또는 참주정에도 불구하고 또는 참주정에 이어서 일어났다.[36]

[30]　　하지만 지금 되새겨 이야기해야 하는 것은 κρίνειν의 출현, 즉 공정하고 참된 담론의 사법적 제도 및 실천을 통해 확립된 κρίνειν의 출현을 설명할 수 있는 정치사이다. 그리고 κρίνειν의 변환을 설명할 수 있는 정치사이다.

---

isonomia라는 단어는 나오지 않고 Fr.4W, 32행에 Eunomia만 나온다. 하지만 그 시에서 귀족과 하층민이 똑같은 정치적 특권을 누리지는 못했으나, 동일한 법의 적용을 받는다는 점에서 이소노미아의 어떤 관념이 드러난다. 단편 번호 뒤에 적힌 W는 솔론의 시를 포함해 희랍의 약강격률 시(이암보스)와 비가(悲歌)를 편집한 마틴 리치필드 웨스트(Martin Litchfield West, 1937~2015)의 성을 딴 것이다.]

　　푸코의 다른 전거인 에두아르 빌에 따르면, isonomia는 법 앞에서의 평등이 아니라 균등한 배분이다(nemein[분배하다]에서 파생). Édouard Will, *Le Monde grec et l'Orient*, t.1, Paris: PUF, 1972, p.73. 푸코는 다음의 책도 참조한다. Pierre Lévêque et Pierre Vidal-Naquet, *Clisthène l'Athénien*, Paris: Les Belles Lettres, 1964. [isonomia가 isa nemein에서 유래됐다는 견해는 이미 몇몇 학자들이 주장했다. Hirzel, *Themis, Dike und Verwandtes*, p.243, n.1; Victor Ehrenberg, "Isonomia," *R.-E.*, Suppl. VII, 1940, cols.293-301. 빌은 클레이스테네스의 개혁이 "민주주의를 창설"했다고 불릴 만큼 급진적이지는 못했고, 당시는 '민주주의'(dēmokratia)라는 단어가 출현하기 이전이었기 때문에, 클레이스테네스 당시의 새로운 체제에 어울리는 단어는 isonomia라고 본다. 피에르 레베크와 피에르 비달-나케는 이소노미아란 평등한 자격으로 공적 삶에 참여하는 자들의 체제를 가리키는 정치적 개념으로서 '법 앞에서의 평등' 같은 근대적 개념과 다르다고 주장한다. 그리고 솔론이 농민들이 요구한 토지 균등 분배(isomoiria)를 시행한 것은 '각자 제 자리에'를 함축하는 eunomia일 수는 있어도 isonomia는 아니었다고 주장한다(Lévêque et Vidal-Naquet, ibid., p.31).]

36) J. Roger Dunkle, "The Greek Tyrant and Roman Political Invective of the Late Re -public," *Transactions and Proceedings of the American Philological Association* (Cleveland, Oh.), vol.XCVIII, 1967, pp.151~171.

7강. 1971년 2월 10일

dikazein과 krinein에 따른 진실 발언의 분배 | 공정한 질서의 요구로서 출현한 헤시오도스의 dikaion | 정의와 부정의의 게임에서 이웃의 역할 | 시련 재판의 진실에서 진리-지식으로 | 앗시리아와 히타이트의 지식이 가져온 것. 희랍에서 그 지식들의 변형

헤시오도스의 텍스트와 이후 고르튄의 입법은 δικάζειν[dikazein]과 κρίνειν[krinein]이라는 두 유형의 법적 행위 사이의 대립을 출현시켰다. [1]

— 형식적 대립: δικάζειν에서는 두 당사자가 맹세한다. κρίνειν에서는 재판관 역시 맹세와 저주의 의례적 정식을 내뱉는다.

— 선고를 얻는 방식과 관련한 대립. δικάζειν에서는 맹세의 역학에 의해 획득. κρίνειν에서는 당사자의 맹세와 연결되지 않은 재판관의 결정에 의해 획득.

두 사법 실천에서는 진실 발언의 배치가 전혀 다르다.

a – δικάζειν에서는 소송인들이 진실 언명을 내뱉는다. 이 두 진실 언명은 필연적으로 모순적일 수밖에 없는데, 그런 성격은 문제를 일으키거나 두 언명을 무효화하지 않는다. 그러기는커녕 두 [2]
언명의 대립이야말로 상징적 투쟁ἀγών[agōn]의 형태로 결정을 야기한다. 저주들 가운데 가장 무거운 것이 필연적으로 승리하게 될 것이다. 선고는 진술의 대립 위에서 행해지지 않는다. 선고는 이 대립의 게임 안에서, 이 게임에 의해 행해진다. 재판관은 제3자의, 공평무사한 의견에 입각해 완전히 중립적으로 따져본 증거들의 가

치를 재는 것이 아니다. 그보다는 실제로 충돌하는 게임의 와중에 놓인, 발설한 언명들의 무게를 잰다.

b – 반대로 κρίνειν에서는 진실 발언이 소송인에서 재판관으로 이동한다. 암픽튀오네스[1]의 의례적 정식을 믿는다면, 참을 이야기하는 것도 재판관이고, 참을 이야기하지 않을 경우 신들의 복수에 노출되는 것도 재판관이다. 진실의 시련 재판 형태(고난과 체형)를 재판관은 제 것으로 받아들인 것이다. 그리고 갑자기 두 당사자의 맹세는 이제 선언적 역할밖에 하지 못하게 된다. 두 소송인들은 자신들이 제소하며, 재판관의 권위에 자신을 맡긴다고 선언한다. 그들은 자신들의 주장이 무엇인지 선언한다. 그러면 재판관의 선고는 어느 것이 참인지 또는 어느 것이 더 참이거나 더 나은지 이야기하는 역할을 한다. 두 발언의 실질적 대립은 그 대립
[3] 의 고유한 역학으로 해소되지 않게 된다. 두 발언 사이에서 선택하고 어느 것이 더 나은지 이야기하는 것은 이제 제3의 심급이다. 진실이란 이쪽도 저쪽도 아닌 지점에서 이쪽이나 저쪽에 대해 이야기되는 것이다.

하지만 문제가 생긴다. 재판관이 맹세한 대로 자신의 선고가 옳지 않아 복수에 노출될 때, 그 재판관은 어떤 기준을 사용할까? 무엇의 이름으로 재판관은 몫을 나눌까? 이 제3자의 진술[담론]은 자신의 결정을 내리기 위해 어떤 규칙을 따를까?

[4] **A. δίκαιον의 출현**

재판관의 발언은 κρίνειν에서 무엇을 따라야 할까?

기존 법의 집합을 따라서는 안 된다. 고르튄 법에서 발견되고 그 법에서 연역 가능한 몇 가지 규정들이 이 점을 증명해준다. κρί-

---

1) 본서 6강(1971년 2월 3일)의 132~134쪽과 각주 14번 참조.

νειν은 법이 없는 곳, 전통에 아무 규정도 없는 곳, 소송인에게 부여된 역할이 더 이상 규칙에 따라 유지될 수 없는 곳에서 작동한다.

가족 내에 분쟁이 일어난 경우가 그에 해당한다(거기서 전통은 별로 수립되어 있지 않다)(루이 제르네의 가설).[2] 피해, 재산을 추산 [5] 하고, 몫을 나눌 때 κρίνειν이 개입할 수도 있다. 요컨대 κρίνειν 의 사용은 경제적 관계가 점차 확대되고 그 관계가 점점 가족의 틀을 자주 넘어서게 된 사회의 발전과 연결되어 있다고 정당하게 추정할 수 있다.

어쨌든 κρίνειν에서 재판관의 선고를 이끄는 것, 재판관이 맹세에 의해 연결되어 있는 것은 법θεσμός[3]이 아니라 다른 것이다.

이 다른 것을 지칭하는 용어가 δίκαιον[dikaion]이다.

이 개념과 이 용어는 호메로스에게는 존재하지 않는다. 『일리아스』나 『오뒷세이아』에 Δίκη가 나오기는 한다(『일리아스』에는 다섯 번 나오고, 『오뒷세이아』에는 더 자주 나온다).[4] 하지만 거기서 그 단어의 의미는 이렇다.

---

2) Louis Gernet, *Recherches sur le développement de la pensée juridique et morale en Grèce*, Paris: Ernest Leroux, 1917, p.449; Gérard Sautel, "Les preuves dans le droit grec archaïque," *Recueils de la Société Jean Bodin pour l'histoire comparative des in-stitutions*, t.16: La Preuve, Bruxelles: Éditions de la Librairie encyclopédique, 1965, pp.147~160. 재인용.

3) Thesmos는 원래 성문법이나 nomos가 아니라 사법관 모임이나 한 명의 입법자에 의한 관습의 수립이다(드라콘은 6명의 법무장관 가운데 한 명이었고, 솔론은 1인 입법자였다). 하지만 솔론은 두 용어를 동의어로 사용한다. Thesmos는 기원전 5세기에 사라진다. Pavel Vinogradov, *Outlines of Historical Jurisprudence*, vol.2, London: Humphrey Milford, 1922, p.74; Jean Gaudemet, *Les Institutions de l'Antiquité*, Paris: Sirey, 1967, pp.185~192.

4) Hartvig Frisch, *Might and Right in Antiquity. "Dike" I: From Homer to the Persian Wars*, trad. Cyrill Charli Martindale, Copenhagen: Gyldendal Boghandel, 1949, pp.46~47; Erik Wolf, *Griechisches Rechtsdenken*, 4 vol., Frankfurt am Main: Klostermann Verlag, 1950~56, pp.85~94.

— 평결 또는 선고(『일리아스』, XVIII/Σ, 508; 『오뒷세이아』, XI/Λ, 570);

— 정의의 행사(『일리아스』, XVI/Π, 542);

— 합법적 또는 정당한 절차, 제기된 소송, 규칙에 따라 정식화된 고소(『일리아스』, XXIII/Ψ, 542);

— 각자의 권리와 특권 (『일리아스』, XIX/T, 180);

— 소송과 선고의 적법성(『일리아스』, XVI/P, 388).[†]

[6]   Δίκη는 결국 절차, 절차 자체와 그것의 적법성, 선고와 선고 결과에서 쟁점이 되는 것이다. δίκη는 사법적 소송을 규제하는 것이 아니다. 오히려 사법적 소송의 전개, 그것의 게임 그리고 그것의 게임에서 쟁점이 되는 그 무엇이다. δίκη를 규제하는 것은 θέμις [themis], 즉 관습(법과 규칙)이다.

B. 헤시오도스의 δίκαιον

반대로 헤시오도스에게 δίκαιον이라는 용어는 그 상관어 δίκη와 연결되어 등장한다.[5)] δίκη-δίκαιον 상관관계는 도시국가의 행복과 불행을 논하는 『일과 날』의 대목에서 꽤 명확히 펼쳐진다. 만일 왕이 δίκαιον의 원칙에 따라 심판하지 않으면, 온갖 불행이 줄줄이 뒤따를 것이다. 이 불행은 무엇이며 어떻게 분배될 것인가?

a – 불행의 본성 자체로 말하면, 그것은 호메로스적이고 전통적인 오랜 저주의 정식에 따라 거짓 서약자를 덮치는 불행과 같다. 개인의 죽음, 여성이나 가축의 불임, 들판의 불모, 전쟁과 재난.

[†] (인용된 순서대로) 호메로스, 천병희 옮김, 『일리아스』(개정판), 도서출판 숲, 2015, 549쪽; 『오뒷세이아』(개정판), 도서출판 숲, 2015, 290쪽; 『일리아스』(개정판), 483, 665, 562, 477쪽.

5) Frisch, *Might and Right in Antiquity*, p.97.

"남자들은 죽어가고, 여인들은 더 이상 출산하지 않고 가세는 기울지요, 올림포스의 주인 제우스의 뜻에 따라. 또 어떤 때는 크로노스의 아드님께서 그들의 큰 군세나 성벽을 파괴하거나 바다에서 그들의 함선을 응징하시지요"(『일과 날』, 243-247).[6]

b – 이 전통적 불행의 분배는 변한다. 의식적인 정식에서 대가를 [7]
치르는 것은 거짓 서약자 또는 그의 후손과 혈족이다. 맹세를 보증하는 제우스의 복수는 인간의 응보와 똑같은 노선을 따른다. 피, γένος[genos/일족], 혈족이 징벌의 한계, 징벌의 특권적 적용 지점, 징벌의 전달 경로를 규정한다. 헤시오도스에서는 도성 전체가 그곳의 왕이 저지른 부정의에 희생된다. 가능한 희생자의 범위가 일족에 미리 한정되지 않은 것이다. 국가나 도시는 희생자들을 무차별하게 포함한다.

"군림하면서 죄를 꾸미는 단 한 명의 잘못 때문에 온 도성이 함께 고통 받게 되지요"(『일과 날』, 240-241).[7]

"사악한 마음에서 굽은[비틀린/왜곡된] 판결을 내려 정의를 왜곡하는 왕들의 무모함의 대가를 백성들이 지불하게 되지요"(『일과 날』, 262-263).[8]

---

6) Hésiode, *Les Travaux et les Jours*, éd. et trad. Paul Mazon[édition de référence], Paris: Les Belles Lettres, 1928, v.243-247. [천병희 옮김, 「일과 날」, 『신들의 계보』, 도서출판 숲, 2009, 113쪽.]

7) Hésiode, *Les Travaux et les Jours*, v.240-241. [「일과 날」, 113쪽.] ['죄를 짓다,' '못된 짓을 하다'라는 뜻의 희랍어 alitrainēi를 폴 마종은 's'égare'[길을 잘못 들다]라고 번역했으나 푸코는 'règne'[군림하다]로 옮기고 있다. [푸코는 희랍어 alitrainēi를 '군림하다'로 옮기면서 이 죄를 범하는 주체가 '왕'임을 분명히 하려고 한다.]

8) Hésiode, *Les Travaux et les Jours*, v.262-263, p.96. [「일과 날」, 114쪽.]

c – 이 징벌의 신학 역시 부분적으로 변경된다. 호메로스의 경우, 거짓 서약자가 있으면 제우스의 최고권이 무시당한만큼 복수의 기일이 늦어지는 한이 있더라도 제우스가 친히 복수한다.

[8]   헤시오도스의 경우, 왕이 제대로 판결 못 하면 Δίκη는 매개자 노릇을 한다. Δίκη는 공격 받으면 대지를 비우고 제우스의 무릎에 달려가 복수를 청한다.[9] 잘못된 판결은 첫째로 Δίκη의 부재를 유발한다. Δίκη에 대한 모욕은 둘째로 제우스의 분노를 유발한다.

재판의 담론과 실천은 법령을 부여하고 맹세를 보증하며 거짓 서약자를 처벌하는 제우스와 맺던 직접적 관계를 잃게 된다. 그것들[재판의 담론과 실천]은 Δίκη의 매개를 통해 제우스와 관계를 맺기 시작한다. 잘못된 판결이 그녀를 쫓아내기 때문에 인간 실천과 상관관계를 맺는 이상한 여신. 하지만 그녀가 부재하는 바람에 잘못된 판결은 증가한다.

[9]   d – 그러나 이 상이한 신학적 인과성보다 더 문제가 되는, 완전히 새로운 상관 체계가 확립된다. 새로운 체계는 여러 가지 방식으로 규정된다.

— 부정직한 매입이나 재산 사기 같은 유형의 온갖 경제적 행동이 거짓 서약, 거짓 맹세, 굽은 판결, 불경과 동류로 간주된다. 마치 헤시오도스가 상거래 주변에서, 사법적 맹세 주변에서 요구되는 것 같은 신성한 보증을 바랐던 것처럼 모든 일이 진행된다. 마치 헤시오도스가 이 경제적 행동에, 분쟁이나 계쟁에 주어지는 것 같은 법적-종교적 구조를 부여하고자 했던 것처럼 모든 일이 진행된다.

"재물은 빼앗는 것이 아니오……. 누군가 완력으로 큰 부를 빼앗

---

9) Hésiode, *Les Travaux et les Jours*, v.256-262, p.95~96. [「일과 날」, 113~114쪽.]

거나, 교활한 혀 놀림으로 부를 약탈하면, 이익이 사람들의 마음을 현혹하거나 파렴치가 염치를 몰아내면 그런 일은 흔히 일어나지요. 신들께서 힘들이지 않고 그자를 미약하게 만드시고 그자의 집을 줄이시니 부가 그자를 따르는 것도 잠시라오. 똑같은 범행을 저지르는 것이오. 탄원자나 손님을 해코지하는 자도……"(『일과 날』, 320-327).[10)]

— 정의와 보상, 부정의와 처벌의 게임에서 양면적인 역할을 맡는 새로운 상대가 이 체계에 포함된다. 이 새로운 요소란 바로 이 [10]
웃γείτων[geitōn]이다. 한편으로 이웃이란 부, 풍작, 그러니까 신의 선물, 경건과 규칙 준수에 주어진 보상 같은 것이다.

"좋은 이웃이 축복인 만큼 나쁜 이웃은 골칫거리요. 좋은 이웃이 주어지는 사람에게는 명예도 주어지는 법이오"(『일과 날』, 346-347).[11)]

다른 한편으로, 이웃은 그 자체로 응보의 원리이다. 보상하고 부유하게 만들어주는 자도 이웃이지만 불행을 퍼트리는 자도 이웃이다.

"그대의 이웃이 악당이 아니면 소를 잃는 일도 없소. …… 누군가 자신의 파렴치를 믿고 손수 빼앗으면 …… [피해자의] 마음에 서리를 내리게 하기 때문이오"(『일과 날』, 349-360).[12)]

---

10) Hésiode, *Les Travaux et les Jours*, v.320-327, p.98. [「일과 날」, 116쪽.]
11) Hésiode, *Les Travaux et les Jours*, v.346-347, p.99. [「일과 날」, 117쪽.]
12) Hésiode, *Les Travaux et les Jours*, v.349-360, p.99. [「일과 날」, 117~118쪽.]

만일 이웃이 이런 양면적인 위치에 있다면, 그것은 이웃이 교환 체계의 필수불가결한 조각인 한에서 그런 것이다. 호메로스의 사회에서처럼 선물과 보답의 형태를 띤 교환. 하지만 이제 불균형(받은 것보다 더 많이 돌려주는 것)은 위엄의 사안이 아니라, 계산, 측정의 사안이다.

"이웃에게 꿀 때는 고봉으로 받고, 갚을 때도 고봉으로, 꾼 만큼만 아니라 가능하다면 그 이상으로 돌려주시라. 훗날 그대가 어려울 때 의지할 데를 구할 수 있도록"(『일과 날』, 349-352).[13]

정의는 제우스의 임박한 동시에 막연한 복수에 노출시키는 대신 부담금, 부채, 부채 상환의 측정 체계에서 실현된다.

[11] — 마지막으로 부채의 이 공정하고 측정 가능한 질서는 그 역시 측정 가능한 다른 질서, 예컨대 계절, 시간, 추수, 별, 날의 질서와 연결되어 있다. 한편으로 이웃 관계와 부채의 질서, 다른 한편 일과 날의 질서 사이의 관계는 구걸과 생계의 대립에 의해 수립된다.

— 우리가 이웃에게 주지 않으면, 우리는 필요할 때 이웃에게서 아무것도 받지 못할 것이다. 알맞은 때가 와도 뿌릴 씨앗이 없을 것이고, 결국 빈궁에 허덕일 것이다.

— 만일 씨앗을 뿌리지 않아, 알맞은 때가 와도 경작할 것이 없다면, 우리는 측정된 부채의 체계가 아니라 보상 없는 요구의 체계, 다시 말해 구걸의 체계에 빠지게 될 것이다.

일하시라 …… "어느 날 그대가 괴로운 마음으로 처자를 데리고 이웃을 돌며 양식을 구하다가 이웃에게 외면당하는 일이 없도록.

---

13) Hésiode, *Les Travaux et les Jours*, v.349-352, p.99. [「일과 날」, 117~118쪽.]

두세 번은 성공하겠지만 계속해서 성가시게 굴면 그대는 아무것
도 얻지 못할 것이고"(『일과 날』, 399-403).[14]

사물들의 질서, 일해야 하는 시기, 적당한 계절, 길일, 그런 것
들은 알맞은 행동의 준거가 되는 요소들이다. 마치 이 자연스런 질
서가 이제 알맞은 행동을 자생적으로 보상하는 것 같다(『일과 날』
의 마지막 행들 참조).

"이 모든 것을 알고 일하되 불사신들께 죄짓지 않고 하늘의 의중
을 참조하고 범법을 피하는 자는 선한 수호신과 더불어 행복하게
살게 될 것이오"(826-828).[15]

제우스의 법령, 시기의 규칙적 배열, 알맞은 응보, 돈을 꾸고 갈 [12]
등 없이 부채를 갚는 게임 사이의 관계, 이 관계가 『신들의 계보』
에 정식화됐음을 잊지 말자.[16]

"[제우스는] 윤이 나는 공평무사(테미스Θέμιν)와 결혼하셨고, 그
녀가 때(호라이 여신들Ὧρας), 즉 질서(에우노미아Εὐνομίην), 정의
(디케Δίκην), 번영하는 평화(에이레네Εἰρήνην)를 낳으니, 이들이
필멸의 인간의 경작지[텍스트에는 ἔργα(erga)라고 되어 있다]를
관장한다"[17](901-903).

---

14) Hésiode, *Les Travaux et les Jours*, v.399-403, p.101. [『일과 날』, 120쪽.]

15) Hésiode, *Les Travaux et les Jours*, v.826-828, p.116. [『일과 날』, 142쪽. 프랑스어
판에 따라 "하늘의 의중을 참조하고"("consultant les avis célestes")라고 옮긴 구절은 "새
의 전조를 판별하고"(ornithas krinōn)의 의역이라고 할 수 있다.]

16) Hésiode, *Théogonie*, éd. et trad. Paul Mazon, Paris: Les Belles Lettres, 1928, v.901-
903, p.64. [천병희 옮김, 「신들의 계보」, 『신들의 계보』, 도서출판 숲, 2009, 86~87쪽];
Wolf, *Griechisches Rechtsdenken*.

마지막으로 κρίνειν의 준거점이자 재판 업무의 내재적 규칙 노릇을 해야 하는 공정은 결정적 맹세에 좌우되는 구식 재판을 규제하는 것과는 판이하다. 구식 재판은 형식적 규칙θέμις[themis] 밖에 모른다. 이제 κρίνειν의 준거점이 되는 정의는 다음과 같다.

α. (이제 단순히 신들의 분노가 아니라) 세계 질서 자체와 연결된 정의;

β. 순환과 복원의 시간(약속된 반환의 시간, 부채의 상환, 계절의 회귀, 신의 복수의 다소 지연된 임박함으로의 이행이 아니라 동일한 지점으로의 이행)과 연결된 정의;

[13]   γ. 약속, 지불 기한의 시간, 부채를 갚아야 하는 시기와 연결된 정의;

δ. 마지막으로 측정과 연결된 정의: 시간적 순환주기의 측정, 사물의 측정, 사물의 양의 측정, 그리고 사물의 가치의 측정.

도전-진실의 체계에서 시간은 번개 사건의 시간, 벼락 사건의 시간이었다. 그 사건은 우리가 피할 새도 없이 예측할 수 없는 순간에 타격한다. 제우스의 복수가 오지 않을 가능성은 없으나 그것이 언제 일어날지 우리는 알지 못한다. 게다가 지불, 배상, 보복은 일어나지만 언제나 불균형한 형태로 일어난다. 아가멤논이 아킬레우스와 화해할 때, 전자는 후자에게 자신이 빼앗은 것보다 더 많은 것을 제안한다.

---

17) 푸코는 폴 마종이 erga를 어떻게 번역했는지 강조한다. 장-피에르 베르낭은 그 용어가 『일과 날』에서 주로 '들판 경작'의 의미로 50여 차례 등장한다고 지적한다. Marcel Detienne et Jean-Pierre Vernant, *La Cuisine du Sacrifice*, Paris: Gallimard, 1979. 찰스 H. 칸은 [계절의 여신들이자] 천문학적 여신들이 되는 호라이 여신들에게 모이라이 여신들(인간의 운명)이라는 자매들이 있음을 환기한다. Charles H. Kahn, *Anaximander and the Origins of Greek Cosmology*, New York: Columbia University Press, 1960, pp.191~193.

판결의 체계에서, 복원은 균형과 측정의 형태로 이뤄진다. 사건은 미리 정확히 정해진 순간에, 정확히 측정 가능한 순간에 일어나고 일어나야 한다. 이 두 측정 체계는 서로 무관하지 않다. 왜냐하면 헤시오도스가 말하듯, 우리가 측정된 것보다 조금 더 돌려줘야 하는 까닭은 유용한 때에 새롭게 요구할 수 있기 위해서이다.

이 네 요소들, 측정, '좀 더,' 만기일, '새롭게'는 κρίνειν의 내재 [14] 적 규칙을 구성하는 이 δίκαιον의 틀을 만든다.

보다시피, 새로운 경제 관계 전체가 δίκαιον의 출현 기반이 되고, δίκαιον을 촉구하며 가능케 한다. 그 예로서 농민 부채(그리고 집단 소유 재산에서 γένος를 분리하는 것과 관련해 농민 부채가 함축하는 바, 개인의 소규모 소유 재산의 구성과 관련해 농민 부채가 함축하는 바, 인구 과잉과 관련해 농민 부채가 함축하는 바, 화폐와 도량형기의 부재와 관련해 농민 부채가 함축하는 바).

『일과 날』, 계절이 돌아오고 정해진 시간이 돌아옴으로써 상환하거나 연장하는 농민 부채의 시. 화폐가 부재한 상황에서 측정이 이뤄진 탓에 불확실해져버린 농민 부채의 시. 달력과 측정. 시간의 순환주기와 화폐의 상징. 농부의 채무가 요청하는 것은 바로 그것이다. 바로 거기서 κρίνειν이 절합되어야 한다.

C. δίκαιον-ἀληθές 상관관계[18] [15]

결정적 맹세를 측정-판결이 대체한다(적어도 대체하기 시작한다). 동시에 진실-도전, 시련 재판적 진실을 진리-지식이 대체한다(벼

---

18) "정의와 진실에 관하여"라는 제목이 붙은 독서 카드에는 책 세 권이 적혀 있다. Rudolf Hirzel, *Themis, Dike und Verwandtes: Ein Beitrag zur Geschichte der Rechts-idee bei den Griechen*, Hildesheim: G. Olms, 1966, pp.108~109; Victor Ehren-berg, *Die Rechtsidee im frühen Griechentum*, Leipzig: [S. Hirzel], 1921, p.59; Gus-tave Glotz, *L'Ordalie dans la Grèce primitive*, Paris: Albert Fontemoing, 1904.

락을 치거나 보호하는 진실[을] 우리가 아는 진리[가 대체한다]).

1/ 사실, 판결이 공정하려면, 곧 κρίνειν이 δίκαιον의 영역에 속하고 그것에 의해 규제되려면, 다음의 것들이 필요하다.

— 한편으로, 판결이 시기의 정확한 회귀, 사물의 정확한 측정을 고려하고 그것에 바탕을 둬야 한다. 이제 더 이상 규칙을 기억하거나 테미스[규칙/법도]를 암기하는 게 중요하지 않다. 계절과 시기를 기억해야 한다. 재산을 측정해둬야 한다. 이 측정이 시행되고 기억 속에 남아 있어야 한다.

다른 유형의 기억. 맹세-결정의 재판에서는 규칙, 관습, 제우스의 법령을 기억 속에 담아두는 것이 중요했다. 알맞은 때에 그것들을 기억해내서 호기에 적용해야 했다. 보다시피 이것은 해석의 기억이다.

[16]   κρίνειν에서는 이외에도 새로운 기억이 필요하다. 시기가 돌아왔을 때 동일한 측정이 되풀이되도록 시간을 가로질러 척도를 지키는 기억이 필요하다. 계기를 떠올리는 것이 아니라 동일한 것을 유지해야 하는 것으로서 셈이 가능한 기억. 기록.

— 다른 한편으로, 선고가 공정하려면 선고가 진리를 표명하고, [응당] 그래야 하는 바(배분이 어떻게 이뤄져야 하는지)와 [실제로] 그런 바(동일한 요소들, 되돌아오는 날짜들, 시기의 회귀)를 동시에 이야기해야 한다.

거기에 또한 중요한 변환이 있다. 결정적 맹세에서는 단 하나의 정식화가 진실을 단언했고, 결정을 가져다주며, 정식을 만든 자를 노출시켰고 신들의 복수의 표적이 되게 했다. 측정-판결에서는 그런 바와 그래야 하는 바를 동시에 이야기하는 조밀한 정식이 있다. 하지만 보다시피 요소들은 더 이상 똑같지 않다.

— 측정-판결은 더 이상 사건의 주역을 지목하지 않는다. 그것은 사태를 폭로한다.

— 측정-판결은 하나의 결정을 부과한다. 그 결정은 최고권의 발언이다.

참의 폭로와 최고권의 행사는 맞물려 있고, 맞물림으로써 경쟁 [17] 자의 지목과 경쟁자가 자발적으로 받아들인 위험을 대체한다.

따라서 κρίνειν의 세 가지 근본 성격이 발견된다.

— 동일한 것과 그것의 측정에 대한 기억,

— 참의 폭로,

— 최고권의 행사.

우리는 어느새 소피스트와 플라톤이 격론을 벌이게 될 공간에 들어섰다.

2/ 그렇지만 다른 성격에 주의해야 한다. 선고의 규칙 노릇을 하는 이 δίκαιον καὶ ἀληθές[dikaion kai alēthes/공정하고 참된]는 사법 실천 내의 정해진 위치를 크게 넘어선다. 만일 심판의 결정이 측정/척도와 시기를 고려하기 때문에 공정하다면, 그것들을 고려하는 다른 모든 발언도 공정한 발언이리라. 더 일반적으로, 측정/척도와 시기를 고려하는 모든 행위와 사람이 공정하다 할 것이다.

그로부터 두 가지 결론이 나온다. [18]

— 이제 심판하는 왕만이 아니라 모든 사람이 공정할 수 있다. 어떤 사람이든 주의를 기울이고 귀를 기울이며 공정한 것을 기억해두는 이상 공정할 것이다. 정의란 단지 이야기되는 것이 아니라 청취되는 것이다. 그리고 공정한 사람은 좋은 선고를 이야기하는 자가 아니라 사람, 즉 정의를 들은 모든 사람이다.

"오오! 페르세스여, 그대는 이런 점을 명심하고 정의에 귀 기울이되δίκης ἐπάκουε[dikēs epakoue] 폭력일랑 아예 잊어버리시라!"(『일과 날』, 274-275).[19]

셈이 정확한 채무자, 만사를 제때에 처리하는 농부, 해야 하는 때에 해야 할 것과 하지 말아야 할 것을 아는 자, 그런 자는 최고권을 상징하는 지휘봉을 쥐지 않더라도 공정한 사람이다. 그런 자는 심판을 내리는 자에게 모델이자 규범이 되어야 한다.

"가장 훌륭한 사람은 나중에, 그리고 종국에 무엇이 최선인지를 숙고하면서 스스로 모든 것을 깨닫는νοήση [noēsēi] 사람이오"(『일과 날』, 293-294).[20]

"척도를 지키시라, 매사에 적정이 최선이오"(『일과 날』, 694).[21]

[19]　　— 한편으로 만일 모든 사람이 척도와 질서의 참된 말을 들을 줄 알 때 공정할 수 있다면, 거꾸로 사물의 참된 순환, 사물의 실제 크기, 달력의 회귀, 이 모든 것은 사물의 배분에서 정의 자체이다.[22] 헤시오도스에 따르면 제우스는 인간의 노동에 대한 보상으

---

19) Hésiode, *Les Travaux et les Jours*, v.274-275, p.96. [『일과 날』, 114쪽.] 페르세스는 헤시오도스의 형제이다. 테스피아이 시의 '왕들,' 필시 돈에 매수되는 '뇌물을 먹는 자들'은 부모의 유산을 불공평하게 분배했다. 계쟁과 헤시오도스의 분노가 『일과 날』(본서 6강[1971년 2월 3일]의 각주 7번 참조) 내내 흐른다. [박종현은 페르세스가 헤시오도스의 동생이라고 본다. 헤시오도스가 nēpie Persē라는 호격("철없는/어리석은 페르세스여!")을 쓰는데(「일과 날」, 286, 397행; 115, 120쪽.), 이는 동생한테 하는 말투이지 형한테 하는 말투로 보기 어렵기 때문이라는 것이다. 박종현 지음, 『적도(適度) 또는 중용의 사상: 헬라스 사상을 중심 삼아 살핀』, 아카넷, 2014, 51쪽, 각주 21번. 한편, 우병훈은 작품만으로는 페르세스와 헤시오도스 중 누가 형이고, 동생인지 판단하기 어렵다고 본다. 우병훈, 『헤시오도스 《일과 나날》에 나타난 디케(ΔΙΚΗ)의 개념』, 서울대학교 서양고전학협동과정 석사학위논문, 2005, 14쪽, 각주 31번.]

20) Hésiode, *Les Travaux et les Jours*, v.293-294, p.97. [『일과 날』, 115쪽.]

21) Hésiode, *Les Travaux et les Jours*, v.694, p.111. [『일과 날』, 135쪽.]

22) Jean-Pierre Vernant, "Travail et nature dans la Grèce ancienne," *Journal de psycho-logie normale et pathologique*, vol.LII, no.1, janvier-mars 1955, pp.18~38.

로 수확의 부가 정확히 돌아가는지 신경 쓴다. 제우스는 인간이 자신의 망각을 만회할 수 있게 해준다. 파종을 늦게 했더라도, 제우스가 그러길 바랐기 때문에 어쨌든 수확이 좋을 수 있다……

공정한 세계라는 테마는 기원전 6세기와 5세기의 시나 '철학적' 산문에서 오랫동안 꾸준히 발견된다.

아낙시만드로스: 사물들은 서로 심판한다.[†]

헤라클레이토스: 만일 태양이 제 경로에서 벗어난다면, 에리뉘에스가 태양을 쫓아가 벌할 것이다.[‡]

재판의 실천에서 나타나는 δίκαιον은 재판의 영역을 훌쩍 넘 [20] 어선다. δίκαιον은 일상생활의 규칙이 되고, 세계의 배열 방식이 된다. δίκαιον은 날마다 해야 할 것을 규정하고 사물의 추이를 추적한다. 해야 하는 대로 하려면 δίκαιον의 말을 들었어야 한다. 우리가 사물을 바라볼 때 우리가 보는 것은 바로 δίκαιον이다.

우리는 지식의 형태 속에서 δίκαιον과 관계 맺는다. 정의는 이제 언명된 진실, 위험을 감수한 진실에 맞춰 질서를 갖추지 않는다. 정의는 오히려 우리가 아는 진리와 연결된다. 공정하다는 것은 이제 규칙을 적용하고 진실의 위험을 감수하는 것이 아니다. 공정하다는 것은 진리를 알기를 잊지 않는 것, 우리가 아는 진리를 잊지 않는 것이다.

그러므로 헤시오도스 역시 심판/정의[justice]의 담론을 늘어놓을 수 있다. 물론 헤시오도스는 선고를 내리는 것이 아니라 의견을 제시한다. 심판하는 왕에게 제시하는 의견, 페르세스 같은 농부에게

[†] "[무한정한 어떤 본연의 것에서 생겨난] 있는 것들은 자신들의 불의에 대한 벌과 배상을 시간의 질서에 따라 서로에게 지불한다"(DK12B1). 김인곤 외 옮김, 『소크라테스 이전 철학자들의 단편 선집』, 아카넷, 2005, 135쪽.

[‡] "태양은 적도를 뛰어넘지 않을 것이다. 만일 뛰어넘는다면 디케를 보좌하는 에리뉘에스가 그를 찾아낼 것이다"(DK22B94). 『단편 선집』, 250~251쪽.

제시하는 의견. 헤시오도스는 심판/정의의 공정함을 말할 수 있다. 헤시오도스는 선고에 관한 선고, 결정에 관한 의견을 표시할 수 있다. 헤시오도스는 재판관을 평가할 수 있다. κρίνειν은 십중팔구 생겨나자마자 갑자기 규모가 확대된다. 그런 확대 속에서 격언조의 시, 자연의 언표, 정치적 주장은 아직 구별되지 않는다.

[21]　　헤시오도스의 담론은 전개되는 내내 두 가지 면을 갖고 있다. 정의의 면과 진리의 면. 시의 첫머리에서 헤시오도스는 제우스에게 이야기한다. "그대는 정의로 법도를 바꾸소서. 나는 페르세스에게 진리를 알리고자 하나이다"(『일과 날』, 9-10).[23]

3/ 하지만 문제가 하나 있다. 지식의 형태에서 이 진리란, 즉 κρίνειν의 필요조건이자 준거점이 되는 진리란 무엇일까? 헤시오도스와 그의 계승자들을 따르자면, 그것은 날과 날짜의 진리, 적절한 때의 진리, 별의 이동과 합의 진리, 기후, 바람, 계절의 진리, 다시 말해 어떤 우주론적 지식 전체이다. 그것은 또한 신들과 세계의 발생의 진리,[24] 신들의 계승과 상석의 질서의 진리, 세계의 체계로서 신들의 조직화의 진리이다. 신들의 계보. 달력과 기원에 관한 지식. 순환과 시작에 관한 지식.[25]

---

23) Hésiode, *Les Travaux et les Jours*, v.9-10, p.86. [『일과 날』, 100쪽.] 벨레트르판은 비슷한 단어가 『신들의 계보』의 서두(28행)에서 발견된다고 상기시킨다["그러나 우리는 원하기만 하면 진리도 노래할 줄 아노라." 「신들의 계보」, 34쪽]. 헤시오도스는 진리만 노래한다.

24) 다음과 같은 마르셀 데티엔의 분석과 비교할 것. "『일과 날』에서 알레테이아는 이중적이다. 그것은 무사 여신들의 알레테이아이다. 시인은 그들의 이름으로 발언한다……. 이어서 그것은 아스크라의 농부가 고유하게 소유한 알레테이아이다. 이번에는 '진리'가 시인의 가르침을 '잊지 않음'['비-망각']으로 분명하게 정의된다." Marcel Detienne, *Les Maîtres de vérité dans la Grèce archaïque*, préface de Pierre Vidal-Naquet, Paris: Maspero, 1967, p.26.

25) Werner Jaeger, *The Theology of the Early Greek Philosophers*, Oxford: Clarendon Press, 1947. [pp.10~17.]

그런데 이 두 지식은 잘 알려진 역사적·지리적 위치를 갖는다. [22] 그것들은 유프라테스와 오리엔트의 대제국들에서, 히타이트인들과 앗시리아인들에게서, 바빌론에서 형성되고 발전했다.[26] 그것들은 거기서 정치권력의 형태와 직접적 관계를 맺으며 구성됐다.

사실 (a) 이 체제들의 국가 구조와 행정 체계는 공식 달력의 정확한 준수를 함축했다. 그 달력에는 결정, 작업, 전투, 파종을 위한 길일과 액일이 표시되어 있었다. (b) 이 체제들의 국가 구조와 행정 체계는 또한 세금 징수, 적어도 용역과 특히 사용료의 징수를 위한 도량 및 등가 체계 확립을 함축한다.[27] 마지막으로 (c) 정치적인 동시에 주술-종교적 구조인 왕권은, 인도-유럽의 똑같은 의례에 따르면, 낭송을 포함하는 의식을 거쳐 주기적으로 정해진 날짜에 복권됐다. 낭송의 주제는 계보, 선조의 위업, 왕 자신의 업적이었다. 일종의 처음부터 다시 시작하기. 그것은 왕권에 새로운 활력 [23] 을 부여하는 서사시였다.

앗시리아인들은 세 가지 커다란 유형의 지식을 발전시켰다. 날과 별을 관찰하고 주술에 활용하는 지식, 양 및 측정에 관한 전문 지식, 기원에 관한 신화-종교적 지식. 이 세 지식은 국가 기구가 비교적 발전한 사회에서 권력 행사와 연결됐다.[28]

---

26) Gregory Vlastos, "Equality and Justice in Early Greek Cosmologies," *Classical Philo-logy*, vol.42, no.3, July 1947; Bartel Leendert van der Waerden, *Ontwakende weten-schap: Egyptische, Babylonische en Griekse wiskunde*, Groningen: P. Noordhoff, 1950; *Science Awakening*, trans. Arnold Dresden, New York: Oxford University Press, 1954; Otto Neugebauer, *The Exact Science in Antiquity*, Conpenhagen/London: Munksgaard/Oxford University Press, 1951.

27) Marshall Clagett, *Greek Science in Antiquity*, New York: Collier Books, 1955, 1963².

28) 프리드리히 니체의 생각에 따르면 정치적 코로스는 코뤼페, 즉 참주를 요청했다. 참주는 민주정의 도래를 준비한다. 니체가 보기에 기원전 6세기는 희랍 민족을 지배한 오리엔트 시기의 커다란 계시였다.

그런데 δίκαιον은 바로 이런 지식들에 호소하고, 그 다음으로 κρίνειν은 δίκαιον에 의거한다. 우리는 이 호소의 의미를 잘 파악할 수 있다.

(1) 전통적 수장이 행사하던 권력보다 상위의, 그에 대항하는 정치권력(내지 정치권력과 analogon[유비 관계에 있는 것])을 요구;

(2) 이 지식과 연결된 모든 권력을 개인이 흡수;

(3) 도리에이스인의 침략을 넘어 그 이전에, 바깥에 머물던 구조에 대한 참조.

[24]　하지만 곧 다음의 사실에 주목해야 한다. 만일 기원전 7~6세기에 더 오래된 신화적 형태가 회귀하고 다시 출현한다면, 만일 도리에이스인의 침략 당시 마멸된 기록이 힘을 되찾는다면, 만일 모든 우주론적·주술적 대응 체계가 오리엔트에서 이식됐다면, 그 지식은 즉각 새로운 형태를 띠게 된다는 것. 그 지식은 이제 사회에서 정치권력을 보유하고, 위임을 받아 그 권력을 행사하거나 그 권력의 도구 노릇을 하는 자들에게 더 이상 국한되지 않는다.

희랍에서 그 지식은 이제 권력에 봉사하는 관리, 서기,[29) 회계원, 천문학자의 지식이 아니다. 그 지식은 모든 인간이 정의롭기 위해서, 저마다 정의를 주장하기 위해서 필요로 하는 지식이다. 지식은 권력 행사에서 정의의 통제로 이동한다.

동시에 그 지식은 이제 비밀과 연결되지 않는다(적어도 비밀의 형태와 갈라서기 시작한다). 필연적 수순에 따라 그 지식은 정의/심판뿐 아니라 공적인 장소에 놓이기 시작할 것이다.

[25]　마지막으로 오리엔트의 지식의 이 세 커다란 방향이 얼마간 희랍과 서구의 지식을 조직하게 된다는 사실에 주목해야 한다.

(1) 기원, 발생, 계승에 관한 지식. 우주론, 철학, 역사의 지식.

---

29) Clagett, *Greek Science in Antiquity*, op. cit.

(2) 양, 산술, 측정에 관한 지식. 수학적 지식, 물리학적 지식.

(3) 사건, 기회, 때에 관한 지식. 농학, 의학에 관한 전문 지식, 주술적 지식.[30]

주의: 첫 두 지식 덕분에 결국 서구 과학이 조직됐다. 기원과 측정, 계승과 양, 시간의 질서와 숫자의 질서.*

반대로 시기에 관한 지식은 조금씩 주변부로 밀려났다. 스토아 학파의 논리학, 주술적 인식. 임상의학으로 이어지는 의학 전통, 즉 시기, 치료 기회에 대한 인식을 병소病所의 공간화가 대체하게 된다.

군사적, 정치적, 혁명적 전략 [속에서] 사건, 시기, 기회에 관한 지식이 재차 발전했다.

정신분석학은 [……**]했을 수도 있다.

---

30) Kahn, *Anaximander and the Origins of Greek Cosmology*, pp208~209; Jean-Pierre Vernant, "Géométrie et astronomie sphérique dans la première cosmologie grecque," *La Pensée*, no.109, juin 1963, pp.82~92; repris. in *Mythe et Pensée chez les Grecs*, Paris: Maspero, 1966. [박희영 옮김, 「그리스 최초 우주론의 기하학과 구형 천문학」, 『그리스인들의 신화와 사유』, 아카넷, 2005, 233~250쪽.] 본서 9강(1971년 2월 24일)의 각주 9번도 참조하라.

* 출전을 표시하지 않은 준비 노트에서 푸코는 이렇게 쓰고 있다. "기하학자와 천문학자의 세계는 기원전 5세기부터 도시의 세계에서 분리된다. 기원전 5세기의 자연학자는 범희랍적 인물이다. 그런 인물은 아낙사고라스의 예에서 볼 수 있듯이 전통 종교는 물론이거니와 시민의 신앙과 충돌하면서 소피스트에 앞선다……. 기하학의 우주는 질적으로 아직 분화되지 않은 공간의 우주로 나타나며, 시민의 공간과 공통점이 전무하다." 출처는 그레고리 블라스토스일 수 있으며, 이런 생각은 이미 니체에 의해 제기됐다.

** 내용이 이어지지 않으며, 수업을 진행할 때면 나오곤 하던 결론도 없다. 엘렌 폴리티스의 노트는 정신분석학에 관한 참조의 의미를 밝혀준다(논리적 구조의 발달에서 지연과 시기에 관해 언급하는 자크 라캉 참조).

8강. 1971년 2월 17일

헤시오도스의 dikaion (이어서) | 참주정과 화폐: 오리엔트에서 차용한 두 가지 | 희랍의 변환: 시련 재판에서 지식으로 진리의 이동. 권력의 영역에서 정의의 영역으로 지식의 이동 | 몽환적인 두 형상의 회귀: 성 안토니우스와 파우스트 | 기원전 7세기와 6세기에 발생한 농지 위기와 정치 변환 | 호플리테스와 농부. 장인 계급 | 호메로스의 진실-도전과 오리엔트의 지식-권력이 진리-지식으로 변형되다

두 요소를 재검토하자.   [1]

　1/ 헤시오도스가 말하는, 즉 그가 뇌물을 먹는 왕의 부정의에 맞서 주장하는 이 δίκαιον[dikaion]의 본성:

　a – 그것은 셈이 정확한 반환의 정의이다. 받은 것을 정해진 날에 정확히 돌려주기.

　b – 그것은 공통의 측정의 정의이다. 빌려준 것을 똑같이 돌려받고 빌린 것을 똑같이 되돌려주기 위해서는(아주 조금 다르게, 다시 빌릴 수 있도록 좀 더 되돌려주기 위해서는) 빌려준 것과 빌린 것을 측정해야 한다.

　c – 그것은 상호 협의 및 동의의 정의이다. 그것은 적용되는 규칙의 정의가 아니다. 그것은 사람들이 자신의 이웃과 맺는 자발적 협약의 정의로서 양측이 동일한 척도를 사용하고 동일한 달력을 알고 있음을 함축한다.

　d – 마지막으로 그것은 신들이 규정한 것과 같은 세계 질서에   [2]
부합하는 정의이다. 그것은 기회, 적절한 시기, 길일과 액일의 일상적 규정을 준수하는 정의이다.

이와 같은 정의는 호메로스 유형의 시비에서 작동하던 정의와
는 사뭇 다르다.

— 그것은 어떤 최고권의 행사 그리고 그 최고권이 의례적으로
행사되는 시기와 연결되어 있지 않다. 그것은 모든 사람이 일하고
거래할 때 작동시키는 매일매일의 정의이다.

— 그것은 갈등을 해소하고 평등을 복구하게 되어 있는 태고의
규칙을 기억하는 것으로 구성되지 않는다. 그것은 평등을 유지하
게 되어 있는 양, 시기, 몸짓을 기억하는 것으로 구성된다.

— 그것은 한쪽이 던지고 다른 쪽이 받는 진실-도전을 함축하
지 않는다. 그것은 준수와 측정의 형태를 띤, 기회를 포착하고 평
등을 확인하는 형태를 띤 진리를 전제한다.[1]

[3]   — 마지막으로 그것은 제우스의 정의와 인간의 진리 사이 등가
를 전제한다. 만일 인간의 정의가 사물의 진리(별, 날, 계절의 정확
한 질서)를 세세히 따르는 것이라면, 이 질서는 제우스의 법령 및
그의 지고한 법과 매한가지이다.

헤시오도스는 제우스에게 [기도하면서] 『일과 날』을 시작했다.
"그대는 정의로 법도를 바로잡으소서. 나는 페르세스에게 (공정한
방식으로) 진리를 알리고자 하나이다." 이 두 정의 사이에 있는 가
시적 형태로서의 세계의 진리(『일과 날』, 9-10).[2]

전통적 수장, 심판하는 왕, 권력자가 자신의 최고권을 가지고
왜곡된 선고를 내리는 데 행사된 정의에 비해, 제우스의 법령에서

---

1) Marcel Detienne, *Crise agraire et attitude religieuse chez Hésiode*, Bruxelles/Berchem:
   Latomus, 1963; Hésiode, *Les Travaux et les Jours*, éd. et trad. Paul Mazon[édition
   de référence], Paris: Les Belles Lettres, 1928, v.765-768. [천병희 옮김, 「일과 날」, 『신
   들의 계보』, 도서출판 숲, 2009, 139쪽.]

2) Hésiode, *Les Travaux et les Jours*, v.9-10, p.86. [『일과 날』, 100쪽]; 본서 7강(1971년
   2월 10일)의 162쪽.

세계의 질서로 향하는, 세계의 질서에서 경계심, 농부의 정확성, 만족스러운 합의와 반환된 채무의 게임으로 향하는 이 헤시오도스의 정의는 최고권의 완전한 양도를 요구한다. 양도를 요구할 뿐 그 양도를 확인하지는 않는다. 왜냐하면 『일과 날』의 시대에 정의는 심판하는 왕의 수중에서만 제도화되기 때문이다. 헤시오도스가 자신의 노래에서 요구하는 것은 바로 새로운 지식(달력과 자연 연표에 관한 지식)으로 구성된 정의, 측정의 새로운 실천(교환, 복원 [4] 의 측정, 화폐 같은 어떤 것)으로 구성된 정의, 최고권의 새로운 분배로 구성된 정의이다. 새로운 유형의 정치적 권위, 화폐 측정, 사물과 시간의 지식에 대한 탐구가 헤시오도스의 텍스트에서 서로 맞물리며 표면화된다.

2/ 희랍인들은 이 지식, 이 화폐 측정, 이 정치적 형태의 모델을 오리엔트에서 찾게 된다. 유프라테스, 뤼디아, 아시아의 지중해 연안에 위치한 제국과 국가에서 말이다.[3] (차용 또는 재출현.)

그러나 중요한 것은 이 차용이 기원전 7세기부터 6세기 사이에 비조직적으로 몇 가지 중요한 수정을 겪으며 이뤄지게 된다는 사실이다.

정치 형태와 관련해서 희랍인들은 아시아로부터 절대 권력의 일반적 형태만 차용하게 된다. 그 절대 권력은 출생에 따른 귀족정과 γενή[genē/일족]에 따른 다두polycéphale 지도 체제의 권력에 부과된다. 하지만 희랍인들에게 다두 체제는 과도적이며 불안정할 것이다. 이 정치 형태의 역할은 귀족정을 파괴하고 도시-국가를 창설하는 것에 있다. 이 역할을 다하면 '참주정'은 사라질 것이다.[4]

---

3) Humfrey Michell, *The Economics of Ancient Greece*, New York: Macmillan, 1940; 2nd ed., Cambridge: W. Heffer, 1963.

[5]   희랍은 뤼디아에서 화폐 기술을 차용한다. 하지만 아시아의 제
국에서 화폐 표준은 무엇보다 국가의 수중에 있는 세금과 토지 사
용료 책정 도구이다(상업적 사용은 이차적이다). 희랍 역시 (참주정
의 시대에는) 필시 첫 번째 목적으로 화폐를 사용하지만, 재빨리,
특히 상업적 목적으로 식민지와의 관계 속에서 화폐를 사용하게
된다. 마지막으로 희랍이 오리엔트에서 차용하는 지식은 기원상
국가 기구와 연결됐다.

달력의 정확한 제정은 세금 징수, 관개 사업 진행, 파종 및 수확
시기 결정, 전쟁 가능 시기 결정에 필수적이었다(이것의 중심에 윤
달을 집어넣는 문제가 있다. 월력은 달을 정했다. 하지만 월력의 열두
달은 태양년을 완전히 채우지 못해 계속 차이가 난다. 이 차이를 조금
씩 조정하다가 열세 번째 달의 윤달을 한 번에 집어넣는다).

[6]   광대한 제국 수준에서 이런 계산과 그에 따른 결정은 중앙집
중화될 수밖에 없었다. 우주발생론 내지 신통기적 지식 역시 정치
권력과 연결됐다. 왕의 최고권은 4년마다 주술-종교적 의식을 치
르며 강화되어야 했다. 왕의 계보, 선조 내지 왕이 구현한 신의 위
업을 낭송하면서, 세계와 왕정의 창설을 이야기하면서, 왕에게 다
시 권력이 부여됐다. 노래는 정치적 최고권에 활력을 불어넣는 한
에서 참이다.

이 두 방식으로 정치권력과 국가 기구에 연결된 지식은 아주
자연스럽게 관리의 수중에 놓인다. 지식은 국가의 업무요 정치 도
구이다. 그로부터 지식의 필연적으로 비밀스런 성격이 따라 나온
다. 지식은 유통되거나 퍼져서는 안 된다. 지식은 권력의 소유와
직접 연결된다.

---

4) Percy Neville Ure, *The Origin of Tyranny*, Cambridge: Cambridge University Press, 1922.

지식의 이 직접적으로 비밀스런 성격은 글로 된 것과 말로 된 것이 모종의 방식으로 분배되는 가운데 표시된다. 복잡하고 다루기 어려운 그림문자, 결과·표·셈을 적을 때만 쓰는 앗시리아식 서판, 서기 조합원들 사이에서 구두로, 필시 비의적인 방식으로만 전승되는 필기법.

바로 거기서 희랍의 변환이 일어난다.[5] 지식은 국가 기구와 직접적 권력 행사에서 분리된다. 지식은 정치적 최고권의 직접적 적용에서 떨어져나가 자연적, 신적, 인간적 질서로서의 공정δίκαιον의 상관물이 된다.   [7]

실효적 권력의 비밀이었던 지식은 자신의 진리 속에서 일상적으로 모두에 의해 측정되고 실행되는 분명한 세계의 질서가 된다. 조상의 규칙에 대한 기억이자 도전하고 위험을 감수하는 것이었던 진실은 사물들의 질서를 밝히는 지식, 그 질서에 부합하는 지식의 형태를 띠게 된다.

따라서 상관된 두 가지 변형이 있었다. 하나는 진리를 사물, 시간, 질서에 관한 지식으로 출현하게 만든다. 다른 하나는 권력의 영역에서 정의의 지역으로 지식을 이동시킨다.

이런 변환은 희랍 문명 형성의 중요 현상 가운데 하나임에 틀림없다. 한편으로, 정치적·사제적 기능과 연결되어 있었고 그 때문에 소수의 개인, 전통적 수장에게 독점되어 왔던 사법적 실천이 진리와 연결된다. 사법적 실천은 기억 속에 보존된 채 현자, 전문가, 해석가가 제때 상기해내어, 심판하는 왕이 알맞게 적용해야 하는 오   [8]

---

5) 역사 서술에 이 개념을 도입한 것으로는 다음의 책을 참조하라. Bartel Leendert van der Waerden, *Ontwakende wetenschap: Egyptische, Babylonische en Griekse wiskunde*, Groningen: P. Noordhoff, 1950; *Science Awakening*, trans. Arnold Dresden, New York: Oxford University Press, 1954. 장-피에르 베르낭은 이 개념을 다시 사용한 바 있다.

로지 전통적 규칙의 실행이나 결정이기를 그친다. 사법적 실천, 즉 이 정의는 온통 진리와 연결되어 구성되게 된다.

정의는 그 토대에 있어서, 그 최초 발언에 있어서, 법^{νόμος}[nomos]이 될 것이다.[6] 세계의 질서와 일치하는 경우에만 진정 뛰어넘을 수 없는 법이 되는 인간의 법.

심판은 그 결정에 있어서 공정해질 것이며, 선고는 δίκαιον[공정]과 ἀληθές[alēthes/참], 다시 말해서 세계와 사물의 질서에 들어맞는 것, 이 질서가 어지럽혀졌을 때 그것을 되돌리는 것을 이야기하게 될 것이다.

정의는 이제 진리와 관계를 맺고 진리에 고정된다. 진리 자체는 정확한 질서이자, 적절한 분배이며, 엄격한 순환과 회귀이다.

[9]　　　다른 한편, 못지않게 중요한 것은 권력과 연결되어 있던 지식, 아시아 국가에서 권력의 도구이자 어느 정도는 권력 행사의 조건이었던 지식이 이제 반대로 δίκαιον과 연결된다는 사실이다. [여기서] 지식의 일차적 역할은 정의로운 관계를 보장하고, 질서를 복원하고, 사물을 제때 제자리에 되돌려놓는 것을 돕는 것이 될 것이다. 지식은 승리하고 제압하고 통치하기 [위해] 만들어지는 것이라기보다 반환할 것을 되돌려줄 수 있게 하고 심지어 강제하는 것이

---

6) nomos에 대한 가장 오래된 언급이 헤시오도스의 『일과 날』 276행에 나온다. "크로노스의 아드님께서는 인간들에게 그런 법을 주셨기 때문이오." Hésiode, *Les Travaux et les Jours*, v.276, p.96. [『일과 날』, 114쪽]. 또한 다음을 참조할 것. Hartvig Frisch, *Might and Right in Antiquity. "Dike" I: From Homer to the Persian Wars*, trad. Cyrill Charli Martindale, Copenhagen: Gyldendal Boghandel, 1949, pp.98~99. [하르트비히 프리쉬는 『일과 날』, 276행 이하를 이렇게 옮기고 있다. "For this is the rule(nomon) that Zeus has apportioned to creatures, for fish and beasts and flying birds that they should devour each other, for there is no law(dikē) among them"(Frisch, ibid., p.95). 이 구절은 동물들 사이에 없는 dikē란 인간들만 갖고 있는 nomos임을 시사한다. 물론 프리쉬는 nomos를 'rule'로 번역했지만, 그것이 함축하는 바는 결국 law임을 알 수 있다. 뒤집어서 말할 수도 있을 것이다. 인간들에게 정의란 곧 nomos라고.]

된다. 참 안에 있다는 것은 권력 안에 있다는 것이라기보다 공정함 안에 있다는 것이 될 것이다.

물론 이것은 조금 기운 것뿐이다. 정의와 진리의 연결, 그리고 지식과 권력의 단절은 결코 완전히 획득되지 않을 것이다. 끊임없이 그 연결과 단절은 의문에 부쳐질 것이다. 하지만 우리는 진실-도전의 입장 또는 지식-권력의 [입장](전자는 희랍에서, 후자는 상고기 오리엔트에서 [발견된다])이 서구에서 거부될 것이라고 대체로 말할 수 있다. 진리와 무관한 공정과 자신의 권력의 무제한적인 [10] 전횡일 수밖에 없는 공정이라는 이 두 형상은 서구의 강박적인 동시에 늘 억압된 꿈에 속한다.

몽환적이고 욕망의 대상이 되며 현재présentes하지만 항상 극단적인 두 형상이 있다. 그것은 성 안토니우스[프랑스어 표기로는 '성 앙투안'(saint Antoine)]의 형상과 그 반대인 파우스트의 형상이다.[7] 성 안토니우스, 진리 없는 공정, 무결, 비-지식의 무지몽매 상태에서 마음에 품은 절대적 정의, 그리고 바로 그 때문에 유혹의 형태 아래에서 세계의 모든 무질서에 사로잡혀버리는 자. 다른 형상인 파우스트[는], 지식의 정점에 도달해 지식에 덧붙는 무한 권력 속에서 지식이 증가하는 것을 보는 자[이다]. 이 권력이 바로 메피스토이다. 겉보기에 메피스토는 파우스트의 거대한 지식에 완전히 복종하고,[8] 스스로 파우스트의 하인이 된다. 그래서 메피스토는

---

7) 파우스트와 성 안토니우스의 비교는 귀스타브 플로베르의 『성 앙투안의 유혹』에서 이미 거론된다. Michel Foucault, "(Sans titre)"[Postface à Flaubert](1964), *Dits et Écrits*, t.1: 1954-1969, éd. Daniel Defert et François Ewald, avec collab. Jacques Lagrange, Paris: Gallimard, 1994, pp.293~325; rééd., t.1: 1954-1975, Paris: Gallimard, 2001, pp.321~353[이하 이 책에서의 모든 인용은 '수록글(발표 연도), *DÉ*, 권수, 쪽수'만 표기한다. 한편, 이 글은 훗날 다음의 제목으로 출간된다]; "La bibliothèque fantastique"(1970), *DÉ*, t.2: 1970-1975, p.27; rééd., t.1: 1954-1975, p.895. [김용기 옮김, 「도서관 환상」, 『미셸 푸코의 문학 비평』, 문학과지성사, 1989, 216~237쪽.]

지식에 충직한 권력 같다. 하지만 서구의 우화는 욕망과 무결의 실이 권력과 지식을 잇는 합의를 끊기를 바란다.

[11] A. 기원전 7~6세기의 농지 위기

도리에이스인의 잇따른 침략의 여파로 토지는 불균등하면서 양도 불가능한 부분들로 분할됐다. 그 부분들은 원칙상 매각할 수도 압수할 수도 없다.[9] 기껏해야 잊히거나 방치될 수 있을 뿐이다.

그런데 곧 이 불균등이 심해져 격렬한 갈등을 낳았던 것 같다.

1/ 인구 압력으로 인한 극빈층의 빈곤화. 그 결과 불모지 경작, 삼림지 개간, 국가 조직 부재 탓에 종합 계획 없이 시행된 단기적

---

8) 피에르 클로소프스키는 이렇게 상기시킨다. "파우스투스(운 좋은 박사, 그의 운은 자신의 삶을 다시 사는 것이다)는 플라톤의 상기 개념에 물들었던, 종교개혁 시기의 독일 인문주의자들을 멋지게 구현한다……. [이 상징은] 자유와 예속 의지, 영벌과 신의 선택의 신학적 갈등을 겪한다." Pierre Klossowski, *Un si funeste désir*, Paris: Gallimard, 1963, p.12.

　푸코는 에르네스트 팔리간이 쓴 『파우스트 전설 이야기』를 잘 알고 있었다. Ernest Faligan, *Histoire de la Légende de Faust*, [Thèse, Faculté des lettres de Paris,] Paris: Hachette, 1888. 팔리간은 파우스트를 이렇게 묘사한다. "그는 좋아해서는 안 될 것을 너무 좋아해 밤낮으로 쫓아다니곤 했다……"(미셸 푸코 문서고). 이 신화적 형상은 다음의 강의에서 다시 등장한다. Michel Foucault, *L'Herméneutique du sujet: Cours au Collège de France, 1981-1982*, éd. s. dir. François Ewald et Alessandro Fontana, par Frédéric Gros, Paris: Gallimard/Seuil, 2001, pp.296~297 et 300 n.39~41. [심세광 옮김, 『주체의 해석학』, 동문선, 2007, 340~341쪽]; *Le Courage de la vérité (Le gouvernement de soi et des autres II): Cours au Collège de France, 1983-1984*, éd. s. dir. François Ewald et Alessandro Fontana, par Frédéric Gros, Paris: Gallimard/Seuil, 2009, p.196. [양창렬·홍미숙 옮김, 『진실의 용기(자기의 통치와 타자의 통치 2): 콜레주드프랑스 강의 1983~84년』, 도서출판 난장, 근간.] 파우스트의 형상은 물론 프리드리히 니체에서도 반복적으로 등장한다.

9) Édouard Will, "La Grèce archaïque," [*Actes de la*] *Deuxième Conférence internation -ale d'histoire économique/Second International Conference on Economic History* (Aix-en-Provence, 1962), t.1, Paris: Mouton, 1965, pp.41~76.

관개, 이로 인한 경작지의 평균 생산성 하락. 그리고 단경기端境期 수요 충족 곤란, 차입의 필요성.

2/ 부유층의 경우도 물론 상속시 토지 분할과 관련해 동일한 문 [12] 제를 겪었다. 그런 문제를 피하려고 여러 곳에서 취해진 조치들이 이 사실을 증명한다. 테바이로 이주한 바키아다이 출신 중 한 명인 필롤라오스는 '출산'과 관련한, 어쨌든 상속과 관련한 법을 통과시켰다. 코린토스에서도 바키아다이10) 출신 중 다른 사람인 페이돈은 가구 수와 시민 수를 유지하기 위한 조치를 취했다.11)

하지만 [최고 부유층은*] 다른 식으로 대처했다. (십중팔구 [그들**]의 특권화된 농업 형태였던) 목축에서 올리브 재배 및 운반 가능한 식료품인 기름 제조로 조금씩 이동했던 것이다.

이 빈곤화 및 이 변화를 증언해주는 것이 희랍에서 일어난 음식 문화의 변화(호메로스 시대의 육식에서 채식으로의 변화)이다.12)

그런데 이 상황은 부자와 빈자가 상황 개선을 위해 찾아낸 공통의 해결책, 즉 개인의 이주와 식민지 개척에 의해 강화될 뿐이다.

나중에 동맹 체계, 영토적 요구 내지 재정적 요구, 세금과 공물 납부를 정당화하기 위해, 식민지화는 도시들이 직접 추진하는 공 [13] 공 사업으로 제시됐다. 마틴 P. 닐손13)은 다양한 지역 출신 식민지

---

10) 기원전 8세기와 7세기 사이에 코린토스에서 권력을 차지했던 일족. 큅셀로스는 바키스 왕의 후손이라고 주장한 바키아다이를 전복하고는 참주정을 세운다. Édouard Will, *Korinthiaka: Recherches sur l'histoire et la civilisation de Corinthe des origines aux guerres médiques*, Paris: De Boccard, 1955, p.317.

11) Aristote, *La Politique*, éd. et trad. J. Tricot, Paris: J. Vrin, 1970, II, 6, 1265b. [김재홍 옮김, 『정치학』, 도서출판 길, 2017, 116쪽.]

* 강의원고에는 "최고 부유층"(les plus riches)이 아니라 "그들"(ils)이라고 되어 있다.

** 강의원고에는 "그들"(eux)이 아니라 "부유층"(les riches)이라고 되어 있다.

12) Will, "La Grèce archaïque," p.62. [에두아르 빌은 해당 쪽에서, 음식 문화 변화를 분석한 안더스 프렌치의 연구(뒤의 각주 13번 참조)를 소개하고 있다.]

개척자들이 (코린토스나 밀레토스 같은) 항구에 모여 선주船主와 합의해 밀밭에 정착하러 가거나 경우에 따라서 무역 중개를 하게 됐다고 가정한다. 어쨌든 식민지는 주로 농업을 위한 땅이었으나 본토의 기름과 이 새 영토들에서 나는 밀의 교역을 촉진하는 효과가 있었다. 그리하여 극빈층은 또 다시 가난해졌다.

[14]   이로부터 두 가지 결론이 따라 나온다:

1/ 식민지 개척으로 인구 문제는 완화됐지만 빈자의 상황은 악화된다. 물론 경작지는 매각될 수도 압수될 수도 없다. 희랍의 선-법에서 계약의 인격적 성격 때문에, 또한 지급 불능의 경우 소유주와 소유물 사이에 존재하는 상징적인 동시에 실체적인 관계 때문에, 토지에 빚이 붙거나(채권자가 토지에서 나는 수익의 1/6을 징수했다) 채무자가 노예로 전락하거나 했다.[14]

2/ 이제 [빈자들이*] 지속적인 악화 상태에 맞서는 방어 수단으로서 무엇을 요구했는지 알 수 있다.

a - 그들에게 수확과 파종을 위한 최선의 시기가 언제인지, 그리고 빚을 갚을 적합한 만기일이 언제인지 알게 해주는 시간 계산 체계의 확립.

사실 한 해를 구획 짓는 종교 달력은 월력이었기에 태양년이나 지[절기]至 및 계절 체계와 맞지 않았다. 그래서 천체력과 기상 확률표를 연구하게 됐고, 이는 『일과 날』에도 등장한다.

[15]   b - 수확물을 숫자로 나타내고, 일정한 교환율을 유지하며, 빚진 것을 셈할 수 있게 해주는 도량형의 확립. 이전까지는 부자들의

---

13) Martin Persson Nilsson, *The Age of the Early Greek Tyrants*, Belfast: Mayne, Boyd and Son, 1936; A[nders] French, "The Economic Background to Solon's Reforms," *Classical Quarterly*, N.S. vol.6, no.1-2, January-April 1956, pp.11~25.

14) Will, "La Grèce archaïque," pp.63~73.

 * 강의원고에는 "빈자들이"(ce que les pauvres)가 아니라 "그들이"(ce qu'ils)로 되어 있다.

소유물이었던 가축의 머릿수나 금 내지 청동으로 만들어진 물건을 단위 삼아 측정이 이뤄졌던 만큼, 이 새로운 체계는 농부들에게 더욱 필요한 것이었다.

c – 빈자의 소유물을 보호하고 부자의 폭력(그리고 부자가 자유인의 양도 불가능한 소유물이나 목숨에 가할 수 있는 온갖 공격)을 저지하는 새로운 권력 형태의 확립.

동시에 그리고 맞물려서, 극빈층은 지식, 도량형, 최고권의 형태를 강구했다. 그런데 역사적 문제는 빈농층이 자신이 처한 악화 상태 속에서 어떻게 이 지식의 구성, 이 도량형의 수립, 새로운 유형의 최고권 형성을 획득할 수 있었느냐는 것이다.

실제로 당시 상황에서는 소농에게 동맹자도 남아 있지 않았고, 형성되고 있는 상인 중간층도 없었다. 두 개의 계급밖에 없었던 것이다.

B. 군대

소농이 저항하고 부분적으로나마 이길 수 있던 것은 부분적으로 서로 연결된 두 요인 덕분이다.

1/ 첫 번째 요인은 철기 문명의 발전 가운데 하나이다.

도리에이스인은 철을 다루는 기술을 가져왔다. 오랫동안 이 기술은 별로 중요하지 않았다. 그런데 식민지 개척으로 새로운 금속 자원을 이용할 수 있게 됐다. 무엇보다 새로운 광석 채굴 기술을 이용할 수 있게 됐다. 그 결과 철제 물건들의 값이 상당히 떨어졌다. 그리고 저렴하게 단단히 무장할 수 있게 됐다. 왼손에는 방패를 들고 오른손엔 창이나 검을 쥔 보병들로 이뤄진 새로운 유형의 군대가 출현했다. 이는 상이한 전략을 수반한다. 많은 수의 병사들이 나란히 줄을 맞춰 서는 밀집대형 전략. 이는 전차를 모는 개인들 사이의 전투와 대립된다.

이 새로운 전략은 필시 도시들 사이 세력 관계뿐 아니라 정치체 내부의 세력 관계도 급격히 변화시켰다.

[17]　　a - 도시들 사이에서, 기원전 7세기 초, 도시라 부르기도 뭣한 집단들 간의 세력 관계가 중장보병 전략 때문에 변경된다. 희랍을 양분하던 칼키스와 에레트리아15)의 전쟁은 여전히 전통 방식으로 전개됐다. 어쩌면 새로운 전략을 채택하지 않았기에 코린토스의 바키아다이가 코르퀴르와의 전쟁에서 패했는지 모른다. 한 가지는 대략 확실하다. 기원전 669년 아르고스는 스파르타를 제압했는데, 이는 참주의 통솔 아래 중장보병을 운용했기에 가능했다.

　　b - 도시 내에서 세력 관계가 변한다. 인민λαός, δῆμος[laos, dēmos]은 공동체 방위에 필수불가결한 존재가 된다. 홀로 전차를 타고, 자신의 시종들에 둘러싸인 전사는 군대의 기본 단위로서는 실격이다. 하지만 '인민'이 무구를 구입해 보수하고 교체할 수 있으려면 여전히 꽤 부유해야 했다. 농부가 군인이 되지 못할 수준의 높은 경제적 문턱이 있는 것이다(더 이상 할 수 없으니 더 이상 바라지 않는다. 바카이다이는 어쩌면 그것을 경험했던 것 같다).

　　게다가 이 새로운 전략은 군인들 사이의 친목과 끈끈한 조화의 관계를 함축한다. 중장보병은 왼손에 든 방패로 왼쪽 전우를 보호
[18] 하고 자신은 오른쪽 전우에 의해 보호받는다. 그들은 정면으로 전진하고 움직임을 맞춰야 하며 창에서 검으로 일제히 넘어가야 한다. 대열에서 이탈하면 무방비가 된다. 조력과 도움의 상호성, 움직

---

15) 에우보이아의 도시국가들. 왕의 후계 상속 집단들이 [에우보이아섬 남안 렐란톤 평야의 영유권을 차지하려고] 서로 다퉜다. 이 투쟁은 희랍을 두 커다란 동맹 세력으로 양분했다. 중장보병이 도입되기 이전의 마지막 전투. 다음을 참조하라. Antony P. Andrewes, *The Greek Tyrants*, London: Hutchinson's University Library, 1956, pp.12~14, 39~42. [특히 40~41쪽을 볼 것. 역사적 전거로는 투퀴디데스의 『펠로폰네소스 전쟁사』(I, 15, 3)와 헤로도토스의 『역사』(V, 99)를 참조하라.]

임의 동기화, 궁극적 조화에 도달하기 위한 전체의 자발적 조절이 중장보병 전략에 함축되어 있다. 각자가 수용하고 모두가 자발적으로 실현하는 이 공통의 질서, 어쨌든 상호 조정을 통해 가능한 한 빠르게 획득된 이 공통의 질서가 도시국가의 힘을 보장한다.

2/ 바빌론 국가는 그런 [도시]국가의 힘을 왕권에 구현했다. 왕권은 주술-종교적 의식을 거쳐 주기적으로 재구성돼야 했다. 국가의 힘은 세계와 혈통의 질서에 관한 지식을 통해 보장됐다. 이 지식은 서기와 궁정 시인이 도맡았다. 반면 신생국의 힘은 인간이 자발적으로 수용하고 실현한 질서 속에, 전투 대형 속에 구현된다. 공동체가 유지될 수 있게 보장하는 것은 지식이 아니라 개인의 용기인 동시에 질서의 수용 같은 것, 즉 ἀρετή이다.[16]

C. 장인 계급의 출현   [19]

무장은 장인 계급의 성장을 야기한다. 기원전 7세기와 6세기에 장인 계급이 성장한 것은 특히 상업적인 이유 때문이다. 소아시아 그리고 시켈리아 및 이탈리아 식민지와의 교역을 보장하기 위해서 희랍과 이오니아의 도성들은 직접 사용하지는 않지만 교환을 위해 필요한 물건들을 제작하기 시작한 것 같다.

---

16) Aretē. 도덕적이면서 지적인 가치로 이해되어야 하는 덕, 명예, 탁월함. 쥘 트리코가 아리스토텔레스의 『정치학』에 붙인 설명을 참조하라(ἄριστος[aristos]: 탁월한 인간). Aristote, *La Politique*, p.385. "테오그니스와 핀다로스 같은 귀족 시인들은 aretē가 가르쳐질 수 있다는 생각에 반대한다." Henri-Irénée Marrou, *Histoire de l'éducation dans l'Antiquité*, Paris: Seuil, 1948, 1964[6]. [특히 99쪽을 볼 것. "덕이 가르쳐질 수 있는가?"라는 물음(『프로타고라스』의 화두)에 플라톤이 소크라테스의 이름으로 제시한 답변은 이미 테오그니스와 핀다로스가 앞서 제시한 것들이다.] 다음의 책도 참조하라. Werner Jaeger, *Paideia: Die Formung des griechischen Menschen*, Berlin/Leipzig: Walter de Gruyter, 1936; *Paideia: La formation de l'homme grec*, trad. André Devyver et Simonne Devyver, Paris: Gallimard, 1964. (주의: 트리코는 παιδεία[paideia]를 '교육'이 아니라 '교양'으로 옮겼다.)

이 장인들은 십중팔구 자신들의 토지에서 쫓겨나 식민지에 갈 방법을 찾으려 도성에 온 빈농들 중에서 충원됐다. 부자들이 원재료, 도구, 생필품을 투자해주지 않았다면 그 빈농들은 장인이 될 수단이 없었을 것이다. 장인들은 수출할 수 있는 물건으로 투자금을 갚았다. 그 물건은 출자자가 명확히 정하고 규정한 견본에 부합해야 한다.[17] 채무, 소작, 노예화가 아니라 사업가가 노동자에게 투자하는 것에 바탕을 둔 전혀 다른 생산 관계가 구성된 것이다.

바로 거기서 귀족정의 균열이 생긴다.[18] 상인 지주들이 수출할
[20] 만한 것(그리고 다른 것과 교환할 만한 것)이라고는 농산품뿐이었다. 지중해 세계에서는 상업화의 어려움이 있다. 기름, 밀, 포도주 말고는 유통할 것이 별로 없었던 것이다.

반대로 이탈리아와 흑해의 번성하는 농업 식민지는 장인들의 상품을 더 기꺼이 받아들인다(요구에 맞춰 상품을 다변화할 수 있고 도시 문명이 아직 별로 발전하지 않았기 때문이다). 따라서 지주-상인들을 희생시켜 제조업 상인들이 부를 축적한다.

두 귀족 집단 사이에는 이해관계의 갈등이 있지만 농민들과 장인들 사이에는 이해관계의 갈등이 아직 없다. 먼저 농민들과 장인들은 흔히 동일한 부류이기 때문이다. 그들은 똑같은 소농으로서 겨울이나 농한기에 장인 일을 해서 소득을 보충한다. 두 번째로 장인들은 도성에 모이면 채소류의 구매자가 되고, 꽤 부유한 농민들은 장인에게서 물건을 구매할 수 있기 때문이다.

그리하여 귀족정의 한 분파와 장인-농민이 지주 귀족과 상인에 맞서 계급 동맹을 맺게 된다.

---

17) Nilsson, *The Age of Early Greek Tyrants*, op. cit.

18) Will, "La Grèce archaïque"; French, "The Economic Background to Solon's Reforms," art. cité.

노예제는 어느 순간 투쟁의 수단이자 쟁점이 되었을 수 있다. 지주의 일부가 자신들의 농촌 노예를 노동자-장인으로 변모시켜 [21] 제조업자와 경쟁하고자 했다. 어쨌든 노예제에 찬성하거나 반대하는 조치가 이 시기 정치 투쟁의 중요한 요소 가운데 하나였다. 기원전 5세기까지 장인들과 소농들은 희랍 경제의 주변부에서 노예제를 유지시킬 수 있었다.

장인 계급과 더불어 희랍과 이오니아에는 어떤 유형의 지식이 출현한다. 그런 지식의 (내용은 아니더라도) 분배는 아시아 국가에서 발견되는 것과는 확연히 다르다. 아시아 국가에서 지식은 정치적 공무의 행사나 국가에서 담당한 특수한 역할과 연결됐다. 금속 채굴 및 세공, 귀중품 제조는 관료의 지도와 책임 아래 노예 집단이 전담했다. 관료는 그 지식의 비밀을 지키고 독점해야 했다.

희랍의 장인은 가공 기술에 직접 접근한다. 남에게 배워서 알거나 몇 가지는 손수 발견해서 안다. 자신이 아는 기술을 남에게 전수해주기도 한다. 희랍의 장인은 실체와 시기, 성질과 상황, 기회와 변화에 관한 지식을 보유한다. 희랍의 장인은 신들이 옛날에 손수 만들었던 것을 제 손으로 만들 수 있다. 신은 보편적으로 세계를 장인의 방식으로 제조한 것과 다름없다.

D. 기원전 7세기와 6세기의 정치 변환 [22]

귀족정의 한 분파와 아직 분화되지 않은 장인-농민 집단 사이에 동맹 체계가 수립되자 기원전 7세기와 6세기의 정치적 대격변이 일어났다. 이 격변들에 관해 알려진 정보는 편차가 크다.

— 어떤 것들은 최종 결과만 알려져 있다(키오스의 때 이른 민주정).

— 다른 것들은 스파르타의 뤼쿠르고스 개혁처럼 신화적 판본만 남아 있다.

— [또] 다른 것들은 몇 가지 역사적 단편이 있다(코린토스에 세워진 큅셀로스와 페리안드로스의 참주정).[19]

　　— 더 후대의 [것들]과 관련해서는 더 연속적인 사료가 있다(아테나이).

　어쨌든 이 변환들에 관해 우리는 몇몇 근본 특징들을 얼추 확실한 것으로 고려할 수 있다.

[23]　　a - [그 변환은] 두 집단을 대면시키는 투쟁을 통해 일어났다. 희랍인들은 그 두 집단인 οἱ πολλοί[hoi polloi]와 οἱ πλοῦτοι[hoi ploutoi]를 각각 빈자와 부자로 표현하곤 했다.

　모든 증언이 일치한다. 기원전 7~6세기[의 경우,] 참주는 정치권력을 장악할 때마다 가장 비천한 자들, 빈자들, δῆμος라 불리기 시작한 자들에게 기댔다. 인민이 부자들의 가축 떼를 도륙하도록 부추겼던 메가라의 테아게네스가 그러했고,[20] 코린토스의 큅셀로스가 그러했다. 페이시스트라토스와 관련해서는 세 당파를 언급할 수 있는데, 그 당파의 차이는 십중팔구 지리적이다. 페이시스트라토스를 지지하는 당파는 분명 장인들의 [당파]이다(라우리온의 은 광산).

　희랍인들에게 확실히 기원전 7~6세기에 일어난 거대한 변환의 원리였던 이 [빈자와 부자의] 대립이 그 뒤로도 오래 지속됐음을 지적할 필요가 있다.

　플라톤: 한 나라에는 서로 적인 두 개의 나라, 즉 빈자의 나라와 부자의 나라가 있다(『국가/정체』, IV, 422e).[21]

---

19) Ure, *The Origin of Tyranny*, pp.257~264. [이 부분에는 시퀴온에 세워진 참주정에 관한 설명이 나온다. (본문에서 언급된) 코린토스에 세워진 큅셀로스와 페리안드로스의 참주정에 관해서는 184~214쪽을 볼 것.] 아리스토텔레스의 『정치학』 5권에서는 참주들에 관한 모든 이야기가 보고된다.

20) French, "The Economic Background to Solon's Reforms," art. cité.

아리스토텔레스: "국가에서 가장 구분되는 두 계급이 부자와 [24] 빈자이다. 그들은 서로 국가의 가장 대립되는 부분이다"(『정치학』, IV, 4, 1291b).[22]

b – 중장보병의 군사력 덕분에 다소 폭력적인 방식으로 귀족들을 축출할 수 있었고 새로운 권력 형태가 출현할 수 있었다.

군대의 수장이 대개 전쟁을 승리로 이끈 뒤 자신의 병사였던 자들을 등에 업고 권좌에 오른다. [예.] 시퀴온의 첫 번째 참주인 오르타고라스[『정치학』, V, 12, 1315b12 이하.[†]]

참주들 몇몇은 권력을 행사하기 이전에 폴레마르코스^{polemarchos}였다(오르타고라스, 코린토스의 큅셀로스). 폴레마르코스라는 직책이 당시에도 군대의 직책[군방장관]이었는지는 확실하지 않다. 어쨌든 참주들 주변의 이 유명한 친위대는 참주들이 행사한 권력의 군사적 성격, 그들이 주민에게서 발견한 지지 기반을 알려준다.

아르고스에서 참주가 된 지 5~6년이 지난 기원전 699년 페이돈은 휘시아이에서 자신의 중장보병들을 사용해 여전히 귀족정 유형의 군대를 운용하던 스파르타를 격파했다.[23]

---

21) "그것은 수많은 나라이지……. 어쨌든 서로 적인 두 개의 나라가 있다네. 하나는 빈자의 나라이고 다른 하나는 부자의 나라일세……"(IV, 422e). Platon, "La République," *Œuvres complètes*, t.1, éd. Léon Robin, Paris: Gallimard, 1977, p.984. [박종현 옮김, 『국가/政體』, 서광사, 2005, 263쪽.]

22) [아리스토텔레스, 김재홍 옮김, 『정치학』, 도서출판 길, 2017, 281쪽;] Claude Mossé, *La Fin de la démocratie athénienne*, Paris: PUF, 1962, p.234 sq.

† 아리스토텔레스, 『정치학』, 430쪽 이하.

23) Andrewes, *The Greek Tyrants*, pp.39~42. 휘시아이 전투는 필시 중장보병이 거둔 최초의 대승리였다. 페이돈은 친위대를 거느리지 않은 첫 참주로 지냈는데, 이는 아마도 그가 중장보병을 구성하는 주민에 기댔기 때문일 것이다. [아리스토텔레스에 따르면, "큅셀로스는 인민의 선도자로 자신의 지배 동안에 친위대 없이 지냈다"(『정치학』, V, 1315b27-28)[『정치학』, 431쪽]. 큅셀로스 역시 중장보병으로 구성된 인민(dēmos)에 기반을 둔 권력을 쥐고 있었기 때문에 그러했을 것이다. Claude Mossé, *La tyrannie dans la Grèce antique*, Paris: PUF, 1969, p.29.]

[25]   c - 이런 변환은 농민과 장인에게 유리하게, 명백히 다양한 범위에서, 이뤄졌다.

α. 농민에게 유리하도록 토지 제도가 실질적으로 계속 변경됐다.

— 목축지를 폭력적으로 회수했다.

— 추방 조치를 통해 토지를 몰수했다.

— (솔론의 경우에서 보듯) 부채를 탕감해주기도 했다.

— 다소 균등한 방식으로 토지를 재분배하거나 새로 분할했다 (전통적으로 뤼쿠르고스가 했다고 간주되는 개혁).†

일련의 조치가 상시적으로 시행됐을 가능성이 높다. 경우에 따라서는 토지 재분배가 우선시되거나, 채무 변제가 우선시되거나 했다. 코린토스의 큅셀로스는 특히 토지를 재분배했다(화폐 유통이 채무 변제를 가능케 했음에 틀림없다). 반대로 솔론은 빚을 원래대로 되돌리고, 토지에 붙은 채무를 없앴으나 토지를 재분배하지는 않았다(그리고 농민은 토지를 회수했을 때조차 올리브를 딸 권리를 갖지 못했다).

[26]   β. 장인 계급에 유리한 최초의 대규모 조치는 노동자의 경쟁 상대였던 노예제를 제한한 것이었다(페리안드로스는 노예 수입을 금지했다). [마찬가지로:]

— 도시 문명의 발전: 대규모 수로 건설(테아게네스가 메가라에 지은 수로), (페리안드로스 시대에 이뤄진) 코린토스의 정비, 사모스 (폴뤼크라테스의 토목 공사).[24]

— 아직 수출 산업이라 부르긴 어렵지만 수출 장인 계급이라 할 만한 것의 확립. 생산의 균질화, 코린토스에서 도기 대량 생산.

---

† 플루타르코스, 「뤼쿠르고스」, VIII, 1-7. [천병희 옮김, 『플루타르코스 영웅전』, 도서출판 숲, 2010, 30~31쪽.]

24) Nilsson, *The Age of Early Greek Tyrants*; Ure, The Origin of Tyranny, op. cit.

장인 계급 장려. 가장 급진적인 개혁자이기는커녕 그것과 거리가 멀었던 솔론은, 자식에게 기술(τέχνη [technē]는 결코 농사법을 뜻하지 않는다)을 가르쳐주는 경우가 아니면 자식의 도움을 청해서는 안 된다고 규정했다.[25] 솔론은 가족과 함께 아테나이에 정착하러 온 모든 장인들에게 시민권을 줬다.

어쨌든 기원전 6세기의 코린토스와 5세기의 아테나이가 누린 정치적 지배력은 장인 계급의 발전 덕분이었다.

일반적으로 기원전 7세기와 6세기에 희랍에서 일어난 정치 변 [27] 환은 농민들과 장인들이 거둔 부분적인 승리, 대개 일시적인 승리를 나타냈다고 말할 수 있다. 귀족정의 소수파는 장인들(큅셀로스나 페이시스트라토스의 경우)이나 농민들(솔론의 경우)과 이해관계로 묶였다.

이 동맹은 이 변환이 얻어낸 정치 형태를 설명해준다. 다시 말해, 참주정(큅셀로스의 전설에도 불구하고 참주정이 서민들에 의해 실제로 실행된 적은 없는 것 같다) 또는 성문법의 지배를 수립하는 한 명의 개혁가나 개혁가 집단의 개입을 설명해준다.

훗날 [후대의 연구자들에 의해] 그려진 대립의 방식이 얼마나 격렬했든 간에, 참주들이 대개 법적 틀 내에서 통치했고 때로는 필시 그 틀을 보존하기 위해서 통치했음을 결코 잊어서는 안 된다(페이시스트라토스).[26] 또한 대개 완숙기에 접어든 참주정은 성문법을 조직했고 때로는 [민주주의로 가는] 매개 역할을 했다(솔론, 페이시스트라토스, 클레이스테네스).

---

25) Will, "La Grèce archaïque," pp.74~94. ["모든 아버지가 자식에게 technē를 가르치도록 의무화"(77쪽).]

26) Moses I. Finley, *The Ancient Greeks: An Introduction to Their Life and Thought*, London: Chatto & Windus, 1963. [특히 27쪽을 참조하라. 그리고 전거로 인용된 다음의 책도 참조할 것. 아리스토텔레스, 『아테나이 정체』, XVI, 8.]

[28] 결 론

이 변환들을 통해, 우리는 희랍 사회에서 정의 담론과 지식 담론의 관계(공정, 측정, 질서, 참 사이의 관계)가 재분배되는 것을 봤다.

희랍 전통을 계승한 진실-도전과 오리엔트에서 이오니아를 거쳐 그 모델이 전수된 지식-권력은 서로 순응해 이제 어떤 진리-지식[으로] 변형된다. 그 진리-지식은 그 뿌리에서 정의, 분배, 질서와 연결되고, ἀρετή의 도덕과 교육의 기술에 의거한다.[27]

이 모든 것은 자세히 보면 다음의 세 요점과 관련이 있다.

— 화폐 제도. 화폐는 단지 교환의 척도가 아니라 본질적으로 분배, 배분, 사회적 조정 수단으로서 수립됐다.

— νόμος, 즉 성문법 제정. 성문법은 단지 정치적 정체가 아니라 사회 질서의 담론 자체이다.

— 마지막으로 종교적 모델에 따른 심판 제도.

---

27) 청중이었던 엘렌 폴리티스의 노트를 보면, 푸코가 구두로 발표할 때는 희랍 지식의 재조직에서 ἀρετή와 παιδεία[교육]가 맡은 역할에 대해 더 역설했던 것 같다. 강의원고만 봐서는 그 내용을 추측하기 어렵다.

9강. 1971년 2월 24일

화폐 제도.* 화폐인가 화폐들인가? | 희랍 화폐의 세 기능: 권력의 전위, 모상, 사회 조절 | dikaion kai alēthes의 창시로서의 화폐

1. 화폐 제도

[1]

우리는 헤시오도스에서 측정에 관한 어렴풋한 탐구를 봤다. 측정의 의미와 기능은 아직 명확히 밝혀지지 않았다. 왜냐하면 시기 측정, 농사 의례 달력, 생산물에 대한 양적·질적 평가가 중요하며 [그리고] 더군다나 언제, 얼마나뿐 아니라 "지나치게 많지도 지나치게 적지도 않은"[1] 상태를 결정하는 것이 중요하기 때문이다. 계산으로서의 측정, 그리고 규범으로서의 적도適度.

그렇지만 이 측정은 기원전 7~6세기 참주정 시기에 확립됐다. 그리고 대개 참주들 본인에 의해 확립됐다.

헤로도토스(VI, 127)†는 아르고스의 참주인 페이돈이 펠로폰네소스 사람들을 위해서 도량형을 도입했다고 이야기한다.[2] 어쨌든

---

* 강의원고상의 제목.

1) 솔론의 것으로 간주되고 있는 정식. 상한선만 정해놓고 하한선은 정하지 않은 "어느 것도 지나치게 많아서는 안 된다"라는 귀족정의 정식에 대비되는 것으로서, 중간 계급에게 유리한 정책이다. George Thomson, "La Philosophie d'Eschyle," doc. multigr., Paris: CERM, [s.d.].

† 헤로도토스, 김봉철 옮김, 『역사』, 도서출판 길, 2016, 654쪽.

2) "기원전 7세기 초중기, 페이돈의 지배는 참주정의 시대를 열었다. …… 플라톤과 아리스토텔레스는 훗날 참주정을 군사적 성공의 결과로 재해석했다. 왜냐하면 그들

페이돈 치하에 아이기나는 아르고스에 병합됐고 아이기나의 화폐
가 출현했다.[3)

    퀍셀로스는 코린토스에 화폐 사용을 도입했다.[4)] 그리고 이 시
기에 에우보이아의 드라크메가 정해진다(은 65 그레인[†]).

[2]   이 대대적인 측정 활동 가운데 가장 잘 알려진 것은 분명히 솔
론의 것이다.

    — 개인의 소유 재산 재정의,

    — 각자의 소득 산정,

    — 각자에게 부에 비례하게 정치권력의 몫을 배분,

    — 본위화폐 유통.[5)]

은 쉬라쿠사이의 디오뉘시오스라는 후대의 예를 봤기 때문이다." Percy Neville Ure,
The Origin of Tyranny, Cambridge: Cambridge University Press, 1922, pp.154~
183. (희랍의 노예 노동 발전에 관한 파일에 푸코가 남긴 노트. 참주들은 수공업을 장려
했을 수 있으나 장인 노동의 단계는 참주정 아래에서 대규모 사업에 의해 추월되기 시
작했다. 이 파일에 따르면 노예제는 메디아 전쟁과 더불어서 확산될 뿐이다.) 사실 아리
스토텔레스는 페이돈이 왕정을 참주정으로 변혁했다고 상술한다. Aristote, *La Poli*
-tique, éd. et trad. J. Tricot, Paris: J. Vrin, 1970, V, 10, 1310b25~35. [김재홍 옮김,
『정치학』, 도서출판 길, 2017, 401~402쪽.]

3) Antony P. Andrewes, *The Greek Tyrants*, London: Hutchinson's University Library,
1956, pp.78~83. [본문과 관련된 내용은 82쪽의 한 문장("옛 희랍의 첫 번째 화폐는
기원전 7세기의 마지막 4반세기인 625~600년경 아이기나에서 주조됐다")뿐이다. 푸
코가 참조한 책들 중 페이돈의 화폐 주조 문제에 할애됐다고 해도 과언이 아닌 것은 다
음과 같다. Ure, *The Origin of Tyranny*, ch.VI, pp.154~183. 기원전 4세기에 활동한 희
랍의 역사가 에포로스는 페이돈이 희랍에 최초로 화폐를 도입했다고 적었는데, 이 증언
의 진위는 역사적·고고학적으로 끊이지 않는 논쟁의 대상이다. 이 증언에 회의적인 대표
논문으로는 다음을 볼 것. W. L. Brown, "Pheidon's Alleged Aeginetan Coinage," *Numi*
-smatic Chronicle, 6th Ser., vol.10, no.39/40, 1950, pp.177~204. 이에 대한 논박으로
는 다음을 보라. Donald Kagan, "Pheidon's Aeginetan Coinage," *Transactions and Pro-*
ceedings of the American Philological Association, vol.91, 1960, pp.121~136.]

4) Édouard Will, "Réflexions et hypothèses sur les origines du monnayage," *Revue numi*
-smatique, 5e série, XVII, 1955. [pp.5~23.]

† 1 그레인(grain)은 약 0.053g에 해당한다.

참주든 입법자든[6] 권력을 보유한 자는 도시의 측량사이다. 토지, 사물, 부, 법, 권력, 인간의 측량사.[7]

이와 똑같은 시기에 혹은 아주 조금 뒤에 이뤄진 다음의 일들만 상기해보자.

— 밀레토스의 히포다모스[8]가 완수한(또는 기획한) 도시계획 작업과 격자 모양의 도시 설계도 수립.

— 이 시기에 착수된 지도 제작 작업(그리고 아낙시만드로스가 그린 세계 지도).[9]

---

5) Édouard Will, "La Grèce archaïque," *[Actes de la] Deuxième Conférence internationale d'histoire économique/Second International Conference on Economic History* (Aix-en-Provence, 1962), t.1, Paris: Mouton, 1965, pp.74~94; Charles Hignett, *History of the Athenian Constitution to the End of the Fifth Century B.C.*, Oxford: Clarendon Press, 1952.

6) "희랍의 입법자는 공동체가 스스로 통치되어야 하는 방식을 지정한다." Moses I. Finley, *The Ancient Greeks: An Introduction to Their Life and Thought*, London: Chatto & Windus, 1963. (입법자와 참주에 관한 푸코의 파일). [이 인용구의 원문은 다음과 같다. "동방의 왕은 백성들을 위해 입법을 했다는 결정적 사실이 있다. 하지만 희랍의 입법자는 공동체가 스스로를 통치할 때 사용할 규칙을 규정했다"(27쪽). 모제스 I. 핀리의 책, 24~30쪽은 "참주와 입법자"라는 소제목을 달고 있다.]

7) "뤼쿠르고스는 산술 연구를 그 효과가 민주적이고 인민적이라 하여 스파르타에서 몰아내고, 엄격한 과두정과 제도화된 군주정에 더 잘 어울리는 기하학을 도입했다고 한다. 산술은 수를 사용하면서 사물도 분배하지만 기하학은 비례를 사용하면서 공덕에 따라 사물을 분배한다는 것이다. 기하학은 국가의 혼란의 원천이 아니다. 기하학은 선한 자와 악한 자 사이의 분배 원칙을 내포한다. 그들은 우연히 또는 무게에 따라서가 아니라 악덕과 덕의 차이에 따라서 몫을 받는다"(Plutarque, *Œuvres morales: Propos de table*, livre VIII, 719a-b). 푸코가 준비 노트에 베껴 쓴 인용문.

8) 밀레토스의 히포다모스(기원전 5세기 후반)는 페이라이에우스를 재편했을 수도 있고, 투리오이·로도스도 설계했을 수 있다. 전자와 후자의 견해로는 각각 다음을 참조하라. Édouard Will, *Le Monde grec et l'Orient*, t.1, Paris: PUF, 1972; Bertrand Gille, *Les Mécaniciens grecs*, Paris: Seuil, 1980, pp.50~51.

9) Charles H. Kahn, *Anaximander and the Origins of Greek Cosmology*, New York: Columbia University Press, 1960; Jean-Pierre Vernant, "Géométrie et astronomie

― 기하학적·음악적 비율에 관한 퓌타고라스 학파의 탐구.10)

[3] 　　　양화, 조화, 고전적 비-과잉의 원리로서 서구 의식에 기입되기
에 앞서 희랍의 측정은 산정, 양화, 등가 체계, 비율 탐구, 적정 분배
라는 대규모의 사회적·다형적 실천이었음을 잊어선 안 된다.11)

　　　측정과 관련해 우리는 그것이 얼마나 농민 부채, 농지 이전, 채
권 지불, 식료품과 공산품의 등가, 도시화, 국가 형태 확립 같은 온
갖 문제와 연결되어 있는지 잘 알 수 있다.

　　　이 측정 실천의 핵심에서 화폐 제도가 출현한다.

---

sphérique dans la première cosmologie grecque," *La Pensée*, no.109, juin 1963,
pp.82~92; repris. in *Mythe et Pensée chez les Grecs*, Paris: Maspero, 1966. [박
희영 옮김, 「그리스 최초 우주론의 기하학과 구형 천문학」, 『그리스인들의 신화와 사
유』, 아카넷, 2005, 233~250쪽.] 프리드리히 니체와 에르빈 로데는 아낙시만드로
스를 주해한 바 있다. 푸코가 베르너 예거의 책(Werner Jaeger, *The Theology of the
Early Greek Philosophers*, Oxford: Clarendon Press, 1947[, p.34])에서 뽑아 베껴
쓴 준비 노트 속 인용구는 그 사실을 상기시켜준다.

10) Charles Mugler, *Platon et la recherche mathématique de son époque*, Strasbourg/
Zurich: Heitz, 1948.

11) Gregory Vlastos, "Equality and Justice in Early Greek Cosmologies," *Classical Philo
-logy*, vol.42, no.3, July 1947, pp.164~168. [이를테면 헤라클레이토스는 불의 전환
에 관해 말하며, "우선 바다, 그리고 바다의 절반은 땅, 나머지 절반은 뇌우 …… 땅이
바다로서 쏟아져나오고, 땅이 되기 전과 동일한 비율(logos)로 재어진다"(단편 31)고
했다. 불은 이런저런 형태로 변환을 겪지만 '교환된 것'은 동일하게 유지되는 것이다.
이는 다음의 언급에서 분명히 드러난다. "모든 것은 불의 교환물(antamoibē)이고 불은
모든 것의 교환물이다. 마치 물건들이 금의 교환물이고, 금은 물건들의 교환물이듯이"
(단편 90). 모든 것에 '공통된' 것(등가 체계의 토대가 되는 공통 척도)인 이 불은 도시
의 '법'으로 간주되기도 한다. 왜냐하면 그것은 "모든 것을 통해서 모든 것을 조종하는
바"(단편 41), "모든 인간의 법은 하나인 신의 법에 의해서 양육되기 때문이다"(단편
114). 헤라클레이토스의 '공통된 정의' 개념은 솔론의 개혁 프로그램에 영감을 주었을
가능성이 있다. 그레고리 블래스토스는 또한 아낙시만드로스의 단편 1("원소들은 자
신들의 잘못에 대한 배상과 보상을 시간이 정해주는 순서에 따라 서로에게 지불한다")
을 분석하면서 대립물들의 균형잡힌 균등에 관해 길게 서술하며, 배상과 보상의 체계
를 지탱하는 교환의 원리에 대해 논한다(단편의 번역으로는 다음을 참조했다. 김인곤
외, 『소크라테스 이전 철학자들의 단편 선집』, 아카넷, 2005).]

A. 해석들

전통적 해석에 따르면 시장 경제가 발전함에 따라 화폐 사용이 생겨났다.

— 지중해 주변에 정착한 농업인 집단은 생계 경제에서 점차 벗어났을 것이다.

— 지상 무역, 특히 해상 무역(그리고 그것이 함축한 거리, 지연, 불의의 사태)의 출현과 증가로 인해 공인된 화폐 기준(먼저 사적으로 찍다가 나중에 국가의 관인으로 보증된 계량된 금속 조각) 사용이 필수가 됐다. [4]

화폐의 시장적·상업적·국제적 기원. 화폐에 관한 중상주의적 해석은 화폐를 기원에서부터 표상 기능에 한정한다. 그리고 근본적이고 급진적인 일종의 철학적 오류로 인해 화폐를 '물신주의'(사물 자체를 가리키기 위해 징표를 쓰는 것)에 노출시킨다.[12]

이런 해석은 어쩌면 뤼디아나 페니키아에서 초기에 화폐가 사용된 방식을 설명해줄는지 모른다.[13] 하지만 희랍에서 이 모델에 따라 화폐가 채택되고 사용되지는 않았다. 이를 보여주는 몇 가지 사실들이 있다.

a – 대규모 상업 도시들은 대개 화폐를 제도화하지만 상업이 전무한 것도 아닌 몇몇 도시에서 화폐를 채택하지 않는 경우가 있다. 개인들 사이의 중요한 상거래 중 상당수가 아주 오랫동안 물물 교환의 형태로 이뤄졌던 것으로 보인다.

---

12) 루이 알튀세르와 그의 제자들은 칼 맑스가 논한 화폐 형태의 발생을 새롭게 탐색했고, '물신주의'를 사회적 관계를 사물화(돈)하는 인간학적 과정이라고 비판했다. "사물이라는 범주는 맑스에게 가장 낯선 것이다." Louis Althusser, *Pour Marx*, Paris: Maspero, 1966, p.237. [서관모 옮김, 『마르크스를 위하여』, 후마니타스, 2017, 402쪽, 각주 13번.]

13) Humfrey Michell, *The Economics of Ancient Greece*, Cambridge: W. Heffer, 1963, pp.311~314.

b – 하지만 호메로스에게서 나타나는 최초의 등가 산정은 그다지 교환물을 통해서가 아니라 희생 제물을 통해서 이뤄진다. 세발솥, 소고기가 그런 희생 제물이다.[14]

[5]   더 정확히 말하면, 이 물건들은 임의의 수로 출현하지 않는다 (이 물건들의 기능이 순수한 계산에 있었다면 그렇게 출현했을 것이다). 그게 아니라, 이 물건들은 희생제의에서 사용되는 의례의 수에 해당하는 양(9, 12, 100)으로 나타난다.

따라서 등가 계산이 시장 유형의 교환을 목적으로 할 때조차 동일한 가치의 산정이 아니라 종교적 대체 가능성의 인정을 모델이자 토대로 삼았던 것이라 짐작할 수 있다. 화폐의 형태는 상품과 그 표상의 추상적 하늘에서가 아니라 희생제의와 그 모상의 게임 속에서 윤곽이 잡힌다.

c – 최초의 대규모 화폐 사용이 내수용으로 출현한다는 사실을 여기에 덧붙여야 한다. 예를 들어, 세금 징수는 말할 것도 없고, 참주 쪽에서 하는 돈의 분배, 자산 평가, 시민 분류, 보유 자산에 따라 시민이 갖는 정치적 권리의 위계.

---

14) 이 테제를 처음 발전시킨 사람은 필시 베른하르트 라움이다. Bernhard Laum, *Heil-iges Geld: Eine historische Untersuchung über den sakralen Ursprung des Geldes*, Tübingen: J. C. B. Mohr, 1924; *Über das Wesen des Münzgeldes, Braunsberg: Staat. Akad.*, 1929. 에두아르 빌은 라움을 참조한다. 특히 다음의 글을 참조하라. Édouard Will, "De l'aspect éthique des origines grecques de la monnaie," *Revue historique*, t.CCXII, no.2, 1954, pp.211~213.

(1) 소고기는 교환 수단이 아니라 현물이다.

(2) 희생제의와 [등가] 산정에서 우리는 동일한 단위(소고기)와 동일한 배수(9, 12, 100)를 발견한다.

[잔치를 위해 잡거나 제물로 바친 황소 아홉 마리(『일리아스』, VI, 174행, 『오뒷세이아』, III, 9행); 황소 아홉 마리 값어치의 청동무구와 황소 백 마리 값어치의 황금무구(『일리아스』, VI, 235-236행), 소 열 두 마리 값으로 매겨진 세발솥(『일리아스』, XXIII, 702-703행), 소 백 마리 값어치의 순금 술 백 개(『일리아스』, III, 448-449행), 제물로 바쳐진 소 백 마리, 즉 헤카톰베(『일리아스』와 『오뒷세이아』 여기저기).]

화폐의 사용은 본질적인 부분에서 상업적 사용과 달랐던 것 같   [6]
다. 하지만 어떤 측면에서는 종교 의례를 참조하고 다른 측면에서
는 사회 조절을 참조하는 이런 화폐의 실천은 도대체 무엇인가?

B. 하나의 예

다른 곳보다 화폐 제도가 잘 알려진 곳은 코린토스이다.[15] 전설에
의하면 장인인 아버지와 바카이다이의 후손인 어머니 사이에서 태
어난 큅셀로스는 제우스에게 다음과 같은 소원을 빌었다고 한다.
제가 코린토스에서 권력을 잡으면 그 영토를 당신께 드리겠나이
다.† 일단 권좌에 오르자 큅셀로스는 모든 지주에게 부의 1/10을
내도록 강요했다. 10년이 흐르고 코린토스의 전체 부에 맞먹는 부
가 제우스 신전에 쌓였을 것으로 보인다.

개요는 대략 이런 것 같다. 폴레마르코스[군방장관]로서 소농으
로 구성된 중장보병 부대 덕분에 승리를 거뒀던 큅셀로스는 바카
이다이의 옛 귀족 집단을 몰아냈던 것 같다. 그리고 토지 전부는 아   [7]
니어도 토지 일부의 재분배에 착수했던 것 같다(어떤 텍스트에서도
그렇게 말하지는 않지만, 큅셀로스보다 조금 후대 사람인 솔론은 토지
분할을 실행했던 선동적 참주에 관해 넌지시 말한다).

그런데 토지를 부분적으로 재분배해도 기존 부채 문제와 특히
새로 출현할 부채 문제는 해결되지 않았다. 그래서 소유의 10%가
아니라 최고 소득의 10%를 징수하게 됐다. 이 징수를 통해 다음의
것들이 가능해졌다. 빈민에게 직접 분배, 대규모 토목공사를 위한

---

15) 푸코는 여기서부터 주로 빌의 연구들을 따른다. 그 중 『코린티아카』는 오늘날에
도 여전히 중요 참고서적으로 남아 있다. Édouard Will, *Korinthiaka: Recherches
sur l'histoire et la civilisation de Corinthe des origines aux guerres médiques*, Paris:
De Boccard, 1955.

† 위(僞)-아리스토텔레스, 『가정경영학』(*Oikonomika*), II, 1346a32-1346b1.

자금 조달, 장인에게 투자, 그리고 부자에게 진 부채의 지불.

하지만 이 복잡한 체계(토지 재분배, 소득에 관한 징수, 빈민에게 분배, 채권자에게 상환)는 본성상 가능하지 않았던 것 같다. 분배와 응보에서 항구적인 대체물을 유통시켜야 했다. 뤼디아의 화폐(그리고 아르고스의 화폐 또는 오히려 아이기나의 화폐)가 당시에 모델 노릇을 했을 가능성이 높다.

[8]   하지만 중요한 것은 이 대체물의 질료와 그것의 형상이 오리엔트에 기원을 두기는 하지만 그 체계의 일반적 규정은 종교에 기원을 둔다는 사실이다. 실제로 이런 체계, 즉 집단적 지참, 십일조 징수, 참가자에게 이뤄지는 재분배는 희생제의적 의례의 도식이다 (사람들은 제물을 지참하고, 신, 신전, 사제는 십일조를 징수하며, 그 뒤 재분배가 이뤄진다. 재분배는 거기서 득을 본 자들에게 희생제의 자체로부터 파생된 새로운 힘과 권력을 전달한다).

이런 게임(희생제의, 몫의 배분, 징수, 재분배)은 개인과 집단에게 원기를 다시 북돋아주는 종교적 형태인바, 그 형태는 계급 갈등 해결이 관건인 사회적 실천 속으로 옮겨졌다.

또한 다음의 사실을 추가해야 한다. 코린토스에는 은 광산이 없었다. 빌의 가정에 의하면,16) 이 체계에 처음 금속이 투입된 것은 부유한 가문이 소유하던 귀금속을 몰수해 용해하다가 이뤄졌다. 귀금속은 과세된 부인 동시에 숭배의 대상이었다. 귀금속을 공동

[9]   체로 이전하는 것이 가능할 수 있었던 것은 가문의 숭배보다 더 강력한 외부의 [어떤] 종교적 권위의 지원과 개입 덕분이었다. 자기 이름으로 코린토스의 부를 소유하겠다고 요구하는 제우스의 개입이 그렇게 설명된다. 예배 물품을 국가 차원의 제우스 숭배에 바치

---

16) Édouard Will, "Réflexions et hypothèses sur les origines du monnayage," *Revue numismatique*, 5ᵉ série, XVII, 1955. [pp.5~23.]

기. 이어서 이 금속 사용은 광물 자원 조사와 연결된다. 예컨대 은 광석이 발견된 아드리아해 연안과 이탈리아 남부의 식민지 개척. 이 화폐에 의거한 상업 발전은 큅셀로스의 후손들의 지배, 특히 페리안드로스의 지배와 동시에 일어난다.

그러므로 큅셀로스의 정책을 입구가 여럿인 체계처럼 읽을 수 있다. [10]

— 경제적 독해: 부분적으로나마 이뤄진 토지 재분배, 채권의 유지, 중과세를 통해 엄격히 통제되는 화폐 유통 시행, 농업에서 상업으로 육지에서 바다로 주요 경제 활동 이동, 금속 원료를 찾기 위한 식민지 개척 확대.

— 종교적 독해: 의례적 희생제의에서 참가자가 신에게 신의 몫을 바치기. 그렇게 희생제의를 거치고 신성화된 부를 재분배함으로써 사회체의 원기를 북돋우기. γένος[genos/일족]의 신들에게 이미 지참됐고 제물로 바쳤던, 그 신들에 의해 이미 성스러워진 물건들을 도시의 신, 제우스에게 가져와 제물로 바치는 중복·이동.

보다시피 두 조작의 마주침, 엮임, 포개짐이 단일한 격자를 구성한다. 그 지점에서 화폐는 이 두 변환의 공통 공간에서, 이 두 변환에 의해 정의된 게임의 공간에서 존재하고 유통되고 기능하기 시작한다. 동일한 물건이 제물이자 세금일 때, 극빈층의 임금이자 [11] 의례적 재분배일 때, 신전이나 불의 몫이자 권력의 강제나 강탈일 때, 사회체의 주술적 원기 회복이자 도기 제조인의 일상적 활동일 때, 거기에 화폐가 있다.

내가 택한 이 예가 그저 하나의 예임을 잘 알고 있다.

화폐 일반이 단숨에 생겨난 것은 아닐지 모른다. 기원전 8세기에서 6세기까지 지중해 연안에 출현한 것은 아마 화폐들*des monnaies*일 것이다.

— 국가 기구와 연결된 뤼디아의 화폐,

— 상업적 실천과 연결된 페니키아의 화폐,

— 농민 부채, 장인 계급의 출현, 인민이 반을 차지하는 군대 구성, 부유층의 이해관계에 발생한 균열(농업 무역 대 장인 무역)을 특징으로 하는 계급 갈등 및 계급 동맹[과] 연결된 희랍의 화폐.

어쩌면 참주 큅셀로스의 개혁 과정에서 코린토스에 자신의 출현을 알린 화폐는 추상적 일반성을 띤 화폐는 아닌 것 같다. 화폐
[12] 적 일반성은 필시 나중에 새로운 역사적 과정(시장 경제의 대규모 발전)과 연결되어 일어난 균질화의 결과에 지나지 않는다.

어쨌든 이 역사적 분석을 통해 우리는 화폐의 중상주의적 본질이 전혀 화폐의 역사적 뿌리가 아님을 봤다. 화폐의 시작은 화폐의 상품적이고 형이상학적인 본성을 이미 새겨 넣은 화려한 기원과 상관없다.

화폐는 "상품 교환 속에서" 제도화되지 않았다. 기껏해야 화폐는 거기서[상품 교환 속에서] "발전했다"고 말할 수 있을 뿐이다 (맑스, 『자본』, [I, 2, iv]).[17]

C. 희랍 화폐의 세 기능[18)
유지되고 이동된 권력: **권력의 전위.**

---

17) [칼 맑스, 강신준 옮김, 『자본 I-1』, 도서출판 길, 2008, 225~264쪽.] 당시 알튀세르주의자들이 빈번하게 주해하던 상품-화폐-상품에서 화폐-상품-화폐로의 변형에 대한 암시. 푸코는 다른 곳에서 맑스 인용구가 지닌 외교적 기능을 상기시킨다. [뱅센 실험대학의 동료들을 포함해 자기 주변에 마오주의 운동 세력이 많았고, 또 프랑스나 이탈리아 공산주의자들로부터 충분히 맑스주의적이지 않다고 비판받던 푸코는 그들을 기쁘게 할 요량으로 맑스를 인용하곤 했다. 맑스 인용은 당시 푸코의 교묘하고 능숙한 처세술이었던 셈이다. 푸코는 일본인들에게 보내는 어느 (미출간) 텍스트에서 맑스를 인용하는 진짜 맑스주의자에 관해 정의내린 적이 있다고 한다. 이 역주는 필립 슈발리에(Philippe Chevalier)의 도움으로 작성됐다.]

18) 맑스가 주장한 세계 화폐의 세 기능(지불수단의 기능, 구매수단의 기능, 부 일반을 나타내는 절대적인 사회적 물상의 기능)을 상기하는 것은 전적으로 무용한 일일까?

a – 화폐는 권력 행사와 연결된다. 하지만 그런 연결이 간단한 방식으로 일어나지는 않는다(화폐를 보유하기 때문에 권력을 획득하고 행사하게 되는 것이 [아니다]). 오히려 어떤 이들이 권력을 쥐었기 때문에 화폐가 제도화된 것이다.[19]

b – 하지만 유산가(그들은 이미 권력을 보유하고 있었다)나 신흥 [13] 유산가가 권력을 장악하는 것이 관건이 아니다. 오히려 어떤 유형의 유산가와 다수의 빈농 및 장인이 맺은 동맹이 중요하다.

화폐의 출현은 새로운 유형의 권력 구성, 즉 소유 체제에 개입하고 부채와 부채 지불의 게임에 개입하는 것에 그 존재 이유가 있는 권력의 구성과 연결된다. 따라서 화폐는 늘 정치권력의 '비상한' 형태(이를테면 참주, 입법자)와 동시에 출현한다.

c – 이런 권력 장악이나 권력 재분배에서 화폐가 갖는 기능은 무엇인가?

만일 참주 큅셀로스가 화폐 제도에 개입한다면, 그 이유는

— 그가 토지를 철저히 전체적으로 분할하기를 거부했다는 데 있다.

— 그가 부채를 말소했지만 채권 게임과 채무 순환은 유지했다는 데 있다.

— 그가 가난해진 농민을 장인 계급이나 임금 노동 쪽으로 유 [14] 인했다는 데 있다.

나중에 솔론이 아테나이에서 대대적인 개혁을 추진할 때도 화폐는 꽤 유사한 역할을 맡게 된다.[†] 여건은 달랐지만, 솔론은 부채

Karl Marx, "Le Capital," *Œuvres*, t.1, éd. Maximilien Rubel, Paris: Gallimard, 1963, 1re section, III, 3, p.687. [『자본 I-1』, 218쪽.]

19) "희랍에서 참주정은 화폐 경제 위에 세워진다"(Ure, *The Origin of Tyranny*). 푸코의 노트.

† 솔론의 개혁, 특히 부채 탕감과 화폐의 관계에 관해서는 다음을 참조하라. "솔론은

를 말소하는 대신 소유는 유지한다. 긴장을 완화하기 위해 솔론은 장인 계급(외국인 노동자의 도움을 구하기)과 수출(올리브 나무의 뿌리를 뽑는 행위 금지)을 발전시킨다.

어느 경우든, 화폐는 명확히 정해진 정치적 역할을 맡는다.

— 헤시오도스 이후 꾸준히 상승했으며 중장보병 부대의 설립으로 더욱 위험해진 사회적 요구를 가라앉히기,

— 그렇게 함으로써 소유 체제와 유산계급의 권력 보유를 동시에 유지하기,

— 농업 귀족정에서 더 상업적이고 제조업적인 귀족정으로 [권력 보유를*] 이동시키기.

— 통치자들의 손에 세금과 임금이라는 이중의 도구, 그에 더해 조폐권을 쥐어줌으로써 [그것을**] 강화하기.

[15] 화폐의 표식에 각인된 것(코린토스에서는 말, 아이기나에서는 거북, 아테나이에서는 올빼미 같은 형상들)은 일반적인 기호학적 본성

저당 잡힌 토지에서 저당석을 없애고 부채를 말소했으며 앞으로 아무도 몸을 담보로 차금하지 못하도록 했다고 한다. 그런데 안드로티온의 말에 따르면, 솔론은 부채를 말소한 것이 아니라 이자를 줄여서 부담을 경감시켰을 뿐이며, 이와 함께 도량형을 늘리고 화폐의 가치를 변화시킨 것 등의 조처가 '채무를 말소(seisachtheia)'한 것으로 알려졌던 것이라고 한다. 화폐 가치의 변화로는 1므나(일정 무게 단위의 화폐단위)가 그전에는 73드라크메(주조화폐)였으나 100드라크메로 하였다고 한다. 그래서 같은 수의 화폐이지만 더 적은 값어치의 화폐를 지불함으로써 갚는 사람은 득을 보게 하고, 동시에 받는 사람도 (같은 수의 화폐를 받으므로) 손해를 보지 않도록 하였다는 것이다." 최자영, 『고대 그리스 법제사』, 아카넷, 2007, 43~44쪽.

* 강의원고에는 "권력 보유를 이동시키기"(déplacer la détention du pouvoir)가 아니라 "그것을 이동시키기"(le déplacer)라고 되어 있다. [푸코는 직접 목적보어 le로 '권력'을 가리키려 했던 것 같다. 하지만 문법상 le는 '소유 체제'를 가리킬 수도 있어, 편집자가 애매함을 없애기 위해 le를 '권력 보유'라고 풀어서 명시한 것으로 보인다.]

** 강의원고에는 "그것[권력 보유]을 강화하기"(la renforcer)가 아니라 "그것을 강화하기"(le renforcer)라고 되어 있다. [편집자는 위에서 직접 목적보어 le를 '권력 보유'로 수정했기 때문에, 여기서도 le가 아니라 권력보유를 받을 수 있는 (여성형) la로 고쳤다.]

을 갖는 기호가 아니다. 그것은 정치권력을 위한, 그리고 정치권력을 둘러싼 투쟁이다. 그것은 정치권력의 이동, 유지, 강화이다.

물론 이렇게 출현한 표식이 수행한 기능을 간과해서는 안 된다. 튀르고 이후 전통적으로 해왔듯 화폐의 표식을 언어학적 기호와 비교하느니,[20] 권력의 상징 및 의례와 비교하는 게 낫다.

2. 화폐-모상 [16]

아주 도식적으로 이야기해보자.

a - 상고기 희랍에서 권력의 상징은 홀, 지휘봉이었다.[21] 그 상징은 회의장에서 각자 발언권을 받아 의견을 개진하고 결정에 참여하며 맹세하고 거짓 서약의 벌에 노출될 때 돌고 돌던 것이다.

그런데 이렇게 표시된 권력(집단의 수장들 사이에서 공유되고 순환되는 권력)은 그 수장들의 토지, 재산, 수확량, 집 크기, 그들의 집 안에 축적된 세발솥과 호화로운 직물이 그들에게 부여한 권력이었다.

홀은 정치적인 것과 경제적인 것이 결속되어 있던 한 사회의 권력을 상징적으로 표시하곤 했다.

b - 고전 경제학자들이 연구했던 것 같은 시장 사회에서 화폐는 부재하는 상품의 기호이다. 그리고 화폐의 가시적 유통은 상업적 순환과 시장의 등가는 표시하지만 진정한 정치적 관계는 은폐한다. 화폐 기호를 통해, 부는 자연스러우면서 능숙하고 필연적이 [17]

---

20) 푸코에 따르면 안 로베르 자크 튀르고는 『백과사전』의 '어원' 항목에서 처음으로 화폐와 단어를 체계적으로 대비시켰다. Michel Foucault, *Les Mots et les Choses*, Paris: Gallimard, 1966, p.90. [이규현 옮김, 『말과 사물』, 민음사, 2012, 127쪽.]

21) Homère, *Iliade*, t.1 et t.3, éd. et trad. Paul Mazon, Paris: Les Belles Lettres, 1938, I/A, v.234-239, 245-246; II/B, 100 sq.; XVI/Π, v.501-506. [천병희 옮김, 『일리아스』(개정판), 도서출판 숲, 2015, 37, 37, 61, 481쪽.]

며 우연적인 절차에 따라 순환되고 분배되며 분할되는 듯 보인다. 하지만 사실상 권력은 보존된다.

경제적인 것과 정치적인 것은 연결되어 있지만 서로 어긋난다. 그것들의 의존 관계는 가려지고, 화폐의 기호는 그것들의 의존, 어긋남, 이 어긋난 의존의 은폐를 동시에 만드는 도구이다.

기원전 7~6세기 희랍 사회에서 화폐는 더 이상 완전히 홀 같은 주술적-정치적 상징이 아니지만 고전 경제학에서 말하는 은폐하는 표상과는 아직 거리가 멀다. 화폐는 (자신을 보존하면서) 이동하는 과정에 있는 권력, 새로운 조절 작용을 통해 계급 지배가 유지되도록 보장하는 권력이 사용하는 도구이다.

[18]   그때 화폐는 실효적 상징이길 그쳤으나 아직 표상적 기호가 된 것은 아니다. 화폐를 [……*] 중첩된 대체의 고정된 계열이라고 이해해야 한다.

— 화폐는 종교적 대체를 실행한다. 화폐는 징수와 재분배를 가능케 한다.

— 화폐는 경제적 대체를 실행한다. 자산, 투자.

— 화폐는 정치적 대체를 실행한다. 한 사회 집단에서 다른 사회 집단으로.

— 화폐는 다른 대체를 실행한다. 화폐는 사회 변혁의 요구를 약간의 권력 이동으로 대체한다.

이야기된 신화에서 정치적 조작에 이르기까지 일련의 온갖 대체가 있다. 이 대체들은 중첩되고 서로가 서로를 대체한다. 이것이 모상이다. (표상이 아니라) 고착을 만들어내는 실제적 조작, 무한정한 계열.

---

* 강의원고에는 "서로가 서로를 대체하는"(qui se substituent les unes aux autres)이라고 되어 있다.

기호는 '표상하지만,' 모상은 하나의 대체를 다른 대체로 대체 [19] 한다. 모상의 실재성 덕분에 화폐는 경제적 도구로서만이 아니라 일종의 하중과 내력에 의해서 권력으로부터 유래해 권력으로 돌아가는 사물로 오랫동안 남을 수 있다. 그것을 위조하면 불경과 신성모독이 되는, 종교적으로 보호를 받는 대상.

화폐라는 대상에 이렇게 많은 성격이 쌓여 있음을 보여주는 몇 가지 증거를 탐지할 수 있었다.[22]

— 희랍에서 위조 화폐 제조인은 신성모독자로 취급됐다. 대규모 종교 기관은 예금과 대출이 가능한 은행으로 [기능하곤 했다].

— 라우리온 광산에서 얻은 수익을 아테나이 시민들에게 나눠 [20] 주기(테미스토클레스는 이것에 반대했다).

— 아테나이의 최고권에 대한 감사의 표시로 아테나이의 동맹 국들이 바친 공물을 δῆμος[dēmos/인민]에게 재분배하기. 이 재분배는 시민들이 정치적 또는 사법적 직무를 수행하러 왔을 때 수당을 지급하는 형태로 이뤄졌다.

— 또는 로마 황제들이 자신의 최고권을 과시하고 유지하기 위해 분배했던 상여금.

— 또는 그리스도교 시대에 군주들에게 바친 촌지와 금전의 재분배.

— 그리스도교 윤리에서 수익과 애덕의 게임.

화폐의 작동 방식을 설명해줄 수 있는 것은 기표 이론이 아니라 [21] 오히려 모상 분석이다. 화폐는 기호이기 전에 모상이었다.

어쩌면 우리는 더 멀리 갈 수 있다. 화폐는 모상으로서의 기호이다. 시장 경제에서 화폐가 기호로 작동하기 시작한 것은 모상으로

---

22) Laum, *Heiliges Geld*, op. cit.; Will, "De l'aspect éthique des origines grecques de la monnaie," pp.211~213.

서의 화폐의 실제 역사에 일어난 하나의 변모이다. 사물의 본성의 모상, 사물에 고유하게 속하는 가치의 모상, 실질적 등가의 모상. 맑스는 그런 모상을 '물신주의'라 불렀다. 이 모든 것을 요약하면 화폐는 모상으로서 권력과 연결되어 있다고 말할 수 있다.[23]

[22] **3. 화폐-적도**

화폐는 종교적 의례의 꼴로 [스케치되는*] 형상으로 나타난다. 그것의 핵심 요점은 이렇다.

　　— 증여와 모집,

　　— 희생제의와 몫의 배분,

　　— 재분배,

　　— 참가자에게 반환된 힘.

화폐는 그 희랍적 기원에 있어서 두 상품 사이의 교환보다는 의례적이고 기운을 차리게 하는 소비에 더 가깝다.

　　a – 화폐는 무엇보다 도시를 구성하는 상이한 요소들 사이의 조절 도구이다.[24] 선물이나 증여 형태[로] 화폐를 분배함으로써 빈자

---

23) 시뮬라크르(대[對] 기호 및 상징)에 관한 증가하는 개념화는 1960년대 이래 시뮬라크르를 '영원 회귀'와 연결한 피에르 클로소프스키, 그것을 '차이와 반복'과 연합한 질 들뢰즈, 그리고 푸코 사이에서 돌고 돈다. Pierre Klossowski, *Un si funeste désir*, Paris: Gallimard, 1963; Gilles Deleuze, *Différence et Répétition*, Paris: PUF, 1968. [김상환 옮김, 『차이와 반복』, 민음사, 2004]; Michel Foucault, "La prose d'Actéon"(1964), *Dits et Écrits*, t.1: 1954-1969, éd. Daniel Defert et François Ewald, avec collab. Jacques Lagrange, Paris: Gallimard, 1994, pp.326~337; rééd., t.1: 1954-1975, Paris: Gallimard, 2001, pp.354~365. [심재중 옮김, 「악테옹의 산문」, 『미셸 푸코의 문학 비평』, 문학과지성사, 1989, 146~161쪽.]

　* 강의원고에는 "스케치되는"(dessin)이 아니라 "구상되는"(dessein)이라고 되어 있다.

24) 빌은 「조폐의 기원에 관한 고찰과 가설」(앞의 각주 4번 참조)에서 '조절'의 대응어로 희랍어 nomisma, 즉 "가치 평가 도구"를 제안한다. 그 단어는 어근 NEM-에서 파생된 것으로서 비슷한 부류로 nemesis, nomos, nomisma, nomizein이 있다. 들뢰

들이 지나치게 궁핍해지는 것을 피할 수 있다. 부자들에게 세금을 징수함으로써 그들이 지나치게 부유해지는 것을 피할 수 있다.

화폐는 물론 μέτρον[metron], 즉 척도이지만, 이런 뜻에서 화 [23] 폐는 과잉, πλεονεξία[pleonexia/탐욕, 제 몫 이상을 차지하려고 함], 과잉 소유를 막는다.

하지만 화폐는 또한 너무 큰 빈곤, 무한정한 부채를 막는다. 화폐 덕분에 극빈자들은 빚을 청산하고 자신들을 위협하는 노예 상태에서 벗어날 수 있게 된다. 만일 화폐가 μέτρον이라면, 그것이 서로 다른 사물들 각각의 가치 기준을 제시하기 때문이 아니라 부와 빈곤에 한계를 설정하기 때문이다. 화폐는 공통의 양을 정함으로써가 아니라 대척점에 있는 과잉(부/빈곤)을 배제함으로써 적도가 된다.

솔론의 "지나치게 많지도 않고 지나치게 적지도 않고"[25]라는 격언은 화폐 제도의 맥락 안에 있다.

b – 화폐는 또한 부의 과잉과 빈곤의 과잉에 수반되는 이중의 정치적 폭력을 피할 수 있게 해준다는 의미에서 μέτρον이다. 화폐 제도는 빈자들이 빚을 갚을 수 있게 해준다. 화폐 제도 덕분에 빈자들은 유급 일자리를 제안 받게 된다(또는 빈자들은 배급받던 식량을 스스로 구매할 수 있게 된다).

하지만 동시에 화폐는 부자들로 하여금 정치적·사회적 대변혁 [24] 을 피할 수 있게 해준다. 화폐는 부자들에게 그들이 요구받은 희생을 치른 끝에, 그 희생 덕분에, 토지와 부의 대부분을 지킬 수 있도록 보장한다.

즈는 거기서 '노마드'[유목/유목민]라는 테마를 끌어오기도 한다. Deleuze, *Différence et Répétition*, p.54. [『차이와 반복』, 104쪽.]

25) 앞의 각주 1번을 참조하라.

화폐를 도입하는 자는 사회 갈등을 조절하는 자이다. 솔론처럼 당파들 사이에 경계처럼 버티고 서서 어느 한쪽으로 치우치지 않는 자, 당파들이 싸우지 못하게 그들 사이에서 방패로 막는 자.26)

[*]   *c – 이렇게 화폐는

— 질서, 정의가 지배하게 만든다.

— 얼마를 지불해야 하는지, 얼마나 가치가 있는지에 관한 진리를 세울 수 있게 해준다. 화폐는 δίκαιον καὶ ἀληθές[dikaion kai alēthes/공정하고 참된]를 도입한다. 하지만 동시에 화폐는 권력의 작용에서 근본적 역할을 맡는다.

— 국가 제도(조세, 징수, 축적, 가치 결정, 분배)를 수반한다.

— 계급 권력의 유지를 가능케 한다.

화폐는 각자가 진리에 따라 평가하고 측정할 수 있는 가능성을 마련한다. 화폐는 정의(비-과잉으로서의 적도)를 가능케 한다.

비-과잉과 진리: 희랍의 심오한 귀속 관계. 화폐가 진리와 맺는 관계는 다음과 같다.

— 과잉을 피하면서,

— 균형(그리고 비폭력)을 세우면서,27)

---

26) 다음의 논문에 나오는 솔론의 시에 대한 암시. Gregory Vlastos, "Solonian Justice," *Classical Philology*, vol.41, no.2, April 1946, p.81. [그레고리 블래스토스가 인용한 솔론의 시구는 다음과 같다. "나는 나의 자리를 양쪽 당파의 가운데 자리 잡았으니, 양편의 경계에"(Fr.37W), "나는 여기저기 모두와 싸웠으며 개떼에 둘러싸인 늑대처럼 사방으로 몸을 휘둘려 싸웠다"(Fr.36W), "나는 양자에 맞서 내 권한의 방패를 세워 막았노니, 정의에 맞서 그들 가운데 한쪽이 승리하지 못하게"(Fr.5W). 솔론의 시 번역은 다음을 참조했다. 헤르만 프랭켈, 김남우·홍사현 옮김, 『초기 희랍의 문학과 철학 1』, 아카넷, 2011, 425, 427, 424쪽.]

  * 쪽 번호가 붙어 있지 않은 총론. 사용된 종이로 미뤄 보건데 몬트리올의 맥길대학교에서 발표할 때 작성됐다.

27) 데모스테네스는 일말의 폭력도 [사안과 관련 없는 이들에게까지] 부정의를 낳는다고 말한다[Démosthène, *Kata Meidiou*, xxi, 45]. Vlastos, "Solonian Justice," art. cité.

— 도시의 질서가 돌아가게 만들면서,

화폐 덕분에 사물은 자신의 진리 속에서 스스로를 드러낼 수
있게 된다.

따라서 화폐는 사물을 양적으로 측정하기 때문에 진리를 언표
하는 것이 아니다. 화폐는 과잉을 배제하기 때문에 사물이 가치를
가지고 진리 속에서 펼쳐질 수 있게 해준다. 화폐-적도: 적도(비-
과잉)의 요소 안에서 사물은 참이 된다. 측정의 실천(즉 양화 가능
한 기호를 사용하기)은 과잉을 피하고, 균형을 세우는 것이다.

[희랍 사상에서는 이후에도 여전히 국가가 부자와 빈자로 이뤄진 [25]
것으로 간주된다는 사실을 지적할 수 있다.[28]

[플라톤,] 『국가/정체』, IV, 422e: 한 나라에는 서로 적인 두 개의
나라, 즉 빈자의 나라와 부자의 나라가 있다.[29]

아리스토텔레스, 『정치학』, [VI, 3, 15]: 국가에서 가장 구분되는 두
계급이 부자와 빈자이다.[30]

오랫동안 부와 빈곤의 과잉은 국가를 파괴하는 원리 가운데 하나
로 여겨졌다.

『국가/정체』, VIII, 550e: 부는 덕을 배제한다.[31]

『국가/정체』, IV, 421d: 너무 가난하면 장인은 도구가 없어서 일을
더 이상 할 수조차 없다.[32]]

---

28) Claude Mossé, *La Fin de la démocratie athénienne*, Paris: PUF, 1962, pp.234~
239.

29) [플라톤, 박종현 옮김, 『국가/政體』, 서광사, 2005, 263쪽.] 본서 8강(1971년 2월 17일)의
182쪽과 각주 21번 참조.

30) [아리스토텔레스, 『정치학』, 450쪽, 1318a27 이하.] 본서 8강(1971년 2월 17일)의 각
주 22번 참조.

31) "훌륭함(덕)과 부는 아주 상반된 것이어서, 마치 저울의 양쪽 저울대에 놓인 것들
처럼, 늘 반대편으로 쏠리지 않는가?" Platon, "La République," *Œuvres complètes*,
t.1, éd. Léon Robin, Paris: Gallimard, 1977, VIII, 550e, p.1149. [『국가/政體』, 523쪽.]

D. 마지막으로, 보다시피, 화폐 제도는 진리 속에 있는 사물의 가치와 연결되지 않고 δίκαιον[dikaion], 즉 도시를 지배하면서 도시의 몰락을 막아주는 정의와 연결된다.

오히려 만일 화폐가 진리와 관련이 있다고 한다면 그것은 화폐가 사회를 조절하고, 조정하며, 정정하는 도구이기 때문이다. 화[26]폐 덕분에 큅셀로스 같은 참주들이나 솔론 같은 입법가들은 도시를 제 질서에 맞게 운영할 수 있었던 것이다. 화폐는 도시의 조화 및 실질적 힘이다. 올빼미 문양이 들어간 아테나이의 테트라드라크메[33]는 오랫동안 이오니아 세계 전반에 걸쳐 가시적으로 유통되는 도시의 힘이 된다.

화폐의 진리는 국가의 질서 및 활력과 분리할 수 없다. 화폐의 진리는 국가를 지배하는 δίκη[dikē/정의]의 이면 같은 것이다.

화폐에 대해 다른 식으로 묻기(화폐가 도시의 본체에서 무엇을 할 수 있느냐가 아니라 상품 교환에서 무엇을 표상하느냐고 묻기) 위해서는, 화폐가 (자연적이거나 규약적인) 기호로 출현하기 위해서는, 화폐가 사물의 가치를 참으로 표상하는지 환영적으로 표상하는지 묻기 위해서는, 일련의 온갖 변화가 필요할 것이다.

— 분명히 등가의 문제와 더불어, 지중해 수준에서 화폐 경제가 발전해야 할 것이다.

— 히피아스가 시행한 화폐 가치 절하처럼 화폐에 대한 일정 수의 조작이 필요할 것이다.[34]

---

32) "정작 그가 가난으로 인해 자기의 기술과 관련되는 도구나 그밖의 것을 마련할 수 없을 경우에는……" Platon, "La République," IV, 421d, p.982. [『국가/政體』, 261쪽.]

33) 『로베르』 사전에 따르면, "아카데미 [프랑세즈]는 이 단어를 여성형으로 규정한다. 하지만 고고학자들은 이 단어를 늘 남성형으로 쓴다." ["tétradrachme" 앞의 정관사를 여성형(la)이 아니라 남성형(le)으로 쓴 것을 두고 한 말이다.]

34) Michell, *The Economics of Ancient Greece*, pp.331~332.

— (화폐 경제에 힘입은) 개인 자산 축적이 새로운 불균형을 촉발해야 할 것이다.

화폐는 δίκαιον과 모상, 희생제의와 공정한 분배, 종교 의례와 [27] 사회 안정의 이중 지대를 완전히 떠나서 기호로서, 즉 자연적 기호 또는 자의적 기호로서 출현하고 취급된다. 이 기호는 진리에 따라 가치를 매길 수 있게 해주거나 우리가 욕망하는 대상의 교환을 가능케 해줄 뿐이다. 화폐 기표의 문제틀이 가능해지고(사실대로 말하면, 필요해지고), 화폐의 진리 기능에 대해 물어야 할 것이다.

기원전 4세기 중엽의 『정치학』35)에 나오는 문구는 훨씬 더 시사적이다. 아리스토텔레스는 다음의 것을 구분한다.

— (경작해서 부를 획득하는) 가정 경영에 속하는 자연적 재화 획득술. 이렇게 획득된 부는 필연적으로 한정되어 있다. 가정 경영에서 화폐 사용이 배제되지는 않지만, 화폐는 화폐 자체 말고 다른 것에 쓸모가 있다. 화폐는 우리에게 필요한 것을 획득하는 데 쓰인다.36) 따라서 화폐는 화폐 자체 말고 다른 것에 종속되며, 제한된 양으로만 획득된다는 이중의 성격을 갖는다.

— 화폐 자체의 획득을 추구하는, 그 결과 무한한 양의 획득을 [28] 추구하는 엄격한 의미의 재화 획득술. 재화 획득술은 교환에 바탕을 둔다. 재화 획득술은 비판거리가 되며 전혀 자연스럽지 않다. 어떤 의미에서 재화 획득술은 참되지 않다. 재화 획득술과 관련해 이렇게 물을 수 있다. 화폐는 모든 부를 획득하게 해주기 때문에, 모든 교환을 가능케 해주기 때문에 진정한 부가 아닌가? 그러므로 사물은 그것의 현금 등가물의 값어치가 있다.

---

35) Aristote, *La Politique*, I, 3, 1253b; I, 9, 1257a-b. [『정치학』, 37~39, 59~65쪽.]

36) 다시 말해, 행복한[좋은] 삶(ἀγαθὴν ζωήν[agathēn zōēn]). Aristote, *La Politique*, I, 8, 1256b32. [『정치학』, 58쪽.]

화폐는 오히려 "무의미한 것" 아닌가?[37] 화폐는 전적으로 규약으로서 "전혀 자연적이지 않은 것"이다. 왜냐하면 법령을 통해 화폐의 가치를 없애거나 유통을 중지시킬 수 있기 때문이고, 미다스처럼 금 무더기 앞에서 굶어죽을 수 있기 때문이다.

화폐에 관한 이중의 문제틀(자의적/자연적, 진리/환영)은 이후 화폐의 기호의 작동과 연결된다. 그전에 화폐의 진리는 명제학적이지 않은 방식으로 δίκη와 νόμος[nomos]와 연결됐다. νόμος는 아직 규약이 아니다.[38]

---

37) Aristote, *La Politique*, I, 9, 1257b. [『정치학』, 62쪽.] 마찬가지로 다음을 참조하라. pseudo-Aristote, *Économique*, II, 2, 1347a8-11, 1348b22-30.

38) Martin Ostwald, *Nomos and the Beginning of the Athenian Democracy*, Oxford: Clarendon Press, 1969.

10강. 1971년 3월 3일

nomos.* 성문법(노모스)과 화폐(노미스마)가 동시대에 제정되다 | 성문법(노모스)과 언표적 의례(테스모스) | 노모스의 네 가지 지지대. 코린토스의 화폐와 아테나이의 노모스. 헤시오도스의 에우노미아와 솔론의 에우노미아 | 경제와 정치. 도시국가라는 완전히 새로운 관념. 경제와 정치의 분리 | 모상, 화폐, 법으로의 회귀. 누구도 이야기하지 않는 nomos란 무엇인가?

기원전 7~6세기에 시작된 투쟁에서, 화폐는 코린토스의 예를 볼 [1] 것 같으면 섬세하고 교묘한 도구로 나타났다. 화폐는 토지를 나누면서도 부채 그리고 부채와 직결된 모든 불평등을 유지하게 해줬다. 화폐는 유산가들의 수중에서 정치권력(그것은 거의 이동하지 않았다)이 유지되게 해줬다.

νόμισμα[1]와 동시대이거나 혹은 [그보다] 조금 뒤에 대규모로 제정된 것이 바로 νόμος[nomos]인바, 그것은 흔히 성문법이라고 특징지어진다.

---

* 강의원고상의 제목.

1) Nomisma. 화폐. "ὅτι οὐ φύσει ἀλλὰ νόμῳ ἐστί"(hoti ou phusei alla nomōi esti/[이것은 돈이] 자연이 아니라[οὐ φύσει], 제도에 의한[νόμῳ] 것이기 때문이다). Aristote, *Éthique de Nicomaque*, éd. et trad. Jean Voilquin, Paris: Garnier, 1940, V, 5, 1133a30-31. [강상진·김재홍·이창우 옮김, 『니코마코스 윤리학』, 도서출판 길, 2011, 178쪽.] 베른하르트 라움은 노미스마("가치 있는 것," 가치 평가 수단)와 크레마타(부)의 차이를 지적한다. Bernhard Laum, *Heiliges Geld: Eine historische Untersuchung über den sakralen Ursprung des Geldes*, Tübingen: J. C. B. Mohr, 1924. 라움은 노모스를 "분할 규칙," 배분으로 옮긴다.

[2] 화폐와 관련해 나는 다음을 보이려 했다. 화폐는 처음에 교환의 실
천 속에서 기호로 도입된 것이 아니었다. 화폐는 무엇보다 그것이
모상으로서 형상화한 사회적 분배 속에서 어떤 역할을 맡았다.

법과 관련해서는 다음을 보이려 한다. 법은 처음에 기록으로서
도입된 것이 아니다. 기록은 법에서 근본적 차이를 구성하지 않는
다.[2] 성문법의 출현은 권력과 권력을 위한 투쟁이 문제가 되는 사
건 내부에서 이뤄진 것이다.

성문과 불문의 대립은 후대(기원전 5세기)의 대립이다. 고전기
희랍의 수많은 도시들이 스스로를 규정하기 위해서 원용하게 되
는 νόμος를 그런 대립으로 설명할 수는 없다. '새로운 법'은 다른
모델에 근거해 옛 법과 대립된다.

[3] **성문법과 불문법**

A. θεσμός

θεσμός[thesmos]는 불문 규칙이었다. 이는 그것이 그저 단순하게
λόγος[logos], 발언된 진술이나 목소리의 요소 속에서 전개된 구두
규칙이었음을 뜻하지 않는다.

α. θεσμός가 불문이라는 사실은 그것이 기억 속에 보존되어
사건이나 정황이 그것을 필요로 하는 경우·순간·때에 환기되어야
만 한다는 사실을 훨씬 더 정확히 뜻한다.

예) 호메로스의 시에서, 아카이오이족의 부대를 희랍에 다시
데려와야 했을 때, **규칙**은 평의회[boulē] 소집을 요구한다. 시비가 있
을 때 규칙은 결정하는 맹세의 시련이 실시되기를 요구한다. 훌륭
한 수장은 적절할 때에 규칙을 환기할 줄 아는 자요, 규칙을 적용

---

2) 푸코 강의의 청강자들은 최근에 출간된 제목(자크 데리다의 『기록과 차이』[남수인 옮
김, 『글쓰기와 차이』, 동문선, 2001])에 대한 암시로 알아들었다.

할 순간이 됐을 때를 알아볼 줄 아는 자이다.

β. θεσμός의 두 번째 성격. θεσμός가 작동하려면 발언될 필요   [4]
가 있다, 그것도 의례적으로 발언될 필요가 있다. θεσμός는 이 독
특한 출현 없이는 존재할 수 없거나, 어쨌든 현실성을 갖지 못한
다. θεσμός를 간직하는 기억은 말없이 항시 깨어 있는 종류의 현
전이 아니다.

θεσμός가 기능하기 위해서는[3] 기억이나 습관 속에 박히는 것
으로 충분하지 않다. 최고권에 어울리는 모든 몸짓과 징표와 더불
어 θεσμός로서 언표되어야 한다. θεσμός는 말없이 계속 군림하지
않는다. θεσμός의 효력은 그것을 언표하는 행위의 의례적 사건과
연결된다. θεσμός의 권력은 사건 속에서 행사된다.

γ. θεσμός의 세 번째 성격. θεσμός는 귀속과 소유의 엄격한 체
계에 붙들려 있다. 상고기 희랍 사회에서 기억은 그다지 개인적이
거나 집단적인 의식의 사안이 아니다. 기억은 소유 재산의 한 형태
인 동시에 권력의 한 형태이다. 기억 속에 간직될 만한 것은 그것
의 효력 때문에 그것을 권력 도구처럼 사용하는 폐쇄 집단 안에서
조심스럽게 보존되어야 한다. 기억은 비밀의 형태를 띠며 보물이   [5]
자 권력으로서 기능한다.

따라서 일군의 담론의 비밀을 전승하는 집단들은 기억의 제도
를 구성하게 된다. 그런 제도는 엄격한 배제 규칙, 그리고 아주 특
수한 암기술을 포함한다.

　— 아오이도스[음유 시인] 집단 내에서,

　— 사원, '말해진 것들의 수호자' 내에서.

---

3) Pavel Vinogradov, *Outlines of Historical Jurisprudence*, vol.2, London: Humphrey
   Milford, 1920, p.74[본서 7강(1971년 2월 10일)의 각주 3번을 참조]; Hartvig Frisch,
   Might and Right in Antiquity. "Dike" I: From Homer to the Persian Wars, trad. Cyrill
   Charli Martindale, Copenhagen: Gyldendal Boghandel, 1949.

담론의 보유자는 법적 규칙에 따라 권력과 부의 보유자이기도 했다. 규칙의 기억은 세도가의 부 가운데 하나였고, 세도가만이 가진 권리 가운데 하나이며, 권력을 행사하는 방식이자 보존하는 방식이었다. 어떤 규칙을 적용할 때가 왔는지 아니면 어떤 규칙이 지금 적용되는 것이 좋은지 이야기해주는 '해석가들'이 존재했다. 그러나 이 해석가들은 모두를 똑같이 지배하는 익명의 법을 해석하는 중립적 전문가가 전혀 아니었다.

[6]   해석가들은 가문의 소유 재산의 한 형태에 속하거나 그 형태와 연결됐다. 예컨대 훨씬 뒤에 아테나이에는 ἐξηγηταί Εὐμολπίδων [exēgētai Eumolpidōn]이 생긴다.4)

(지나는 김에 해석이라는 이 상고적 형태에 대해 적어 두자. [여기서] 해석은 기록, 기록의 의미에 대한 탐구, 기록이 λόγος 안에서 재현실화되는 것과 연결되어 있지 않다. [그것(해석)은] 때, 기억, 규칙을 상호 연관시키는 것이며, 이는 권력 행사로서 이뤄진다.)

앞서 말한 내용을 모두 요약하자. θεσμός와 관련해 핵심은 그것의 구두적 성격이 아니다. 오히려 θεσμός의 효력은 섬광 같은 사건과 항상 연결되어 있다. θεσμός의 유지는 권력 행사 도구인 소유 재산과 기억이라는 쌍둥이 형태로 보장된다.

B. νόμος

θεσμός가 구두 전통으로 요약될 수 없는 것 못지않게 [νόμος는] 성문법과 동일시될 수 없다.

---

4) 에우몰피다이 가문의 해석가들은 아테나이의 사제 가문과 관련된다. 에우몰피다이 가문은 엘레우시스의 숭배 의식을 수립했다. Vinogradov, *Outlines of Historical Jurisprudence*, p.76. 이 해석가들은 결국 법률 고문 역할을 하게 된다. [아테나이 북서쪽에 위치한 도시 엘레우시스(현재의 엘레프시나)의 사제 가문이던 에우몰피다이는 데메테르(수확과 곡물의 신)와 그의 딸 페르세포네를 숭배하는 밀교 의식을 진행했는데, 이 의식을 '엘레우시스의 숭배 의식' 혹은 '엘레우시스 밀의(密儀)'라고 한다.]

사실 우리가 문헌에 조금만 주의를 기울이면 νόμος가 확연히 구분된 여러 형태의 제도를 가리킨다는 사실을 깨닫게 된다.

α. 물론 성문법, 더 명시적으로 말해서 각인된 법은 석판이나 벽에 모두가 볼 수 있게끔 공개적으로 새겨진다. 사람들은 저마다 자신이 원할 때, 필요로 할 때, 그것을 쳐다볼 수 있다.

에우리피데스는 『탄원하는 여인들』(424행)[†]에서 테바이의 전령과 테세우스가 토론하게 만든다. 테세우스 왈, 아테나이에는

— 성문법이 있다.

— 그것 덕분에 인민이 지배한다.

— 부자나 힘없는 자나 동등한 권리를 누린다.

그리고 이는 참주에 반대된다.

β. 하지만 νόμος는 또한 불문법도 가리킨다. 예컨대 헤로도토스는 분명히 성문화되지 않은 규칙들의 집합을 가리키기 위해 스퀴타이족의 νόμοι[nomoi]에 대해 말한다.[5] 특히 스파르타의 법도 자주 이야기된다. 사람들은 그 법이 성문화되지 않았지만 교육, 모범, 교훈, 서로가 서로에 대해 갖는 명예와 긍지의 습관을 통해 전승된다는 사실을 (늘 상찬으로서) 부각한다.

기록은 παιδεία[paideia/교육]와 마주해, 그리고 παιδεία 옆에 [8] 서 νόμος가 취할 수 있는 가능한 형태들 중 하나일 뿐이다. 교육과 기록은 공동으로 또는 대안적으로 기능함으로써 νόμος를 보장하고 보호하며 유지한다. νόμος의 고유한 본성은 (부과됐다가 기억되는 θεσμός와 달리) 교육과 기록 어느 한쪽으로 소진되지 않는다.

[†] 정확하게는 381행부터 597행까지이다. 에우리피데스, 천병희 옮김, 「탄원하는 여인들」, 『에우리피데스 비극 전집 1』, 도서출판 숲, 2009, 384~393쪽.

[5] Hérodote, *Histoires*, IV, 105. [김봉철 옮김, 『역사』, 도서출판 길, 2016, 462쪽]; Felix Heinimann, *Nomos und Physis: Herkunft und Bedeutung einer Antithese im griechischen Denken des 5. Jahrhunderts*, Basel: Friedrich Reinhardt, 1945[1], 1965[2].

C. 어쩌면 훨씬 멀리 가야 할지 모르겠다. νόμος가 성문화되고, 아테나이 같은 민주 도시에서 기록이 법의 불가침성·성스러움을 나타내는 것은 사실이지만, 법은 연설, 토론, 심의, 투표를 거쳐 나중에 변경될 수 있었다(기본법 변경을 제안했다 승소하지 못한 자는 처벌 받는 경우도 있었다. [이는] 불가침인 θεσμός와는 반대된다. 기원전 4세기에 불가침한 법을 논할 때는 θεσμός라고 부른다).

이는 법이 연설에, λόγος에 노출된다는 것을, 법이 λόγος에 의해 영향 받거나 λόγος로부터 획득될 수 있음을 잘 보여준다.

[8'] *D. 마지막으로 νόμος에는 본성이라는 의미, 본성에 부합하는 행위 혹은 어쨌든 마땅히 해야 하는 바에 부합하는 행위[6]의 의미가 있다. 본성에 부합해야 한다는 한계를 갖는 관례.

자연/법의 접촉면.

핀다로스는 아크라가스의 크세노크라테스가 νόμος(습관, 본성)에 따라 말을 길렀다고 칭송한다.[7]

핀다로스: 케이론은 이아손에게 법에 따라 약을 쓰는 방식을 가르쳤다.

히포크라테스: 본성 탓에 비겁해진 곳에 인내와 용기를 주는 법이 있다.

(주의: 합치는 '딱 맞게,' 부합, 적합, 조화, 적응의 형태로 행해진다.)

---

 * 이 해당 쪽([8'])은 여러 차례 다시 작성됐다.

6) Thomas Alan Sinclair, *A History of Greek Political Thought*, London: Routledge & Kegan Paul, 1951; *Histoire de la pensée politique grecque*, trad. [s.n.], Paris: Payot, 1953. ["사실 희랍의 법 개념은 희랍의 관례 개념과 근연 관계에 있다. 헤시오도스에게 dikē가 일이 행해지는 방식, 따라서 일을 행하는 올바른 방식이었던 것과 마찬가지로, nomoi는 사태의 그러한 바, 사태가 습관적으로 그리되어온 바(ha nenomistai), 따라서 올바르게 행해진 바를 가리킨다." Sinclair, ibid., p.41.]

7) Pindare, *Vᵉ Olympique*; *IVᵉ Pythique*.

진리의 출현은 거기서, 거기로부터 일어난다.
그래서 의미들이 교차하고 대립된다.

이 네 가지 요소들은 정치적 변화에 따라 서로 분리될 것이다. [9]
이로부터 여러 가지를 언급하게 된다.

α. νόμος의 이 네** 지지점(기록, 연설, 교육, 본성***)을 통해,
우리는 νόμος의 몇 가지 특질들이 θεσμός를 규정하는 것과 대비
되어 바깥으로부터 그려지는 것을 볼 수 있다.

돌에 새겨져 있으며, 누구도 그것을 표현할 필요 없이 모두의
가슴 속에 현전하는 νόμος는 특히 누구에 의해서도 입 밖에 내어
지지 않는다. νόμος는 자신에 관해, 자신의 고유명으로, 자신의 설
립자의 역사적-신화적 이름 말고는 다른 이름을 갖지 않는 것으로
서 말한다. λόγος, 공적 연설, 토론의 공격이나 게임 속에서 쓰일
때에도 νόμος는 누구에게도 속하지 않는다. 그렇지만 모두가 공적
으로 νόμος를 전유하거나 거기에 따르거나 그것을 고칠 수 있다.
교육을 통해 전수되고 까마득하게 오랜 옛날의 모범을 통해 부과
될 때에도 νόμος는 그 누구에게도 속하지 않는다. 본성에 적응한
νόμος는 본성의 영역에 속한다.

네 경우에서 θεσμός의 성격을 규정하던 전유 체계와의 단절이
일어난다. 또한 이 네 경우에서, νόμος는 권력의 개별적 행사에서 [10]

** 처음엔 "셋"(trois)이라고 썼는데 나중에 도처에서 "넷"(quatre)으로 바꿨다. 읽기
힘든 네 번째 요소는 본성(nature)인 것 같다.

*** 아래에서 본성에 관한 모든 언급은 나중에 가필됐다. 콜레주드프랑스에서 했던 강
의에는 "본성"이라는 단어가 포함되어 있지 않다.

분리되고, θεσμός와 연결됐던 특수한 사건에서 떨어져 나간다. 어떻게 보면 νόμος는 항상 거기에 있다. 돌에 새겨지고, λόγος에서 쟁점이 되며, 습관의 열의에 의해 전승되며, 본성 속에서 읽어낼 수 있다.*

---

* "본성 속에서 읽어낼 수 있다"(Lisible dans la nature): 이 네 번째 요소는 추가됐다. 하지만 삭제된 쪽과 다음 두 쪽은 남아 있다.

우리는 [푸코가] 세 가지 요소를 가지고 작성한 단편을 복원한다. 지금의 논의를 명확히 해줄 것 같은 이 단편은 이 날짜에[강의에서] 낭독됐음에 틀림없다.

"기록, 교육, 공적 토론이라는 이 세 제도는 다음을 표명하는 동시에 보장한다.
    — 법적-정치적 규칙의 탈고유화[누구에게도 전유되지 않음], 기억-비밀-보물의 형태로부터 그 규칙의 해방(또는 분리),
    — 그리고 집단적인 동시에 항구적인 형태로 법적-정치적 규칙을 확립.
    세 가지 모두는 정치권력과 그 행사 조건의 근본적 재분배를 참조케 한다.
    문제는 이 재분배가 어떻게 이뤄졌는지 아는 데 있다. 왜냐하면 기록이 아니라 바로 그 재분배에 νόμος의 뿌리가 있기 때문이다.
    참고로, 이 삼중의 제도(기록, 교육, 토론)는 νόμος의 지지대이다. νόμος를 통해 그 제도는 모종의 형태의 정치권력과 관련된다. 그 권력 형태의 원리를 파악해야 한다.
    이 삼중의 제도를 통해 서구의 지식은 확립되고 발전했으며 제 고유한 형태로 전승됐다.
    νόμος의 제정과 그와 연결된 권력의 이동은 이 지식이 어디서 출현하고 어떻게 작동하는지를 이해하는 데 결정적이다. 물론 지식은 그저 단순히 권력 관계를 반영하지 않으며, 하물며 생산력을 반영하지도 않는다. 지식이 형성되는 장소와 조건은 그것이 형성되는 방식과 분리될 수 없다.
    λόγος, 기록, 또는 교육에 부여된 특권에 관해 기원전 5세기부터 희랍에서 생겨난 모든 토론, (기록, 말, 교육에서) 근본적인 것이 무엇인지 알기 위한 모든 토론, 이 모든 토론은 몰이해의 효과로부터만 가능하다. 기록, 말, 교육의 다양한 분배에서 관건은 언제나 정치권력이라는 사실에 대한 몰이해 말이다.
    기록, λόγος, παιδεία의 역할에 관한 플라톤의 여러 텍스트는 기록의 억압이라는 관점에서가 아니라 권력에 관한 매우 명확한 역사적 투쟁이라는 관점에서 해독돼야 한다."[a]

a. 우리는 여기서 자크 데리다를 인용한 문장을 알아본다. "플라톤 이래로 행해진 기록에 대한 억압과 역사적 탄압에 대한 분석. 이 억압은 에피스테메(épistémè)로서의 철학의 기원을 구성한다. 로고스(logos)와 소리(phonè)의 통일로서의 진리." Jacques β. 이 의미론적 조직화는 머지않아 분열된다. [11]

예를 들어 소피스트들: 교육 ≠ 본성.

소크라테스: 성문법 - 불문법.

철학의 창시는 이 분열에 대한 응답이었다. 다섯 번째 요소, 어떤 짝(이 네 요소들이 연루되고 말려드는 원리로서의 존재-진리)을 도입함으로써:

— 진리를 이야기할 때 λόγος는 본성의 존재와 합류한다.

— 단어들이 어떤 방식으로 존재에 참여할 때, 진리는 가르쳐진다.

귀결:

α. 그러자 서구의 거대한 철학적 물음들이 형성된다.

— 어떤 조건에서 λόγος는 진리를 이야기할 수 있을까? [12]

— 어느 정도로 언어활동은 존재에 참여할까?

β. 진리는 효과이길 그치고 조건이 된다.

기원전 6세기의 사유에서, 참은 이런 배치의 일반적인 효과였다. 기원전 5세기부터 참은 조건이 된다. 진리를 보유하기 때문에 우리는 훌륭한 법을 갖고, 교육은 본성에 합류하며, 성문화된 법은 λόγος에 부합하고 λόγος는 본성에 부합하게 되는 것이다.

의미론적 장의 주파는 진리와 존재로부터 가능하다.

γ. 의미론적 장은 제도로서, 사회적 절단으로서 분리된다: 철학, 과학, 진리 담론은

— 권력으로부터 독립적이고,

— 권력을 창설하며,

— 권력을 비판하는 것[이다].

Derrida, "Freud et la scène de l'écriture" [1966], *L'Écriture et la Différence*, Paris: Seuil, 1967, p.293, n.1. [남수인 옮김, 『글쓰기와 차이』, 동문선, 2001, 313쪽.]

그러나 사실 그 장은 권력으로부터 조직됐다.

[13] ***경제와 정치**

화폐에 관해 그나마 잘 알려진 예는 코린토스였다. νόμος에 관해 그나마 전반적 사료를 제공해주는 곳은 아테나이임이 분명하다.

1. νόμος와 εὐνομία

가장 먼저 지적할 것은 νόμος의 창시가 아주 일찍부터 εὐνομία [eunomia]라고 불린 어떤 것의 수립과 늘 연결됐다는 사실이다.[8]

α. 처음 보기에 Νόμος는 법이고 Εὐνομία는 좋은 법제이다. 아 [14] 테나이에 εὐνομία를 수립했다고 자랑할 때, 솔론은 선대의 불완전한 법을 좋은 입법 체계로 대체했노라고 말하고 싶었을 것이다.

Εὐνομία를 Εἰρήνη[Eirēnē/평화]와 Δίκη[Dikē/정의]의 자매라고 더 옛날에 말했을 때[9] 헤시오도스는 좋은 법제는 외부의 평화와 내부의 정의를 수반한다고 말하고 싶었을 것이다.

β. 그런데 좋은 법제라는 εὐνομία의 의미는 유지되지 못한다. 왜냐하면 εὐνομία라는 용어는 희랍에서 νόμος라는 단어보다 훨

---

* 푸코는 '기록과 참주'(L'écriture et le tyran)라는 제목이 붙은 첫 문단을 삭제했다. ["1970년 강의에서 푸코는 상고기 희랍법에서 성문법이 발명된 과정에 관해 말했습니다. '기록은 차이를 만들지 않음을 다 아실 겁니다'라고 덧붙였지요. 강의실은 웃음바다가 됐고요. 하지만 '기록과 참주'라는 제목을 붙여 쓴 구절을 읽지는 않았습니다." Entretien de Mathieu Potte-Bonneville avec Daniel Defert, "Filigranes philosophiques," *Cahiers L'Herne, Michel Foucault*, Paris: Éditions de L'Herne, 2011, p.45.]

8) "어원적으로 에우노미아는 노모스가 아니라 네메인과 결부되어야 한다. 호메로스에서 에우노미아는 등장하지만(『오뒷세이아』, XVII/P, 487), 노모스는 등장하지 않는다. …… 그것은 법이 아니라 입법자의 생각이다. ……. 에우노미아, 뒤스노미아는 시민 쪽에서 갖는 도덕적 태도를 표현한다." Victor Ehrenberg, *Aspects of the Ancient World*, Oxford: Blackwell, 1946, pp.74~86. 번역은 푸코의 것이다.

9) Hésiode, *Théogonie*, éd. et trad. Paul Mazon, Paris: Les Belles Lettres, 1928, v.900-902. [천병희 옮김, 「신들의 계보」, 『신들의 계보』, 도서출판 숲, 2009, 86~87쪽.]

씬 앞서 등장하고 νόμος가 가리키는 제도보다 훨씬 앞서 등장하기 때문이다(『오뒷세이아』, XVII/P, 487).†

게다가 아테나이의 εὐνομία를 창시했다고 간주되고 스스로도 그렇게 자처하는 솔론은 νόμος라는 용어를 사용하지 않는다. 어쩌면 어느 텍스트에서 썼을 수도 있지만 우리는 거기서 사용된 단어가 ὁμοῦ[homou]라고 가정할 수 있다(그레고리 블래스토스).[10]

εὐνομία는 νόμος에서 파생된 것, 그러니까 그 자체로 중립적인 νόμος의 (좋거나 나쁜) 제도에 추가되는 개선, 조절을 뜻하는 것이 아니다. 오히려 νόμος가 εὐνομία라는 원리에서 제도로서 조 [15] 금씩 도출됐다. εὐνομία가 νόμος에 선행한다. 전자는 후자의 형성 요소였다. εὐνομία를 모색했기에 νόμος가 창시된 것이다.

γ. 아마도 εὐνομία를 어근인 NEM-에 직접 결부시킬 필요가 있다.[11] 이 어근은 νόμος에서도 발견되지만, εὐνομία의 어근이 옛 의미를 더 잘 보존했을 수 있다. 이 어근 NEM-은 분배와 나눔을 가리킨다.

(호메로스에서 ὕβρις[hubris]/εὐνομία의 대립.)[12]

---

† 호메로스, 천병희 옮김, 『오뒷세이아』(개정판), 도서출판 숲, 2015, 423쪽.

10) Gregory Vlastos, "Isonomia Politikē," *Isonomia: Studien zur Gleichheitsvorstellung im griechischen Denken*, hrsg. Jürgen Mau und Ernst Günther Schmidt, Berlin: Aka -demie-Verlag, 1964, pp.1~35. [마틴 리치필드 웨스트가 편집한 솔론의 단편 36(= 아리스토텔레스, 『아테나이 정체』, XII, 4), 15-17행을 보면, 솔론이 채무 탕감과 예속인 해방에 관해 이렇게 말하는 구절이 나온다. "이런 일을 권력으로써 폭력과 정의를 함께 맞물리게 하여 약속한 대로 이뤘다." 여기서 '함께'는 희랍어 homou를 옮긴 것이며, 이는 『아테나이 정체』 베를린 파피루스의 독법을 따른 것이다. 하지만 런던 파피루스에는 해당 구절이 nomos의 속격인 nomou로 표기되어 있다. 그에 따를 경우, 위 구절은 "이런 일을 법의 힘으로써 폭력과 정의를 맞물리게 하여 약속한 대로 이뤘다"로 읽힌다. 푸코는 nomou가 아니라 homou로 읽고 있다.]

11) Emmanuel Laroche, *Histoire de la racine NEM- en grec ancien*, Paris: Klincksieck, 1949. 에마뉘엘 라로슈는 이 어근과 연결된 윤리적 관념을 강조한다.

12) Hubris. 질서의 부재, 힘의 분출. 『광기의 역사』에서 논의된 테마. 에두아르 빌은 그

헤시오도스의 텍스트에서도 이 의미가 분명하게 발견된다. 거기서 Εὐνομία는 Εἰρήνη와 Δίκη의 자매로 등장한다. 거기서 위 세 자매는 "Ὧραι[Horai/때, 계절, 시간의 리듬]의 여신들로 지칭된다. 이 규칙적인 시기들, 규칙적으로 준수된 시기들로부터 이웃 간의 평화, 채권자와 채무자의 평화, 가장 부유한 자와 빈자 사이의 평화가 유래한다. 또한 정의, 즉 각자에게 돌아갈 공정한 몫이 유래한다. 주요 신[의 기능]으로서 사물, 부, 토지의 규칙적인 분배가 유래한다.

[16]   헤시오도스가 노래하고 그것의 지배를 촉구하는 εὐνομία는 좋은 정체, 모두가 인정하는 공정한 법의 집합이 아니다. εὐνομία 는 재산의 공정한 배분, 부와 그 순환의 좋은 분배, 지출·상환·분배 게임에서 이뤄지는 규칙적 운동이다. εὐνομία에 대한 이런 요구에 서 도시의 법적-정치적 구조인 νόμος가 생겨나는데, 이를 가능케 한 조작의 전개 방식을 솔론의 업적에서 살펴볼 수 있다.

2. 솔론의 εὐνομία

솔론은 자기 이전에 군림하던 δυσνομία[dusnomia]에 맞서 εὐνο-μία[13]를 창시한 것이 본인의 업적이라고 규정한다. δυσνομία가 무엇인지에 대해서는 솔론의 여섯 번째 비가悲歌에서 명확히 알 수

개념을 프랑스어로 번역할 수 없다고 이야기한다. 그 개념은 인간과 인간, 인간 과 신이 관계 맺는 장을 포함한다. Édouard Will, *Le Monde grec et l'Orient*, t.1, Paris: PUF, 1972, p.598.

13) 푸코는 다음의 문헌들에서 끌어온 일련의 인용구를 사용한다. Werner Jaeger, "Solons Eunomie"[Solon's Eunomia], *Sitzungsberichte der Bayerischen Akademie der Wissen-schaften: Philosophisch-Historische Klasse*, no.11. Berlin, 1926; Gregory Vlastos, "Solonian Justice," *Classical Philology*, vol.41, no.2, April 1946; Ivan Mortimer Lin-forth, *Solon the Athenian*, Berkeley: University of California Press, 1919; Pierre Lé-vêque et Pierre Vidal-Naquet, *Clisthène l'Athénien*, Paris: Les Belles Lettres, 1964.

있다. 빈자들은 빚 때문에 노예로 전락했다. 빈자들은 자신이 소유한 몫에서 쫓겨났다. 반대로 유산가들은 자신들의 집 한복판까지 폭력의 추격을 받았다. 화禍가 담장과 벽을 뛰어 넘어 가정과 저택의 가장 신성한 장소인 화덕에까지 이르렀다.†

δυσνομία: 추방과 침입으로 이뤄진 이중 운동, 몫의 극심한 [17] 동요.

이 δυσνομία에 대한 치료제인 εὐνομία는 솔론에게 있어서 이중의 측면을 갖는다.

α. 경제적 측면:

— 빚의 말소는 아니지만 적어도 토지에 잡힌 저당의 말소. 농민 상당수가 자신들의 변제된 토지로 돌아오기는 했다. 하지만 토지의 전반적인 재분배는 없었고, 불균등하게 존재하던 나눔은 그대로 유지됐다. 심지어 변제된 토지 가운데 일부는 그것을 되찾은 농민의 손에 그리 오랫동안 남아 있지 못했다. 사실 법제에 따라 올리브 나무의 뿌리를 뽑는 행위가 금지됐던 것이다.

— 상업과 장인 계급 장려. 올리브 소유주들에 유리한 상업(플루타르코스는 교환 시 내놓을 것이 아무것도 없으면 누구도 외국의 상품을 구매할 권리가 없다고 이야기한다). 수출용 도기를 생산하는 장인 계급.

---

† "그와 같이 시민들에게 화가 각자의 집에 닥쳐온다. 걸어 잠근 문으로도 더 이상 막을 수 없다. 제 아무리 높은 담일지라도 뛰어 넘어오며, 분명코 방구석 깊은 곳으로 몸을 숨긴 자일지라도 찾아낸다. 내 마음이 내게 아테나이 사람들을 가르치라 명하니, 무질서(dusnomia)는 나라에 가장 커다란 화를 가져오며, 반면 질서(Eunomia)는 모든 것을 훌륭하게 질서 지워 불의한 자를 묶어 포박하곤 한다. 거친 것을 반듯하게, 과욕을 재우며, 오만을 누르며 활짝 피어올라 무성한 미혹을 파괴하며 굽어 휘어진 판결을 바로 세우며, 무모한 행동을 잠재우고, 갈등하는 불화를 제압한다. 혐오스러운 불화가 낳은 분노를 또한 제압한다. 질서가 있는 곳에 인간사는 훌륭하고 분명하다"(솔론, Fr.4W 26행 이하). 번역은 다음을 참조했다. 헤르만 프랭켈, 김남우·홍사현 옮김, 『초기 희랍의 문학과 철학 1』, 아카넷, 2011, 419쪽.

[18]　　β. 정치적 측면:

　　― 부의 경제적 배분에 따른 정치적-법적 권력의 분배.

　　― 납세액에 따른 네 계급의 구분(시민들은 자신들의 자산에 따라 정치적 권리, 즉 공직에 접근하고, 심의 및 결정을 하는 권력에 접근할 권리가 결정되는 네 범주로 나뉘었다).

　　― 다양한 법정의 조직. 법정 앞에서 시민이라면 누구나 다른 누군가에 맞서 소송을 걸 수 있다.

솔론의 이런 개혁[14]에 주의를 기울일 만한 이유가 여럿 있다.

　　1/ 부자와 빈자의 규칙 없는 투쟁을 대체하는 εὐνομία에서, 이 훌륭하고 규칙적인 배분에서, 결국 분배된 것은 자산이 아니라 법적-정치적 권력이다.

[*]　긍정적 측면*

상고기의 권력 분배 원리에 비하면, 그것[솔론의 개혁]은 물론 부에 따른 분배이지만, [둘 사이에는] 두 가지 근본적 차이가 있다.

　　a ― 모든 시민에게는 몫이 있다. 심지어 극빈자들도, 가장 가난한 자도 체계의 일부이다. 권력은 더 이상 일부의 소유물이 아니다. 권력은 모두에게 속한다. [권력은] 전체에서가 아니면 어디에서도 올 수 없다. [권력은] 그 자체에 적용된다.

　　b ― 상고기 체계에서는 동일한 분배 방식에 따라 부와 권력의 몫이 나뉘었다.

---

14) Édouard Will, "La Grèce archaïque," [Actes de la] Deuxième Conférence internation
-ale d'histoire économique/Second International Conference on Economic History
(Aix-en-Provence, 1962), t.1, Paris: Mouton, 1965, pp.79~94.

 * 1972년 3월, 뉴욕주립대학교 버팔로 캠퍼스에서 발표할 때 프랑스어로 추가된
　쪽. 1972년 이후 푸코는 자신의 강연들을 영어로 다시 썼다.

솔론과 더불어 두 가지 원칙이 생겼다.

— 권력을 너무 많이 가진 자는 도시로부터 처벌받는다.

— 부를 너무 많이 가진 자는 제우스의 징벌을 각오해야 한다.

부정적 측면**

[19]

솔론이 수립한 εὐνομία는 부의 분할 요구(ἰσομοιρία[15])에 대한 요구)를 정치권력의 분배로 대체하는 방식이었다. 토지를 요구하는 사람들에게 권력을 준 셈이다. εὐνομία의 조작 속에서 부를 권력이 대체한다.

> 주의: 이것[솔론의 εὐνομία]은 어떤 의미에서 [20년 전 코린토스에서] 퀍셀로스가 했던 조작의 역逆이다. 퀍셀로스는 대규모의 경제적 재분배를 실행했다. 그 덕분에 퀍셀로스는 (약간의 이동이 있긴 했지만) 권력을 이미 보유했던 계급의 수중에 권력 행사를 유지시켰다. 이 조작의 한가운데에 모상으로서의 화폐가 개입했다.
>
> 역으로 솔론은 어느 정도 권력을 나눴지만 부를 재분배하지 않으려고 그렇게 한 것이다. εὐνομία는 재분배를 피하면서 이 나눔을 실현한다.
>
> 두 해결책이 역이라는 사실, 솔론의 해결책이 아주 분명하게 퀍셀로스의 해결책에 대립된다는 사실의 증거가 솔론의 비가 중 하나에 있다.[16] 거기서 솔론은 아테나이의 가장 부유한 자들에게

** 원래 텍스트와의 대칭을 고려해 나중에 추가된 중간 제목.

15) Isomoiria (hē[ἡ])는 '균등한 몫'으로 옮겨야 한다. 그로부터 권리의 평등이 나온다. Lévêque et Vidal-Naquet, *Clisthène l'Athénien*, op. cit.

16) 솔론의 두 번째 비가. Linforth, *Solon the Athenian*, op. cit. 재인용. [각주에서 인용된 책의 135쪽과 137쪽에 번역된 비가(Fr.VIII L)[=Fr.34W]를 가리키는 것 같다. "많은 사람들은 훔치러 오고, 그들의 기대는 높이 오른다. 왜냐하면 커다란 재산이 그들에

[20] 자기도 참주처럼 토지를 나눌 수 있었지만 그리 하지 않았음을 부각한다.

그러나 우리에게 중요한 것은 εὐνομία와 νόμισμα가 마주보는 두 제도로서 서로 다른 두 방향으로 기능하지만 그 전체적 효과가 동일하다는 사실이다.

— 부자들의 경제적 희생이 강제된 곳에서 화폐는 앞장서서 참주의 매개를 통해 [부자들이] 권력을 유지할 수 있게 해준다.

— 부자들이 정치적으로 희생하도록 강제된 곳에서 εὐνομία는 부자들이 경제적 특권을 보존할 수 있게 해준다.

물론 두 제도는 서로가 서로를 호명한다. εὐνομία는 화폐가 주요 역할을 맡는 곳에서 경제적 재분배를 제한하는 구실을 한다. 그리고 화폐는 εὐνομία가 권력을 부과하는 곳에서 권력의 재분배를 제한할 수 있게 해준다.

법에 대한 복종은 큅셀로스가 만든 것으로 간주된다. 역으로 솔론은 앗티카의 화폐를 개혁하거나 변혁했으며 이는 아테나이에서 화폐 경제 발전을 개시한 것이었다.

[21] 2/ 솔론의 εὐνομία의 두 번째 성격은 경제적 나눔을 정치적 나눔으로 대체하면서도 경제와 정치 사이의 새롭고 복잡한 관계를 도입했다는 것이다.

게 생기리라 믿으며 내가 달콤한 미끼를 던진 후 진의를 드러내리라 믿는다. 그들은 헛되이 그렇게 생각했다. 이제 커다란 분노로 나를 마치 적을 대하듯 곱지 않은 시선으로 본다. 신들의 가호로 나는 내가 약속한 바를 이행했으니 이유 없이 그보다 많은 것을 하는 것은 잘못이며, 내 보기에 참주의 권력을 행사하는 것은 옳지 않으며, 똑같이 선과 악이 고향의 비옥한 땅을 나누는 것도 옳지 않다." 번역은 다음을 참조했다. 프랭켈, 『초기 희랍의 문학과 철학 1』, 423~424쪽.]

이는 큅셀로스의 개혁이 해내지 못한 것이었다. [큅셀로스의] 정치권력은 단지 참주정의 형태를 띠었다. 솔론의 개혁은 경제적으로는 훨씬 더 세련되지 못하다. 하지만 솔론의 개혁은 역사적으로는 아마 훨씬 더 큰 파급 효과를 낳았던 것 같다.

경제와 정치 사이의 이 새로운 관계란 무엇인가?

처음 보기에 부의 양과 권력 참여 정도 사이에 정확한 상관관계가 있다. 개인들은 자신들의 부에 따라 네 개의 납세 계급으로 나뉜다(양적으로 측정된 경우에는 펜타코시오메딤노이,17) 또는 질적으로 측정된 경우에는 기사[힙페이스], 소의 소유자[제우기타이]).

이는 권력자가 늘 가장 부유한 자들이고 부유한 자들이 당연히 권력자였던 상고기 집단에 여전히 너무 가까운 것 아닌가? 나는 그렇게 생각하지 않는다. 두 가지 이유가 있다.

α. 먼저 중요한 차이가 있다. 솔론의 개혁에서 극빈자는 권력을 [22] 갖지 않는 자가 아니라 권력의 몫이 가장 작은 자이다. 즉, 민회에 참여하는 것 말고는 다른 권력을 갖지 못한 자,18) 다른 시민을 법

---

17) pentakosiomedimnoi. 수입이 곡물 5백 메딤노이[1메딤노스=약 52.5리터]였던 자들 (제1시민 계급을 펜타코시오이[pentakosioi]라고 부른다). ['힙페이스'(hippeis)는 연간 수입이 3백 메딤노이인 자, '제우기타이'(zeugitai)는 연간 수입이 2백 메딤노이인 자들 또는 중장보병 부대에 황소 한 쌍을 제공할 수 있는 자들이다. 네 번째 납세 계급인 '테테스'(thêtes)는 임금 노동자 내지 연간 수입이 2백 메딤노이 이하인 자들, 또는 전쟁에서 전함의 노를 젓는 역할을 맡는 자들이다. 아리스토텔레스, 『아테나이 정체』, VII; 『정치학』, II, 12, 1274a15~18(김재홍 옮김, 『정치학』, 도서출판 길, 2017, 168쪽).]

오로지 상위의 두 납세 계급만이 권력에 접근할 수 있었다. 집정관은 그들 중에서 선출됐다. 이 두 상위 계급은 전체 시민의 1/5에 불과하지만 그들의 토지에서 밀 5백 부아소 [1부아소=약 13리터] 이상이 생산됐다.

18) "최하층인 테테스가 행정관을 선출하던 민회(에클레시아)에 접근할 수 있었는지는 알 수 없다." Will, Le Monde grec et l'Orient, p.65. [아리스토텔레스에 따르면, 솔론은 법을 제정해 "테테스 계층이 민회와 재판정에만 관여하도록 했다"(『아테나이 정체』, VII, 3) 여기서 문제는 테테스처럼 중무장할 수 없는 자들이 과연 온전한 의미의 시민 공동체인 데모스에 포함될 수 있느냐 하는 것이다.]

정에 출두시키는 자, 사람들 앞에서 다른 시민을 단죄하는 판결을 요구할 수 있는 자이다. 따라서 노예나 이방인이 아닌 이상 한줌의 권력도 소유하지 못한 사람은 없다.

이렇게 완전히 새로운 관념이 출현한다. 시민들이 저마다 권력의 일부를 보유하고, 전체 권력이 시민 모두를 통해 행사되는 그런 시민들의 집합으로서의 도시국가πόλις[polis]라는 관념이.

따라서 권력은 더 이상

— 몇 사람이 배타적으로 보유한 것이 아니다;

— 다른 어떤 이들이 일방적으로 따르는 것이 아니다;

— 몸짓에서, 발언에서, 명령 또는 의례화된 징수에서 일시적으로 순식간에 행사되는 것이 아니다.

권력은 모든 시민들을 통해 항구적으로 행사되는 것이다. 전 사회체는 권력이 스스로에게 적용되는 장소로 등장하기 시작한다. 권력은 권력이 행사되는 [바로 그] 신체에서 생겨난다.

[23]　β. 상고기의 권력 형태와 솔론의 εὐνομία 사이에는 또 다른 차이가 있다. 상고기의 형태에서는 부유할 경우 권력을 갖는다. 그리고 권력은 부를 획득할 수 있는 가능성이다. 권력을 잘 행사하는 자는 신들의 선물에 힘입어 부유해진다. 비난 받아 마땅한 방법으로 부유해진 자는 권력을 잃고 신들의 단죄를 받는다.

동일한 분배 원리가 한 번의 몸짓으로 권력과 부를 배분한다. 솔론의 경우, 사람들은 각자의 자산에 비례하게 권력의 몫을 보유하게 된다. 하지만 자산의 나눔과 권력의 배분이 동일한 메커니즘에 따르는 것은 아니다.

사람을 부유하거나 가난하게 만드는 것은 εὐνομία 바깥에 있다. 그것은 우연이자, 운이나 숙명이며, 신들의 의지이다. 반대로 가난할 때보다 부유할 때 더 많은 권력을 행사하게 만드는 것은 우리가 마침내 만나게 되는 원리인 νόμος이다.

솔론은 이에 대해 자신의 텍스트에서 이야기한다. 만일 누군가가 권리를 남용하길 바라고 권력을 남용해 부정의를 행할 경우, 온 도성이 직접 그런 남용의 피해를 입는다. 따라서 권력을 배분하는 νόμος는 그런 남용에 대한 처벌을 정해둬야 한다. 반대로 만일 누 [24] 군가가 터무니없이 공정하지 않은 방식으로 부유해진다면, 오래된 신앙대로 신들이 그 또는 그의 후손들을 벌할 뿐, νόμος는 그 처벌과 전혀 무관하다.

νόμος는 부의 할당 원리를 (은폐하면서) 유지하는 구실을 하는 권력 분배 원리에 주어진 이름이다.

νόμος는 정치적인 것과 경제적인 것의 분리가 취하는 형태이다. 그 분리는 실제적인 단절의 허구이다. 왜냐하면 **다섯*** 납세 계급 사이에 이뤄지는 정치권력의 배분은 경제적 불평등을 재생산하고 연장하며 제도화하기 때문이다. 왜냐하면 특히 νόμος의 창시, 즉 권력 배분을 규정하는 불가침한 법의 창시는 모종의 경제적 관계를 유지하는 역할을 하기 때문이다.

우리는 화폐의 근본적 역할을 모상이라고 특징지었다. 그 형 [25] 태에서 종교적인 모상, 사회체 전체에 주술적으로 활력을 불어넣는 징수·파괴·재분배를 위한 금속성 대체물이자 지지물, [즉] 화폐는 모든 사람들의 수중에 배분된 권력의 모상이다. 그렇지만 화폐는 약간의 경제적 희생을 대가로 해서 몇 사람의 수중에 권력이 유지되도록 보장해준다. 아테나이인의 손 안에서 올빼미가 찍힌 테트라드라크메[19]는 다른 곳에 보유된 권력의 모상을 일순간 반짝이게 할 뿐이다.

---

* 솔론의 개혁은 납세 계급을 넷으로 구별한다. 세금을 내는 거류외인을 푸코가 다섯 번째 계급과 동일시한 것일까 아니면 실수일까?

19) 본서 9강(1971년 2월 24일)의 각주 33번을 참조하라.

이제 νόμος를 분리로 특징지을 수 있다. 자산의 불규칙한 운과 권력을 규칙적이고 항구적으로 나누는 부동의 정치 구조 사이의 명백한 단절. 권력의 정치적 분배가 부의 전유 방식을 유지하고 연장한다는 사실을 은폐하는 단절.

화폐 아래에서 발견되는 것은 추상적이고 기호학적인 기호의 [26] 형상이 아니라 권력과 부 사이에 작동하는 모상의 광채이다. 법 아래에서 발견되는 것은 근엄한 기록이 아니라 정치적인 것이 경제적인 것에 의존하는 모습을 가리는 분리이다.

화폐와 법은 틀림없이 다른 자리를 차지하지만 정치적인 것과 경제적인 것, 권력과 부의 게임에서 보완적 역할을 맡는다. 필시 그 게임은 모든 사회에 존재하지만 기원전 7~6세기의 경제 변환과 뒤이은 계급투쟁은 상고기의 게임 형태를 극단으로 끌어당겼다.

[27] 결 론

이 분리의 위치에서 νόμος는 몇 가지 성격을 보여준다.

νόμος는 특정한 어느 누구도 차지할 수 없는 담론이다. 부를 보유한 자들 중에서도 없고(왜냐하면 그 담론은 부를 확인하고 기재해 정치적 용어로 옮겨 적지만 거기에 참여하지는 않기 때문이다), 권력을 보유한 자들 중에서도 없다(왜냐하면 권력을 분배하는 것이 바로 그 담론이기 때문이다).

따라서 νόμος는 아무데도 아닌 곳에서, 중앙 지점에서, 공통 장소에서 말해야 한다.

　— 그것은 신탁에 의해 주어지거나(스파르타),

　— 입법자에 의해 주어지거나,

　— 민회에 의해 주어진다.

난데없는 목소리, 중간의 목소리, 모두의 목소리가 경우(다시 말해 현존하는 세력 관계)에 따라 제도화될 것이다.

— 그것이 보호하는 부의 전유가 불가침이어야 하듯 불가침하고 불변하는 기록으로서,

— 아무리 가난해도 저마다 경제 관계에서 독립해 권력을 행사할 수 있도록 모두가 공적으로 차지하는 담론으로서,

— 부와 불평등에 대한 무관심을 가르치고, 반대로 법의 준수를 가르치는 교육으로서,

— 본성*으로서.

기록, 토론, 교육, 본성**은 세 가지[원문대로] 모두 νόμος가 차 [28]지하는 자리의 분리 효과에 바탕을 둔다. 따라서 교육, 토의 또는 기록(이것들은 국가의 형태를 띤 정치권력의 구성으로부터 생겨난 은폐의 간접 효과이다)에 이 은폐를 만천하에 드러내도록 요구하자. 부에 대한 교육, 토의 또는 기록의 윤리적 무관심, 정치권력의 행사에 관한 그것들의 상대적 독립은 그것들에 어떤 최고권이나 자유도 주지 않을 뿐 아니라 [……], 그것들의 존재를 정초하고 그것들의 작동을 보장하는 은폐의 효과에 지나지 않는다.

바빌론 사회에서 군주의 권력 전유는 전설적 이야기, 족보, 신적 계보의 의례적 낭송을 통해 갱신되고 재보장된다. 이제 권력을 전유하지 않고 분배하는 이 νόμος는 어떻게 강화될 것인가? 누구에 의해서도 이야기되지 않는 그 νόμος는 어디서 그 자체의 권위와 활력을 끌어올 것인가?

어떤 담론의 필요성이 그려진다. 즉 군주를 노래하는 것이 아 [29]니라 νόμος 자체, 분배 원리, 그것의 가치와 지혜, 그것의 바탕이 되는 기원, 인간만이 아니라 별, 바다, 동물, 식물 위에 군림하는 질서를 노래하는 담론의 필요성.

---

* Nature. 날짜를 알 수 없는 추가. 앞(215쪽)의 각주 **를 참조하라.
** 위와 동일.

최고권의 오래된 노래를 νόμος에 의거해 대체하는 담론. 우리는 이 담론의 몇 가지 특질을 곧바로 탐지할 수 있다.

— 이 담론은 기억 속에 보존된 위업과 사건을 더 이상 이야기할 것 없다.

— 이 담론은 사물과 인간 속에서 작동하는 항구적 분배들을 이야기해야 한다.

— 이 담론은 그 분배들을 더 이상 무사 여신들이 환기하는 기억의 은밀한 진리마냥 환기할 것이 아니라 다른 유형의 진리처럼 보이게 만들어야 한다.

— 이 담론은 최고권의 영역에 자리 잡을 것이 아니라 그 최고권을 재구성해야 할 것이다.

— 이 담론은 정치적인 것과 경제적인 것의 관계가 인식되지 않는 이 빈 구역에서부터, 이 분리에서부터 말해야 한다.

바로 거기서 중립적 인식 주체의 자리가, 모습을 드러낸 진리의 형태가, 그리고 더 이상 사건의 반복에 주술적으로 연결되지 않고 질서의 발견과 유지에 연결된 지식의 내용이 탐지된다.

바로 거기서, 그 [빈] 구역에서, 부도 권력도 없이 하나의 진리 아래 사물의 법칙을 드러냄으로써 인간의 법(그 법은 동시에 몰인식이기도 하다)에 힘과 활력을 부여하는 자의 형상이 그려진다.

❦

[뉴욕주립대학교 버팔로 캠퍼스의 표제 장에 추가된 속기 스타일의 노트. 강연의 결론을 담은 금언풍의 용지:]

Εὐνομία, 근본 용어.
Νόμος, 이것은 제도적 규칙.
Εὐνομία는 귀족정일 수도 있고,

민주정일 수도 있다.

Ἰσονομία[Isonomia]는 정확히 민주정을 뜻할 것이다.

그런데 이 εὐνομία는

— 한편으로 앗시리아 식 권력 소유와 매우 다르다:

• [여기서] 왕은 곧 권력이요, 권력의 전부이다. 왕을 위한 권력 밖에 없다. 그렇지만 εὐνομία에서 권력은 누구의 것도 아니다.

• εὐνομία/τύραννος[turannos/참주] 대립.

— 다른 한편, εὐνομία는 [앗시리아 식 권력 소유와] 동일한 효과를 갖는다. 왜냐하면 늘 사물에 질서를 부여하는 것이 중요하기 때문이다. 즉, 자연을 풍요롭게 만들고 인간을 정의롭게 만들며 죄인을 벌하고 전쟁을 없애는 것이 중요하기 때문이다.

그런데 모든 인도-유럽 민족[에게] 권력은 두 가지 방식으로 말과 연결된다.

α. 권력은 말로 행사된다.

— 명령.

— 재판.

— 예언.

β. 권력은 말에 바탕을 둔다. 권력을 선포하고, 권력을 정초하고, 권력을 강화하는 것은 바로 말이다.

앗시리아인들과 희랍인들에게 있어서 최고권 담론이

— 그것의 기능에서나

— 그것의 분배에서나

똑같을 수 없는 까닭이 이해가 된다.

γ. 앗시리아인들에게

최고권 담론은 왕권의 분신에 의해 보장된다.

— 왕권의 종교적 이중화(사제들)

— 왕권의 가족적 분신(형제).

최고권 담론은 하늘과 대지와 관계를 맺고 있는 왕과 선조의 업적을 이야기한다. 계보.

최고권 담론은 순환적이다. 그것은 비밀로 남아야 한다.

δ. 희랍에서:

최고권 담론은 항구적이어야 한다.

— 글의 항구성.

— 시의 항구성.

그것은 누구에게도 속하지 않아야 한다. 왜냐하면 그것은 모두에게 돌아가는 분배이기 때문이다.

그것은 '아무데도 아닌 곳에서' 이야기되어야 한다. 아니 오히려 중심, 중간에서 이야기되어야 한다.

그것은 영웅의 이중화(사건을 반복하기, 영웅을 재출현시키기)로 작동해서는 안 된다.

그것은 다른 영역의 이원성으로 작동해야 한다. 사물의 질서와 인간의 질서의 이원성으로. 사물의 질서와 인간의 질서의 회귀. 진리를 이야기하기, 정의를 규정하기.

진리-정의 쌍.

순환의 내부화.

εὐνομία는 곧 정치와 경제가 분리된 형태이다.

클레이스테네스의 ἰσονομία, 그 이상.

거기서부터 아테나이에 단절이 일어나게 된다. 어쨌든 εὐνομία는 정치권력을 나누는 원리이다. νόμος는 이 나눔의 규칙이다.

νόμος와 νόμισμα

나눔과 적도

그러나 νόμος의 담론은 어떻게 표명되고 행사될 것인가?

• 바빌론 문명에서는 의례적 낭송.

• 상고기 희랍[에서는] 사건.

여기서는 항구적 낭송, [그것은] 흔적이 아니라 ἐς ἀεί[es aei/ 영원히].

[이 낭송은] 몇 사람의 소유 내지 서기의 특권이 아니라 모두[의 것이다]: λόγος.

기억도 비밀도 아닌 각자에게 주어지는 분배, 교육.

마지막으로 이 법 담론은 사물의 질서를 재출현시키고 회복하는 기능을 갖는다. 그 질서는 부, 재산, 운의 질서가 아니라 다른 차원의 질서이다. 누구나 λόγος의 길을 따라 접근할 수 있는 항구적 질서.

부에는 고유한 질서, 아니 오히려 그 적도인 νόμισμα가 있다.

도시에는 그것의 질서, 아니 오히려 그 법인 νόμος가 있다.

진리, 그것은 질서(부를 빼고, 경제를 뺀 질서)이다.

화폐, 그것은 질서를 뺀 적도

　　　　　질서, 정의를 뺀 적도이다.

11강. 1971년 3월 10일

정淨한〔순수한〕 것과 부정不淨한〔불순한〕 것*: 호메로스에서 통과 의례인 목욕재계 | 기원 전 7~6세기에 오점의 지위가 전도되다 | 노모스, 화폐 그리고 새로운 종교 실천 | 사치스 러운 희생제의의 민주적 대체물인 금기 | 불멸의 민주화 | 범죄 행위와 지식의 의지

부정不淨이라는 법적-종교적 범주의 확립   [1]

정화는 상고기의 의례이다. 그런데 재추적할 필요가 있는 어떤 변천 과정 속에서 정화는 두 가지 대립과 연결된다. 정화는 원래 무관했던 두 가지 대립과 연결된다: 범죄 행위/무결

무지/지식.

I. 호메로스에서 '정한 것'의 범주

1/ 처음 보면, 정화 의례는 살해, 학살, 전투, 부상 이후에 하는 것이 관례인 것 같다. 먼지와 피 등은 씻어내야 하는 부정한 것이다.

　— 아킬레우스는 전투에서 피를 뒤집어 쓴 채 돌아온다. 아킬레 우스가 오뒷세우스와 디오메데스의 막사에 들어서자, 그들은 사람 들더러 아킬레우스를 씻길 준비를 하라고 명한다.[1]

---

* 강의원고상의 제목.

1) Homère, *Iliade*, t.IV, éd. et trad. Paul Mazon, Paris: Les Belles Lettres, 1938, XXIII/Ψ, v.31-73. 〔천병희 옮김, 『일리아스』(개정판), 도서출판 숲, 2015, 644~646쪽.〕 푸코가 호메로스에서 인용하는 모든 예들의 순서는 루이 물리니에의 저작에 나오 는 것과 같다. Louis Moulinier, *Le Pur et l'Impur dans la pensée et la sensibilité des Grecs jusqu'à la fin du IVe s. av. J.-C.*, Paris: Sorbonne, 1950. 박사 논문.

[2]   ─ 오뒷세우스와 디오메데스는 트로이아인들의 진영으로 원정을 나갔다가 돌아와서는 바다에 몸을 담근 뒤 욕조에 들어가 목욕을 한다(『일리아스』, X, 572-576).†

2/ 하지만 이 의례적 몸짓이 오점을 지우기 위한 것이라는 증거는 없다. 목욕재계 의례는 방금 일어난 일을 향하는 것과 똑같이 앞으로 일어날 일을 향한다.

전사가 전투 뒤에 몸을 씻는 까닭은 그가 새로운 활동의 문턱에, 성스러운 성격을 띤 종교·의례 활동의 문턱에 도달했기 때문이다.

─ 아가멤논이 아킬레우스를 씻기고자 할 때, 아가멤논은 아킬레우스에게 식사를 제공한다.

─ 디오메데스와 오뒷세우스는 전투에서 돌아와 아테네 여신에게 헌주를 붓기 전에 몸을 씻는다.2)

일반적으로 목욕재계는 평범하거나 일상적인 활동에서 의례적 활동으로 넘어갈 때 한다.

─ 이층 방에 올라가서 아테네 여신에게 기도하기 전에 페넬로페3)는 몸을 씻고 정갈한 옷으로 갈아입는다.

[3]   ─ 크뤼세이스를 돌려보낸 뒤 아가멤논은 아폴론에게 헤카톰베를 바치길 원한다. 아가멤논은 자신의 백성들에게 목욕재계하도록 명령한다[『일리아스』, I, 285-327].‡

어떤 과오를 씻고 죄를 지우는 것이 중요한 것이 아니다. 『일리

---

† 호메로스, 『일리아스』(개정판), 310~311쪽.

2) Homère, *Iliade*, t.II, X, v.550-579. [『일리아스』(개정판), 310~311쪽.]

3) Homère, *Odyssée*, IV/Δ, v.750-769; XVII/P, v.45-50. [천병희 옮김, 『오뒷세이아』(개정판), 도서출판 숲, 2015, 125, 404~405쪽.]

‡ 호메로스, 『일리아스』(개정판), 40~42쪽. 헤카톰베(hekatombē)란 소 1백(=hekaton) 마리를 신(주로 아폴론, 아테네, 헤라)에게 바치는 제사를 말한다.

아스』의 다른 대목이 이 점을 훨씬 더 분명하게 증명한다. 파트로클로스의 장례를 묘사한 대목이다.

— 아킬레우스는 파트로클로스(그는 희생자이지 살해자가 아니다)의 시신을 정성껏 씻긴다. 파트로클로스의 시신이 오염된 상태 ᾐσχυμμένος[ēschummenos] 저승에 들어가서는 안 된다[『일리아스』, XVIII/Σ, 179-180].✝ 하지만 아킬레우스 자신은 파트로클로스에 대한 의무를 다하기 전까지 씻지 않겠다고 한다.

호메로스에서 목욕재계는 살해자나 죄인을 씻고 그에게 그의 본래의 정함을 되돌려주지 않는다. 오히려 시간의 상이한 순간들과 활동의 상이한 수준들을 구획 짓는다.

의례에 들어갈 때, 희생제의의 순간이 됐을 때, 저승에 갈 때, [4] 탄원자·이방인이 집에서 접대 받을 때 목욕재계를 한다. 역으로 애도에 머물러야 할 때는 목욕재계를 하지 않는다. 해야 할 의무를 완수하지 않고서는 목욕재계를 할 수 없다.

목욕재계는 접촉을 끊는다. 목욕재계는 순간, 장소, 행위를 고립시킨다. 목욕재계는 넘어선 문턱을, 행동이 등록된 새로운 영역을 표식한다. 목욕재계는 위험한 소통이나 용납할 수 없는 연속성들을 가로막는다. 살육과 잔치의 연속성, 바깥과 집안의 연속성, 이승과 저승(하데스)의 연속성, 일상적인 것과 신에게 귀속되는 영역의 연속성, 산 자와 죽은 자의 연속성을 말이다.

목욕재계 의례는 이미 전부 구성되어 있는 오점의 장소, 오점의 핵을 식별해 고립시키기는커녕, 오히려 복잡하고 이질적인 사회-종교적 공간과 시간의 불연속성을 표식한다고 이야기해야 한다. 그리고 자발적으로든 비자발적으로든 두 이질적인 지역이 접촉할 때 오점이 있다고 이야기해야 한다.

✝ "…… 난도질된 채 ……." 호메로스, 『일리아스』(개정판), 536쪽.

[5]   3/ 그런데 다음에 유의해야 한다. 범죄자는 그 자체로 다른 이들로부터 고립시켜야 하는 상이한 지역들 가운데 하나가 아니다. 호메로스에게 살해자는 그 자체로 특별 취급 대상이 아니다.

— 텔레마코스가 기도하고 헌주하려는 순간, 살해자인 테오클뤼메노스가 등장한다. 텔레마코스는 테오클뤼메노스를 여느 탄원자처럼 맞이한다.[4] 뤼코프론은 살해를 저질렀지만 특수한 지위를 부여받지 않은 채 아이아스의 집에서 시중을 든다.[5] 물론 테오클뤼메노스는 도성을 떠나야 했다. 하지만 그것은 희생자의 부모와 친구들이 테오클뤼메노스가 상대하기에 너무 많고 너무 강력했기 때문이다.

우리는 관례적인 도식 하나를 갖고 있다. 1. 범죄 — 2. 오점 — 3. 제거 의례 — 4. 무결 회복. 그런데 이 도식은 호메로스 시대에는 적용되지 않는다. 오히려 목욕재계에 의해 불연속성이 의례적
[6] 으로 표명되고 유지된다. 그로부터 망각의 위험, 폭력의 위험, 분리된 지역 사이의 상식을 벗어난 소통의 위험이 생긴다. 이어서 마지막으로 이런 경우에 오점이 생긴다. 오점은 다음과 같이 만들어진다. (a) 타격을 받은 지역은 거기에 침입한 것에 의해 얼룩진다. (b) 침입하는 대상은 그것이 침투해서는 안 됐을 이 지역에 얼룩진 것으로서 돌출한다.

따라서 오점은 즉각적으로 이중적이다. 도식은 완전히 뒤집히게 된다. 오점이 원초적 사실 또는 적어도 범죄의 직접적 귀결이 되면, 분리가 오점의 필연적 귀결이 되고, 마지막으로 정화 의례가 오점 제거를 위해 마련된다.

---

4) "신의 얼굴을 한 테오클뤼메노스"(271행). Homère, *Odyssée*, XV/O, v.260-285. [『오뒷세이아』(개정판), 369~370쪽. 271행은 370쪽.]

5) Homère, *Iliade*, t.III, XV/O, v.423-464. [『일리아스』(개정판), 446~447쪽.]

이런 전도는 과오의 도덕을 구성하는 데 중요하다. 그것은 어떤 지식의 의지를 구성하는 데 중요하다.

II. 이 전도는 어떻게 일어났는가? [7]

이 전도는 기원전 7~6세기 종교 생활에서 일어난 일련의 변화들과 연결된다.[6]

1/ 인민 계급의 의례주의 강화. 물론 우리가 고려하는 시기 훨씬 이전부터 농민의 의례는 수도 아주 많았고, 구속력도 아마 대단히 강했을 것이다. 그러나 농민의 의례가 크게 강화되고 조직된 것은 아마 기원전 7세기부터인 것 같다.

α. 헤시오도스에서 의례의 중요성과 세심함. 호메로스식 의례 외에도 금지사항들이 부지기수였다. 이를테면 강 하구에서 목욕하지 마라, 잔치 때 손톱 자르지 마라, 열두 달이나 열두 살 된 아이를 성스러운 물건 위에 앉히지 마라.[7]

β. 그러나 의례를 조직하면서 일련의 의례 규정을 강화했던 것은 특히 오르페우스교이다.[8]

---

6) Moulinier, *Le Pur et l'Impur*……, p.44 sq.; Gustave Glotz, *La Solidarité de la famille dans le droit criminel en Grèce*, Paris: Albert Fontemoing, 1904, p.232. [귀스타브 글로츠는 살해를 저지르고도 희생제의에 참석하는 데 문제 없었을 뿐더러 무사히 항해를 마치고 돌아왔으므로 자신은 무고하다고 주장하는 안티폰의 사례, 그리고 『아이티오피스』에서, 테르시테스를 살해한 뒤 정화 의례를 하기 전에 레스보스에 가서 얼룩을 씻어내는 의식을 치르는 아킬레우스의 사례를 맞세운다. 이제 오점은 신전으로부터의 추방을 초래하게 된 것이다. 전자에서 후자로의 변화는 사적인 정의와 응보를 종교가 대체하는 도시국가의 진보를 보여준다는 것이 글로츠의 설명이다.]

7) Martin Persson Nilsson, *Greek Folk Religion*, Philadelphia: University of Pennsylvania Press, 1940; *La Religion populaire dans la Grèce antique*, trad. Frans Durif, Paris: Plon, 1954, pp.180~181.

8) "오르페우스교는 고대 종교에서 '우려낸 새로운 정신'이다." Louis Moulinier, *Orphée et l'Orphisme à l'époque classique*, Paris: Les Belles Lettres, 1955, pp.60~61.

이 강화는 무엇에 대응하는가?

[8]　　a - 세대에서 세대로 전승되는 이런 유의 의례는 권세가에서 은밀한 배타적 소유물로서 쥐고 있던 법적-종교적 규칙들과 (그 내용에서보다는 그 형식과 전유 방식에서 훨씬 더) 대립된다. 유효한 처방의 형태를 띤 이 의례들은 생활 방식의 법적-종교적 뼈대로 기능함에 있어서 권세가의 비밀과 명령에 필적한다.

　　b - 이 의례 규정들은 유명하다. 그 규정들을 따르기가 늘 쉬운 것은 아니지만, 적어도 규정들의 준수 여부를 확인하기는 쉽다. 각자는 자신이 한 일이 잘한 것인지 스스로 결정할 수 있다. 각자는 자신의 재판관이 될 수 있다. 각자는 자기 자신에게 종교적 자격 판단을 맡길 수 있다.9)

　　c - 이 의례들은 수확의 성공이나 실패를 각자의 책임으로 돌릴 수 있게 해준다. 의례를 통해 사람들은 자신의 운이나 불행, 신들과의 만족스러운 합의 또는 불화를 감당할 수 있다. 사람들은 자신들이 짠 기획의 성공과 관련해 유력자와 왕의 경건 또는 불경에 더 이상 좌우되지 않는다. 의례를 잘 준수하면 직접 신들의 사랑을 받을 수 있다. 의례는 모두의 손에 닿는 곳에 있어야 한다.

[9]　　d - 바로 그렇기 때문에 이 의례들이 가장 유명하고 널리 퍼진 숭배 행위인 희생제의와 완전히 다르다는 데 주목해야 한다.

　　부유한 목축업자들이 치르는 숭배 의식에서나 등장할 법한 소, 양, 염소를 제물로 바치는 일은 없다. 권세가 소유의 성지에서 물품을 운반할 때 바쳐야 하는, 대개 위장 세금이나 다름 없었던 봉헌도 없다. 대신 희생제의보다는 몸짓, 목욕재계, 금기가 중시되며, 어떤 물품을 바쳐야 할지를 기억할 것이 아니라 자의적인 의례를 기억해야 한다.

---

9) 물리니에에 따르면 입증된 오르페우스 숭배는 없다.

(사치스러운 희생제의를 경제적으로 감당할 수 없는 곳에서는 금기가 희생제의를 대체하게 된다.)[10]

보다시피 자의적인 의례가 어떻게 보면 그것의 사회적·정치적 기능에 의해 요청된다. 물론 이 기능은 의례가 이래야 하거나 저래야 한다고 설명해주지 않는다(의례를 설명해주는 것은 아마도 주술적 의미작용에 대한 분석일 것이다). 그러나 이 자의성에는 그 자체로 기능이 하나 있다. 그래서 이 자의성은 약화되고 합리화되기는커녕 오래 유지되며, 심지어 강화되고 심화된다. 유력자들이 소유하고 감추며 바깥에서 부과하는 규칙, 그리고 설사 희생했다 할지라도 부의 과시를 작동시키는 규칙, 이런 규칙에 맞서 의례는 누구 [10] 나 접근할 수 있고, 모두가 스스로 적용할 수 있으며, 자율적 통제가 가능하고, 마지막으로 자의적 형식의 주술적 관계를 통해 부의 소유 및 희생에서 분리된 규칙성의 체계를 세운다.

2/ 기원전 7~6세기에 일어난 종교적 변환의 다른 측면은, 부유한 가문의 전유 게임에서 벗어나는 종교 형태가 출현했다는 것이다.

선두에 디오뉘소스 숭배가 있다.[11] 그 숭배의 대중적 성격은 잘 알려진 사실이다.

α. 디오뉘소스에게 바치는 숭배에서 농지 의례와 농업적 준거가 갖는 중요성.

---

10) 프리드리히 니체에 대한 참조. 니체에게 의례와 금욕은 희생제의의 대체물이다.

11) André-Jean Festugière, "Les mystères de Dionysos," *Revue biblique*, t.XLIV, no.3, 1935, pp.192~211; *Études de religion grecque et hellénistique*, Paris: J. Vrin, 1972, pp.13~32. 재수록. [앙드레-장 페스튀지에르는 이 논문에서 알렉산드로스의 정복 활동 이후 희랍-로마 세계에 디오뉘소스 숭배가 확대된 데 주목하며, 기원전 3세기 이후의 숭배 활동만 다루고 있다. 디오뉘소스 숭배와 관련해 푸코가 참조했을 만한 연구로는 다음을 참조하라. Louis Gernet et André Boulanger, *Le génie grec dans la religion* [1932], Paris: Albin Michel, 1970, pp.97~109.]

β. 성문을 휩쓸면서 부딪쳐오는 디오뉘소스의 침략을 이야기하는 몇몇 전설적 요소들의 증언. 예컨대 테바이의 왕 펜테우스는 디오뉘소스의 침략에 맞서 성문을 걸어 잠그려 시도한다. 마이나데스[디오뉘소스의 여신도들]는 결국 펜테우스를 물어뜯는다(에우리피데스의 『박코스 여신도들』).

[*] γ. 숭배 집단, 종단宗團의 조직. 그 신도 모임은 *숭배의 규칙이나 비밀을 전통적으로 보유한 집단에 전혀 속하지 않고서 자생적으로 또는 열성적 포교의 효과로 생겨난다.

디오뉘소스 신앙의 온갖 특이한 성격 중 다음을 강조해야 한다. (a) 디오뉘소스 신앙에 대한 소속은 나이가 적든 많든, 남성이든 여성이든, 이방인이든 시민이든, 개인적으로 이뤄진다. (b) 소속됐다는 징표는 무아지경에서 개인적으로 표시된다. (c) 희생제의는 모두의 평등한 참여를 함축한다. ἰσοδαίτης의 신.12) (d) 비밀은 어느 가문이나 성직자의 전유물이 아니라 모든 참가자의 것이다. (e) 신과의 연결은 개인적이다(비록 거기서 개인이 소멸될지라도).

우리는 호메로스에서 나타나는 신과 인간의 게임에서 아주 멀어졌다.

— 투쟁.
— 현혹.
— 대체.

[11] 3/ 동시에 주요 신들에 대한 숭배, 그리고 그 숭배와 결부된 의례 기능 방식에서 일어나는 이동. 우리는 호메로스의 신들과 헤시오도스가 이야기하는 신들 사이의 중요한 차이를 이미 지적할 수 있다.

---

* 쪽수 표시 없이 삽입된 장으로서, 다른 글씨와 다른 잉크로 쓰였다.

12) Isodaitēs. 모두에게 똑같이 나눠주는. 박코스[=디오뉘소스]에 붙는 수식어.

물론 호메로스의 신들은 세계를 나눠가졌고 자신들의 권능과 분노로 세계를 지배했다. 그들은 어떤 사람들을 비호하고 소중히 여기는 기능을 갖고 있기도 하다. 어떤 신들은 아카이오이족을 비호하고, 다른 신들은 트로이아인들을 비호한다. 아카이오이족을 비호하는 신들 중에는 아르고스인들을 비호하는 신들이 있다 등등. 하지만 각 집단에 대한 이런 비호는 정식으로 수장首長의 매개를 거친다. 자신의 태생이나 봉헌물(또는 반대로 무례)을 통해 신의 호의나 증오를 끌어당길 수 있는 자는 바로 수장이다.

헤시오도스에게 있어서,[13] 신들은 계보상의 특권이나 특별한 [12] 선호로 묶인 채 등장하지 않는다. 헤시오도스는 신들의 잇따른 탄생, 신들의 권력 분배, 신들 사이에 수립되는 왕조의 위계, 각각의 신이 세계에 군림하는 방식에 따라 우리가 바쳐야 하는 경외에 대해 이야기한다. 헤시오도스의 신들은 힘들과 영역들에 묶여 있다. 확실히 그 힘들과 영역들은 아직 κόσμος[kosmos/질서]의 단일성 속에서 사유되지는 않는다. 하지만 신들은 자신들이 낳은 귀족 자손들에 대한 가족 의무 체계에 더 이상 얽매이지 않는다.

4/ 옛 숭배 [형태]의 전유를 위한, 또는 어떤 새로운 종교 형태의 지배를 위한 이 투쟁이 정확히 어떤 과정을 거치는지 알긴 어렵다. 다만 이 영역에서 기원전 7~6세기에 일어난 정치권력의 대규모 재조직화의 결과를 알아보는 것은 별로 어렵지 않다. 화폐를 확립하고 νόμος[nomos/법]를 수립한 바로 그 새로운 정치권력의 구성이 마찬가지로 새로운 유형의 종교적 실천을 가능케 했다.[14]

---

13) 헤시오도스의 『신들의 계보』(『일과 날』에서 인간에게 부과된 노동의 법칙을 노래하는 헤시오도스가 아니라 신들의 계보를 노래하는 헤시오도스).

14) Édouard Will, "De l'aspect éthique des origines grecques de la monnaie," *Revue historique*, t.CCXII, no.2, 1954.

[13]   a – 독특하게도 참주의 권력 장악이나 입법자들이 부과한 새로운 권력 분배는 대중적 신들의(대중적 **신**의) 이름으로 결코 이뤄지지 않았다. '디오뉘소스적' 입법이나 권력은 존재한 적이 없다. 부의 완벽한 나눔도 존재한 적이 없다(디오뉘소스가 ἰσοδαίτης[나눔의 신]라는 이름으로 이따금 불렸음을 잊지 말자).

권력 장악은 전통적 신들의 이름으로 행해진다. 그 신들에 대한 숭배는 귀족 계급의 수중에 있었다. 예를 들어 (코린토스에서는) 제우스의 이름으로 또는 (페이시스트라토스가 망명에서 돌아왔을 당시에는) 아테네의 이름으로 이뤄졌다. 스파르타의 입법이나 퀴레네의 입법은 아폴론의 이름으로 이뤄졌다.

b – 이는 어쨌든 두 가지 중대한 변경을 수반한다.

α. 전통적 신들은 외부에서 재도입되어 당파들 사이의 중재자로서 개입한다. 적어도 겉보기에는 권세가에 대한 소속 관계를 버리면서 말이다.

[14]   도시를 황폐화시킨 화를 중단시키기 위해서 아폴론은 스파르타에 개입하는 것으로 여겨진다. 페이시스트라토스는 아테나이 복귀를 준비하면서 행렬을 조직하는데, 이는 그들[페이시스트라토스와 아테네] 둘 모두가 평화를 유지하기 위해 외부에서 온 것임을 분명히 의미한다.

그로부터 숭배 장소에 중요한 이동이 일어난다. 숭배 시설은 도시 바깥(특히 델포이와 올림피아)에 위치하기에 각 도시 안에서 정치적 무게를 갖는다. 흥미롭게도 이 장소 이동에 오히려 배가 효과가 있음을 지적하자. 한편으로 도시에는 올림피아에 있다는 제우스를 모시는 숭배 장소나 델포이의 아폴론을 모시는 숭배 장소(델피니온)가 있다. 마치 신은 도시를 놓고 서로 다투는 상이한 당파들의 외부에 있는 존재로서 공경을 받아야만 했다는 듯 말이다. 다른 한편으로, 도시의 틀 바깥에 머물고 (도시에 하나의 정책을 규정하기에 앞서) 법을 규정하는 대규모 숭배 시설은 거기서 여전히 숭배를 담당하던 귀족 가문의 수중에 머물렀다.

도시 내의 신이 바깥에서 역수입되고, 이 숭배를 보유한 가문은 역으로 이 바깥 위치에서 숭배를 맡는다.

β. 주요 신들에 대한 숭배에서 일어나는 두 번째 중요한 변경 [15]은, 그 신들이 도시의 신들로 등장한다는 사실이다.

코린토스 전체가 제우스에게 주어진다. 페이시스트라토스와 함께 돌아온 아테네는 도시의 권세가의 전통적 여신일 뿐 아니라 장인들의 여신이다.

한 가문에 의한 숭배(그리고 그것의 전승 및 비밀)의 소유, 그 가문이 조상신과 맺는 부채와 채무와 봉사의 게임, 이 모든 것이 이제 (적어도 부분적으로) 신과 도시의 상호 귀속으로 대체된다. 그것의 상징이 축제이다.

그렇다고 해서 귀족 가문이 자신들이 가진 숭배의 특권을 박탈당한 것은 아니다. 귀족 가문은 제도적으로 이런저런 숭배를 거행하도록 임명된다. 그 숭배는 옛날에는 자신들이 주관하는 것이었으나 이제는 도시에서 주관하는 것이 된다.

마지막으로 대규모 공사, 신전의 건축(코린토스의 제우스 신전, 아테나이의 아테네 신전), 봉헌물과 집단적 희생제의 체계는 이제 국가적 숭배의 외양을 한 숭배들의 경제적 상관물을 이룬다.

요 약 [16]

대중적인 동시에 개인적인 의례 규정이 강화되고, (오르페우스교 같은) 집단적 종교 운동이 그 의례 규정을 다시 떠맡음으로써 개인에 대한 어떤 종교적 성질 부여가 일어난다. 그런 성질 부여는 얼마나 엄격하고 정확하게 규정을 준수했느냐에 달려 있다. 정한 것과 부정한 것.

디오뉘소스 숭배가 활발하게 발전함에 따라, 격렬한 투쟁이 없던 것은 아니지만, 종교 구조의 재조정 그리고 이 새로운 형태들과 전통 신들의 동거가 불가피해졌다.

마지막으로 그렇게 재조정된 종교가 새로운 정치권력을 정당화하기 위해 개입하는 덕분에 이런 개인에 대한 종교적 성질 부여가 국가의 법 체계에 통합된다.[15] 이제 국가가, 또는 어쨌든 국가의 제어로부터 정한 것과 부정한 것의 분배가 이뤄진다.

[17] **III. 개인적 오점**

화폐 경제의 탄생, 새로운 유형의 정치권력 형성, 방금 말한 종교 구조의 확립, 이 모든 것은 개인에 대한 어떤 법적 정의定義에 이른다. 이 법적 정의는 정한 것과 부정한 것의 새로운 분배에 형식을 부여한다.[16]

개인에 대한 이 법적 정의는 어떻게 정식화될까? 본질적으로 당대의 대대적 정치 변화에 일정하게 연결되는 법제에서 정식화된다.

이 법제는 — 상속

— 장례

— 살해와 관련된다.

보다시피 이 법제는 이런저런 방식으로 죽음과 관련된다. 정치권력은 죽음에 대한 자신의 영향력을 확고히 하고 [죽음이라는] 사건과 그 귀결을 규정함으로써 개인성의 형상을 그렸다.[17]

---

15) "본의 아니게 참주들은 국가의 구성을 가능케 했다." Moses I. Finley, *The Ancient Greeks: An Introduction to Their Life and Thought*, London: Chatto & Windus, 1963. 번역은 푸코의 것이다.

16) Hartvig Frisch, *Might and Right in Antiquity. "Dike" I: From Homer to the Persian Wars*, trad. Cyrill Charli Martindale, Copenhagen: Gyldendal Boghandel, 1949, pp. 122~128.

1/ 상속과 매장에 관한 법으로 빨리 넘어가보자.   [18]

a – 이 법은 γένος[genos], 즉 넓은 의미의 가족에게서 집단 상속권을 부분적으로 박탈한다. 이 법은 개인에게 자산의 개인적 성격을 어느 정도까지 유지할 수 있는 가능성을 준다. 직접 상속인에게, 그리고 필요하다면 양자로 들인 후계자에게 자신의 자산을 물려줄 수 있게 된 것이다. 개인성은 소유권의 형태로 모습을 드러내기 시작한다(이는 상업의 발달, 토지를 무한정 나누지 말아야 할 필요성과 관련된다). 이는 민주적 조치가 전혀 아니다.

b – 장례식이 매우 엄격히 규제되는데, 이는 사치를 금하는 조치가 아니라 다른 것과 관련된다. 무엇과 관련될까?

— [방금 사망한 자의 무덤에] 황소를 제물로 바치는 것 금지.

— 지나치게 높은 봉분을 쌓는 것 금지, 무덤 위에 헤르메스 주상을 설치하는 것 금지.

— 애도 시간 및 기간 제한.

— 애도가를 부르거나 오래 전 죽은 망자를 슬퍼하는 것 금지.

보다시피 이것은 별로 경제적인 문제가 아니다. 주술적-종교적인 모든 과정을 제한하는 것이 관건이다. 이 과정은 망자나 그 선조들의 늘 사라지기 직전인 물질적 그림자[망령]가 연장되고, 활력을 되찾으며, 계속 실존할 수 있게 해주었다. 제사음식, 눈물, 찬양, [19] 의례 들이 많을수록, 그리고 되풀이될수록, 망자와 선조들의 생은 연장됐다. 따라서 부자들만 자신들이 가진 부 덕분에 사후의 생을 가질 권리를 가졌던 것이다.

애도 행위를 제한하는 것, 그것은 만인에게 불멸을 위한 자리를 내어주는 것이요, 법적으로나 의례적으로나 이 만인의 불멸을 가

---

17) 『임상의학의 탄생』의 숨겨진 테마가 여기서 재발견된다. Michel Foucault, *Naissance de la clinique*, Paris: PUF, 1963. [홍성민 옮김, 『임상의학의 탄생』, 이매진, 2006.]

능케 해주는 것이다. 누구나 불멸할 수 있다는 관념은 오르페우스 교의 교의가 당시 인민 사이에 퍼트린 것이다. 장례에 관한 솔론의 법제는 영웅과 귀족에게서 특권화된 불멸을(또는 적어도 부자들이나 경제적 유력자만 확보할 수 있었던 이런 **사후의** 삶의 형태를) 박탈했다. 장례법은 불멸의 일반화 가능성의 기틀을 마련했다.

(사람들은 불멸 신앙이 지배 계급에 의해 부과된 이데올로기로서 극빈자들로 하여금 다른 곳에서 보상받을 수 있으리라 여기며 이 삶을 감내하게 만드는 효과가 있다고 입버릇처럼 말한다. 사실 불멸은 먼저 계급적 쟁취로 간주되어야 한다. 솔론의 입법이 그 증거이다. '인민의 아편'이라는 유형의 이데올로기 효과는 나중에서야 작동하게 된다.)

[20] 2/ 가장 중요한 요소는 살해 관련 법제이다. 이 법제는 아테나이에서 드라콘에 의해 확립됐다.[18] 이 법제는 필시 수정됐을 테지만, 아테나이인들은 살해 관련 법제와 관련해 드라콘을 늘 참조했다.

그 법제는 다음의 것을 포함한다.

a – 살해자를 살해하는 것을 정당한 것으로 인정하기. 이는 물론 기존의 관행을 승인하는 것일 뿐이다. 하지만 중요한 [것]은 이 관행이 이제 전통적 규칙에 의해 인정받는 것이 아니라 도시의 법 자체에 의해 인정받는다는 사실이다. 이 관행은 살해에 대한 처벌로서 살해를 정함으로써 살해 사건의 귀결을 거기에, 이 상호 죽음에 한정한다. 그 결과 이 관행은 가족 간의 복수가 초래하는 오래되고 끝없는 불안정 상태를 물리친다. 단 한 번의 보복만 허락될 뿐, 그 이상의 행위는 모두 차단된다. 이 관행으로 인해 피의 대가, 신체 손상이 배제되는 것이다.

b – 이제 살해의 효과(인간의 죽음)의 수준에서가 아니라 행위

---

18) Frisch, *Might and Right in Antiquity*, op. cit.

자체의 수준에서 살해에 대한 성질 부여[가 이뤄진다].

— 고의적 살인.

— 비고의적 살인.

— 정당방위에 의한 살인.

살해는 이제 단순히 어떤 사람을 죽인 것이 아니다. 살해는 죽음을 야기했으면서도 다른 성질의 것이 될 수도 있고, 그 자체로 더 무겁거나 가벼운 범죄가 될 수 있다.

c – 배제 실천의 활용. 살해 혐의로 고발당한 자는 의식, 축제, [21] ἀγορά[agora/광장·시장]에 대한 접근이 거부된다.[19]

— 비고의적 살인을 한 자는 추방된다. 그는 희생자의 가족(희생자에게 가족이 없을 때에는 형제단)이 동의해야 돌아올 수 있다.

— 하지만 추방당한 살인자를 죽여서는 안 된다. 그를 죽이는 것은 시민을 살해한 것으로 간주된다.

여기서도 드라콘의 법은 오래된 환대의 규칙을 다시 채택한다. 하지만 두 가지 중요한 변화가 있다.

어떤 경우 추방은 불가피하다(추방은 살해자가 너무 막강한 상대를 적으로 돌린 경우에 이용되는 수단이었다). 그리고 (정당방위인 경우를 제외하고) 살인이 살인을 범한 자에게 질적 부정不淨을 초래한다는 사실, 이 부정이 도시에 위험하며 용납할 수 없다는 사실에 의해 추방은 정당화된다.

그렇지만 이 부정은 도시 바깥으로 전염되는 그런 것이 아니다. 부정하다고 공표하는 것은 도시이다. 도시 안에서, 그리고 도시에 대해서 그 부정은 위험한 것이다. 도시 바깥에서 그 부정은 마치 무력해진다.

---

19) Antiphon, *Discours, suivis des fragments d'Antiphon le sophiste*, éd. et trad. Louis Gernet, Paris: Les Belles Lettres, 1954[1923], II, γ, 8.

[22]　　d – 마지막으로 드라콘의 입법의 마지막 성격. 재판이나 화해는 정화의 가치를 갖는다. 하지만 재판이나 화해는 그와 관련해 오점의 가능성이 상존하는, 이질적인 생활 영역을 분리하고 고립시키는 정화가 더 이상 아니다. 재판이나 화해는 범죄 자체와 동일시된 사전의 오점을 제거하고, 이 오점 때문에 분리될 수밖에 없었던 것을 재결합할 수 있게 해주는 정화이다.

그 뒤로 오점, 부정, 격리, 재판, 정화라는 수단을 통해, 새 정치권력은 가족 간의 복수와 상호간의 끝없는 살해보다 우위에 선다. 호메로스의 오래된 법제에서, 고르튄의 입법에 명시된 이 δικάζειν[dikazein]에서, 권력은 소송 절차의 적법성에 대해서만 개입했다. 이제 권력은 행위와 그 행위를 한 자들에 대한 법적-종교적 성질 부여의 수준에서 개입한다.

도식은 뒤집혔다. 오점이 첫 번째 요소(피의 오점)가 되고 그 다음에 정화[가 온다].

옛날에 죽음은 이행 때문에 정화를 야기했다. 이제 죽음은 오점을 야기한다. 모든 건 지울 수 없는 작은 얼룩을 중심으로 돌아간다.

[23]　　이 모든 것을 정리해보자.

새 정치권력은 입법자의 작업이나 참주의 작업을 통해서, 그리고 기원전 7세기에 일어난 계급투쟁의 필연적 귀결로서 구성된다. 이 새 권력은

— 상속법을 통해 부자들이 자산을 유지할 수 있게 보장한다. 새 권력은 매장법 탓에 전 재산을 탕진해야 했던 부의 파괴 전통에 맞서 부자들을 보호한다.

— 하지만 동시에 그리고 바로 그럼으로써 [이 입법은] 모두에게 사후의 삶의 가능성과 권리를, 혹은 어쨌든 사후의 삶을 살 기회의 평등을 보장한다.

— 마지막으로 이 입법은 가족 간의 투쟁을 종결한다. 거기서

도 가족 자신의 파괴에 맞서 가족을 보호한다. 하지만 이는 개인의 법적-도덕적 성질 부여를 초래한다. [이 성질 부여]는 (법관과 법정을 매개로 해) 정치권력의 수중에 들어간다.

이 모든 조치들의 교차가 다음과 같이 그려진다.

α. 자신의 구체적 실존[생활상]을 넘어서 자신의 의지를 내세울 수 있는 법/권리 주체.

β. 죽음을 초월해서 살아남을 수 있는 동일성.

γ. 법적이고 도덕적인 성질 부여라는 독특한 지지대.

개인성은 정치권력의 이런 이동, 이런 재분배, 새로운 조직화의 [24] 효과로서 적어도 간접적인 방식으로 등장한다.

죽음의 경제적·사회적 효과를 관리함으로써 정치권력은 우리에게 여전히 익숙한 개인성의 형태를 그 효과로서 야기했다.

⚜

*정한 것/부정한 것의 대립이 무결/범죄의 대립에 들어맞게 됐다. [*]

확실히 이런 변화는 잘 알려져 있다. 피로 더러워졌지만 부정하지는 않은 호메로스의 영웅에서 아이스퀼로스의 오레스테스(오로지 주요 신들이 개입해야만 오레스테스를 오점에서 구제할 수 있다)로 가는 이행은 자주 연구됐다.[20] 정함-무결 관계 또는 부정함-범죄 [관계]는 의고주의의 흔적이 아니라 희랍인들의 법-종교 체계에서 비교적 최근에 형성된 것이다. 하지만 이 변환이 합리화나 개인화의 결과가 아니라 일군의 복잡한 과정의 결과임을 잘 이해하

---

* 쪽수 표시 없이 삽입된 장.

20) Eschyle, *L'Orestie*, éd. et trad. Paul Mazon, Paris: Les Belles Lettres, 1931. [천병희 옮김, 『아이스퀼로스 비극 전집』, 도서출판 숲, 2008. "오레스테이아"는 「아가멤논」, 「제주(祭酒)를 바치는 여인들」, 「자비로운 여신들」을 통칭하는 명칭이다.] 이 진화에 관해서는 다음을 참조하라. Moulinier, *Le Pur et l'Impur*……, thèse citée.

는 것이 중요하다. 그 과정들 가운데 다음의 것들이 있다.

— 개인에 대한 (자율적인) 종교적 성질 부여 원리로서 의례가 강화된다.

— 대중적 숭배가 대규모 집단 형태로 조직된다.

— 가문의 숭배가 도시 종교로 변환되거나 통합된다.

— (상속법에 따른 재산 상속에서, 장례법에 따른 사후의 삶의 권리에서) 개인에게 법적-종교적 지위가 부여된다.

— 살해 이후 배상 절차에 도시가 개입한다. (적법한 동시에 끝없는) 전통적 보복을 법적 배제 조치(죽음, 추방)가 대체한다.

배제는 사회 공간이 자신을 소묘하고 끝내 자기 안에 스스로를 닫아버리게 만드는 최후의 결정적 요소로 나타난다(게다가 우리는 사회 공간이 모든 교환 이전에 화폐 유통의 장이자 εὐνομία[eunomia], 즉 경제적-정치적으로 알맞은 나눔이 실행되는 장임을 이미 봤다).

또한 정한 [것]과 부정한 [것]을 정의하는 법적·종교적 성질 부여의 지지대인 개인성은 배제를 통해 구성되고는 끝내 자기 안에 갇히게 된다.

사회 공간이 구성되고 자기 안에 닫혔기 때문에 죄인이 그 공간에서 배제된 것이 아니다. 개인의 배제 가능성은 사회 공간 형성의 요소 가운데 하나이다.

마찬가지로 죄인의 부정함이 먼저 생각되고 상상됐기 때문에 배제의 실천이 이뤄진 것이 아니다. 배제의 실천은 희랍의 실천에서 정함-부정함의 나눔을 구성하는 것이지 그것의 결과가 아니다. 배제의 실천은 이성과 비이성의 나눔을 구성하듯, 범법자와 비범법자의 대립을 구성한다.[21] 배제가 (부정함에 관한 이론이나 신학

---

21) 여기서 푸코는 『광기의 역사』(1961)의 나눔(푸코는 첫 강의 때 이것에서 출발했다)을 환기할 뿐 아니라 『감시와 처벌』(1975)을 예고한다. 『감시와 처벌』의 연구 자

이나 도덕이나 주술의 결과가 아니라) 부정함을 구성한다는 증거는, 어떤 희랍 텍스트도 부정함의 전염이 어떻게 이뤄지는지, 어떤 매체를 통해 어떤 전염 경로로 어떤 효과를 갖고 이뤄지는지 이야기하지 않는다는 사실에 있다.

부정한 것, 그것은 용납될 수 없는 것이다. 그것은 도시에 위험을 퍼뜨리는 것이다.[22] 그것은 도시를 파멸로 위협하는 것이다. 부정함에 대한 신앙(더구나 분명치도 않고 상상적 형상도 없는 신앙)은 어떤 실천의 효과이다. 살해의 효과들에 대한 정치권력의 개입이 그 안에서 꼴을 갖추게 되는 실천의 효과인 것이다.

그렇지만 이 모든 것과 진실이 무슨 관계일까? 우리는 이제 이 물음에 가장 근접해 있다. 부정한 죄인, 그는 더 이상 다음과 같은 곳에 접근할 수 없는 사람이다.

— 그는 의례가 거행되는 공간에 더 이상 접근할 수 없다.

— 그는 도시 생활이 펼쳐지는 공적 장소에 더 이상 접근할 수 없다.

— 그는 도시 자체에 더 이상 접근할 수 없다.

부정한 죄인은 νόμος에 의해 배제된다. 그는 νόμος, νόμος가 행사되는 장소와 형식들에서 배제된다. 그는 분배 원리 바깥으로 내쳐진다.

부정한 것은 진실에 접근할 수 없다. 하지만 만일 범죄를 한 번 [27] 저질렀다고 개인에게 부정함이라는 성질을 부여한다면, 그리고 만일 부정함이 위험한 접촉 원리이자 그로부터 화禍가 νόμος의 공간 전체에 퍼지는 온상이라면, 범죄가 정말 일어났는지 누가 그랬는

료는 이 강의를 하던 해인 1970~71년의 [콜레주드프랑스에서의] 세미나 대상이 되기 시작한다.

22) Antiphon, *Discours*, II, γ, 8.

지 아는 것이 얼마나 필요한지 이해가 간다. 호메로스에게서 혹은 어쨌든 상고기에, 죄를 지었다는 현사실적 진실은 소송 절차 전체를 조것 짓는 제1요소가 아니었다. 도전과 복원이 규칙에 맞게 이뤄졌느냐가 중요했다.

(범죄가 저질러졌는데 가족이 [그 범죄에 대해] 복수하지 않는다면 신들의 분노는 그 가족에게 돌아간다. 하지만 결정적 맹세가 가능했다. 너는 네가 죽이지 않았다고 서약하는가? 네가 서약 한다면, 신들은 너와 화해할 것이다.)

[28]   반대로 범죄가 오점을 만드는 순간부터, 그리고 오점이 도시에 해를 끼친 순간부터 실제로 범죄가 있었는지 없었는지를 아는 게 중요해진다.

12강. 1971년 3월 17일

범죄, 정함, 진실: 새로운 문제설정 | 오이디푸스의 비극. 목격 증언의 출현 | 노모스와 정함. 정함, 지식, 권력 | 소포클레스의 오이디푸스 대 프로이트의 오이디푸스 | 현자의 자리가 감추는 것 | 담론적 사건이란 무엇인가? | 니체의 유용성

I. 범죄와 정함의 법적-종교적 중첩은 진실에 대한 새로운 관계를   [1]
함축한다. 사실:

α. 부정함은 이제 범죄에 의해 구성된 개인적 성질 부여이다.

β. 이 부정함은 도시 공간 전체에 퍼지는 위험한 접촉 원리이다.

γ. 따라서 범죄가 일어났는지 누가 그랬는지를 아는 것이 중요하다.

진실을 입증하는 것은 정치적 과제가 된다. 부정함과 그것의 효과들은 무엇이 일어났는지에 대한 탐구를 요청한다.

크레온: 아폴론 왕께서는 우리에게 분명히 명하셨습니다. 이 땅에서 양육된 오점을 나라에서 몰아내라고, 치유할 수 없을 지경까지 키우지 말라고 말입니다.

오이디푸스: 어떤 **정화***를 통해서 그리하란 말이오? 그 불행은 어떠한 것이오?

크레온: 죄인을 추방하거나 살해를 살해로 갚으라고 하셨습니다.   [2]
바로 그 피가 테바이에 불행을 몰고 왔다는 것입니다[『오이디푸스

---
* 강조는 푸코의 것이다.

왕』, 96-101행].[1] …… 신께서는 지금 그 살해자들이 누구든 간에 그들을 벌주라고 분명히 명하시는 것입니다.[2]

오이디푸스: 그들은 대체 어느 땅에 있소? 어디서 이 옛 범죄의 희미한 흔적을 찾을 수 있단 말이오?

크레온: 이 땅에서라고, 신께서 말씀하셨습니다. 한데 추적하는 것은 잡을 수 있지만, 신경 쓰지 않는 것은 달아나게 마련입니다 [106-111행].[3]

상고기에, 무엇이 일어났는지에 대한 탐구는 소송 절차의 결정적인 제1요소가 아니었다. 두 가지 이유 때문이다.

1/ 중요한 것은 도전과 복원이 똑바로 진행됐느냐이다. [아킬레우스의] 방패 장면에서 문제는 범죄가 있었는가가 아니라 복원이 있었는가이다. 판결은 사실을 대상으로 하지 않고 절차를 대상으로 한다.

[3]　결정적 맹세는 진실을 드러내는 데 쓰이는 것이 아니라 서약자를 이중의 위험에 빠트리는 데 쓰인다. 범죄를 저질러놓고 하지 않았다고 서약할 경우, 그 서약자는 이중의 과오[범죄와 거짓말]에 대해 벌을 받게 된다. 하지만 무슨 일이 일어났는지에 대한 입증은 신들에게 전가되며, 신들은 복수를 통해 일어났던 일에 대한 입증을 통고할 것이다.

---

1) Sophocle, *Œdipe roi*, éd. et trad. Paul Masqueray[édition de référence], Paris: Les Belles Lettres, 1922, v.96-101, p.144. [천병희 옮김, 「오이디푸스 왕」, 『소포클레스 비극 전집』, 도서출판 숲, 2008, 32~33쪽.]

2) 보통 앗티카에서는 추방과 처형 사이에서 선택한다. 반대로 부친살해에 대한 형벌은 일관되게 사형이다. 아폴론이 죄인을 죽여야 한다고 공고했다면, 죄인이 라이오스 가문의 일원임을 암시한 것일 수 있다.

3) Sophocle, *Œdipe roi*, v.106-111, p.145. [「오이디푸스 왕」, 33쪽.]

메넬라오스와 안틸로코스의 시비에서, 사람들은 ἵστωρ[4]에게 호소하지 않는다. 하지만 『오이디푸스 왕』에서는 증인을 찾기 위해 심혈을 기울인다.

2/ 범죄가 오점을 만들어낸 때부터, 오점이 도시에 해를 끼친 때부터,[5] 배제가 요청된 때부터 이제 다음을 알아야 한다.

— 했는가 안 했는가
— 누가 했는가
— 어떻게 했는가.

α. 드라콘 법은 범행 사실이 확정되어야 하고, 비고의적 범죄의 경우 조사를 해야 한다고 명시한다. 물론 입증 책임은 아직 도시에 있지 않다. 증언은 소송 당사자가 맡으며, 증인들도 함께 서약해야 한다.

진실은 여전히 투쟁의 형식에 갇혀 있다. 판결은 두 소송 당사 [4] 자 중 한쪽의 승리를 결정하기는 하지만 이제 일어난 일에 대해, 그러니까 소송 절차의 완수가 아니라 사실의 진상에 대해서 판단한다.

β. 사실의 증거들에 정함의 징표들이 오랫동안 계속 들어간다는 사실은 특징적이다. 고전[기의] 변론에서 피고는 종종 이렇게 이야기한다. 나에겐 죄가 없다,

— 나는 ἀγορά[agora/광장·시장] 입장을 금지당하지 않았기 때문이다.[6]

---

4) Histōr. 심판, 아는 자. 본서 5강(1971년 1월 27일)의 각주 12번 참조. 다음도 참조할 것. Homère, *Iliade*, t.IV, éd. et trad. Paul Mazon, Paris: Les Belles Lettres, 1938, XXIII/Ψ, 335-337. [천병희 옮김, 『일리아스』(개정판), 도서출판 숲, 2015, 657쪽.]

5) "처벌이란 오점으로부터 도성 전체를 정화하는 것이다." Louis Moulinier, *Le Pur et l'Impur dans la pensée et la sensibilité des Grecs jusqu'à la fin du IVe s. av. J.-C.*, Paris: Sorbonne, 1950, p.85.

— 나는 난파 사고를 당하지 않았기 때문이다,

— 나는 어떤 불행도 겪지 않았기 때문이다.

이런 이야기는 오히려 시련이 여전히 현재함을 보여주는, 하지만 진실의 징표로서 현재함을 보여주는 징표이다. 부정함의 효과와 사실의 진상이 서로 연결되어 있는 것이 참인 만큼, 사람들이 부정함의 효과를 피할 수 있도록 사실의 진상이 정립돼야 한다.

역으로 부정함의 효과(또는 그 효과의 부재)는 사실의 진상을 확증하거나 반증한다.

[5]   γ. 오이디푸스 비극 전체는 인간의 사건(살해, 역병)과 신들의 위협의 흩어져 있는 수수께끼를 [확인된] 사실로 변환하기 위한 도시 전체의 노력으로 점철된다.

μίασμα[miasma][7)]가 도시를 지배하는 순간부터 알아야 할 뭔가가 있다. 풀어야 할 수수께끼가 있는 것이다. 사제가 이 사실을 오이디푸스에게 말한다. 그가 가혹한 여가수[스핑크스]의 물음에 답할 수 있었기 때문에, 사람들이 그에게 청하는 것이라고.[8)]

---

6) Antiphon, "Hérode," *Discours, suivis des fragments d'Antiphon le sophiste*, éd. et trad. Louis Gernet, Paris: Les Belles Lettres, 1954, §10.

7) 에두아르 빌은 miasma와 agos[오욕]를 구별한다. miasma는 선사적 기원을 갖는 관념(그렇지만 루이 물리니에에 따르면 호메로스의 시에는 나오지 않는 관념)으로서 구체적인 오점이다. miasma는 문자 그대로 더러움을 가리키며, 호메로스와 헤시오도스의 시에 등장하는 오점은 바로 이것에 국한된다. agos(Sophocle, *Œdipe roi*, v.1426. 「오이디푸스 왕」, 86쪽])는 오점인 동시에 저주이다. 살해자는 miaros한 자, 다시 말해 인간을 hieros한 것(성스러운 것), 초월적 영역에 속하는 것과 단절시키는 보이지 않는 자국이 찍힌 자이다. 성스러운 것에 접근하기 위해서는 자신을 katharos하게(정결하게) 만들어야 한다. Édouard Will, *Le Monde grec et l'Orient*, t.1, Paris: PUF, 1972, pp.522~525.

8) "그대는 어떤 신의 음성을 들어서든 어느 인간에게서 알아내든 우리를 위해 어떤 구원의 방도를 찾아주십시오." Sophocle, *Œdipe roi*, v.41-43, p.142. 「오이디푸스 왕」, 30쪽.] 또한 41-45행을 참조하라.

부정함의 효과는 곧바로 지식의 덫을 친다. 하지만 이 지식은 적용해야 할 규칙에 관한 지식이 아니다. 그것은 "무엇을 해야 하는가?"라는 물음에 답하는 지식이 아니다. 그것은 "누구인가?"라는 물음에 답하는 지식이다.

사제와 오이디푸스는 초반에 여전히 "무엇을 해야 하는가?"를 가지고 이야기한다. 스핑크스의 물음에 답했다는 것은 오이디푸스가 "**누구인가?**"라는 물음에 답하는 인간임을 분명히 가리키고 있는데 말이다. 아폴론의 신탁은 물음을 바로 잡는다. "무엇을 해야 합 [6] 니까?"라는 물음에 아폴론은 "해야 하는 것은 **누구**인지를 찾는 것이다"라고 답한다. 그리고 **누구**인지 찾는 것은 복잡한 정화 의례를 시작하기 위해서가 전혀 아니다. 그것은 틀림없이 배제(추방 또는 사형)하기 위해서이다.

그런데 이 '**누구**,' 테이레시아스는 그 누구를 이야기하지 않는다.[9] 물론 테이레시아스는 알고 있으며, 어떤 의미에서 그 누구를 이야기했다. 하지만 이름을 대지는 않으며 그 누구를 보지도 못했다. 테이레시아스의 문장에는 이름이 빠져 있다, 마치 얼굴에 시선이 빠져 있듯이.[†]

"**누구인가?**"라는 물음에 답하는 자는 예언자[보는 자]가 아니라 봤던 자이다. 혹은 오히려 봤던 자들이다.

— 오이디푸스의 탄생을 봤던 하인. 그는 바로 라이오스가 살해된 뒤에도 살아남은 유일한 증인이다.

— 어린 시절의 오이디푸스를 봤던 사자. 그는 바로 폴뤼보스의 죽음을 알리러 온 자이다.

---

9) "그대는 내 입에서 아무것도 얻지 못할 것이오." Sophocle, *Œdipe roi*, v.333, p.153. [「오이디푸스 왕」, 42쪽.]

† 테이레시아스는 맹인이다.

"누구인가?"라는 물음에 답하는 데에는 어떤 지혜도 요구되지 않는다. 아폴론이 던진 물음에 답하기 위해서는 질겁한 두 하인으로 족하다. 모든 눈먼 자들 사이에서, 그들은 봤다. 사제들과 왕들이 몰랐던 진실을, 신들과 점쟁이들이 부분적으로 감췄던 진실을 증인[ἵστωρ]이었던 노예가 오두막 깊숙이 보관했던 것이다.

[7] **결 론**

1/ 보다시피 오점은 진실과 연결된다. 오점을 요소로 갖는 법적·사회적 실천은 핵심 부분으로서 **사실의 수립**을 내포한다. 즉, 범죄가 일어났는지 아닌지, 누가 그랬는지 알아야 한다.[10) 상고기에,[11) 범죄가 저질러졌을 때 필요할 경우 그 범죄의 복수를 하는 책임은 신들에게 양도됐다. 이 복수의 사건이 일어나면 범죄 사건이 명백히 밝혀지는 동시에 모든 인간적인 응보를 넘어 범죄에 대한 보상이 이루어졌다. 두 사건이 있어서, 그 중 한 사건[복수의 사건]이 사후적으로 다른 사건[범죄 사건]을 번쩍이게 한다. 그리고 그 다른 사건을 없애는 시간이 있었다. 두 사건 사이에는 순전한 기다림이 있다. 결정이 나지 않은 채, 무한정한 임박의 상태로.

이제 정화 의례는 사실의 진실이 정립되기를 요청한다. 범죄에서 처벌로 가는 이행은 제시된 진상과 정식으로 확인된 사실을 매개로 해 [일어난다*]. 진실은 하나가 다른 하나를 현시하며 파괴하

---

10) 강의할 때 푸코가 버나드 녹스의 책을 알았던 것 같지는 않다. Bernard Knox, *Oedi-pus at Thebes*, New Haven, Conn./London: Yale University Press/Oxford University Press, 1957. 이 책은 기원전 5세기 아테나이에서 제도화된 사법 조사 절차에서 출발하고, 아테나이의 제국주의 정책을 참조해 소포클레스의 비극을 다룬다.

11) 물리니에는 이렇게 쓴다. "오레스테스와 오이디푸스가 오점으로 얼룩졌음을 우리에게 알려주는 것은 바로 드라마이다……. 오점이 글로 적힌 전설에 등장하는 것은 호메로스와 헤시오도스 이후이다. 그전에는 오점이 무엇인지 알려지지 않았다." Moulinier, *Le Pur et l'Impur*……, pp.60~61.

는 두 사건들 사이에서 번개처럼 존재하는 대신, 오점에서 오점을 지워야 하는 것으로 가는 유일하게 정당한 이행을 구성한다.

사건은 **사실**로 변환된다.

2/ 진실은 이렇게 정화의 첫 번째 조건 또는 어쨌든 매우 중요 [8] 한 조건이 된다. 상고기 체계에서, 신의 복수의 벼락에는 일순 진실의 섬광이 담겨 있었다. 진실은 사건 속에서만 명멸했다(의례는 진실이 아니라 인간이 신에게 [복수를] 양도하는 것과 관련됐다).

이제 진실은 **의례**에 의해 요구된다. 진실은 의례의 일부가 된다. 부정함은 다시 정함으로 돌아가지 못할 것이다. 오히려 부정함은 수립된 진실의 매개를 통해서만 정함에서 분리될 것이다. 진실은 의례 안에 자리 잡는다. 의례는 진실에 자리를 내준다. 그리고 진실은 정화하는 기능을 한다. 진실은 분리한다. 진실의 정화 기능.

진실은 배제를 가능케 한다. 위험하게 섞여 있는 것을 분리케 해준다. 내부와 외부를 합당하게 분배케 해준다. 정한 것과 부정한 것 사이의 경계를 긋게 해준다.

진실은 이제 도시가 요구하는 법적·종교적·도덕적 대규모 의례의 일부가 된다. 진실 없는 도시는 위협받는 도시이다. 혼합, 부정함, 완수되지 않은 배제의 위협을 받는 것이다. 도시는 나눔의 원칙으로서 진실을 필요로 한다. 도시는 나눠진 몫을 유지하는 자들의 담론처럼 진실의 담론을 필요로 한다.

II. 그러나 정함의 법적-종교적 구조는 진실과 맺는 다른 유형의 [9] 관계를 포함한다. 그 관계는 이렇게 명시될 수 있다.

α. 부정한 자는 자신의 부정함으로 자기 주위의 모든 사람을 위협한다. 그는 가족에, 도시에, 자신의 부에 위험이다. 부정한 자가

---

* 강의원고에는 "일어난다"(s'opère)가 아니라 "이뤄진다"(se fait)라고 되어 있다.

있는 곳에서, "도성은 피의 파도에 휩쓸린다. 도성은 죽어 간다. 땅속의 씨앗도 그렇고, 소 떼도 그렇고, 유산으로 고통 받는 여자들도 그렇다"(『오이디푸스 왕』, 24-27행).[12] νόμος[nomos]가 지배하는 도처에서, 다시 말해 도시를 구성하는 모든 공간에서 죄인은 위험하다. 죄인의 오점은 사물과 인간의 질서를 위태롭게 한다.

β. 그러므로 죄인을 이 νόμος에서, 즉 도시를 정의하는 '사회 공간'에서 배제해야 한다.

"누구도 그자를 손님으로 맞이하거나 말을 걸어서는 안 되며, 신들에게 기도하거나 제물을 바치는 데 그자를 참여시켜서도 안 되며, 누구도 그자와 정화수를 공유해서도 안 되오. 모두들 그자를 집 밖으로 쫓아내도록 하시오"(『오이디푸스 왕』, 236-241행).[13]

[10]   부정한 것은 그것의 효과에 있어서 νόμος와 외연이 동일하며, 그것이 배제당하는 지역도 νόμος와 외연이 동일해야 한다.

γ. 하지만 부정한 것은 어떤 점에서 부정한가? 이 부정함은 무엇으로 구성되는가? 부정한 것을 부정하다고 성질 부여하는 몸짓은 무엇일까? 자발적으로든 비자발적으로든 νόμος에 무지했다는 [바로 그] 사실이 그것이다.

---

12) 테바이는 "핏빛의 흔들림 속에 휩쓸린다. 대지의 풍요로운 씨앗에도, 풀을 뜯는 소 떼에게도, 여인들의 불모의 산고에도 죽음이 만연해 있다." Sophocle, *Œdipe roi*, v.24-27, p.142. [「오이디푸스 왕」, 30쪽.]

13) "내 일러두거니와, 그자가 누구든 이 나라에서는 어느 누구도 그자를 손님으로 맞이하거나 말을 걸어서는 안 되며, 신들에게 기도하거나 제물을 바치는 데 그자를 참여시켜서도 안 되며, 누구도 그자와 정화수를 공유해서도 안 되오. 반대로 모두들 그자를 집 밖으로 쫓아내도록 하시오." Sophocle, *Œdipe roi*, v.236-241, p.149. [「오이디푸스 왕」, 38~39쪽.]

호메로스의 영웅들에게 징벌은 그가 (일순간 눈이 멀어) 규칙을 잊었기 때문이거나 신들의 질투를 유발했기 때문에 일어난다.

νόμος의 지배 아래서 과오는 거기 있는 법에, 즉 도시에서 공포되어 누구나 볼 수 있고 모두 알고 있으며, 자연의 질서에서조차 해독 가능한 법에 무지한 것이다. 부정한 것은 νόμος에 눈 감았던 자이다. 그는 ἄνομος[anomos/무법]하기 때문에 부정하다.

δ. 그렇지만 누군가가 νόμος에 맹목적이었다고 해서 부정해진 [11] 다면, 그는 부정해지자마자, νόμος를 혼란시키는 원리가 되자마자, νόμος를 더 이상 지각할 수 없다. 그런 자는 νόμος의 규칙성에 맹목적이게 된다.

분배 원리로서, 공정한 배분 원리로서 νόμος는 부정한 것에 당연히 개방되지 않는다. νόμος에 대한 언표를 가능케 하고 그것의 정당화를 보증하는 사물의 질서의 드러냄, 이 드러냄은 부정한 자에게 불가능한 것으로 남을 것이다. 역으로 정함은 법에 접근하기 위한, 사물의 질서를 보기 위한, 그리고 νόμος에 대해 발설할 수 있기 위한 조건이다. 가운데 자리, 즉 솔론 같은 입법자가 위치한 허구적 장소로 우리가 본 바 있는 이 가운데 자리를 차지할 수 있는 것은 정한 자 뿐이다.

정함은 질서의 전개인 νόμος를 말하고 보는 데 필요한 조건이 [12] 다. 정함과 부정함의 분리는 네 가지 방식으로 νόμος와 연결된다.

— 부정함은 νόμος의 공간에서 효과를 발휘한다(그래서 추방은 그 자체로 정화이다)(나눔, 분리, 비-혼합).

— 부정함은 νόμος에서 배제되어야 하며, 이는 νόμος 자체에 따라 이뤄진다. 배제해야 한다고 이야기하는 것은 바로 법이다.

— 그렇지만 부정함은 누군가가 무지나 맹목 탓에 νόμος에서 이미 배제됐다는 바로 그 이유 때문에 일어났다. 만일 그 누군가가 νόμος에 맹목적이라면 그것은 그가 부정하기 때문이다.

— 부정함과 법은 결국 지식의 매개를 통해 관계를 맺는다. 법을 언표할 줄 알려면 부정하지 않아야 한다. 하지만 정해지려면 법을 알아야 한다.

우리가 아직 벗어나지 못한 진실의 모든 윤리가 여기서 짜이고 있다. 비록 이 엄청난 사건에서 우리가 받는 것은 이제 희미해진 메아리뿐이지만 말이다.

❧

[13] 희랍 사유에서 중요했던 몇 가지 형상들이 정함과 질서의 드러냄 사이의 귀속 관계 주위를 맴돈다.

1/ 현자의 형상.
이 형상은 정치권력의 분배 원리에 위치한다. 이 형상은 정치권력이 폭력이나 강제에 의해 행사되는 곳이 아니라 정치권력의 법이 정식화되는 곳에 있다. 현자는 중간에 자리한 자이다. 솔론처럼 권력을 행사하지 않고 단지 법을 이야기하는 경우도 있다. 만일 어떤 참주들이 [이 현자의] 대열에 자리한다면, 그것은 그들이 [법을] 스스로 행사되도록 놔두고, 친위대를 필요로 하지 않으며, 그들을 통해 νόμος가 폭력 없이 통용된다는 (신화적) 범위 내에서이다.

하지만 현자는 동시에 사물의 질서를 아는 자이다. 세계를 여행했기에, 먼 곳에서 가르침을 받았기에, 천체와 식蝕을 관찰했기에 세계를 아는 자이다.

마지막으로 현자는 어떤 범죄에 의해서도 오점이 묻지 않은 자이다.

[14]   어떤 자리가 정해진다. (정치권력의 소유자라기보다는) 정치권력의 창설자의 자리,* (전통적 규칙의 보유자라기보다는) 세계의 질서를 아는 자의 자리, (복수의 도전에 무한정 응수하는 자라기보다

는) 정한 손을 가진 자의 자리이다. 그런데 이것은 허구적 형상이며, 그 형상의 가면 아래에는 경제적이고 정치적인 조작이 보존되어 있음을 깨달아야 한다.

2/ 다른 형상, 인민권력의 형상.

플라톤, 아리스토텔레스가 부정적으로 그린 바 있고, 아리스토파네스나 투퀴디데스[가] 덜 부정적으로 그렸던 [인민]권력이라는 형상은 νόμος를 준수하지 않고 연설, 토론, 투표, 유동적 의지에 의해 νόμος를 변화시키는 권력이다. 인민권력은 νόμος에 대해 무지하다. 인민권력은 지식에서(정치적 지식에서, 그리고 사물에 대한 지식에서) 배제된다.

소송 절차가 권세가의 수중에만 머물지 않게 됐다고 해도 법에 관한, νόμος에 관한, 도시의 좋은 질서에 관한 지식은 현자만이 차지할 수 있는 허구적 장소에 위치한다.

하지만 인민권력은 무지하기만 한 게 아니다. ἄνομος하기 때[15]문에 반드시 부정하기 마련인 것이다. 인민권력은 자신의 이해관계와 욕망에만 귀를 기울인다. 인민권력은 폭력적이다. 자신의 의지를 모두에게 강제하기에 그렇다. 인민권력은 살인적이다. 법이 말하는 자리를 차지하고 있는 자로서, 특권적인 방식으로 현자를 살해하기에 그렇다.

---

* 부분적으로 이뤄진 강의 녹취록은 훨씬 더 명료하다. "이렇게 어떤 자리가 정의됩니다. 그것은 정치권력의 소유자의 자리라기보다는 정치권력의 창설자의 자리이고, 동시에 전통적 규칙의 보유자의 자리라기보다는 세계의 질서를 아는 자의 자리이며, 복수의 도전에 무한정 응수하는 영웅의 자리라기보다는 정한 손을 가진 자의 자리입니다. 희랍인들이 실천하는 인식 전체가 전개될 출발점이 되는 관계를 이 자리가 정의해줍니다. 법에 대한 법적 인식, 세계에 대한 철학적 인식, 덕에 대한 도덕적 인식 …… 그리고 현자의 형상은 가면이며, 그 가면 뒤에서 경제적 조작은 보존되고 유지되며 정치 제도로 변환됩니다."

인민권력은 본질적으로 범죄적이다. 인민권력이 모두의 의지를 표현한다는 데 그것은 대체 무엇에 대해 죄를 범하는가? νόμος에 대해, 도시의 실존의 토대가 되는 법에 대해 죄를 범한다. 인민권력은 도시의 본성 자체에 반하는 범죄이다.*

지식과 νόμος의 정한 보유자인 현자는 도시를 도시 자체에 맞서 지켜야 하고, 도시가 도시 자체를 스스로 통치하지 못하게 막아야 한다.14) 지혜: 현실적 금기로서 기능하는 허구적 장소.

3/ 현자와 인민권력 사이에 있는 참주.
권력 실세實勢의 형상.
　— 그가 인민권력에 접근해 그것을 구현한다면 절대적으로 부정적인 형상.
　— 그가 현자에게 설득된다면 긍정적으로 변하는 형상.

[16]　　지식과 권력의 이 귀속 관계, νόμος와 참이 정함을 매개로 이어지는 연결 관계, 이것들은 정함과 사건에 관해 우리가 조금 전에 봤던 것과 매우 다르다.

우리는 부정함이 지식에 사실의 물음을 던진다는 것을, 더 정확히 말하면 "누가 그것을 했는가?"라는 물음을 던진다는 것을 봤다. 정함에 본질적으로 중요한 것은 범죄가 성립됐다는 사실이었다(사실의 진실이 부정함을 배제할 수 있게 해주고, 정함은 질서에 대한 인식에 접근할 수 있게 해준다).

이제 정함은 사실이 아니라 세계의 질서 자체를 인식하는 데 본질적임을 보게 된다. 부정한 자는 사물의 질서를 인식할 수 없다.

---

* 실제 강의에서는 다음의 내용이 추가됐다. "기원전 4세기의 귀족적 사유에서 생각해보면 소크라테스 살해는 인민권력이 현자를 배제한 것입니다."

14) Victor Ehrenberg, *Sophocles and Pericles*, Oxford: Basil Blackwell, 1954.

그런데 이 두 번째 유형의 관계(사실이 더 이상 문제되지 않고 질서가 문제이다. 지식을 요청하는 부정함이 더 이상 문제되지 않고 지식을 방해하는 부정함이 문제이다)에서 우리는 오이디푸스와 다시 만난다. 오이디푸스는 (텍스트 서두에 수차례 언급되듯) 도시를 [17] 바로 잡고 똑바로όρθός[orthos] 세운 자이다.15) 이 용어들은 전통적으로 입법자가 하는 일을 가리키기 위해 사용된다. 오이디푸스는 수수께끼를 풀어서 그렇게 했다. 따라서 자신의 사유, 자신의 지식 등을 통해서 그렇게 한 것이다. 하지만 오이디푸스는 가장 근본적인 νόμος(아버지와 어머니)에 맹목적이었기에 부정해진다.16) 이제 오이디푸스는 더 이상 무엇을 해야 하는지 알지 못한다. 왜냐하면 아직 무엇을 해야 하는지 알지 못한 채 자신의 부정함 때문에 νόμος 바깥으로 내쳐졌기 때문이다. 오이디푸스는 사물의 질서와 인간의 질서가 무엇인지 더 이상 알지 못한다.

자신의 사유로 도성을 똑바로 세웠던 자가 더 이상 알지 못하게 된 것이다.

그렇기 때문에 신에서 목자에 이르기까지 알 만한 자들에게는 모조리 호소한다. 오이디푸스는 지식의 원천에서 자신을 빼낸다. 오이디푸스는 더 이상 도시 가운데 있지 않다. 소식이 도착하고 지식의 단편이 나타날 때마다 오이디푸스는 자신의 권력이 조금씩 잠식당하고 있음을 깨닫는다(그리고 그는 틀리지 않았다).

크레온과의 토론은 비극의 중심에 있다. 정함은 지식과 권력을 연결한다. 부정함은 지식을 가리고 권력에서 내쫓는다.

---

15) Sophocle, *Œdipe roi*, v.39(ὀρθῶσαι[orthōsai]), v.46(ἀνόρθωσον[anorthōson]), v.50 (ὀρθὸν[orthon]), v.51(ἀνόρθωσον[anorthōson]). 「오이디푸스 왕」, 30~31쪽.]

16) "오이디푸스의 부정의 두 원인은 살해와 근친상간이다. 하지만 성적인 정결함은 희랍적 관념은 아니다." Moulinier, *Le Pur et l'Impur*……, p.199.

[18]   결국 **정함**과 **진실**의 두 관계 형태를 결합하는 오이디푸스는 모두가 이미 사실의 진실을 인식할 수 있게 된 순간에도 그것을 아직 모르는 사람이다. 오이디푸스는 부정하기 때문에 진실을 모르고, 부정[하기 때문에] 사물과 인간의 질서를 모른다(오이디푸스는 음모가 있는 것은 아닌지 의심한다. 오이디푸스는 크레온을 위협하고 죽이고 추방하고자 한다. 오이디푸스는 **부정의**하다. 진실이 오이디푸스로 하여금 진실에 접근하도록 강제하게 되면, 그는 본인의 부정의를 인정하게 될 것이다).

⚜

어쩌면 오이디푸스 이야기는 희랍에서 진실에 부여된, 그리고 희랍에서 진실이 권력 및 부정함과 맺는 관계에 부여된 어떤 형태의 특징을 드러내는 것이라 할 수 있다.* 오이디푸스는 우리의 본능이나 욕망의 운명을 이야기하는 것이 아닐지 모른다. 오이디푸스는 아마 희랍 이래 서구 사회에서 진실 담론이 따르는 어떤 구속 체계를 표현하는 것일 수 있다.

사건, 사건의 회귀, 시간을 관통하는 사건의 섬광, 사건의 불균형을 증인의 **확인** 속에서 단번에 획득되고 보존되는 사실로 변환하[19] 라는 정치적·법적·종교적 요청. 권력 분배의 원리를 지혜로만 접근 가능한 사물의 질서에 관한 지식 위에 세우라는 정치적·법적·종교적 요청(따라서 νόμος를 단지 νόμος에 대한 존중인 지식-덕 위에 세우라는 요청). 이 요청들은 참된 담론에 역사적으로 부과된 구속들이다. 이것들은 오이디푸스가 이야기하는 참된 담론에 역사적으로 맡겨진 기능들이다.

---

* 강의원고의 18쪽부터 수정하고 다시 쓴 흔적이 나타나는 것으로 보아 이 부분은 단 한 차례의 똑같은 강연이 아니라 여러 차례의 다른 발표들을 위해 작성된 것 같다. 뒤(274쪽 이하)의 부록을 참조하라.

욕망과 진실이 맺는 관계의 방향으로 나아간 지그문트 프로이트는 오이디푸스가 자신에게 보편적인 욕망 형태에 대해 말한다고 믿었다.[17] 오이디푸스는 프로이트에게 우리의 진실 체계(프로이트가 봉착하게 됐던 이 체계)의 역사적 구속들을 이야기했는데 말이다(프로이트의 오류에 관한 문화주의자들의 오류[18]).

우리가 오이디푸스적 규정에 따른다면, 그것은 우리의 욕망의 수준에서가 아니라 우리의 참된 담론의 수준에서이다. 이 규정은 사건의 벼락을 확인된 사실의 멍에에 굴복시킨다. 이 규정은 [권 [20] 력]분배의 요청을 정화된 지식에 굴복시킨다 ─ 법의 정화자.

사건을 표식해 분배 법칙에 도입하는 기표 체계야말로 오이디푸스적 구속의 중요한 요소이다. 바로 그것을 전복해야 한다.

하지만 어쩌면 이 오이디푸스적 규정은 서구 사회에서 기능하는 참된 담론의 규정 속에서 더 본질적인 것으로 발견되는 것은 아닐 수 있다. 가장 중요한 것은 아마도 다음과 같은 점일 터이다. 기원전 7~6세기에 정치가 대대적으로 재조직되고 재분배되는 가운데 허구적 자리가 고정된다. 그 자리에서 권력은 정함이 보증되어야만 접근 가능한 진실에 바탕을 두고 세워진다.

이 **허구적 자리**의 위치는 계급투쟁, 권력 이동, 결탁과 타협의 게 [21] 임(이것들은 토지를 모두 평등하게 나누라는 인민의 대대적 요구를 저지했다)으로부터 투사投射를 통해 탐지된다. 이 허구적 장소는 자신을 정의할 수 있게 해줬던 과정의 성격이 정치적인 동시에 사건

---

17) Sigmund Freud, *La Science des rêves*[1900], trad. Ignace Meyerson, Paris: Félix Alcan, 1926. [김인순 옮김, 『꿈의 해석』(개정판), 열린책들, 2004.]

18) 다음의 구절을 암시한 것일 가능성이 높다. "오이디푸스 콤플렉스가 모든 사회 형태에 존재함을 암묵적으로 받아들임으로써 정신분석학자들은 자신들의 인류학적 작업을 심각하게 악화시켰다." Bronisław Malinowski, *La Sexualité et sa répression dans les sociétés primitives*, trad. Samuel Jankélévitch, Paris: Payot, 1932, p.189.

적이라는 사실을 인정하지 않는다.

　　이 자리는 자신이 역사적으로 생산됐음을 인식하지 못할 수밖에 없다. 이 자리에서 다음과 같이 주어지는 담론이 성립된다.

　　— 그것의 내용과 관련해, 그것이 말하는 대상과 관련해: 세계와 사물의 질서를 사실의 특이성에 이르기까지 드러내는 담론으로서.

　　— 그것의 기능과 관련해, 그것의 역할과 관련해: 사람들 사이의 정치적 관계를 규제하고 모델 노릇을 하며, 아노미적인 것이라면 뭐든지 배제할 수 있게 해주는 공정한 담론으로서.

　　— 그것을 진술하는 주체와 관련해: 무결함과 덕을 대가로 해서만, 즉 권력과 욕망의 장 바깥에서만 접근 가능한 담론으로서.

　　허구: 이 **발명된** 장소로부터 [어떤] 진리 담론이 성립될 것이다 (그 담론은 철학적, 과학적 담론으로, 정치적 담론으로 점차 종별화될 것이다) — *

---

* 이 줄표 이후 이쪽[강의원고의 21쪽]의 나머지 부분은 줄이 그어진 채 삭제됐다. 우리는 그 부분을 주석에 복원하는 것이 본문 내용을 명확히 하는 데 도움이 된다고 봤다.

"그리고 이 허구적 자리는 이 담론을 진술할 자격을 다음의 것들에게 차례로 또는 동시에 줄 것이다.
— 현자(입법자로서, 법을 말하는 자로서, 질서를 밝히고 창설하는 자로서),
— 신학자(신의 말씀을 해석하는 자로서, 신의 생각, 의지, 존재를 밝히는 자로서),
— 학자(세계의 진리를 발견하는 자, 사물 자체와 사물들의 관계를 언급하는 자로서),
— 철학자(가능한 모든 진리의 형태와 토대를 언급하는 자로서).
그런데 보다시피 이 허구적 자리가 진리를 이야기할 자격을 이들에게 부여하는 데에는 이중의 조건이 있다.
— 한편으로, 권력 행사와 관련해 뒤로 물러서 있어야 한다는 조건. 이들은 권력을 정초할 수 있고, 무엇이 좋은 권력 분배인지 말할 수 있다. 하지만 조건이 하나 있다. 권력에 참여해서는 안 되고 어떤 힘의 실질적 행사 바깥에 머물러야 한다는 조건.
— 다른 한편으로, 정함, 무결함, 비-범죄행위 등 엄정한 조건을 스스로에게 부과해야 한다는 조건."

❦

**1/ 담론적 사건이라고 불릴 수 있을 만한 것을 분석하는 것이 관 [**]
건이었다.[19] 즉, (정치적-법적) 담론의 전유 방식, 담론의 작동 방
식, 사회적 투쟁에서 담론이 맡는 역할을 담론으로부터 부여받은
지식의 형식과 내용에 관한 사건[을 분석하는 것].

두 가지 주의사항:

사건이란 시공간 좌표에 일의적인 방식으로 위치시킬 수 있는
쪼갤 수 없는 단위를 뜻하지 않는다. 사건은 늘 분산이자 다양체
이다. 사건[20]이란 여기저기에서 일어나는 것, 곧 머리가 여럿 달
린 것이다.

담론적 사건이란 담론에서, 텍스트에서 일어날 수 있었을 사건
을 뜻하지 않는다. 담론적 사건은 제도, 법, 정치적 승리와 패배, 요
구, 태도, 반란, 반동 사이에 분산되는 사건이다. 다양체는 그것이
다음의 것들을 정의하는 효과가 있는 한에서 담론적 사건으로 인
정받고 특징지어질 수 있다.

— 한 유형의 담론이 차지하는 자리와 역할,

** 여기서부터 시작되는 [강의원고의] 세 장은 약간 다른 필적으로 작성됐고 쪽수가
안 적혀 있다. 이것은 똑같은 강의의 일부로 강의원고에서 줄 그어 삭제된 쪽을 대
체하는 것일까, 다른 기회에 다시 손 댄 것일까? 어느 쪽인지 결정하기 어렵다.

19) Événements discursifs. 이것은 푸코의 분석에서 비교적 최근의 개념이다. Michel
Foucault, "Sur l'archéologie des sciences: Réponse au Cercle d'épistémologie"(1968),
Dits et Écrits, t.1: 1954-1969, éd. Daniel Defert et François Ewald, avec collab.
Jacques Lagrange, Paris: Gallimard, 1994, pp.693~731; rééd., t.1: 1954-1975,
Paris: Gallimard, 2001, pp.724~759. 그전에 푸코는 오히려 '사건으로서의 담론'
(discours comme événement)에 대해 말하곤 했다.

20) 사건에 관한 묘사("수학적 곡선, 물리학적 사물의 상태, 심리학적이고 도덕적인 인격
을 특징짓는 특이성들, 특이점들의 집합")는 질 들뢰즈에게 근본적이다. Gilles Del-
euze, *Logique du sens*, Paris: Minuit, 1969; facsimile, Paris: 10/18(UGE), 1973,
p.74. [이정우 옮김, 『의미의 논리』, 한길사, 1999, 121쪽.]

— 담론을 진술해야 하는 자의 성질 부여,

— 담론이 말을 건네는 대상 영역,

— 담론이 야기하는 언표들의 유형.

요컨대 담론적 사건은 결코 텍스트적인 것이 아니다. 담론적 사건이 발견되는 곳은 텍스트 안이 아니다.

2/ 플라톤이나 아리스토텔레스에게서 발견되는 그런 진리의 출현을 담론적 사건으로 취급할 수는 없는지 살펴보자.

— 다시 말해, 기원에 대한 그 어떤 탐구 바깥에서, 역사 너머에서 역사 자체의 가능성의 토대를 [찾기를] 바라는 그 어떤 탐구 바깥에서,

— 다시 말해, 일련의 사소한 외부의 과정으로부터, 이를테면 농민의 채무, 화폐 확립에 쓰인 책략, 정화 의례의 이동 등 사소한 작은 기원에서 출발해,

— 한 번 더 다시 말해, 서로 대립하는 사회 계급이 정치권력을 둘러싸고 벌이는 투쟁의 역사와는 [다른] 역사에서 출발해.

요컨대 진리를 이 투쟁이 담론적 실천 수준에서 가져온 효과로 보이도록 시도할 것.

프리드리히 니체가 말했던 이 전혀 다른 것을 재발견할 것.

3/ 이 투쟁과 그것이 담론에 미치는 효과 사이에서 표현 그리고/또는 반영에 속할지 모르는 관계를 찾지 말 것. 반대로 다음을 보여주는 것이 중요하다.

— 어떤 시기에 계급투쟁이 어떻게 어떤 유형의 담론들(오리엔트의 지식)에 호소하게 되는지, 또는

— 이 유형의 담론들이 어떻게 전유 투쟁의 쟁점이 되는지, 또는

— 계급투쟁이 어떻게 담론의 허구적 장소, 그리고 담론을 진

술할 수 있고 진술해야 하는 자의 (현실적 내지 이상적) 성질 부여를 정의하게 되는지, 또는

— 그런 유형의 대상들이 어떻게 이 투쟁의 도구로서의 담론의 대상이 되어야 하는지, 또는

— 이 담론이 어떻게 그것을 가능케 했던 투쟁과 관련해 은폐 기능을 발휘하는지.

이 관계들의 총체를 가능성의 조건, 기능, 전유, 코드화 같은 용어들을 통해서 분석하는 것이 중요하다. 반영이라는 [용어를 통해서가] 아니라.*

---

* 이렇게 갑작스럽게 끝난 것으로 보아 [뒤의] 몇 장이 빠진 것 같다. 구두 강의 녹취록에 보존된 단편은 청중이었던 엘렌 폴리티스가 필기한 정리 노트에 정확히 들어맞는다. 우리는 그것을 아래[다음 쪽]에 부록으로 제시한다.

구두 강의 녹취록에 보존된 단편

오이디푸스 이야기는 희랍이 진실에 부여했던 어떤 형태를, 그리고 한편으로는 진실이 권력과 맺는 관계들, 다른 한편으로는 진실이 정함과 맺는 관계들에 부여했던 어떤 형태를 특징적으로 보여준다. 어쩌면 오이디푸스의 우화는 우리의 욕망과 우리의 제도의 운명을 이야기하지는 않는다고 말해야 할지 모른다. 오이디푸스의 우화는 오히려 희랍 이래 서구 사회에서 진리 담론이 따랐던 어떤 구속 체계에 대해 말하는 것일 수도 있다. 그리고 오이디푸스의 우화가 나타내는 이 구속 체계의 성격을 다음과 같이 아주 도식적으로 묘사할 수 있다.

한편으로, 사건, 사건의 회귀, 시간을 관통하는 사건의 형상화†을 증인의 확인 속에서 단번에 획득되고 보존되는 사실로 변환하라는 정치적·법적·종교적 요청. 사건을 확인된 사실의 형태에 복종시키기, 바로 이것이 오이디푸스적 진실의 첫 번째 측면이다.

다른 한편으로, 권력 분배의 원리를 지혜와 정함으로만 접근 가능한 사물의 질서에 관한 지식 위에 세우라는 역시 정치적·법적·종교적 요청. 달리 말하면 오이디푸스적 진실 체계의 다른 측면은 νόμος를 그저 단순히 그 자체로 νόμος에 대한 존중인 지식-덕 위에 세우는 것일 테

---

† 일본어판은 (이 단락으로부터) 뒤의 두 번째 단락에 나오는 '사건의 섬광'과 일치시키기 위해 원문의 'figurations'을 'fulguration'으로 고쳐 읽는다.

다. 진실은 νόμος를 존중하는 자에게만 주어질 것이며, 그는 정결해야만 νόμος의 진실에 도달할 수 있을 것이다.

사건의 섬광을 확인된 사실로 변환하기, 그리고 νόμος를 존중하는 자에게만 진실에 대한 접근권을 부여하기, 이것은 희랍 이래 서구 사회의 참된 담론에 부과된 두 가지 커다란 역사적 구속이다. 『오이디푸스 왕』에서 이야기됐던 것은 이 역사적 구속들의 탄생, 형성이다.

따라서 욕망과 진실이 맺는 관계의 방향으로 나아간 지그문트 프로이트는 틀렸다. 프로이트는 오이디푸스가 자신에게 보편적 욕망 형태에 대해 말한다고 믿었다. 하지만 오이디푸스의 우화는 프로이트에게 우리의 진리 체계, 프로이트 자신도 속해 있던 이 체계를 짓누르는 역사적 구속을 나직한 목소리로 이야기했던 것이다. 프로이트의 오이디푸스 분석에 대고 프로이트가 그 분석에 과도한 보편성을 한없이 부여했던 것 같다며 비난할 때, 오이디푸스가 몇몇 유럽 사회에만 적용될 수 있다고 이야기할 때, 문화주의자들은 필시 틀렸다. 그들은 프로이트 자신이 범한 오류에 대한 오류를 범할 뿐이다.

프로이트는 오이디푸스가 자신에게 욕망에 대해 말한다고 여겼다. 하지만 오이디푸스 자신은 진실에 대해 이야기했다. 오이디푸스는 욕망의 구조 자체를 정의하지 않을 가능성이 크다. 오이디푸스가 이야기하는 것, 그것은 단지 우리의 본능의 운명이 아니라 우리의 진실의 이야기이다. 우리는 우리의 욕망의 수준에서가 아니라 우리의 참된 담론의 수준에서 오이디푸스적 규정에 따른다. 욕망의 참된 담론을 들으면서, 프로이트는 욕망이 말하는 것을 듣는다고 믿었다. 하지만 그것은 프로이트 자신의 참된 담론의 메아리였다. 그것은 프로이트의 참된 담론이 따르던 형태였다.

우리는 이렇게 구속 체계가 그려지는 것을 본다. 사건의 벼락을 확인된 사실의 멍에에 굴복시키는 이 규정은 주기적으로 반복된 보편적 분배에 대한 요청을 부동의 법의 정화되고 정화하는 지식에 굴복시킨다.

우리가 여기에 기표의 체계란 필시 사건을 표식해 분배 법칙 속에 도입할 수 있게 해주는 체계라는 사실을 덧붙인다면, 기표가 어떻게 사건의 섬광을 확인된 사실의 멍에에 굴복시킬 수 있게 해주는지, 기표가 또한 분배에 대한 요청을 법의 정화된 지식으로 어떻게 환원할 수 있게 해주는지 볼 수 있게 된다. 기표의 체계는 이 오이디푸스적 구속에서 주요한 도구적 요소이다. 그러므로 기표의 질서를 전복해야 한다.

이렇게 나는 진실과 정화 체계의 관계를 역사의 용어들로 분석해봤다. 하지만 '지식의 의지'를 분석하는 기획은 아직 완수되지 않았다.

이 분석의 가설은 아리스토텔레스 모델이 고전 철학의 성격을 규정하는 듯하다는 것이었다. 아리스토텔레스 모델은 다음을 함축한다. 지식의 의지는 호기심과 전혀 다르지 않다. 인식은 항상 이미 감각의 형태 아래 표식된다. 마지막으로 인식과 삶 사이에는 근원적 관계가 있다.

반대로 프리드리히 니체의 모델에 따르면 지식의 의지는 인식과 전혀 다른 것을 가리킨다. 지식의 의지 배후에는 감각과 같은 일종의 사전 인식이 있는 것이 아니라 본능, 투쟁, 권력 의지가 있다. 게다가 니체의 모델에 따르면 지식의 의지는 원래 진리와 연결되지 않는다. 지식의 의지는 환영을 꾸미고, 기만을 제조하며, 오류를 축적하고, 진리 자체가 한낱 효과에 지나지 않는 허구적 공간 속에서 펼쳐진다. 더욱이 지식의 의지는 주체성의 형태로 주어지지 않으며, 주체는 권력 의지와 진리의 이중의 게임 속에서 지식의 의지의 일종의 생산물일 뿐이다. 마지막으로 니체에게 지식의 의지는 이미-거기에 있는 사전적 인식을 전제하지 않는다. 진리는 미리 주어지지 않는다. 진리는 사건처럼 산출된다.

제안된 과제는 니체 모델의 활용 가능성을 검토하고 니체의 분석에서 알아낸 네 가지 원리를 적용해보는 것이었다.

1. 외부성의 원리: 지식 배후에는 지식과 전혀 다른 것이 있다.
2. 허구의 원리: 진리는 허구와 오류의 효과에 지나지 않는다.
3. 분산의 원리: 진리를 담지하는 것은 주체가 아니다. 진리 자체가

σύμβολον[sumbolon/단서]

	(1) 아폴론	테이레시아스
예언	처벌해야 한다. 누구를 처벌해야 하는지가 빠짐.	그것은 오이디푸스이다.
청취 기억	(2) 이오카스테 그것은 당신이 아니다. (a) 그것은 삼거리에서 만난 강도였다. (b) 그리고 어쨌든 그는 제거됐던 　　자신의 자식에게 살해됐다.	오이디푸스 그것은 나이다. 내가 삼거리에서 그를 죽였다. 내 부모에게서 도망친 뒤에.
증언	(3) 코린토스 사람 저는 그를 넘겨받은 사람에게서 그를 받았습니다.	하인 저는 그의 부모 라이오스와 이오카스테에게서 그를 받았습니다.

σύμβολον은 오이디푸스 자신이었다. 누군가가 줬고, 다른 누군가가 받았다. 하인들이 보유한 이야기의 반쪽은 주인들이 보유한 이야기의 나머지 반쪽에 대응한다. 신들만이 이야기의 전모를 알고 있다. 오이디푸스 왕은 모든 것을 알고 있던 신들과 모든 것을 봤던 하인들 사이에 끼어 있다. 오이디푸스는 아무것도 몰랐다.

　예언이 실행되고 실현되기 위해서는 이 목격 증언이 필요하다.

　하지만 갑자기 오이디푸스는 권력을 잃는다. 오이디푸스는 물론 γνώμη[gnōmē/식견], τέχνη[technē/기술]로 자신의 권력을 키운 참주였다. 이제 오이디푸스는 무지한 왕이다. 따라서 운명의 수레바퀴에 매였다.

　사실상 도시를 똑바로 세우지 못했기에 오이디푸스는 더 이상 명령할 수 없다. Cf. 크레온의 마지막 말대꾸: 아직 명령할 것이 있으십니까[대체 무엇이 필요해서 제게 이렇게 거듭 청하시는지요]?[a]

a. 이 구절은 1973년 리우데자네이루에서 한 강연 「진리와 법적 형태들」에서 되풀이된다. Michel Foucault, "La Vérité et les formes juridiques"(1974), *Dits et Écrits*, t.2: 1970-1975, éd. Daniel Defert et François Ewald, avec collab. Jacques Lagrange, Paris: Gallimard, 1994, pp.538~646; rééd., t.1: 1954-1975, Paris: Gallimard, 2001, pp.1406~1490.

그것을 구성하는 다수의 사건들을 경유한다.

4. 사건의 원리.

이 원리들에서 출발해 나는 분석을 시작했다.

외부성의 원리와 관련해, 나는 텍스트 자체에서 출발해 텍스트 분석을 하려고 해본 적이 없다.

나는 가능한 한 주석의 원리, 주해의 원리를 걷어내려고 시도했다. 나는 텍스트 자체의 짜임새에서 현존하거나 부재하는 말해지지-않은-것이 무엇인지 알려고 해본 적이 없다.

나는 역사의 차원에 위치함으로써 텍스트성의 원리를 걷어내려고 시도했다. 다시 말해 텍스트 또는 여러 텍스트 속에서가 아니라 한 사회 내에서 다양한 담론들에 주어진 기능이나 역할의 사실 속에서 일어나는 담론적 사건을 탐지하려고 시도했다.

텍스트 바깥으로 나가서 한 사회 내에서 담론이 맡는 기능을 찾아내기, 내가 외부성의 원리라고 부르는 것이 바로 이것이다.

허구의 원리와 관련해, 나는 진리의 효과가 어떻게 진리와 무관한 어떤 것에서 생겨날 뿐만 아니라, 그렇게 구성된 진리의 관점에서 볼 때 참도 아니고 환영이거나 허구라고 인정할 수밖에 없는 어떤 것에서 어떻게 생겨날 수 있는지 보이려고 시도했다.

나는 적도가 어떻게 화폐에서 생겨났는지 보이려고 시도했다. 사물의 질서와 인간의 질서에 관한 이 인식이, 사물과 인간의 통일성을 보증하던 이 인식이 어떻게 정경 분리[정치적인 것과 경제적인 것의 분리, 즉 εὐνομία(eunomia)]에서 출발해 [계급 불평등을 유지하는] 구실로서 생겨날 수밖에 없었는지 보이려고 시도했다.

니체에 관한 강의*
어떻게 니체와 더불어 진리에 의거하지 않고
진리의 역사를 사고할 수 있는가

인식에는 기원이 없고 하나의 역사가 있다. 진리 역시 발명됐으나, 훨씬 뒤에 발명됐다 | 지식과 진리의 함축을 해체하는 니체의 거침없음 | 주체-객체, 인식의 토대가 아닌 산물 | 표식, 기호, 단어, 논리: 인식의 사건이 아닌 도구 | 위반 공간에서 펼쳐지는 인식. 표식, 단어, 의욕의 게임. 기만으로서의 인식 | 도덕으로서의 진리. 의지와 진리를, 자유 또는 폭력을 절합하는 것은 무엇인가? | 진리의 의지의 역설. 진리의 존재론은 없다. 참이 아닌 진리의 분배 범주로서의 환영, 오류, 기만 | 아리스토텔레스와 니체: 지식의 의지의 두 패러다임

I. 인식의 '발명'

"수많은 태양계에서 쏟아 부은 별들로 반짝거리는 우주의 외딴 어느 곳에 언젠가 영리한 동물들이 인식이라는 것을 발명해낸 별이 하나 있었습니다. 그것은 세계사에서 가장 의기충천하고 또 가장 기만적인 순간이었습니다."[1]

---

* 1971년 4월, 몬트리올의 맥길대학교에서 행한 강연.

1) Friedrich Nietzsche, "Introduction théorétique sur la vérité et le mensonge au sens extra-moral"(été 1873), *Le Livre du philosophe: Études théorétiques*, bilingue, trad., intro., et notes par Angèle Kremer-Marietti, Paris: Aubier/Flammarion, 1969, p.171. 푸코의 번역 수정. [이진우 옮김, 『유고(1870년~1873년)』, 책세상, 2001, 443쪽.] 세계사를 언급한 것은 G. W. F. 헤겔의 Weltgeschichte[세계사]를 조롱한 것이다. 그리고 인식이 "순간, 섬광, 사건이지 능력이 아니다"라고 한 것은 임마누엘 칸트를 비판한 것이다. 푸코는 「진리와 법적 형태들」에서 [니체의] 이 텍스트가 신칸트주의로 가득한 시기에 작성됐음을 상기시킨다. Michel Foucault, "La Vérité et les formes juridiques"(1974), *Dits et Écrits*, t.2: 1970-1975, éd. Daniel Defert et François Ewald,

이 발명Erfindung2)이라는 용어는 다른 여러 텍스트를 참조한다. 이 용어는 도처에서 기원의 반대말로 쓰이지만 시작의 동의어는 아니다.3)

인식이 하나의 발명이라는 것은 다음을 뜻한다.

1/ 인식은 인간 본성에 새겨져 있지 않다. 인식은 인간의 가장 오랜 본능을 이루지 않는다. 특히 인식의 가능성은 인식의 형식 자체로 정의되지 않는다.

인식의 가능성은 형식적 법칙이 아니다. 인식은 자신과 전혀 다른 것4)(즉, 이성, 지식, 경험이 아니라 본능; 긍정, 확실성, 장악, 평온이 아니라 의심, 부정, 파기, 지체)이 문제가 되는 게임 공간에서 자신의 가능성을 발견한다.

"'인식의 본능'은 없다. 지성은 다양한 본능에 봉사한다."5)

---

avec collab. Jacques Lagrange, Paris: Gallimard, 1994, pp.538~646; réed., t.1: 1954 -1975, Paris: Gallimard, 2001, pp.1406~1490. [이하 이 책에서의 모든 인용은 '수록 글(발표 연도), *DÉ*, 권수, 쪽수'만 표기한다.]

2) 문자 그대로 하면 das Erkennen erfanden[인식을 발명했다].

3) 에드문트 후설이 '기원'[Ursprung]과 '시작'[Anfang]을 구별한 것을 암시하고 있다. Edmund Husserl, "Die Frage nach dem Ursprung der Geometrie als international-historisches Problem," *Revue internationale de philosophie*, 1re année, no.2, Bruxelles, 1939, pp.203~225; in *Die Krisis der europäischen Wissenschaften und die transzentale Phänomenologie*, La Haye: Martinus Nijhoff, 1954. [이종훈 옮김, 「기하학의 기원」, 『유럽학문의 위기와 선험적 현상학』, 한길사, 1997, 537~571쪽]; *L'Origine de la géométrie*, trad. et intro. Jacques Derrida, Paris: PUF, 1962. [배의용 옮김, 『기하학의 기원』(발췌), 지만지, 2012.]

4) 푸코는 1973년 리우데자네이루(「진리와 법적 형태들」)에서 [니체에 관한] 이 강의의 내용을 반복하며 니체가 말한 폭력, 악의 또는 유용성으로 짜인 이 "전혀 다른 것"을 정치로 옮겨 적는다.

5) Friedrich Nietzsche, *La Volonté de puissance*, t.1, éd. et trad. Geneviève Bianquis, Paris: NRF/Gallimard, 1947, livre II, chap.3("Morphologie et évolution de la volonté de puissance"), §274, p.282. ["인식욕이 아니다. 다양한 충동을 위해 지성을 사용하기" (Kein Erkenntnißtriebe, die Intelligenz im Dienst der verschiedenen Triebe). 안성찬·홍

인식 뒤에 있는 것은 전혀 다른 것, [즉] 인식에 낯선 것, 불투명한 것, 환원 불가능한 것이다. 인식은 자신에 선행하지 않는다. 인식에는 선결 조건도 없고 비밀스런 예측도 없다. 인식 뒤에는, 비인식의 벽이 있다. 따라서 인식은 경험주의와 다르다. 경험주의는 인식 뒤에 지각이나 감각이나 인상이나 일반적으로 표상을 놓는다.

2/ 인식에는 모델이 없다. 인식은 신적 지성 같은 어떤 것에서 외부 보증을 얻지 않는다. 인간 인식에 선행하는 인식의 어떤 원형도 없다. 인식은 어느 프로메테우스가 신의 씨앗불에서 훔쳐온 것이 아니다. 인식은 인간 지성이 신적인 광경을 회상하며 모방한 것이 아니다. 상기 따위는 없다.

3/ [인식은] 독해, 해독, 지각, 자명한 이치로서 세계의 구조에 절합되는 것이 아니다. 사물은 보이거나 인식되기 위해서 만들어지지 않는다. 사물은 (우리를 주시할 것이고 우리의 시선이 그것[사물]과 교차하길 기다릴) 이해 가능한 얼굴을 우리 쪽으로 돌리지 않는다.

사물은 갖지 않는다.

— 해독해야 할 숨은 의미를,

— 자신(사물)을 이해 가능하게 해주는 맥脈이 되는 [하나의] 본질을.

[사물은] 아니다.

— 법칙에 따르는 객체가.

"하지만 세계의 성격은 영원한 카오스의 그것이다. 필연성이 부재한다는 의미에서가 아니라 질서, 연쇄구조, 형식, 미, 지혜가 부재한다는 의미에서 그렇다는 것이다……. 세계는 결코 인간을 모방하려고 하지 않는다……. 세계는 법칙이라는 것을 알지 못한다. 자연에 법칙이 있다고

사현 옮김, 「유고(1881년 봄~1882년 여름)」, 『즐거운 학문/메시나에서의 전원시/유고(1881년 봄~1882년 여름)』, 책세상, 2005, 729쪽.]

말하는 것을 경계하자……. 신의 이 모든 그림자들이 우리를 어둠으로 덮지 않게 둘 때가 언제일까? 완전히 탈신격화된 자연을 누리게 될 때가 언제일까?"[6]

마지막으로 인식이 하나의 발명이라는 말은 다음을 뜻한다.
4/ [인식]은 복잡한 조작의 결과이다.

"Non ridere, non lugere, neque detestari, sed intelligere[비웃지 말고, 탄식하지 말고, 저주하지 말고, 인식하라]! 스피노자[7]는 원래 자신의 방식대로 이렇게 소박하고 숭고하게 말하고 있다. 하지만 intelligere[인식하는 것]가 앞의 세 가지 [정념]이 한꺼번에 느껴지는 형식과 근본적으로 다른 것이 무엇인가?

인식은 비웃으려는 의지, 한탄하려는 의지, 저주하려는 의지라는 서로 상이하고 대립하는 충동들에서 나온 결과가 아닐까? 인식이 가능해지기 전에 우선 이 각각의 충동들이 사물이나 사건에 대한 자체의 일면적 견해를 내놓았음에 틀림없다. 그 뒤에야 이 일면성들 사이에 갈등이 시작되어 그로부터 중용, 안정, 세 충동 사이의 상호 양보, 일종의 형평성과 협약이 이뤄진다. 왜냐하면 형평성과 협약을 통해 이 세 충동 모두가 실존 안에서 자신을 주장하고 함께 권리를 지니게 되기 때문이다.

---

6) "세계의 전체적 성격은 영원히 카오스의 성격이다. 필연성의 결여 때문이 아니라 질서, 절합, 형식, 미, 지혜의 부재 때문에 그렇다……." Friedrich Nietzsche, *Le Gai Savoir*, éd. et trad. Pierre Klossowski[édition de référence], Paris: Le Club français du livre, 1965, livre III, §109("Mise en garde"), p.192. 푸코의 번역 수정. [안성찬·홍사현 옮김, 「즐거운 학문」, 『즐거운 학문/메시나에서의 전원시/유고(1881년 봄~1882년 여름)』, 책세상, 2005, 184~185쪽.]

7) Benedictus de Spinoza, "De origine et natura affectum"(3e partie), *Éthique*, t.1, éd. et trad. Charles Appuhn, Paris: Garnier, 1934, p.240. [정확히 말하면 이 인용구의 출처는 『정치론』(*Tractatus politicus*)의 1장 4절(§4)이다.]

이 긴 과정에서 마지막 화해의 장면, 최종 결산만을 의식하는 우리는 이에 따라 intelligere, '이해하는 것'이 화해적이고 정의롭고 선한 것이라고, 본능과는 본질적으로 대립되는 것이라고 생각한다. 하지만 인식은 본능들 상호 간의 특정한 관계일 뿐이다. …… 모든 인식에는 어쩌면 영웅적인 어떤 것이 있을지 모르지만 신적인 것은 분명히 존재하지 않는다."[8]

이 복잡한 조작이 어떻게 이뤄지는지 좀 더 명시할 필요가 있다.

a - 그것은 우선 악의(비웃기, 무시하기, 저주하기)와 비슷하다. 그것은 사물에서 자신을 인지하는 것이 아니라 사물과 거리를 두고, (비웃음을 통해) 사물로부터 자신을 보호하고, 가치절하(무시하기)를 통해 사물과 차이를 두며, 사물을 물리치거나 파괴하기를detestari 바라는 것이다. 살인적이고, 가치절하하며, 차이를 두는 인식은 [신에] ὁμοίωσις[homoiōsis/동화됨]의 영역에도 선의 영역에도 들어가지 않는다.

b - 그것은 인식하는 **자**를 향한 악의이기도 하다. 인식은 "가상의, 단순화의, 가면의, 외투의, 표면의 의지에 대립된다. 왜냐하면 모든 표면은 외투이기 때문이다. …… [인식은] 사물을 그것의 본질에서 깊이 있고 다양하게 …… **생각하고자 한다**."[9] "하지만 그는[=인식하는 인간은] 정신의 성향에 반해, 그리고 가끔은 자신의 마음에서 원하는 소망에 거슬리

---

8) Nietzsche, *Le Gai Savoir*, livre IV, §333("Que signifie connaître"), pp.333~334. [『즐거운 학문』, 301~302쪽.] 푸코가 '본능'(instinct)이라고 쓴 것을 피에르 클로소프스키는 '충동'(impulsion)이라고 옮긴다. 푸코가 마지막 인용 부분에 "모든 인식에는" (dans cette/toute connaissance)이라고 적은 것을 클로소프스키는 "투쟁 중인 우리의 내부 안에는"(au sein de notre intérieur en lutte)이라고 옮긴다(334쪽). 또한 같은 책의 113절도 참조하라(201쪽). [『즐거운 학문』, 191쪽.]

9) Friedrich Nietzsche, *Par-delà le bien et le mal: Prélude d'une philosophie de l'avenir*, éd. et trad. Henri Albert, Paris: Mercure de France, 1948, chap.VII, §230, p.236. [김정현 옮김, 「선악의 저편」, 『선악의 저편/도덕의 계보』, 책세상, 2002, 219쪽.]

면서까지 인식하는 것을 …… 긍정하고, 사랑하고, 숭배하는 것을 ……
스스로의 정신에 강요한다."10)

　　이것이 의심, 지체를 도입하는 것이다.

　　인식은 유용성에 대립한다. 왜냐하면 인식은 찬성과 반대에 자리를 내
주는 것이 관건인 게임이기 때문이다.11) 하지만 이 게임은 악의를 **전치
하는 것**에 지나지 않는다. 지적인 투쟁, 경쟁의 출현.12) 『아침놀』 429절에
서 인식은 "강하고 확고한 망상의" 행복을 포기하는 것으로 나타난다.
이 포기는 이제 우리에게 너무 매력적인 나머지 우리가 그것을 포기할
수 없을 정도이다.13)

　　이 악의, 그것은 사물 표면 뒤에서 비밀을 찾으려 하고, 가상 뒤에서
사물의 본질을, 일시적인 반짝거림 뒤에서 힘을, 지배를 캐내려 한다. 이

---

10) Nietzsche, *Par-delà le bien et le mal*, chap.VII, §229, pp.233~234. [『선악의 저편』,
　　217쪽.]

11) "뒤늦게야 인식의 가장 무력한 형태인 진리가 등장했다. 우리 인간은 진리와 더
　　불어 살아갈 수 있는 능력이 없는 것으로 보인다. 우리의 유기체는 진리에 반대
　　되도록 만들어져 있는 듯하다. 유기체의 더 높은 모든 기능, 즉 감각적 지각과
　　모든 종류의 감성은 태곳적에 체화된 저 근원적 오류들을 지닌 채 작동하고 있
　　다. 더 나아가 저 명제들은 순수한 논리학에서 가장 먼 곳에 위치한 영역에 이르
　　기까지 '참'과 '참 아닌 것'을 구분하는 인식의 규범이 됐다." Nietzsche, *Le Gai
　　Savoir*, livre III, §110("Origine de la connaissance"), pp.194~195. [『즐거운 학문』,
　　185~186쪽.] 또한 같은 책의 111절(§111["논리적인 것의 유래"])도 참조하라.

12) Nietzsche, *Le Gai Savoir*, livre III, §110, p.197. [『즐거운 학문』, 187쪽.]

13) "하지만 우리의 **인식 본능**이 너무 강하기 때문에 우리는 아직 인식 없는 행복을,
　　혹은 확고하고 강력한 망상의 행복을 평가할 수 없는 것이다. 우리는 그런 상태
　　를 표상하는 것만으로도 고통을 느낀다! …… 인식은 우리 마음속에서 정열로 변
　　화됐다." Friedrich Nietzsche, *Aurore: Réflexions sur les préjugés moraux*, éd. et
　　trad. Henri Albert[édition de référence], Paris: Mercure de France, 1912, livre V,
　　§429("La nouvelle passion"), pp.333~334. [박찬국 옮김, 『아침놀』, 책세상, 2004,
　　337쪽.] 푸코는 이 구절을 이렇게 번역했다. "하지만 이 **인식 본능**이 너무 강하기
　　때문에 우리는 아직 인식 없는 행복을, 혹은 강하고 확고한 망상의 행복을 평가할
　　수 없는 것이다. 우리는 그런 상태를 생각만 해도 고통을 느낀다."

를 위해 사물에 대해 속임수와 유혹, 폭력과 부드러움 등 온갖 수단이 사용된다.[14] 하지만 그것은 또한 마침내 깨진 비밀 속에 여전히 가상 밖에 없음을, 거기에 어떤 존재론적 토대도 없음을 깨닫는 것이다. 그리고 인식하는 인간 자신은 여전히 그리고 늘 가상임을 깨닫는 것이다.[15]

　　인식은 (플라톤처럼 가상을 존재에 대립시키거나, 존재 너머에 감춰진 대상=x의 정체를 밝히거나 해서) 가상을 파괴하는 조작이 아니다. 인식은 (아르투어 쇼펜하우어 식으로) 가상에 항상 머물려는 헛된 노력도 아니다. 인식은 가상의 구멍에서 가상의 새로움을 무한정 구성한다. 인식은 정말 가상 너머로 가는 것, 악의를 갖고 가상을 파괴하고, 가상을 문제시하며, 가상에서 비밀을 뽑아내는 것이다. 가상으로서 주어지는 것의 수준에 머무는 인식은 전혀 인식이 아닐 것이다.

현상의 친절한 부드러움에 맞서 지식의 살인적인 가차 없음을 세워야 한다. 하지만 그렇게 하는 것은 이 작업에서 존재나 본질에 대한 접근으로 보상받기는커녕, 오히려 새로운 가상을 낳으며, 그 가상들로 하여금 하나가 다른 하나에 맞서고 하나가 다른 하나를 넘어서도록 만든다. 그로부터 몇 가지 귀결이 따라 나온다.

　　a - 본능, 이해, 게임, 투쟁은 인식이 모면할 수 있는 대상이 아니다. 그것은 밝힐 수 없는 동기, 구속력 있으나 재빨리 잊히는 기원이 아니다. 그것은 인식의 항구적이고 영속적이며 불가피하고 필수적인 지지대이다. 그런 것은 과학에서도 발견될 것이다. 그리고 금욕주의의 문제, 객관적 인식의 문제가 제기될 것이다.

---

14) Nietzsche, *Aurore*, livre V, §432("Chercheur et tentateur"), p.339. [『아침놀』, 339쪽.]

15) "'인식하는 자'인 나도 나의 춤을 추고 있다는 것, '인식하는 자'는 이 지상의 춤을 오래 끌게 하는 수단이며, 그런 한 실존의 축제를 주최하는 자에 속한다는 것." Nietzsche, *Le Gai Savoir*, livre I, §54("La conscience de l'apparence"), p.115. [『즐거운 학문』, 121쪽.]

b – 인식은 항상 관점주의적[원근법적]이며, 미완성이다. 인식은 결코 자폐적이지 않을 것이다. 인식은 결코 자신의 대상[을 인식하기]에 적합하지 않을 것이다. 인식은 늘 사물 자체에서 분리될 것이다. 하지만 모든 관점들의 법칙인 동시에 실측도인 사물의 본질 자체에서 관점들이 서로 교차하게 된다는 에드문트 후설의 의미에서 관점주의적인 것도 아니고, 인식이 제한되어 있다는 임마누엘 칸트의 의미에서 미완성인 것도 아니다. 왜냐하면 칸트가 보기에 우리의 인식을 방해하는 것은 인식 자체(인식 형식, 즉 [인식에] 전혀 외부적이지도 낯설지도 않은 것)와 동시에 인식의 한계(더 이상 인식이 아닌 것)이기 때문이다.

니체가 보기에 우리의 인식을 방해하는 것은 인식의 지지대·뿌리·동학, 인식의 힘이지 인식 형식(본능, 악의, 지식에 대한 갈망, 욕망)이 아니다. 인식을 방해하는 동시에 인식을 구성하는 것, 그것은 인식과 전혀 다른 것이다.

"인간은 왜 사물들을 보지 못하는가? 이는 인간 자신이 방해가 되기 때문이다. 인간은 사물들을 은폐한다."[16]

c – 그로부터 전체적으로 두 가지 커다란 단절이 생긴다. 존재와의 단절, 그리고 선과의 단절.

인식하기와 진리를 인식하기

인식은 발명됐다. 하지만 진리는 훨씬 뒤에야 발명됐다.

[이것은] 여러 질문으로 표현된다.

— 처음부터 진리의 인식도 아니고 진리에 관계하는 인식도 아니며 진리를 의욕하는 인식도 아닌 인식이란 무엇인가? 진리의 중지나 유통

---

16) Nietzsche, *Aurore*, livre V, §438("L'homme et les choses"), p.339. [『아침놀』, 342쪽.]

중단이 아니라 진리가 부차적이고 우발적이며 비본질적인 방식으로 거기서 발생하게 되는 장소인 인식이란 무엇인가?

— 진리의 발명이란 무엇인가? 진리의 발명을 가능케 한 급전急轉이란 무엇인가? 진리의 인식이 무엇일지와 관련된 다음과 같은 물음. 진리의 인식을 환영으로 분석해야 할까, 의지로 분석해야 할까, 구조로 분석해야 할까? 달리 말해 인식이 진리와 맺는 관계는 오류(바꿔 말하면 비진리)에 속할까, 의욕에 속할까, 법칙에 속할까?

— 인식이 진리의 인식이 될 때 인식이란 무엇인가? 진리가 인식에서 생겨나 인식에서 자신의 장소를 찾았을 때 진리에 무슨 일이 일어나는가? 진리는 하나의 에피소드일까? 진리에 어떤 끝이 있을까? 다시 한번 진리 없는 인식일 수 있는 새로운 인식을 상상하거나 생각할 수 있을까? 장래의 진리 또는 진리 없는 장래가 있을까? 진리의 역사를, [즉] 진리의 우화를 이야기할 수 있을까?

표면상의 몇몇 유사점에도 불구하고 진리의 역사를 오귀스트 콩트나 실증주의 식 인식의 역사와 분명히 구별해야 한다. 실증주의적 역사에서 진리는 처음부터 주어지지 않는다. 오랫동안 인식은 맹목적으로 더듬거리며 진리를 추구한다. 진리는 역사의 결과로서 주어진다. 하지만 마침내 진리와 인식 사이에 수립된 이 관계는 처음부터 설정된 권리상의 관계이다. 인식은 진리의 인식이기 위해 만들어진다. 진리와 인식 사이에 기원상의 귀속이 있다. 이 귀속은 다음과 같다.

— 진리는 인식의 대상이다,

— 진리 없는 인식은 참된 인식이 아니다,

— 진리, 그것은 인식의 진리이다.

니체는 거침없이 이 함축을 풀어버렸다. 그리고 말했다. 진리는 인식 뒤에 생겨난다. 인식이 진리가 되도록 정해져 있지 않더라도, 진리가 인식 활동의 본질이 아니더라도.

니체의 첫 번째 거침없음은 이렇게 말한 것이었다. 인간도 사물도 세계도 인식을 위해 만들어지지 않았다. 인식은 나중에 온다. 인식에 선행하는 어떤 공모도 없고, 인식을 보장하는 어떤 권력도 없다. 인식은 전혀 다른 것으로부터 발생하면서 나중에 온다.

두 번째 거침없음은 이렇게 말한 것이[었]다. 인식은 진리를 위해 만들어지지 않는다. 진리는 나중에 온다. 참이 아닌 것이 진리에 선행하며, 오히려 참이라고도 말할 수 없고 참이 아니라고도 말할 수 없는 어떤 것이 진리에 선행한다. 왜냐하면 참이 아닌 것이 진리에 고유한 나눔보다 앞서기 때문이다. 진리는 참의 나눔에 낯선 것에서 발생한다.

II. 진리 이전의 인식이란 무엇인가?

니체가 세운 두 대립을 통해 두 대답이 구체화된다.

　a – 진리와 연결되지 않은 인식. 니체는 그것을 참인 것으로 향하는 인식의 도식화·단순화에 대립되는 순수한 '인식 의지'로 묘사한다.

『권력 의지』 I, §195(1884): "인식의 모든 장치는 하나의 추상화·단순화의 장치이며, 인식을 겨냥하고 있는 것이 아니라, 사물을 **제어하는** 것을 겨냥하고 있다."[17]

『권력 의지』 I, §193(1888): "이성, 논리, 범주가 형성될 때에는, **욕구가** 결정적이다. 즉 '인식하는' 욕구가 아니라, 이해하고 산정하기 쉽게 하는 것을 목적으로 해 포섭하고 도식화하는 욕구가……."[18]

---

17) Nietzsche, *La Volonté de puissance*, t.1, livre I, chap.2, §195(1884), p.98. [강수남 옮김, 『권력에의 의지』, 청하, 1988, §503, 312쪽; 정동호 옮김, 『유고(1884년 초~가을)』, 책세상, 2004, 216쪽.]

인식하기 위한 인식:

『선악의 저편』, §230: "가상의, 단순화의, 가면의, 외투의, 표면의 의지에
…… 인식하고자 하는 사람의 숭고한 성향, 사물을 그것의 본질에서 깊
이 있고 다양하게 생각하려는 성향이 대립된다."[19]

『아침놀』, §432: "어떤 사람은 [사물들의] 비밀에 대한 외경을 통해, 다
른 사람은 신비를 해석할 때의 경솔함과 악의를 통해 전진하게 되고 통
찰을 획득하게 된다."[20]

비밀, 금기, 폭로, 위반의 공간에서 펼쳐지는 인식의 가능성이 여기
서 열린다.

"우리는 (악의와, 모독과 연결된) 대담한 도덕성을 갖고 있다."[21]

인식을 위한 인식이라는 이 모독에 인식이 맞선다. 좋은 인식, 적절
한 인식, 실용적 인식, 관대한 인식, 융통성 있는 인식, 도움이 되는 인
식, 다시 말해 인식 활동과 다른 것을 하는 인식.

---

18) Nietzsche, *La Volonté de puissance*, t.1, livre I, chap.2, §193(1888), p.97. [『권력
에의 의지』, §515, 316쪽; 백승영 옮김, 『유고(1888년 초~1889년 1월 초)』, 책세상,
2004, 159쪽.]

19) "가상의, 단순화의, 가면의, 외투의, 표면의 이 의지에 …… 인식하고자 하는 사람
의 이 숭고한 성향, 사물을 그것의 본질에서 깊이 있고 다양하게 생각하고, 생각하
고자 하는 성향이 대립된다." Nietzsche, *Par-delà le bien et le mal*, chap.VII, §230,
p.236. [『선악의 저편』, 219쪽.]

20) Nietzsche, *Aurore*, livre V, §432, pp.335~336. 이 아포리즘은 이렇게 끝난다. "탐
구하는 사람들인 우리는 모든 정복자, 탐험가, 선원, 모험가와 마찬가지로 대담한
도덕성을 가지고 있으며 전체적으로 보아 악한 사람으로 간주되는 것을 감수해야
만 한다." [『아침놀』, 339쪽.]

21) Nietzsche, *Aurore*, livre V, §432, p.336. [『아침놀』, 339쪽.]

b - 니체는 앞서 언급한 대립의 역방향에서 다른 대립을 이용한다. 모든 진리에 앞서고 욕구에 온통 지배당하는 일차적·신체적 인식. 거기서 문제가 되는 것은 인식이 아니라 삶, 투쟁, 사냥, 음식, 경쟁이다.

『권력 의지』I, §192(1887): "우리의 모든 **인식 기관**과 **감관**은 보존과 성장의 조건들과 관련해서만 발달되어 있다."[22]

이 인식의 맞은편에, 또 이 인식 이후에, 두 번째 금욕적 인식이 구성된다. 그것은 신체의 관점을 제거하고 유용성을 중지시키며 일면성과 한계를 지우고 공평무사한 눈으로 만사를 보고자 한다. 순수하고픈 인식.

『도덕의 계보』[1887], III, 12: "의지를 모두 제거하고, 정서를 남김없이 떼어낸다는 것은, 우리가 그것을 할 수 있다고 가정해도, 어떻게 할 수 있단 말인가? 이것은 지성의 거세를 의미하는 것이 아닌가?"[23]

삶, 욕구와 직접 연결된 현실적 인식과 역사적으로 실효적이면서 환영적인 역설적 인식 사이의 대립이 거기서 명확히 드러난다. 금욕적 학자의 대립, 즉 칸트의 대립.

"그런 모순……, '삶에 **거스르는 삶**,' ……은 단지 무의미할 뿐[이다]. 이

---

22) Nietzsche, *La Volonté de puissance*, t.1, livre I, chap.2, §192(1887), p.97. [『권력에의 의지』, §507, 313쪽; 백승영 옮김, 『유고(1887년 가을~1888년 3월)』, 책세상, 2000, 24쪽.]

23) Friedrich Nietzsche, "Quel est le sens de tout idéal ascétique?"(3ᵉ dissert.), *La Généalogie de la Morale* (1887), éd. et trad. Henri Albert[édition de référence], Paris: Mercure de France, 1913[1900], §12, pp.206~207. [김정현 옮김, 「도덕의 계보」, 『선악의 저편/도덕의 계보』, 책세상, 2002, 483쪽.] 인식을 금욕으로 정의하는 데 아주 중요한 아포리즘.

것은 단지 **외견상** 그럴 수 있을 뿐이다. 이것은 일종의 잠정적인 표현이며, 하나의 해석, 형식, 정돈이며, 심리적인 오해……."[24]

그러므로 진리 이전의 인식은 비밀에 대한 폭력적이고 악의적인 인식, 폭로하는 모독으로서 정의될 때도 있고, 삶에 봉사하는 폭력적이고 유용한 인식, 지배하고 성장케 해주는 일면성으로서 정의될 때도 있다.

달리 말하면 폭력의 이 '전혀 다른 것'은 인식 활동의 골조 구실을 하며 인식 속에서 스스로를 연출한다. 이 전혀 다른 것은 인식 활동의 무용하고 모독적인 악의를 낳고 지식의 순수 위반을 야기한다. [이 '전혀 다른 것'은] 스스로 성장하며 구성되는 삶의 일면성을 야기한다.

마지막으로 또는 처음으로, 진리에 의해 아직 본성을 잃지 않은 인식의 본성이란 무엇인가? 이 물음 자체가 어쩌면 잘못 제기됐거나, 아니면 오히려 이렇게 물음을 던지는 가운데 재검토해야 할 몇 가지 공준들이 여전히 재발견되기도 한다.

인식의 제1본성이 무엇인지 자문하는 것은 인식이 주체와 객체 사이의 어떤 관계 유형임을 받아들이는 것이다. 사람들은 그 관계가 무엇인지 자문한다. 그 관계가 유용성의 관계인지 아니면 관조의 관계인지, 유용한 지배의 관계인지 아니면 종교적 모독의 관계인지, 순수 시선에 좌우되는지 아니면 삶의 욕구에 좌우되는지. 그런데 인식을 발본적으로 묻는다는 것은, 인식을 인식과 전혀 다른 것에서 출발해서 묻는다는 것은 인식을 정의하는 출발점이 되는 이 주체-객체 관계를 존속시키는 것이 아닌가? 사실 인식이 주체-객체 관계를 구성하는 데도 말이다.

---

24) Nietzsche, *La Généalogie de la Morale*, §13, p.207. [「도덕의 계보」, 484쪽.] 니체는 계속한다. "**금욕주의적 이상은 퇴화되어가는 삶의 방어 본능과 구원 본능에서 생겨난 것이다.** 그런 삶은 모든 수단을 강구해 자신을 보존하려고 하며, 자신의 생존을 위해 투쟁한다……. 따라서 금욕주의적 이상은 이런 이상을 찬양하는 자들이 생각하는 것과는 정반대이다." Nietzsche, *La Généalogie de la Morale*, §13, p.207~208. [「도덕의 계보」, 484쪽.]

니체가 "인식 자체는 없다"[25]고 말할 때, 이는 즉자의 인식은 없다는 말이 아니라 인식의 폭력 속에 인식 활동이 전개하면서 실행해야 할 불변의, 본질적이고 사전적인 관계는 없다는 말이다. 인식 자체가 없다고 말하는 것은 곧 주체-객체 관계(그리고 그 관계의 모든 파생물, 이를테면 선험, 객관성, 순수 인식, 구성하는 주체)가 사실상 인식의 토대 구실을 하는 게 아니라 인식에 의해 만들어진다고 말하는 것이다.

이를 명확히 하자.

a – 인식은 관계들의 망에 바탕을 둔다.

— 형식이 다른 관계들: 그것은 파괴의 관계, 전유의 관계, 징벌의 관계, 지배의 관계일 수 있다.

— 준거점이 다른, 그리고 관련짓는 항이 다른 관계들: 신체와 다른 신체의 관계, 집단과 다른 집단의 관계, 개인과 사물·동물·신의 관계.

인식의 기반은 이 차이들의 게임이다.

"세계는 본질적으로 각각의 지점에 따라 다르다. 세계는 각각의 지점을 압박하며, 각각의 지점들은 [세계에] 저항한다. 그리고 이들의 총계는 모든 경우에 전혀 **서로 일치하지 않는다**."[26]

세계는 본질적으로 관계의 세계이고, 그 관계는 그 자체로 인식 불

---

25) "철학자 여러분, 이제부터 우리는 '순수하고 의지가 없고 고통이 없고 무시간적인 인식 주체'를 설정한 저 위험하고 낡은 개념의 허구를 좀 더 잘 경계해야 할 것이다. 우리는 '순수 이성'이나, '절대 정신'이나, '인식 자체'와 같은 그런 모순된 개념의 촉수를 경계해야 할 것이다." Nietzsche, *La Généalogie de la Morale*, §12, p.206. [『도덕의 계보』, 483쪽.] 또한 다음을 참조하라. Nietzsche, *La Volonté de puissance*, t.1, livre I, chap.2, §207(1888), p.101. [『권력에의 의지』, §480, 303쪽; 『유고(1888년 초~1889년 1월 초)』, 122쪽.]

26) Nietzsche, *La Volonté de puissance*, t.1, livre I, chap.2, §206(1888), p.101. [『권력에의 의지』, §568, 347쪽; 『유고(1888년 초~1889년 1월 초)』, 83쪽.]

가능하다. "혼돈 상태에 있는 감각의 무형의, 형식화할 수 없는 세계."[27] 인식의 영역에 속하지 않는 그 관계가 어찌 인식 가능할 수 있을까? 인식의 뿌리에는 인식이 없다(니체에게서 사유는 우리가 의식의 형태로 즉각 접근할 수 있는 현상이 아니다. 사유란 인식하는 행위이면서 동시에, 그리고 대번에 자신을 인정하는 심급 같은 인식이 아니다. 사유는 그 자체로 효과에 지나지 않는다. 사유는 사유 이외의 것들로 인한 효과이다. 자연적 결과로서가 아니라 폭력과 환영으로서의 효과인 것이다).

b – 이 관계들 중 한 무리는 다음의 사실로 특징지어진다. 이 관계들은 여러 차이를 억지로 모은다는 사실, 이 관계들은 강제로 차이들에 유사성의 유비를,[28] 공통의 유용성이나 귀속의 유비를 부과한다는 사실, 이 관계들은 차이들에 동일한 표식을 찍는다는 사실.[29]

이 표식에는 이중의 속성이 있다.

— 사용이나 지배를 가능케 하는 속성, 아니 오히려 사용이나 지배를 최상위로 확대하는 속성. 이 표식은 관계를 곱해 증대시키는 것이다. 따라서 이 표식은 권력 의지를 가리킨다.

— 잇단 차이들의 회귀, 반복, 동일성을 가능케 하는 속성. [즉,] 최상위의 차이들을 동일화하기. 이 표식은 관계의 식별자이다. 따라서 이 표식은 현실을 가리킨다.

어떻게 보면 이 의지가 이 현실의 필연적 토대라고 말할 수 있다.

---

27) Nietzsche, *La Volonté de puissance*, t.1, livre I, chap.2, §202(1887), p.99. [『권력에의 의지』, §569, 348쪽; 『유고(1887년 가을~1888년 3월)』, 75쪽.]

28) Nietzsche, *La Volonté de puissance*, t.1, livre II, chap.4, §286(1885), pp.285~286. [청하판에는 이 구절이 없다; 김정현 옮김, 『유고(1884년 가을~1885년 가을)』, 책세상, 2004, 465~466쪽.]

29) Nietzsche, *La Volonté de puissance*, t.1, livre II, chap.4, §289~290(1885), pp.286~287. [청하판에는 이 구절이 없다; 『유고(1884년 가을~1885년 가을)』, 419~420쪽; 이진우 옮김, 『유고(1885년 가을~1887년 가을)』, 책세상, 2005, 18쪽.]

"'사물을 정립하는' 활동만이 유일하게 실재적이지는 않은가 …… 그리고 '우리에게 가해지는 외부 세계의 작용' 또한 그렇게 의지하는 주체의 현존의 결과일 뿐은 아닌가 하는 것이다."[30]

하지만 이 의지가 권력 의지(즉 작용과 반작용 이상의 것, [오히려] 무한의 의욕)일 수 있는 것은 사물을 구성하고 사물의 현실을 정립하는 표식이 있을 때뿐이라고 말할 수 있다.[31]

니체는 이렇게 쇼펜하우어의 테마를 전환했다. 의지와 표상, 환영에 지나지 않는 표상, 현실 전체인 유일한 의지라는 테마를.

c – 이로부터 다음의 것들이 구성될 것이다.

α. 주체. 주체는 의지가 발생하는 지점이자 변형과 관점의 체계이며 지배의 원리이다. 그리고 그 대신 단어, 인칭 대명사, 문법의 형태로 객체의 동일성 및 실재성의 표식을 받는 것이다.

β. 객체. 객체는 표식, 기호, 단어, 범주가 적용되는 지점이다. 그리고 그 대신 실체, 이해 가능한 본질, 본성 또는 창조의 형태로 주체의 의지와 연관되는 것이다.

그러므로 니체는 인식의 핵심에 코기토 같은 어떤 것, 그러니까 순수 의식*(거기서 객체는 주체의 형태로 주어지고 주체는 자신의 객체가 될 수 있다)을 두는 것을 끈질기게 거부한다. 모든 철학이 주체와 객체 사이에

---

30) Nietzsche, *La Volonté de puissance*, t.1, livre II, chap.3, §202(1887), p.100. [『권력에의 의지』, §569, 348쪽; 『유고(1887년 가을~1888년 3월)』, 76쪽.]

31) 이 어려운 물음을 잘 해명한 것이 질 들뢰즈이다. Gilles Deleuze, *Proust et les signes*, Paris: PUF, 1964. [서동욱·이충민 옮김, 『프루스트와 기호들』(2판), 민음사, 2004.] 그 물음을 철학적 관점에서 더 철저히 연구한 것으로는 다음의 책을 참조하라. Miguel de Beistegui, *Jouissance de Proust: Pour une esthétique de la métaphore*, Paris: Michalon, 2007.

 * [conscience pure.] 푸코는 인식(connaissance)과 의식(conscience)을 동시에 가리키는 축약어를 사용한다.

미리 수립된 관계 위에 인식을 세웠다. 그런 철학의 유일한 근심은 주체와 객체를 (코기토의 순수 형태 속에서든, 감각을 최소화하는 형태로든, A=A라는 순수 동어반복으로든) 최대한 근접시키는 것이었다.

니체는 주체와 객체를 최대한 떼어놓으며 인식을 해명하고자 했다. 주체와 객체를 환영 속에서만 혼동될 수 있을 뿐인 서로 떨어진 산물 취급하면서. 주체-객체 관계가 인식을 구성하기는커녕 인식이 만들어낸 첫 번째 주된 환영이 바로 주체와 객체가 존재한다는 환영이다.

니체는 코기토의 장소와 자리에 무엇을 도입할까? 바로 표식과 의욕의 게임, 단어와 권력 의지의 게임, 또는 기호와 해석의 게임을 도입한다.[32]

— 기호. 그것은 유비의 폭력이요, 차이를 제어하고 지우는 것이다.

— 해석. 그것은 기호를 설정하고 부과하는 것이요, 기호들을 가지고 노는 것이며, 혼돈 상태에 있는 근본적 차이들에 급진적 차이(단어와 의미의 차이)를 도입하는 것이다.

해석이 혼돈에 사물의 기만을 도입하는 만큼, 기호는 해석이다. 그리고 해석은 기호를 사물화하는 게임을 통해 혼돈에 가해진 폭력이다.

"**인식**이란 대관절 무엇인가? 그것은 '해석'이자 '의미의 도입'이지 설명이 아니다(그것은 대개의 경우 지금에 와서는 기호에 불과하게 된, 이해되지 못하게 되고 만, 낡은 해석에 관한 하나의 새로운 해석이다)."[33]

---

32) 앞의 각주를 참조하라.

33) Nietzsche, *La Volonté de puissance*, t.1, livre II, chap.2, §197(1885~86), p.99. [『권력에의 의지』, §604, 370쪽;『유고(1885년 가을~1887년 가을)』, 129, 124쪽.]『성의 역사』2~3권의 뒷표지에 인용하려고 푸코가 뽑은 르네 샤르의 구절을 참조할 것. "인간의 역사는 똑같은 단어의 동음이의어들의 기나긴 잇따름이다. 그것에 반대하는 것이 의무이다."

결 론

a – 니체가 왜 인식을 기만이라고 이야기하는지 이해된다(인식의 발견과 관련한 가장 커다란 기만의 순간). 인식은 두 가지 의미에서 기만이다. 먼저 인식은 현실을 왜곡하기 때문에, 관점주의적이기 때문에, 차이를 지우고 유사성의 과도한 지배를 도입하기 때문에 기만이다. 그 다음, 인식은 인식(주체-객체 관계)과 전혀 다른 것이기 때문에 기만이다. 이 주체-객체 관계는 인식의 진리이기는커녕 인식의 기만적 산물이다. 인식의 존재, 그것은 기만적이다.

b – 니체가 왜 다음의 것을 동시에 말하는지 이해된다. 이 본원적 인식은 인식과 전혀 다른 것(주체도 객체도 아닌 복수의 관계들)이라는 것, 그리고 이 인식은 현실에 관계하는 유일한 인식이며 다른 모든 인식 형태는 관점, 지배, 욕구에 의해 왜곡된 해석적 폭력의 결과라는 것.

대체로 현실 관계들의 형태 속에 있는 인식은 실제로 인식이 아니다. 실제로 인식이라 불리는 것은 모든 현실 관계와 관련해 기만이다.

c – 그런 이상 우리가 진리에 대해 말하기도 전에 우리는 인식의 중심에서 현실, 인식, 기만의 원환을 발견한다. 그로부터 도덕으로서의 진리가 도입될 수 있게 된다.

위와 같은 분석은 더 일반적으로 다음의 것들을 가능케 해준다.

— 현상학과 별개로 기호와 해석에 대해, 그것들의 분리 불가능성에 대해 이야기하기.

— 그 어떤 '구조주의'와 별개로 기호에 대해 이야기하기.

— 근원적 주체에 대한 여하한 참조와 별개로 해석에 대해 이야기하기.

— 기호 체계 분석을 폭력과 지배의 형태 분석에 절합하기.

— 주체-객체 관계보다 더 근본적으로, 진리에 관한 모든 문제틀에 앞서는 역사적 과정으로 인식을 사고하기. 주체-객체 관계에서 해방된 인식, 그것이 지식이다.

III. 진리의 사건

진리 이전의 인식이 있다. 그것은 실증주의적이거나 발생론적 의미에서, 그러니까 인식이 오랫동안 진리와 마주치거나 진리를 발견하게 된다는 뜻도 아니고, 인식이 뒤늦게 진리의 규범을 고정한다는 뜻도 아니다. 그것은 다음과 같은 뜻이다. 진리는 급전, 발명, 어쩌면 인식의 전환이다. 진리는 인식의 규범도 아니고 인식의 본질도 아닐 것이다. 진리는 인식의 진리가 아니다.

> 『권력 의지』 I, §291(1887): "진리란 어딘가에 있어서 찾아지거나 발견될 수 있는 어떤 것이 아니다. 오히려 **창조되어야 하는** 어떤 것이며, 특정한 **과정**에 대해 이름을, 아니 그보다 더, 그 자체로는 종결되지 않는 정복 의지에 이름을 부여하는 어떤 것이다. 그 자체로 확실하고 규정되어 있으리라는 어떤 것을 의식하는 것이 아니라, **무한** 과정에 있는, **능동적인 규정**으로 진리를 집어넣는 일. 이것은 '권력 의지'를 말하는 것이다."[34]

> 『권력 의지』 I, §199(1883): "무엇인가의 방법으로 **접근할** 수 있는 '진리'가 있다니!"[35]

1. 진리의 의지

니체는 진리의 뿌리와 존재 이유를 의지에 둔다. 이는 철학 전통과 관련해 중요한 이동이다.

---

34) Nietzsche, *La Volonté de puissance*, t.1, livre II, chap.4, §291(1887), p.287. [『권력에의 의지』, §552, 338~339쪽;『유고(1887년 가을~1888년 3월)』, 62~63쪽.]

35) Nietzsche, *La Volonté de puissance*, t.1, livre II, chap.2, §199(1883~88), p.99. [『권력에의 의지』, §451, 283쪽;『유고(1885년 가을~1887년 가을)』, 364쪽.]

a – 철학 전통에서 진리-의지 관계는 의지가 진리를 받아들일 뿐이라는 사실을 특징으로 갖는다. 진리를 의욕한다는 것은 진리가 출현하고, 진리가 언표되고, 진리가 거기에 있기를 바라는 것이었다. 곧 진리에 자리를 내준다는 것이다. 그런데 진리에 자리를 내주기 위해 의지는 진리를 위한 빈 장소가 될 수 없는 것 일체를 자신에게서 제거해야 했다. [즉] 의지는 자신의 개별적 성격 일체, 욕망 일체, 폭력 일체를 제거해야 했다. 순수한 의욕. 중지된 의지, 왜냐하면 그 의지는 어떤 대상도 미리 결정해서는 안 되기 때문에. 동시에 거세된 의지, 왜냐하면 그 의지는 자신의 고유한 결정 중 어떤 것도 존속하게 놔둬서는 안 되기 때문에.

따라서 진리의 의지는 주의attention의 형태로만 사고될 수 있었다. 결정에서 자유로운, 객체의 현전을 변형하지 않고 수용할 준비가 된 순수 주체의 형태로만 말이다. 또는 지혜의 형태로만 사고될 수 있었다. 신체의 제어, 욕망의 중지, 욕구의 차단의 형태로만 말이다. 르네 데카르트와 플라톤. 명증성과 교육.

철학 전통에서 의지-진리 관계의 핵심에서 발견되는 것은 자유이다. 진리는 의지와 관련해 자유롭다. 진리는 의지의 결정 중 어떤 것도 받아들이지 않는다. 의지는 진리에 접근할 수 있기 위해 자유로워야 한다.

자유는 곧 진리의 존재이다. 자유는 의지의 의무이다. 존재론(참된 것의 자유는 신 또는 자연일 것이다). 윤리학(의지의 의무는 금기, 포기, 보편으로의 이행일 것이다). 의지와 진리를 서로 절합하는 근본적 자유는 다음의 것에서 정식화됐다.

— 플라톤의 ὁμοίωσις τῷ θεῷ[homoiōsis tōi theōi/신에 동화됨],†

---

† "[이곳(차안)에서 저곳(피안)으로] 달아남이란 가능한 한 신에 동화됨이며, 신에 동화됨이란 슬기를 갖추고 정의롭고 경건하게 되는 것입니다"(176b). 플라톤, 정준영 옮김, 『테아이테토스』, 이제이북스, 2013, 143쪽. 신에 동화됨이란 신의 본을 따르는, 인간이 취할 수 있는 최선의 삶으로서, 단적으로 말해 지성에 따라 사는 삶이라고 할 수 있다(정준영의 번역, 319~321쪽의 각주 503, 504번 참조).

— 칸트의 예지적 성격,[†]

— [마르틴] 하이데거의 열려 있음.[††]

b – 니체에게 의지-진리 관계는 전혀 다르다. 진리가 의지의 요소 안에 있는 것은 진리 자체의 독특한 성격과 가장 명확한 결정에 근거해서일 뿐이며, 그리고 구속과 지배의 형식 아래에서일 뿐이다. 진리와 의지를 절합하는 것은 자유가 아니라 폭력이다.

이 이동은 엄청난 효과를 낳는다(낳음에 틀림없다). 그 효과를 완전히 가늠할 수 있었다고는 아직 도저히 말할 수 없다. 이 이동은 지식을 자유의 효과이자 덕의 보상으로 간주하는 '이데올로기'를 완전히 불가능하게 만들었음에 틀림없다. 이 이동은 다음의 것을 다시 사유할 수 있게 해줄 수 있다.

— 인식의 역사, 과학의 역사란 무엇인가,

— 그런 역사의 보편성에 어떤 지위를 부여해야 하는가,

— 과학과 어떤 형태의 사회 내지 문명의 연결.

그러나 전통적으로 수행되는 그런 철학적 성찰의 수준에서만 봐도 그 [이동의] 효과들은 특히 동요와 혼란을 낳는다. 역설들이 발생한다.

[†] 칸트는 감성세계의 주체에게 경험적 성격 이외에 예지적 성격(intelligible Charakter)이 있다고 주장했다. 경험적 성격으로 인해 주체의 행위는 자연법칙을 따르며 다른 현상들과 연관되며 자연 질서의 한 항을 이룬다. 반대로 예지적 성격으로 인해 주체의 행위는 "어떤 감성의 조건 아래에 있지도 않고, 현상이지도 않다." 다시 말해, 예지적 성격을 갖는 "주체의 원인성은 그것이 지성적인 한에서, 감성세계 내의 사건을 필연적이도록 하는 경험적인 조건들의 계열 내에 전혀 있지 않게" 된다(백종현 옮김, 『순수이성비판 2』, 아카넷, 2006, B566-569, 728~731쪽).

[††] "자유는 이 모든 것(**부정적** 자유와 **긍정적** 자유)에 앞서 존재자 그 자체의 탈은폐성으로 관여함이다. 탈은폐성 자체는 탈-존적 관-여 안에 간직되며, 열려 있는 장의 열려 있음(Offenheit)은, 즉 현(現, Da)은 이런 탈존적 관여를 통해 본래의 그 무엇이 된다. …… 존재자를 존재-하게 함으로서 이해된 자유가 존재자의 탈은폐라는 의미의 진리의 본질을 성취하며 이행한다." Martin Heidegger, "Vom Wesen der Wahrheit," *Wegmarken*, Frankfurt am Main: Vittorio Klostermann, 1976, pp.189~190. [이선일 옮김, 「진리의 본질에 관하여」, 『이정표 2』, 한길사, 2005, 108~109쪽.]

2. 진리의 의지의 역설

진리가 사물에 가해진 폭력임이 사실이라면, 진리는 당연히 인식의 노선에 있다. 진리는 인식의 산물 내지 효과이다. 진리는 인식의 규범도 조건도 토대도 정당화도 아니다.

진리가 인식 뒤에 오는 것이 사실이라면, 진리가 인식으로부터 폭력으로서 생긴다면, 진리는 인식에 가해진 폭력이다. 진리는 참된 인식이 아니다. 진리는 변형되고 왜곡되며 지배된 인식이다. 진리는 거짓 인식이다. 참된 인식과 관련해 진리는 **오류**의 체계이다.

하지만 동시에 진리가 진리 배후에, 진리에 앞서는 것으로서 모든 인식(아직 진리를 결여한 인식, 그 인식이 참이 되기 위해서는 손질이 필요한 인식) 과정을 둔다면, 거기에서 진리는 진리 배후에 참-아닌 것이 솟아나게 만든다. 진리는 환영의 바닥에서 환영에 가해진 폭력으로서 출현한다.

더 멀리 가야 한다. 만일 진리가 인식 활동의 환영을 파괴하는 것이라면, 만일 이 파괴가 인식과 반대되게 인식 자체의 파괴로서 이뤄진다면, 진리는 기만이다. 진리는 그것이 자처하는 바와 다른 것이다. 진리는 인식 활동의 보상으로서 자신을 표현하는 순간 전혀 진실하지 않게 된다.

> 『권력 의지』 I, §210(1888): "가상의 세계와 **기만**의 세계, 이것이야말로 대립적인 것들이다. 후자는 지금까지 '참세계,' '진리,' '신'으로 불려왔다. 이것을 우리는 폐기하지 않으면 안 된다."[36]

이 역설은 우리에게 다음의 것을 보여준다.

---

36) Nietzsche, *La Volonté de puissance*, t.1, livre I, chap.2, §210(1888), p.104. [『권력에의 의지』, §461, 290쪽; 『유고(1888년 초~1889년 1월 초)』, 142쪽.]

— 진리는 그것이 인식이라면 참이 아니다. 왜냐하면 모든 인식은 하나의 환영이기 때문이다.

— 진리는 그것이 비-인식인 한 참이 아니다. 왜냐하면 진리는 인식에 오류의 체계를 포개거나 인식을 오류의 체계로 대체하기 때문이다.

— 진리는 그것이 인식이라고 자처할 때 참이 아니다. 진리는 기만이다.

이로부터 다음의 것이 가능하다.

a – 진리는 자기 자신의 술어가 될 수 없다는 원칙을 세우는 것이 가능하다. 참은 참이 아니다. 모든 진리는 참-아닌 것에서 펼쳐진다. 진리는 참 아닌 것이다. 진리의 존재론은 없다. "진리는 참이다"라는 술어 판단에서 '–이다'라는 동사는 "진리는 존재한다"라는 존재론적 의미를 갖는다.

니체는 "진리는 존재하지 않는다"라는 회의주의적 언명을 "진리는 참이 아니다"라는 명제에서 파생된 일련의 역설로 변환한다.

b – 참이 아닌 진리의 주요 범주들을 분배하는 것이 가능하다.

— 환영, 다시 말해 인식 방식으로서의 진리,

— 오류, 인식에 가해진 폭력(따라서 비-인식)으로서의 오류,

— 기만, 이 비-인식Lüge이 자기도 인식이면서 모든 인식의 환영을 일소하겠다고 자처하는 한에서의 기만.

이로부터 우리는 니체의 과제를 보게 된다. 진리의 역사를 진리에 의거하지 않고 사유하기. [진리의 역사를] 진리가 존재하지 않는 요소에서 [사유하기.] 이 요소는 가상이다.

가상, 그것은 진리가 그곳에서 모습을 드러내는 참-아닌 것의 요소이다. 모습을 드러내면서 진리는 가상을 환영, 오류, 기만이라는 하위 범주들로 재분배한다.

가상, 그것은 참의 무한정이다. 환영, 오류, 기만은 진리가 가상의 게임에 도입한 차이들이다. 그러나 이 차이들은 그저 진리의 효과들이 아니다. 그 차이들은 진리 자체인 것이다.

이렇게 말할 수도 있다.

— 진리는 가상을 환영, 오류, 기만으로 출현시킨다.

또는

— 환영, 오류, 기만은 가상의 무한정한 요소 안에서 진리가 존재하는 방식이다.

— 환영 또는 진리의 뿌리.

— 오류 또는 진리의 체계.

— 기만 또는 진리의 조작.

진리를 오류로 보는 아래 텍스트들을 보라.

『권력 의지』 I, §308[1881~82]: "진리는 …… 일종의 오류이다."[37]

『즐거운 학문』[1882], §265: "그렇다면 결국 인간의 진리란 무엇인가? 그것은 논박할 수 없이 명백한 인간의 오류이다."[38]

진리의 포기에 관하여,

『권력 의지』 II, §330[1887]: "**아무런 진리도 없다**는 믿음, 허무주의자의 믿음은 인식의 전사戰士로서 오직 추할 뿐인 진리들과 끊임없는 투쟁을 벌이는 이에게는 중요한 휴식처이다."[39]

---

37) Nietzsche, *La Volonté de puissance*, t.1, livre II, chap.4, §308(1881~82), p.292. [『권력에의 의지』, §493, 309쪽; 『유고(1884년 가을~1885년 가을)』, 299쪽.]

38) Nietzsche, *Le Gai Savoir*, livre III, §265("Dernier scepticisme"), p.269. [『즐거운 학문』, 187쪽.] 콜리와 몬티나리에 따르면 이 아포리즘에는 여러 판본이 있다.

어떤 시대도 결코 갖지 못했던 신념. 우리에겐 진리가 없다는 신념. 옛날 모든 인간은, 회의주의자라도 진리를 가졌다.

가상에 관하여,

『권력 의지』 II, §592[1885]: "내가 이해하고 있는 바의 **가상**은 사물에 대한 실제적이고 유일한 현실이다. 존재하고 있는 모든 술어는 이것에 부합한다 …… 나는 '현실'의 반대물로서 '가상'을 세우는 것이 아니라, 반대로 상상적인 '진리 세계'로의 변화에 저항하는 현실로서 가상을 받아들인다."[40]

⚜

이 모든 것을 요약해보자.[41]

---

39) Nietzsche, *La Volonté de puissance*, t.2, livre III, chap.3, §330(1887), p.107. [『권력에의 의지』, §598, 368쪽; 『유고(1887년 가을~1888년 3월)』, 348쪽.]

40) Nietzsche, *La Volonté de puissance*, t.2, livre III, chap.5, §592(1885), p.181. [청하판에는 이 구절이 없다; 『유고(1884년 가을~1885년 가을)』, 495쪽.]

41) 엘렌 폴리티스가 콜레주드프랑스에서 필기한 노트(손으로 필기한 뒤, 약간 다르게 타자로 친 노트)에서, 우리는 맥길대학교에서 한 강연의 모든 설명들을 재발견하게 된다. 하지만 전자는 더 간결하고 텍스트에 대한 주해가 적은 형태이다. 이는 아마도 푸코가 읽은 니체의 텍스트들이 거기서 아포리즘에 대한 참조로 들어 있기 때문일 것이다.

　콜레주드프랑스에서 푸코는 니체의 담론이 진리에서 해방되는 방식의 시기를 구분하며 강의를 끝맺는다.
　— 첫 번째 시기: 비극적 인식의 성향. 1875~78년, 영원성, 실재성을 부정하는 이론과 연결된 인식.
　— 두 번째 시기(니체가 결코 포기하지 않았던): 도착(倒錯)적인 표식들, 진단적 인식의 작용(『반시대적 고찰』[1876]에서 『아침놀』[1881]까지). 이 두 번째 시기에 나타나는 니체의 실증주의적 성향.
　— 세 번째 시기: **영원 회귀**의 긍정.
　이 모든 차이들이 소진되고 나서도 각각의 차이들이 여전히 무한한 횟수로 되풀이될 것이라는 언명. 모든 것이 완수되고 나면 어느 것도 원래의 상태대로 남아 아리스토텔레스에게, 인식에 대한 의지는 인식의 선행성에 붙들렸다. 인식에 대한 의지는 인식이 인식과 관련해 지연되는 것과 다르지 않았다. 그래서 인식에 대한 의지는 '욕망'보다 훨씬 덜한 욕망이요, 욕망-쾌락이었다. 그 의지는 인식(감각이라는 가장 기초적인 형태의 인식)이 진리와 이미 관계를 맺었던 한에서만 가능했다.

니체에게, 인식은 진리라는 허위 언명이 야기하는 환영 효과이다. 인식과 진리를 한꺼번에 짊어지는 의지는 다음의 두 가지 성격을 띤다. (1)

있지 않으리라는 것. 모든 것은 현실적이거나 비현실적이며, 괜찮다면, 무한정하게 되돌아올 강도의 차이들이 있다.

영원 회귀의 긍정은 진리의 긍정을 배제하는 체계이다.

더 이상 '진리'의 의지가 아닌 참에 대한 의지가 권력 의지로 나타난다. 권력 의지는 자신에 의한 무한정 발전에 대한 의지인바, 그것은 참의 영역에도 속하지 않고 인식의 영역에도 속하지 않는다.

여기 게재한 니체에 관한 강연은 푸코가 콜레주드프랑스에서 했던 강의를 손봐서 작성한 것이다. 이 강연에서 푸코는 니체의 사유에 대한 시기 구분을 삭제한다. 하지만

1/ 푸코는 마르틴 하이데거의 열려 있음을 플라톤이 개시한 형이상학의 역사 속에 재기입한다. 이는 분명히 하이데거가 니체에 관해 쓴 두 권의 책에 대한 답변이다. 그 책에서 하이데거는 니체를 자신이 전복하고자 했던 형이상학 전통 속에 기입한다. 아리스토텔레스의 패러다임에 니체의 패러다임을 맞세우면서 푸코는 이런 철학사 해석에 맞선다.

2/ 게다가 푸코는 '지식을 자유의 효과로 보는 이데올로기'에 맞서는 격렬한 비난으로 이 강연을 끝맺는다. 푸코는 그런 이데올로기가 고전적 개념(확실히 르네 데카르트 이후의 개념)이라고 환기하기는 하지만, 「진리의 본질에 관하여」 4장의 "태도의 열린 자세는, 합치를 내적으로 가능케 하는 것인바, 자유에 자신의 근거를 둔다. 진리의 본질은 자유이다"라는 구절을 가리키지 않는다고 보기 어렵다. Martin Heidegger, *Vom Wesen der Wahrheit*, Frankfurt am Main: V. Klostermann, 1943; *De l'essence de la vérité*, trad. Alphonse de Waelhens et Walter Biemel, Paris/Louvain: J. Vrin/Neuwelaerts, 1948. [편집자가 인용한 구절은 「진리의 본질에 관하여」 3장("올바름을 가능케 하는 것의 근거")에 나온다. 원문대로 옮기면 이렇다. "올바름을 내적으로 가능케 하는 것으로서, 태도의 열린 자세는 자유에 근거를 둔다. **진술의 올바름으로서 이해된 진리의 본질은 자유이다**"(『이정표 2』, 104쪽). 자유에 관한 논의가 4장("자유의 본질")에 나오기 때문에 편집자가 장 번호를 혼동한 듯하다.]

인식에 대한 의지가 전혀 아니라 권력 의지. (2) 인식과 진리 사이에 상호 잔혹 및 파괴의 관계를 수립하기.

의지는 이중의 중첩된 목소리로 말하는 것이다. 나는 진리를 너무나 바라기 때문에 인식을 바라지 않는다. 나는 진리가 더 이상 없기를 바라는 지점, 그런 한계에 이를 때까지 인식을 바란다. 권력 의지는 진리와 인식의 관계가 끊어지고 서로가 서로를 파괴하는 폭발 지점이다.

하지만 그렇게 모습을 드러낸 이 권력 의지란 무엇인가? 그것은 (불변하고, 영원하며, 참된) 존재에서 해방된 현실, 즉 생성이다. 그리고 생성을 드러내는 인식은 존재를 드러내는 것이 아니라 진리 없는 진리를 드러낸다.

그러므로 '진리 없는 진리'가 두 가지 있다.

— 오류, 기만, 환영인 진리. 참이 아닌 진리.

— 이 진리-기만에서 해방된 진리. 진실한 진리, 존재와 상호성을 갖지 않는 진리.

강의요지[*]

올해 강의는 '지식의 의지의 형태학'을 한 조각 한 조각 조금씩 구성해 내려는 일련의 분석을 개시한다. 지식의 의지라는 이 테마는 때로는 특정한 역사적 탐구에 투자될 것이다. 또 때로는 그 자체로, 그 이론적 함의 속에서 다뤄질 것이다.

올해 관건은 사유 체계의 역사 속에서 [지식의 의지라는] 이 테마의 자리를 지정하고 이 테마의 역할을 명확히 하는 것, 잠정적으로나마 초기 상태의 분석 모델을 정하는 것, 첫 번째 무리의 예들에서 그 분석 모델의 유효성을 시험하는 것이었다.

1/ 이전에 수행한 연구들을 통해 사유 체계를 분석할 수 있게 해주는 모든 수준 가운데 하나의 특이한 수준, 즉 담론적 실천의 수준이 있음을 깨달을 수 있었다. 거기서 중요한 것은 논리학적 유형도 아니고 언어학적 유형도 아닌 어떤 체계성이다. 담론적 실천은 대상의 장을 마름질하고, 인식 주체에게 정당한 관점을 정의하며, 개념과 이론의 세공을 위한 규범을 확정하는 것으로 특징지어진다. 따라서 각각의 담론적 실천은 배제와 선택을 규제하는 규정들의 게임을 전제한다.

---

* 이 텍스트는 다음과 같은 제목으로 먼저 출판된 바 있다. Michel Foucault, "*La volonté de savoir,*" *Annuaire du Collège de France, 71ᵉ année, Histoire des systèmes de pensée, année 1970-1971*, Paris: Collège de France, 1971, pp.245~249; *Dits et Écrits*, t.2: 1970-1975, éd. Daniel Defert et François Ewald, avec collab. Jacques Lagrange, Paris: Gallimard, 1994, pp.240~244; rééd., t.1: 1954-1975, Paris: Gallimard, 2001, pp.1108~1112.

그런데 이 규칙성들의 집합이 개별 작업들과 일치하는 것은 아니다. 규칙성들은, 개별 작업들을 통해 표현되기도 하고 개별 작업들 가운데 하나에서 처음으로 두드러지기도 하지만, 개별 작업들의 테두리를 크게 벗어나며 상당수의 개별 작업들을 통합하는 경우도 종종 있다. 규칙성들의 집합이 흔히 과학이나 분과학문이라고 불리는 것과 꼭 일치하는 것도 아니다. 물론 잠정적으로 그것들이 똑같은 경계를 갖는 경우도 간혹 있다. 하지만 실제로는 하나의 담론적 실천이 다양한 분과학문이나 과학을 결집하는 일이 더 잦다. 심지어 하나의 담론적 실천이 몇몇 분과학문이나 과학을 관통해 그것들의 여러 영역을 종종 눈에 보이지 않는 하나의 단위로 통합하기도 한다.

담론적 실천은 그저 단순히 담론을 제조하는 방식이 아니다. 담론적 실천은 그것을 부과하면서 유지하는 기술의 총체, 제도, 행동 도식, 전승 및 전파 방식, 교육 형태 속에서 구체화된다.

마지막으로 담론적 실천에는 특정한 변환 방식이 있다. 이 변환은 개별적이고 명확한 하나의 발견으로 환원될 수 없다. 그렇지만 그 변환을 심성이나 집단적 태도 내지 정신 상태의 전반적 변화로 특징짓는데 만족할 수는 없다. 하나의 담론적 실천의 변환은 대개 아주 복잡한 일군의 변경과 연결된다. 이 복잡한 변경은 담론적 실천 바깥에서(생산 형식에서, 사회관계에서, 정치 제도에서), 아니면 그 안에서(대상을 정하는 기술에서, 개념의 세련 및 조정에서, 정보의 축적에서), 아니면 그 곁에서(다른 담론적 실천들에서) 일어난다. 그리고 담론적 실천의 변환은 하나의 단순한 결과의 방식으로 이 복잡한 변경에 연결되는 것이 아니라 그 변환을 결정하는 것과 관련된 일군의 명확한 기능과 그 자체의 고유한 자율성을 동시에 보유하는 하나의 효과의 방식으로 연결된다.

이 배제와 선택의 원리, 즉 다양하게 현존하고, 실천들 속에서 그 효력이 구체화되며, 비교적 자율적으로 변환되는 이 원리는 그 원리를 잇달아 발명하고 근원적 수준에서 정초할 수 있는 어떤 (역사적이거나 초월적인) 인식 주체를 참조하지 않는다. 그 원리는 오히려 지식의 의지를 가리킨다. 익명적이면서 다형적이고, 주기적으로 변환될 수 있으며, 탐지 가능한 종속 게임에 붙들린 지식의 의지를 말이다.

정신병리학, 임상의학, 박물학 등에 관한 경험적 연구는 담론적 실천들의 수준을 따로 떼어 다룰 수 있게 해줬다. 담론적 실천들의 일반적 성격과 그런 실천들을 분석하는 데 적합한 방법은 고고학이라는 이름 아래 분류 정리됐다. 지식의 의지에 관한 연구 기획은 이제 이 모든 것에 이론적 정당화를 제공할 수 있어야 할 것이다. 현재로서는 이론적 정당화가 앞으로 나아갈 방향을 대략 다음과 같이 지시할 수 있다. 지식과 인식의 구별, 지식의 의지와 진리의 의지의 차이, 이 의지와 관련해 주체 및 주체들이 차지하는 위치.

2/ 현재까지 지식의 의지를 분석하기 위해 제공된 개념 도구는 별로 없다. 대개 그리 세련되지 못한 개념들이 사용된다. 호기심, 인식을 통한 지배욕 내지 전유욕, 미지의 것 앞에서 느끼는 불안, 미분화된 것의 위협 앞에서 보이는 반응 같은 '인간학적' 개념들이나 심리학적 개념들. 시대정신, 감수성, 관심 유형, 세계관, 가치 체계, 본질적 필요 같은 역사적 일반성들. 시간이 지나며 명확해지는 합리성의 지평 같은 철학적 테마들. 마지막으로, 욕망과 지식에서 주체와 객체가 차지하는 위치에 관한 정신분석학의 여전히 매우 초보적인 제공을 있는 그대로 역사 연구의 장에 들어올 수 있다고 생각하게 할 만한 근거는 하나도 없다. 필시 다음을 인정해야 할 것이다. 지식의 의지에 관한 분석을 가능케 할 도구들은 구체적 연구가 그려내는 요청과 가능성에 따라 점진적으로 구성되고 정의되어야 할 것이다.

철학사는 지식의 의지에 관한 몇 가지 이론적 모델을 제공한다. 그 이론적 모델을 분석함으로써 첫 번째 탐지가 가능할 수 있다. 연구하고 검토해봐야 할 모델들(플라톤, 베네딕투스 데 스피노자, 아르투어 쇼펜하우어, 아리스토텔레스, 프리드리히 니체 등) 중에서 올해는 마지막 두 사람을 먼저 잡아서 연구했다. 그들이 양 극단의 대립 형태를 구성하기 때문이다.

아리스토텔레스 모델은 주로 『형이상학』, 『니코마코스 윤리학』, 『영혼론』의 텍스트들에 기초해 분석됐다. 그 모델은 감각의 수준에서부터 적용된다. 그 모델은 다음의 것들을 수립한다.

— 감각과 쾌락 사이의 연결,

— 감각에 내포된 생적^{vitale} 유용성에 대한 이 연결의 독립,

— 쾌락의 강도와 감각이 제공하는 인식의 양 사이의 직접적 비례,

— 쾌락의 진리와 감각의 오류 사이의 양립 불가능성.

신체의 유용성과 직접적 관계없이 동시에 주어지는 다양한 대상에 대한 원거리 감각 같은 시각적 지각은 그에 수반되는 만족 속에서 인식, 쾌락, 진리 사이의 연결을 표시한다. 이와 동일한 관계가 다른 쪽 극단에 있는 관상적 관조의 행복으로 옮겨진다. 『형이상학』 서두에서 보편적이면서 자연적인 것으로 제시되는 지식에 대한 욕망은 감각이 이미 표시한 기본적 귀속 관계에 바탕을 둔다. 바로 이 지식에 대한 욕망이 첫 번째 유형의 인식으로부터 철학에서 정식화되는 최종 유형의 인식에 이르는 연속적 이행을 보장한다. 아리스토텔레스에게서 인식에 대한 욕망은 인식, 진리, 쾌락이 사전에 맺는 관계를 전제하고 그 관계를 옮긴다.

『즐거운 학문』에서 니체는 일군의 관계를 완전히 다르게 정의한다.

— 인식은 하나의 '발명'이며, 그 배후에는 인식과 전혀 다른 것, 즉 본능, 충동, 욕망, 공포, 전유 의지의 게임이 있다. 그것들이 서로 싸우는 무대 위에서 인식이 생겨나게 된다.

— 인식은 그것들의 조화, 그것들의 행복한 균형의 결과로서 생겨나지 않고, 그것들의 증오, 그것들의 미심쩍고 일시적인 타협, 항시 배신할 준비가 되어 있는 취약한 계약의 결과로서 생겨난다. 인식은 항구적 능력이 아니라 하나의 사건 또는 적어도 일련의 사건들이다.

— 인식은 늘 예속적이고 의존적이며 관심(인식 자체에 대한 관심이 아니라 인식을 지배하는 본능 내지 본능들과 관련이 있을 수 있는 것에 대한 관심)에 따른 것이다.

— 그리고 인식이 진리의 인식인 양 행세한다면, 그것은 인식이 참과 거짓의 구별을 설정하는 기본적이며 항시 갱신되는 위조 작업을 통해 진리를 만들어내기 때문이다.

따라서 관심은 근본적으로 인식 이전에 놓인다. 관심은 인식을 단순한 도구로서 자신에게 종속시킨다. 쾌락과 행복에서 떼어내진 인식은 서로 맞서 실행되는 투쟁, 증오, 악의와 연결된다. 이 투쟁, 증오, 악의는 한층 더 투쟁, 증오, 악의를 낳음으로써 스스로를 포기하기에 이른다. 인식과 진리 사이의 근원적 연결은 끊긴다. 왜냐하면 인식에서 진리는 하나의 효과, 참과 거짓의 대립이라 불리는 위조에 따른 효과에 지나지 않기 때문이다. 근본적으로 관심이 반영된[이해관계가 얽힌] 인식 모델, 의욕의 사건으로서 생겨나 위조를 통해 진리 효과를 결정하는 이 인식 모델은 필시 고전 형이상학의 공준에서 가장 멀리 떨어져 있다. 올해 강의에서는 이 모델이 일련의 예와 관련해 자유롭게 활용되고 적용됐다.

3/ 이 일련의 예들은 희랍 상고기의 역사 및 제도들에서 따온 것이다. 이 예들은 모두 재판[정의]의 영역에 속한다. 기원전 7세기부터 5세기까지 전개된 진화를 추적하는 것이 중요했다. 이 변환은 재판[정의]의 운영, 공정에 관한 개념, 범죄에 대한 사회적 대응과 관련된다.

다음의 것들을 차례로 연구했다.

— 사법적 시비에서 실천된 맹세, 그리고 소송인이 신들의 복수에 노출되는 도전-맹세에서부터 보고 목격했기에 참을 주장한다고 여겨지는 증인의 확연적 맹세에 이르는 진화.

— 화폐를 제정함으로써 상업적 교환에서뿐 아니라 도시 내의 사회적 관계 속에서 작동하는 공정한 적도를 탐구.

— nomos에 대한 탐구, 즉 세계의 질서를 도시에 퍼트림으로써 도시의 질서를 보장하는 공정한 분배 법칙에 대한 탐구.

　　— 살해 이후에 치르는 정화 의례.

　　정의의 분배는 우리가 검토한 모든 기간에 걸쳐 중요한 정치 투쟁의 쟁점이었다. 정치 투쟁은 결국 어떤 지식과 연결된 정의 형태를 초래했다. 그 지식에서 진리는 가시적이고, 확인 가능하며, 측정 가능하고, 세계의 질서를 지배하는 것과 비슷한 법칙에 따르는 것으로 설정됐다. 그 지식의 발견은 자기 수중에 정화의 가치를 보유한다. 이런 유형의 진리 주장은 서구 지식사에서 결정적이었음에 틀림없다.

❦

올해 세미나의 전체 틀은 19세기 프랑스의 형벌 제도에 관한 연구였다. 올해 세미나에서는 왕정복고 시기 형사상 정신의학의 초기 발달을 다뤘다. 사용한 자료는 대부분 장-에티엔 에스키롤의 동시대인들이나 에스키롤의 제자들이 만든 법의학 감정 텍스트였다.

오이디푸스의 지식*

소포클레스의 비극 『오이디푸스 왕』에서는 다섯 가지 지식이 서로 대결하고 화합한다. sumbolon의 메커니즘 또는 반쪽 법칙이 지식 간의 대결을 규제한다 | 여기서 우리는 전통적 예언 절차에 맞서 기원전 6~5세기에 확립된 사법적 조사 절차를 볼 수 있다 | 무지한 자 오이디푸스는 참주의 지식의 담지자이다; 오이디푸스는 무의식의 문장(紋章)인가, 아니면 아는 왕이라는 오래된 오리엔트적 형상인가? | 『오이디푸스 왕』, 또는 위반적인 권력-지식

『오이디푸스 왕』에 나오는 인지¹⁾(무지한 자는 인지를 통해서 아는   [1]
자가 되고, 자신이 무지하다고 여겼던 자는 인지를 통해서 자신이 이
미 알고 있었음을 깨닫는다)에는 두 가지 특수한 성격이 있다. 먼저

---

 * 이것은 본서의 12강(1971년 3월 17일)을 발전시킨 것으로서, 1972년 3월 뉴욕주립대학교 버팔로 캠퍼스에서, 그 다음에는 같은 해 10월 코넬대학교에서 발표됐다. 푸코는 소포클레스의 비극 독해와 관련해 적어도 여섯 가지 판본을 남겼다(본서의 「강의정황」 중 386~387쪽을 참조하라).

1) 인지[anagnōrisis]와 급전[peripeteia](또는 사건의 급변). 아리스토텔레스는 이것이 희랍 비극을 구조 짓는다고 봤다. Aristote, *La Poétique*, trad. Roselyne Dupont-Roc et Jean Lallot, Paris: Seuil, 1980, chap.11, 52a23-35, 52b3-10. [김한식 옮김, 『시학』, 서문/주해 로즐린 뒤퐁-록, 장 랄로, 펭귄클래식코리아, 2010, 218~219, 219쪽. 국내 연구자들은 대개 anagnōrisis를 '발견'으로 옮긴다. 푸코는 그 단어를 '알아봄'의 의미로 쓰고 있다.] 푸코는 다음의 판본을 사용했다. *Art poétique*, trad. Jean Voilquin et Jean Capelle, Paris: Garnier, 1944. 또한 다음을 참조하라. Jean-Pierre Vernant, "Ambiguïté et renversement: Sur la structure énigmatique d'《Œdipe Roi》," *Échanges et Communications: Mélanges offerts à Claude Lévi-Strauss à l'occasion de son soixantième anniversaire*, t.2, s. dir. Jean Pouillon et Pierre Maranda, Paris/La Haye: Mouton, 1970, pp.1253~1273.

[인지가] '재귀적'이어야 한다는 성격. 찾으려 애쓰는 자가 곧 찾아 헤매는 대상이다.[2] 무지한 자는 그에 대해 아는 것이 관건이 되는 자이다. 개를 놓아준 자는 그 자신이 먹이이다. 그가 개들에게 던진 발자취는 그가 개들을 기다리는 지점으로 개들을 데려온다.

하지만 다른 것이 있다. 이 인지는 어둠에서 빛으로, 무지에서 지식으로 가는 것만은 아니다. 인지는 유형이 다른 지식의 대결을 통해 이뤄진다. 『오이디푸스 왕』에서 지식을 위한 전투는 지식들 간의 투쟁을 통해 전개된다. 그리고 동일한 지점으로의 회귀가 있
[2] 다면(발견하려고 하는 자가 곧 발견된다), 그것은 상이한 지식들을 통해 실현된다. 인식-무지의 차원에는 물론 주체와 객체 사이의, 모르는 자와 발견되어야 하는 자 사이의, 발견하고자 하는 자와 우리에게 알려지지 않은 자 사이의 완벽한 동일성이 있다. 하지만 적용된 지식 유형들에서 차이는 어마어마하다. 아니 오히려 차이는 정확히 측정되고 표식된다고 말할 수 있다. 청각ἀκούειν[akouein]으로 특징지어지는 지식에서 시각으로(사람들이 제 눈으로 본 것으로) 특징지어지는 지식까지, 멀리 떨어진 신에게서 들려온 지식에서 출석한 증인에게 그 자리에서 바로 물어본 지식까지, 수장들(혹은 점쟁이, 그와 비슷한 자들)이 소지한 지식에서 노예들이 오두막 깊숙이 간직한 지식까지, 명령-예언(네가 해야 할 일은 이것이다, 이
[3] 것이 네게 닥칠 일이다, 이것이 발견될 것이다)의 형태를 띤 지식에서 증언(내가 본 것은 저것이다, 내가 한 것은 저것이다)의 형태를 띤 지식까지, 수수께끼와 불완전함에 자발적으로 틀어박히는(그래서 왕조차 캐내는 데 성공하지 못하는) 지식에서 공포 아래 숨어버려 위협해야만 나올 수 있는 지식까지. 이렇게 지식들은 다섯[3] 차례

---

2) 플루타르코스는 이미 이것을 말했다. Plutarque, "De curiositate," *Plutarch's Moralia*, vol.6, Harvard: Harvard University Press and W. Heinemann, 1970[1936], 522c.

나 서로 다르다. 그것의 매체에 따라 다르고, 그것의 기원에 따라 다르며, 그것의 전달자에 따라 다르고, 그것이 시간과 맺는 관계에 따라 다르며, 그것을 가리는 어둠의 원리에 따라 다르다.

신의 대답[신의 말씀]τοῦ θεοῦ φήμην[tou theou phēmēn](86행)에서 노예를 상대로 하는 심문φώνει βλέπων ὅσἄν σ'ἐρωτῶ[phōnei blepōn hos'an s'erōtō]에 이르기까지,4) 한 유형의 지식에서 다른 유형의 지식으로의 이행이 일어나는바, 그 두 유형의 지식은 작품의 틀을 정하거나 적어도 오이디푸스가 벌이는 수사를 제한한다. 그 결과 두 가지 물음이 제기된다.

1. 이행은 어떻게 어떤 메커니즘을 통해 일어나는가?

2. 서로 대결하고 대체하고 결국 서로를 확인하고 화합하는 이 지식들은 무엇인가?

이행 메커니즘을 기술하는 일은 간단하다. 그 메커니즘은 누락 [4] 된 정보들과 상보적인 단편들로 이뤄진다. 하지만 가장 특징적인 것은 그 메커니즘이 일종의 '반쪽 법칙'을 따른다는 사실이다.

질문을 받고 신은 대답한다. 라이오스를 살해한 자를 쫓아내야 한다고(사실, 크레온의 보고를 따르면, 아폴론 왕의 대답은 나라의 오

---

3) 1980년, 다시 말해 푸코가 진실말하기의 용어로 표현하는 『오이디푸스 왕』 판본에서 푸코는 여섯 개의 반쪽을 대립시킨다. 그것이 사실 이 발표에 들어 있다. Michel Foucault, *Du gouvernement des vivants: Cours au Collège de France, 1979-1980*, éd. s. dir. François Ewald et Alessandro Fontana, par Michel Senellart, Paris: Gallimard/Seuil, 2012. [김상운 옮김, 『생명체의 통치에 관하여: 콜레주드프랑스 강의, 1979~80년』, 도서출판 난장, 근간.] 여러 지식들의 물질적 차이화에 대해서는 다음의 책에 이론화되어 있다. Michel Foucault, *L'Archéologie du Savoir*, Paris: Gallimard, 1969. [이정우 옮김, 『지식의 고고학』(개정판), 민음사, 2000.]

4) "내가 묻는 말에 답하시오"; "오이디푸스: 내가 당신에게 묻는 것들에 모조리 답하시오." Sophocle, *Œdipe roi*, éd. et trad. Paul Masqueray[édition de référence], Paris: Les Belles Lettres, 1922, v.1121-1122, p.181. [천병희 옮김, 「오이디푸스 왕」, 『소포클레스 비극 전집』, 도서출판 숲, 2008, 73쪽.]

점을 덜어내라는 명령이다. 이 명령에는 어떤 오점을 이야기하는 것인지 아직 빠져 있다. 아폴론은 그것을 분명히 한다. 살해라고. 하지만 살해는 희생자와 살해자를 전제한다. 포이보스[5]는 희생자를 분명히 명시했다. 하지만 포이보스의 대답에는 아직도 다른 반쪽, 죄인의 부분이 빠져 있다). 따라서 아폴론의 신탁 답변에 빠진 부분을 찾는 것이 문제이다. 그것을 신 자신에게 물어도 소용없을 것이다. 신은 억지로 말할 수 있게 할 수 있는 존재가 전혀 아닌 것이다. 우리는 신들의 의지를 강제할 수는 없다(280-281행).

[5]   당분간 하나의 방책밖에 없다. 제3자가 있다면 반드시 그를 자신에게 말해달라고 오이디푸스는 코로스를 향해 말한다. 그렇지만 이 시점에서는 다른 방책이 없다. 증언들은 모두 숨어버렸다. 소문으로 듣던 목격자마저 유용한 정보를 전혀 제공하지 못한다. 유일한 방책은 우리가 질문을 던질 수 있는 일종의 신의 반쪽, 즉 신 같은 예언자τὸν θεῖον μάντιν[ton theion mantin](298행)인 테이레시아스이다. 테이레시아스는 아폴론에 가장 가깝다. 아폴론처럼 왕Ἄνακτ'ἄνακτι[Anakt'anakti](284행). 그[아폴론]와 똑같은 것을 보는 자ταῦθ'ὁρῶντ[α][tauth'horōnt(a)](284행). 285행에서 두 이름이 충돌하는 것이 보여주듯(Φοίβῳ Τειρεσίαν[Phoiböi Teiresian]) 아폴론과 짝을 이룬 자. 테이레시아스의 눈의 밤은 신의 빛을 보충한다. 신의 빛이 어두워져 감추는 것을 테이레시아스는 자신의 어둠 속에서 가장 분명하게σαφέστατα[saphestata](286행) 말할 것이다. 테이레시아스는 확실히 죄인의 이름을 고한다. 하지만 그 이름을 증거 없이 댄다. 테이레시아스는 그 이름을 아폴론이 말했던 것과 똑같은 방식

---

5) (문자 그대로 "빛나고 순수한[katharos]") 포이보스-아폴론은 또한 살해에 격렬하게 사로잡혀 있다. 정함과 부정함이 그의 속에서 번갈아 이어진다. Marcel Detienne, *Apollon le couteau à la main: Une approche expérimentale du polythéisme grec*, Paris: Gallimard, 1998; rééd., 2009.

으로 댄다. 명령: "나는, 그대가 지키겠노라 공표했던 저 선언대로 [6]
행하라 명하겠소"(350-351행). 신탁 같은 엄숙한 언명(Φονέα σέ
φημί[Phonea se phēmi/저 살인자가 바로 당신이라고 말하는 거요],
362행; Λεληθέναι σέ φημί[Lelēthenai se phēmi/내 선언하건대, 그대
는 그 사실을 모르고 있소], 366행). 예언("언젠가 저주가 무서운 발
로 쫓으며 양쪽에서 그대를 치고 이 땅에서 쫓아낼 것이오. …… 인간
들 가운데 그 누구도 그대보다 더 흉하게 마멸되어 사라지는 않을
것이니," 417-427행). 테이레시아스와 아폴론은 똑같은 방식으로
말한다. 하나는 오점이 있으니 도성을 정화해야 한다고 공포한다.
다른 하나는 누군가 오점을 저질렀으니 그를 쫓아내야 한다고 이
야기한다. 신과 예언자 둘 다 모든 것을 이야기했다.

그렇지만 [신과 예언자가 말한] 전체에 본질적인 부분 하나가
빠져 있다. 전체에 가시적 실재성을 제공하고, 일어난 것 속에서 전
체를 구체화시키고, 전체가 헛되이μάτην[matēn](365행) 이야기되지
않게 막을 수 있는 전체의 분신이 빠져 있는 것이다. 예고된 발견의
미래에 대해, 실제로 일어난 것의 해명이 필요하다. 이 포고에 기억
의 이야기가 부합해야 한다. 이 명령에 사실 확인이 대응해야 한다.
오이디푸스와 테이레시아스의 토론 중간에 코로스가 단언한 것이 [7]
바로 그것이다. 테이레시아스의 고발이 오이디푸스의 의심보다 더
나은 것은 아닐는지 모른다. 왕과 예언자의 말은 모두 홧김에 나온
것에 불과하다. 테이레시아스가 퇴장한 뒤 코로스가 단언하는 것도
바로 그것이다. 코로스는 예언자의 말에 맞다고도 그르다고도 할 수
없다. 무슨 말을 해야 할지 모른다. 현재도 과거도 보지 못한다(484-
486행). 이 인간들이 보기에 증거 없는 예언, 증인 없는 신탁은 근
거 없는 의혹 이상의 것이 아니다. 코로스는 보기를 기대한다. "예
인자의 말이 곧은 것임을 내가 보기 전에는[πρὶν] ἴδοιμ[ι][(prin) idoim(i)]
누가 그를 비난해도 나는 결코 동의할 수 없노라"(504-505행). 오이

디푸스는 확실히 신의 말을 적으로 삼는다. 오이디푸스는 보이는 것φανερὰ[phanera](506행), 증거βασάνος[basanos]를 아군으로 삼는다. 점쟁이의 말이 'ὀρθὸν ἔπος'⁶⁾가 되려면 눈에 보이는 증거가 못지않게 필요하다.

신, 신탁, 점술의 몫 이후에 그 몫에 부합하게 된 인간 측의 가시적인 나머지 반이 있다. 이 나머지 반은 다시 양분된다. 한쪽 반은 라이오스 살해로, 다른 쪽 반은 오이디푸스의 탄생으로. 이 양자가 일단 서로 결합되면 예언의 공백을 메우게 될 것이다. 하지만 이 두 반쪽 각각은 더 세분화된다. 라이오스 살해는 먼저 이오카스테의 기억을 통해 수립된다. 그것은 그녀가 전해들은 것이나 그녀가 보고 받은 것, 즉 세 갈래 길에서 일어난 살해에 대한 간접적 기억이다. 이것에 오이디푸스의 기억이 정확히 부합하게 된다(729-730행과 771-834행). "나는 세 갈래 길에서 한 노인을 죽였다오." 지금은 종적을 감춘 하인의 직접 증언과 오이디푸스의 현재 기억은 완벽히 부합한다. 살해자가 여럿이었다는 증인의 말을 제외하면 말이다. 그 약간의 불확실성은 검증을 부른다. 그 자리에 있었던 자[목격자]에게 가서 경위를 알아봐야 한다πρὸς τοῦ παρόντος ἐκμάθῃς [pros tou parontos ekmathēis](835행). 신의 예언 전체, 점쟁이의 점술 전체(또는 최소한 라이오스 살해와 관련된 이 반쪽)를 무로 돌리는 데에는 이 디테일만으로도 충분하다.

다른 반쪽인 오이디푸스의 탄생은 두 가지 다른 단편들의 부합을 통해 증명된다. 코린토스의 사자는 오이디푸스가 폴뤼보스의 자식이 아니라 키타이론의 목자가 폴뤼보스에게 준 아이라고 단언한다. 키타이론의 목자는 이오카스테가 자기더러 오이디푸스를 유

[8]

[9]

---

6) Orthon epos. 진실된 말이나 이야기. 다음을 참조하라. Sophocle, *Œdipe roi*, v.505. 「오이디푸스 왕」, 49쪽.]

기하라고 췄다고 단언한다. 조금 전에 본 '살해의 반쪽'에서처럼 이 '탄생의 반쪽'에서도 지각하기 힘든 경미한 나머지, 하나의 흠집, 아주 작은 토막이 빠져 있다. 라이오스 살인에서 빠진 토막은 살해자의 수이다. 살해자는 한 사람인가 여러 사람인가. 그것은 전혀 똑같을 수 없다고 오이디푸스는 환기한다.* 오이디푸스가 코린토스에서 권력을 잡자 그곳에서 도망쳐 잠적하는 목자의 행동이 무언의 증거이다. 하지만 무대 위에서 목자는 오이디푸스가 라이오스를 죽이는 것을 제 두 눈으로 똑똑히 봤다고 증언하지 않을 것이다. 그것은 거론되지 않는다. 오이디푸스의 탄생에도 대칭적인 누락이 있다. 목자가 아는 단 한 가지 사실은 자신이 이오카스테의 손에서 아이를 받았고 그 아이가 그녀의 자식이라는 소문이 있었다는 것이다. 하지만 이에 대해서는 이오카스테만이 반박 불 [10] 가한 증언을 갖고 있을 것이다. "안에 계신 당신 부인께서 어찌 된 일인지 가장 잘 말씀하실 수 있으십니다"(1171-1172행). 목자가 이 말을 하고 있을 때, 보거나 듣지 않으려고 도망쳤던 이오카스테는 스스로 목숨을 끊으려 하고 있다. 오이디푸스의 탄생을 확인해 줄 수 있는 것은 이제 더 이상 없다.

　이 미세하지만 본질적인 결핍의 의미는 잠시 제쳐두자. 서로 부합하게 되는 반쪽들의 역학이 명확히 보일 것이다. 신의 반쪽, 그것은 또 다시 신탁의 반쪽과 점술의 반쪽으로 구성된다. 인간의 반쪽, 그것은 이오카스테와 오이디푸스가 각각 그 단편을 쥐고 있는 살해의 반쪽과, 사자의 수중에 있는 코린토스 쪽의 단편과 테바이의 노예의 오두막에 감춰진 단편으로 된 탄생의 반쪽으로 이뤄진다. 인간 증언의 네 반쪽들(오이디푸스, 이오카스테, 사자, 목자)은 서로 부합하는 두 쌍의 짝으로 부합하며, 예언이 남긴 공백을 정확히 메 [11]

---

* 적어도 845행이 확실하다면(폴 마스크레를 참조한 푸코의 노트).

울 뿐 아니라 점쟁이와 신의 이중의 말을 'ὀρθὸν ἔπος'로 변환시킨다.

그런데 이 변환은 이중의 이동에 의해 획득된다. 먼저 위계상 위에서 아래로의 이동. 우선 신들이나 신들을 섬기는 자들이 말한다. 여기에는 (적어도 오이디푸스가 보기에) 인간의 증언이 빠져 있다. 이어서 왕들의 차례. 여기에는 왕들을 모시는 노예들의 확증이 빠져 있다. 마지막으로 노예들 자신의 차례. 노예들은 신들이 예언했던 바로 그것을 말하고, 신들이 명령했던 바로 그 사건들을 말한다. 노예들도 테이레시아스처럼 포이보스와 똑같은 것들τὰ αὐτά[ta auta]을 봤고 이야기한다. 노예의 변변찮은 기억은 한마디 한마디 "불멸의 목소리"ἄμβροτε Φάμα[ambrote Phama](157행)에 상응한다.

하지만 지식의 형태에서의 이동이 또 있다. 사람들은, 먼저 모든 것을 보고서 자신을 섬기는 자들에게 말하는 아폴론 또는 신의 말을 듣고 어둠 속에서 보는 눈 먼 점쟁이에게 [지식을] 청하곤 했 [12] 다. 전혀 인간의 것이 아닌 힘을 지닌 시선과 청각. 그것들은 보이지 않는 것을 보고 수수께끼를 듣기 때문이다. 인간의 반쪽에서 그것들에 대응하는 것은 전혀 다른 본성의 시선과 청각이다. 이오카스테는 라이오스의 죽음에 대해 전해 들은 것을 이야기한다. 오이디푸스는 제 눈으로 직접 보고 제 손으로 직접 한 것을 이야기한다. 코린토스의 사자도 자신이 보고 행한 것을 이야기한다. 테바이의 목자는 자신이 한 것과 전해 들은 것을 이야기한다. 이 반쪽에서 보기와 듣기는 교차한다(이오카스테는 목자가 본 것을 전해 들었다. 오이디푸스는 사자가 봤던 것을 전해 들었다. 목자는 이오카스테가 봤고 행한 것을 전해 들었다). 마치 신과 신의 점쟁이에게서 빛과 목소리가 교차했던 것처럼 말이다(빛의 신은 모든 것을 보는 맹인에게 자신의 목소리를 들려준다). 하지만 이곳과 저곳에서 ὁρᾶν[horan/보기]과 ἀκούειν[듣기]의 의미는 똑같지 않다.

바로 이 차이를 통해 두 개의 반쪽들은 부합하며 마침내 'ὀρθὸν ἔπος'를 이룰 수 있다. 이 부합의 형태와 그것의 메커니즘을 인지하는 것은 쉬운 일이다. 오이디푸스 자신이 극 초반에 그 형태와 [13] 메커니즘을 거론한다. "아무 단서σύμβολον[sumbolon]도 없다면 내가 어떻게 범인을 오래 추적할 수 있겠소"(220-221행).[7] 상호 보완하는 반쪽들은 부절符節의 단편들 같아서 그것들이 모여 전체를 이루면 증거와 증명의 가치를 지닌다. 『오이디푸스 왕』은 '부절' 이야기, 즉 순환하고 손에서 손으로 전달되며 그것의 잃어버린 반쪽을 찾아야 하는 단편들의 이야기이다. 그 반쪽은 포이보스에게서 점쟁이로, 이오카스테에게서 오이디푸스로, 사자에게서 목자로, 즉 신에게서 왕으로 그리고 왕에게서 노예로 이동한다. 마침내 마지막 노예가 여전히 필요하던 지식의 마지막 단편을 손에 쥔 채 자신의 오두막에서 빠져나오자 '서사'의 반쪽은 '신탁'의 반쪽과 합류하고, '근친상간의' 반쪽은 '살해'의 반쪽과 합류하며, '테바이의' 반쪽은 '코린토스의' 반쪽과 합류하게 되면서 전체적 형상이 재구성된다. 잘게 쪼개진 조각들이 다시 패를 이뤘다. σύμβολον이 완전히 하나가 된다. 모든 조사 절차가 이 부절의 메커니즘을 따랐다. 손에 있는 것을 검사하고 확인하기, 무엇이 빠졌는지 무엇을 [14] 아는 것이 가장 중요한지 정하기, 부재하지만 보완적인 단편을 갖고 있는 자를 지목하기. 바로 그것을 오이디푸스는 '조사'ἐξερευνᾶν [exereunan/搜査](258행)라고 부른다.[8]

---

7) "당신이 나에게 어떤 단서도 주지 않는다면 내가 어떻게 범인을 오래 추적할 수 있겠소." Sophocle, *Œdipe roi*, p.149. [『오이디푸스 왕』, 38쪽.] σύμβολον은 원래 한 물건을 둘로 쪼개 반쪽씩 지니고 있다가 나중에 서로를 알아보기 위해 맞춰보던 징표이다. 이것은 나중에 기호, 이미지가 된다. 소포클레스는 221행에서 그 단어를 쓴다. 또한 본서 12강(1971년 3월 17일)의 277쪽을 참조하라.

8) 버나드 녹스도 소포클레스가 아테나이의 사법 절차를 따르고 그 절차의 어휘를 좇고

하지만 오이디푸스 자신이 하나의 σύμβολον(토막으로 나뉜 형상)이다. 오이디푸스는 코린토스의 반쪽을 갖고 있다. 오이디푸스는 폴뤼보스의 자식이자 취한에게 모욕을 당하며, 이어서 가공할 예언을 듣고 스스로 추방을 택하는 신세가 되고, 지나가던 사람을 살해한 뒤, 테바이를 불행에서 구해내 그곳에 마침내 받아들여진다. 하지만 오이디푸스는 또한 테바이의 반쪽을 갖고 있다. 오이디푸스는 스핑크스를 이긴 자요, 도시의 구원자로 받아들여지고, 여왕의 남편이자 군주가 된다. 이 두 반쪽은 스핑크스 에피소드에 의해 나란히 합쳐진다. 그 에피소드는 추방당한 자를 왕으로 만들고, 불행해지도록 정해진 자를 행복을 쟁취한 자로 만들며, 코린토스인을 테바이인으로 만든다. 이 두 반쪽 각각은 가시적인 단편일 뿐

[15] 이고 거기에는 숨겨진 부분이 빠져 있다. 폴뤼보스의 자식 오이디푸스가 가진 코린토스의 반쪽은 한 이야기의 반쪽일 뿐이다. 거기에는 아이 없는 왕과 왕비가 키타이론에서 거둔 아이를 태생을 속이고 입양하는 에피소드가 빠져 있다. 모험가-참주인 오이디푸스의 또 다른 반쪽으로 말할 것 같으면 테바이와 관련된 오이디푸스의 전체를 구성하는 것과 거리가 멀다. 이 반쪽에 숨겨진 반쪽이 있다. 오이디푸스는 라이오스와 이오카스테의 아이이며, 태어나기 전부터 죄를 지을 것이라고 정해졌기에 키타이론에 유기되도록 어느 노예에게 맡겨졌다는 사실.

이상이 부절 메커니즘의 '이중의 게임'이다. 그 게임을 통해 테바이에 창궐한 역병의 원인이 단편적[으로] 재구성된다. 빠져 있던

있다는 가설을 전개한다. 녹스는 조사의 상이한 양상을 기술하기 위해 이 용어 대신 skopein[관찰], historein[심문], zetein[찾기] 계열을 쓴다. 하지만 주의 깊게 검토해보면 푸코가 녹스의 연구를 전거로 삼았다고 주장하기는 어렵다. Bernard Knox, *Oedipus at Thebes*, New Haven, Conn./London: Yale University Press/Oxford University Press, 1957.

모든 것이 결국 자리를 잡고 전체를 다시 구성한다. 하지만 빠진 반쪽으로 이야기를 이렇게 재구성함으로써 오이디푸스 자신은 괴물처럼 '과도한' 반쪽을 가진 자로서, 예기치 않은 부정한 반쪽에 의해 이중화된 자로서 나타나게 된다. 폴뤼보스의 자식은 또한 라이오스의 자식이다. 왕은 또한 왕의 살인자이다. 살해자는 또한 아이이다. 남편은 또한 자식이다. 아버지는 또한 자식들의 형제이다. [16] 찾는 사람은 사람들이 찾으려 애쓰던 사람이다. 추방하는 자는 추방되어야 한다. 신들이 괴롭히는 자는 자기 자신을 괴롭힌다. 극의 말미 전체가 이 이중화를 집요하게 증언한다. "그와 같은 고통 속에서 그대가 이중으로 괴로워하고 이중으로 절규하는 것도 전혀 놀랍지 않습니다"(1319-1320행). "오오 결혼이여 결혼이여, 너는 나에게 생명을 주고는 또 다시 같은 씨앗을 싹틔웠구나. 너는 자식의 형제인 아버지, 아버지의 형제인 자식, 남편의 여인이자 어머니인 아내를 낳은 것이다"(1403-1407행). σύμβολον의 메커니즘은 결핍된 반쪽들의 게임을 통해 괴물처럼 과도한 반쪽들로 구성된 형상, 어떤 인간도 눈 뜨고 보지 못할 그런 형상을 보여준다.

이 σύμβολον의 메커니즘은 오이디푸스를 괴물 같은 이중체로 [17] 만들며,[9] 오이디푸스의 주변에는 용납할 수 없는 이중화들이 증식한다. 하지만 그 이상이 있다. 그 메커니즘은 오이디푸스에 의해, 또는 오이디푸스에 대해 발언된 말들을 이중체로, 즉 두 가지를 동시에 이야기하는 것으로[10] 출현시킨다. 도시를 위해 슬퍼하면서

---

9) 이 강연 당시 뉴욕주립대학교 버팔로 캠퍼스에서 교편을 잡고 있던 르네 지라르를 암시하고 있다. 지라르는 『오이디푸스 왕』 분석에서 이미 이 테마를 지적한 바 있다. René Girard, "Symétrie et dissymétrie dans le mythe d'Œdipe," *Critique*, 21e année, no.249, février 1968, pp.99~135; "Œdipe et la victime émissaire"(chap.III), *La Violence et le Sacré*, Paris: Grasset, 1972, pp.102~130. [박무호·김진식 옮김, 「외디푸스와 희생양」(3장), 『폭력과 성스러움』, 민음사, 2000, 105~135쪽.]

오이디푸스는 자기 자신을 위해 탄식한다(64행). 오이디푸스는 살해자를 집 밖으로 쫓아내겠노라 맹세하지만 제 자신의 지붕 아래 살고 있다(249-251행). 오이디푸스는 어떤 사람도 신들에게 그들이 원치 않는 일을 강요할 수 없음을 알고 있다(280-281행). 이 모든 구절 및 여타의 구절들이 두 가지를 동시에 이야기하곤 했다. 그 점에서 이 구절들 각각은 하나의 σύμβολον, 즉 두 부분으로 이뤄진 하나의 조각 같았다. 오이디푸스와 코로스가 봤던 것은 그 조각의 한쪽 단편일 뿐이며, 다른 쪽 단편은 더 나중에 마지막 부합의 순간에 그들에게 되돌아오게 될 것이었다. 그제야 오이디푸스는 자신의 말이 두 가지를 이야기하고 있었음을 깨닫는다. σύμβολον을 알고 있는 관객들은 그것을 이미 파악하고 있었다. '부절'의 두 부분은 무대 위 주인공에게만 분리됐던 것이다.

[18]　　σύμβολον의 형식이 『오이디푸스 왕』 전체를 지배하고 있다. 이 형식이 급전과 인지의 관계를 지배한다. 이 형식이 예상 인물, 소환된 인물 또는 의외의 인물의 등장을 지배한다. 이 형식이 일련의 수사, 기다림, 발견을 지배한다. 이 형식이 매우 자주 구절들의 의미(위협, 약속 또는 저주)를 지배한다. 하지만 이 형식은 (적어도 첫 번째 심급에서는) 전혀 수사학적 형식이 아니다. 이 형식은 하나의 증거, 하나의 인지를 수립하고, 개인을 식별하거나 전언의 진정성을 확인할 수 있게 해주는 의례적이고 법적인 형식이다. 이 형식은 지령과 명령을 확인하고 위조와 사기를 방지하며 계약을 체결하고 지령, 명령, 신탁을 변조 없이 수신할 수 있게 해주는 오래된 전통 방식이다. 권력 행사의 의례적 도구인 것이다.

[19]　　그런데 여기서 상기해야 할 사항이 하나 있다. 오이디푸스가 시작한 조사(그리고 제때에 하지 않았다고 오이디푸스가 테바이 사람

---

10) Vernant, "Ambiguïté et renversement……," art. cité.

들을 나무랐던 그 조사)는 매우 일찍부터 불신에 휩싸였다. 그 조사가 그렇게 많은 우회를 거치고 그렇게 천천히, 그렇게 다양한 단편들을 병렬하면서 진행된 까닭은, 점쟁이의 말이 명확하고 분명한 고발을 담고 있었음에도 불구하고 신용을 얻지 못했기 때문이다. 오이디푸스는 점쟁이가 음모를 꾸미는 것은 아닌가 하고 의심했고, 코로스는 점쟁이가 홧김에 말한 것이라고 생각했다. [점쟁이의] 이 신성한 말로부터 오이디푸스와 코로스는 등을 돌린다. 조금 뒤에 [등장하는] 이오카스테도 신들의 사자들에 대한 믿음이 별로 없다(945-953행). 신성 자체가 불신의 공격을 받는 것일까? 물론 이오카스테는 신들과 신들을 섬기는 자들을 세심하게 구별한다. 그러나 결국 오이디푸스와 이오카스테는 신들의 불가피한 법령에서 벗어날 수 있다고 믿지 않았는가? 그들이 [그럴 수] 있다 [20] 면 서둘러 신탁에 대한 승리를 외치지 않을까? 이것은 당장 중요하지는 않다. 핵심은, 점쟁이의 위협적인 말을 검증하고 모면하기 위해 오이디푸스가 신탁의 청취와는 크게 동떨어진 절차를 시행한다는 사실이다.

오이디푸스는 조사를 시작한다. 누가 죽였는가? 언제, 어떤 정황에서 살해가 이뤄졌는가? 그 살해의 증인은 누구인가? 그 증인은 지금 어디에 있는가? 네가 알고 있는 것을 너는 봤는가 아니면 전해 들었는가, 그리고 누구에게 들었는가? 내가 너와 대질시키고 있는 사람, 네가 여기서 보고 있는 사람이 네가 예전에 본 그 사람이 맞는가? 이 모든 것은 신들에게 탄원하고 신들을 섬기는 자들의 말을 충실히 듣는 것과 크게 동떨어진다. 하지만 조사 단계, 그리고 조사를 통해 조금씩 발견되는 사실들은 σύμβολον의 의례적 형식 및 정치적-종교적 메커니즘에 따라 뒤를 잇는다.

결국 이 메커니즘은 조사를 통해 끌어낸 지식이 점쟁이가 정식화한 지식에 매우 정확히 부합함을 보여줄 수 있다. 더 정확히 말

[21] 해보자. 마지막 단계에서 심문을 받는 노예는 포이보스와 마주하며 위계의 마지막 극단에 위치한 사람, 신과 신의 점쟁이에 버금가는 지식을 갖고 있는 유일한 사람이다. 그 노예는 또한, 그리고 오로지 그 사람만이 모든 것을 알고 있었다. 물론 그 노예는 빠져 있던 마지막 단편(오이디푸스의 기원에 관한 테바이 쪽 단편)을 보완하기 위해 소환됐다. 게다가 그 노예는 라이오스 살해의 유일한 증인이었다. 라이오스를 살해한 자, 이오카스테의 남편이 그 두 사람의 자식이었음을 **알고 있는** 유일한 자(이것은 명시적으로 언급되지 않는다. 결정적으로 중요한 핵심 사항들은 정식화되지 않는 법이다. 하지만 그 노예는 오이디푸스가 권력을 잡을 때 도망침으로써, 왕이 그에게 맡겨진 아이가 맞는지 알아봐 달라는 요구에 침묵함으로써 자신이 모든 것을 알고 있었음을 보여준다). 따라서 노예는 무엇 하나 놓치지 않는 맹인 점쟁이처럼, 모든 것을 보는 신처럼 모든 것을 봤던 것이다. 대대적인 조사의 양쪽에서, 고통스럽게 부합된 지식의

[22] 이 모든 단편들의 양쪽에서 노예와 신이 서로 마주본다. 한쪽은 수수께끼 같은 신탁의 입을 빌어 자신이 보는 것을 이야기하고, 다른 한쪽은 자기만 보고 다른 누구도 보지 못했을 일에 대해 입을 다문다. 노예의 침묵하는 시선과 모든 것을 보는 지고한 자의 말, 그것들은 한쪽이 다른 쪽과 '부절을 이룬다'고 말할 수 있을까?

항상 σύμβολον의 형식은 신탁에 증언을 맞출 수 있게 해준다. 『오이디푸스 왕』에서 관건은 이 조사의 실천을 의례화하고 신성화해 조사의 효력을 신들이 선고하는 신탁의 효력까지 높이는 것일까? 반대로 신탁에 자문을 구하는 오래된 관행을 부절의 의례를 가장해 조사라는 새로운 사법 실천으로 대체하는 것이 관건일까? 이 두 유형의 지식을 동시에 정초하는 것이 관건일까? 어쨌든 이런 '지식의 의례들,' 즉 동시에 법적이고 정치적이며 종교적인 의례들의 역할, 대결을 이제 검토해야 한다.

『오이디푸스 왕』에는 서로 부합해 결국 ὀρθὸν ἔπος를 형성하는 두 [23]
지식이 있다. 동일한 것(살해와 근친상간)을 아는 두 지식. 하지만
한쪽은 그것을 신탁, 예지, 점술의 형태로 공표한다. 그것은 아무것
도 놓치지 않는 지식, 신의 빛과 대등한 점쟁이의 맹목이다. 반대
로 다른 쪽 지식은 증언, 기억, 고백의 형태로 끌어내어진다. 그것
은 자신이 보고 행한 것만 알 뿐 그 너머의 것에 대해서는 한마디
도 할 수 없다. 한쪽 지식은 시간을 지배한다. 그것은 과거를 보는
만큼 미래도 보고, 미래와 같은 형태로 과거를 보기 때문이다(408-
428행의 중대한 예언에서 테이레시아스는 오이디푸스가 했던 일을,
오이디푸스가 지금 받는 증오를, 오이디푸스를 곧 괴롭힐 불행을 오이
디푸스에게 이야기한다). 다른 쪽 지식은 옛날에 일어난 일에 대해
서만 이야기할 수 있다. 그것은 오랜 시간(1141행)의 강제에 복종
하며 μνήμη[mnēmē/기억]의 법을 따라야 한다(1131행).11)

이 두 지식 사이에 오이디푸스가 있다. 그 지식들이 둘 다 정식 [24]
화되도록 강제하는 오이디푸스. "그대가 싫다는 나를 억지로 말하
게 했으니까요"라고 테이레시아스는 오이디푸스에게 이야기한다
(358행). 오이디푸스가 하인에게 이야기한다. "그대가 흔쾌히 말하
지 않으면 억지로 말하게 되리라"(1152행). 두 지식이 서로 부합하
도록 강제하는 오이디푸스. 그런데 오이디푸스는 그저 단순히 아
무것도 모르던 자인가, 맹목적으로 알려고 애쓰는 맹목적 무지의
인간인가? 전통적으로 오이디푸스는 스핑크스의 수수께끼에 답할

---

11) 루이 제르네의 중요한 논문을 참조하라. Louis Gernet, "Le temps dans les formes
archaïques du droit," *Journal de psychologie normale et pathologique*, vol.53,
no.3, juillet-septembre 1956, pp.379~406; *Droit et Institutions en Grèce antique*,
Paris: Flammarion, 1982, pp.121~156. 재수록.

줄 알았으되 자신이 누구인가라는 수수께끼는 풀 줄 몰랐던 자로 간주된다. 도시를 구한 지식과 자신을 불행에 빠트린 무지 사이의 이런 대립은 텍스트에서 여러 차례 강조된다. 테이레시아스는 "수수께끼를 푸는 데는 그대가 가장 능하지 않던가요?"라고 아이러니하게 묻는다(440행). 오이디푸스는 수수께끼를 풀었던 자이지만 자기 자신에 대해서는 하나도 몰랐다. 알지 못하는 자 오이디 [25] 푸스.12) (실은 자신의 출생과 범죄를 알고 있었음에도 불구하고 알기를 거절한 사람으로 간주하고자 하지 않는 이상) 무지한 자 오이디푸스. 무의식적인 자 오이디푸스. 어쨌든 오이디푸스는 자기 이름의 어원적 말장난을 부인한다. 오이디푸스는 구멍 뚫린 자신의 발이 어디에서 왔는지 몰랐고 추방당한 자신의 발이 자신을 어디로 데려갈지도 몰랐다.

그런데 소포클레스의 텍스트에서 오이디푸스가 그저 단순히 알지 못하는 자는 아닌 것 같다. 오히려 오이디푸스 자신은 테이레시아스의 신탁적 인식이나 노예의 기억과 구분되는 어떤 유형의 지식을 담지한 것 같다. 오이디푸스 역시 지식의 인간이다.13) 그것의 성격, 그것이 행사되는 조건, 그것의 효과를 갖는 아주 특수한 지식을 가진 인간. 신과 노예의 [지식들] 가운데 있는 이 지식은 '참주'의 지식이다. 오이디푸스의 '참주제,' 오이디푸스가 행사하는 권력의 형태, 오이디푸스가 그 권력을 쟁취한 방식은 대대적인 조사

---

12) "아무것도 모르는 이 오이디푸스"(ὁ μηδὲν εἰδὼς Οἰδίπους[ho mēden eidōs Oidipous]). Sophocle, *Œdipe roi*, v.397. [「오이디푸스 왕」, 45쪽.]

13) 이 역시 녹스의 테제이다. 녹스는 오이디푸스의 발언에서 기원전 5세기의 과학적 어휘를 발견한다. 하지만 푸코는 참주의 지식을 더 강조한다. 녹스는 turannos가 14번 등장한다고 지적한다. 그것은 때로 799행과 1043행에서 라이오스를 지칭할 때 basileus, 즉 왕이라는 중립적 의미로 쓰이고, 때로 541행과 873행에서 기원전 5세기의 부정적 의미인 폭군의 의미로 쓰인다. 녹스는 그로부터 이 비극의 의미에 대한 해석을 끌어낸다.

기획에 비해 부차적이지 않다. 권력과 지식의 관계[에서] 그것들은 완전히 중심 사안이다.

오이디푸스가 등장할 때마다 그의 권력은 작동되는 동시에 의 [26] 문에 붙여진다. 오이디푸스가 권력을 쥐고 있기에 테바이 주민들은 역병에 맞서 그에게 도움을 청한다(33-34행). 하지만 테바이를 위협하는 불행은 도성 자체 못지않게 오이디푸스에게도 닥친다(64행). 자신의 왕권을 지키려는 관심에서 오이디푸스는 누가 라이오스 왕을 죽였는지 찾는다. 똑같은 범죄자가 오이디푸스 자신도 노릴 수 있을 테니 말이다(139-140행). 왕으로서, 자신이 쥔 높은 정치적-종교적 권력으로부터 오이디푸스는 라이오스의 살인자를 추방하겠다고 맹세한다. 오이디푸스는 살해자가 자신의 집에 거주한다면 똑같은 화를 입을 거라는 데 동의[하게 된다](249-251행). 구제라는 동일한 기획 속에서 도시와 연관된 왕으로서 오이디푸스는 테이레시아스에게 부탁한다(312행). 테이레시아스는 예언을 [27] 하는 가운데 이 왕권을 위협한다(350-353행). 테이레시아스에게서 살인자라는 고발 소리를 듣고 오이디푸스는 자신의 결백이 아니라 자신의 권력이 의문에 붙여진다고 느꼈다. 오이디푸스가 지켜야 하는 것은 자신의 권력이다(380-403행).

크레온과 한바탕 부딪힐 때 문제가 되는 것은 권력, 오로지 권력이다. 사실 [관계], 징표, 증거가 문제가 아니다(532-631행). "내가 정말 죽였는가?"가 아니라 "음모가 있음직하지 않은가?," "나는 죄가 없을까 죄가 있을까?"가 아니라 "이 도성의 우두머리는 그 아니면 나이다"(특히 658-659행과 669-672행). 또한 오이디푸스가 폴뤼보스의 자식이 아니라고 사자가 밝힐 때 뚜렷해지는 것은 삼대三代째 노예인 어머니의 자식이라는 게 드러난다 해도 그 영광이 발생할 수 있는 군주이다(1063행). 문제가 되는 것은 최후의 비밀 [28] 을 보유한 노예를 심문하고, 고문하겠다고 위협하는 사법의 수장14)

이다. 그리고 오이디푸스가 무너지자 코로스는 군주 내지 참주의 전형적인 특징을 떠올린다. 그는 화살을 가장 멀리 쏘아 날렸다. 그는 행복한 영화를 차지했다. 그는 탑으로서 우뚝 섰다. "그대는 나의 왕이라 불리었다." 끝으로, 실각 뒤 마지막 말이 오이디푸스에게 건네진다. 오이디푸스가 눈길 닿지 않는 궁전 안으로 옮겨지기도 전에 새로운 왕이 그 말을 공포한다. 그것은 오이디푸스를 권력에서 몰아내는 명령이요, 이제 오이디푸스가 어떤 지시도 내려서는 안 된다는 금지령이다. "매사에 지배하려κρατεῖν[kratein] 들지 마십시오"(1522행). 똑같은 단어가 연이어 두 번 반복된다. 우선 크레온이 다음 행에서 말장난을 하며 그 단어를 쓴다(καὶ γὰρ ἄκρά -τησας[kai gar hakratēsas/당신이 지배했던 것들도: 1523행]. 여기서 오이디푸스가 올랐던 정상ἄκρας[akras]과 그가 빼앗긴 권력ἀ-κρατεῖν[a-kratein]을 동시에 들을 수 있다). 그리고 두 행 지나서 코로스가 극의 마지막 대사를 하는 가운데 그 단어를 쓴다. 그대는 권력의 정점에 섰던κράτιστος[kratistos] 사람이자, 시민들의 선망의 대상이었소 (1525-1526행). 여기서 코로스는 극의 서두에서 오이디푸스에게 건네졌던 최초의 의례적 인사말을 단어까지 그대로 다시 쓰고 있다. "ὦ κρατύνων Οἰδίπους"[ō kratunōn Oidipous/우리 땅을 다스리는 오이디푸스여](14행).* 지식의 이 크나큰 시련에서 문제가 된 것은 바로 오이디푸스의 권력이다.

어떤 권력이 문제가 되는 것일까? 비극에서 영웅이었고, 창설자였으며, '왕'이었고, 도시의 정치·종교 지배자였던 전설적 인물

[29]

---

14) 비슷하게 녹스는 오이디푸스가 사적인 사법 행위를 하고 있음을 강조한다. 살해자를 수배하는 것은 개인이지 국가가 아니기 때문이다. 하지만 희생자는 왕이며 오이디푸스 또한 왕으로서 행동한다.

* 또한 40행을 참조하라. "ὦ κράτιστον πᾶσιν Οἰδίπου κάρα"[ō Kratiston pasin Oidipou kara/오, 만인 중에 가장 강하신 오이디푸스 왕이여](푸코의 노트).

들을 가리키는 데 쓰이는 전통적인 일련의 성격 규정들이 있다. 오이디푸스는 βασιλεύς[basileus/왕], ἄναξ[anax/주군], 인간들 중에 으뜸가는 분이라고 떠받들어진다. 오이디푸스는 κράτεια[krateia/통치·지배]를 갖고 있고, ἀρχὰς[archas/권력]를 쥐었다고 이야기된다(259행). 적어도 여러 차례 사용되는 τύραννος[turannos]라는 단어(오이디푸스뿐 아니라 폴뤼보스, 라이오스를 가리킬 때도 사용되는 단어)에는 필시 특별히 함축된 의미가 없다. 코린토스인들은 '참주'인 폴뤼보스의 뒤를 이을 자로서 오이디푸스를 '참주'로 택했다(939-940행). 그리고 오이디푸스는 '참주'인 라이오스의 자리를 이미 차지하고 있었다.

그렇지만 오이디푸스의 최고권에 수차례 특별한 표식이 붙는 [30] 것도 사실이다. 그는 이미 평탄치 않은 운명, 역경, 영광을 경험했다. 그는 최상층에서 출발해서 최하층으로 추락했다. 그는 최하층에 있다가 정상까지 올라갔다. "나의 친족인 세월은 나를 때로는 미천하도록 때로는 위대하도록 정해놓았소"(1083행). 물론 그런 운명의 널뛰기는 참주이든 아니든 비극적 영웅에 고유한 것이다. 그러나 오이디푸스는 적어도 당장은 거기서 신들의 적대와 징벌을 보거나 어떤 부정의한 증오심의 결과를 보는 대신 그것이야말로 자신이 살아온 법칙이었노라고 선언한다. 평탄치 않은 운명은 오이디푸스의 몫이며 그는 그것을 한탄하기는커녕 자찬한다. 그는 자비로운 운명의 자식이다. 때로는 은혜를 때로는 역경을 가져다 주는 세월은 오이디푸스의 "친족"συγγενεῖς[sungeneis](1082행)이다. 그의 태생이 그런 것이요, 그는 천성적으로 그렇다(1080-1084행; Τοιόσδε δ᾽ἐκφὺς[Toiosde d'ekphus/그렇게 타고났으니], 1084행). 그런데 운명의 그런 널뛰기, 영화와 재앙의 이런 연쇄를 코로스는 조금 앞서 규정했던 것이다. 그것은 참주와 참주의 오만에 고유한 운명이라고(872-873행).[15]

[31]   오이디푸스의 삶과 그 인물상에서는 참주의 종별적 특징이 여럿 발견된다. 소포클레스의 텍스트는 잊지 않고 그 특징을 지적한다. 일부는 긍정적이다. 오이디푸스는 도성에 이방인으로서 도착한다. 누구도 그에 대해 알지 못하고, 누구도 그에게 어디서 왔는지 묻지 않았다. 오이디푸스는 자신의 권력을 시민들을 능가하면서 혼자 쟁취했다("그는 다른 이들보다 화살을 멀리 쏘아 날렸다." 1196행[16]). 그들의 질투를 불러일으키는 한이 있더라도 말이다 (1526행). 오이디푸스는 스스로 행복을 손에 넣고 그 행복을 지배했다^{ἐκράτησε}[ekratēse](1197행). 이 기획에서 그는 혼자였다. 그는 스스로^{αὐτός}[autos] 이 기획을 추진했다. 그가 권력을 손에 넣을 수 있었던 것은 그가 도시에 기여했기 때문이다. 그는 멸망해가던 도시를 구제했다. 도시가 적들에 의해 파괴되려 하고 있었을 때 오이디푸스는 그들로부터 도시를 구해냈다. 오이디푸스는 도시의 성벽이자 탑이었다(1200-1201행). 그는 도시가 숨을 돌리고 잠들 수 있게 해줬다(1220-1221행). 그는 도시를 재건했고 똑바로 일으켜 세웠다(39, 51, 443, 695행).

[32]   이런 위업은 한동안 권력을 행사하고 전통을 깨뜨리고 매우 자주 희랍 사회의 상고기적 구조를 뒤엎었던 참주 내지 입법자의 역사적-전설적 형상에 특징적이다. 때마침 반복되는 "ὀρθῶσαι" [orthōsai/바로 세우다](39행), "ἀνορθῶσαι πόλιν"[anorthōsai polin/도시를 다시 바로 세우다](51행) 같은 표현은 특징적이다. 솔론도 자신의 업적을 정의하려고 바로 그 표현을 사용하곤 했다. 신화적 영웅 같은 오이디푸스는 시련을 극복함으로써 자신에게 속하지

---

15) 아래의 각주 33번을 참조하라.

16) "그는 다른 이들보다 화살을 멀리 쏘아 날렸다." Sophocle, *Œdipe roi*, p.184. [「오이디푸스 왕」, 76쪽.]

않던 권력을 쟁취한다. 그는 기원전 6세기의 "정체 입안자들"처럼 도성을 재건하고 쇄신하고 '바로' 세운다. 그리하여 그는 자신의 신민들과 감사, 빚, 애정이라는 출생의 특권과 아무 상관없는 관계를 수립한다. 구원의 위업이 시민과 시민의 주인을 연결했다. 운명이 급변해 강제되지 않는 이상 시민은 주인에게 계속 충실하다. "그분은 시험을 통해서 이 도시의 호의를 받는 것으로 확인됐으니, 내 어찌 마음속으로 그분에게 유죄판결을 내리리오"(510-511행). "내 사랑하는 나라가 고통으로 넋이 나갔을 때 바른 길로 인도하셨던 [33] 그대를 멀리한다면 …… 나야말로 분명 정신 나간 놈이요"(690-695행).17) 테바이에서 오이디푸스의 권력은 πλῆθος[plēthos/대중]의 애정 못지않게 이오카스테와의 결혼을 통해 세워진다. 크레온은 그것을 잘 알고 있다. 권력을 획득하려면 돈과 πλῆθος의 지지가 필요하다. 거기서도 소포클레스의 『오이디푸스 왕』은 시련이 끝나고 결혼을 통해 권력을 수립하는 전설적인 영웅의 형상에 참주나 '개혁자'의 역사적 인물상을 중첩시킨다. 참주와 개혁자는 πλῆθος의 다소 자발적인 애정을 등에 업고 군림한다.

하지만 그 이상이 있다. 오이디푸스는 또한 참주가 지닌 전통적으로 부정적인 특징 몇 가지를 가지고 있다. 그는 자신을 도성과 동일시한다. 자신이 거기서 태어났을 수 있고 그 도성의 자식이자 시민일 수 있기 때문이 아니라(그는 당연히 사정이 그러하다는 것을 모른다), 자신이 그 도성을 전유했기 때문이다. 이런 뜻에서 그는 자신의 도성을 소유한다. 그는 도시를 혼자서 소유한다. 크레온은 오이디푸스가 그런 태도를 갖는다고 비난한다. "이 도시에 대해서는 내게도 몫이 있습니다. 그대에게만 있는 것이 아닙니다οὐχὶ σοὶ μόνῳ[ouchi soi monōi]"(630행). 오이디푸스가 명령을 내릴 때 그것이 [34]

---

17) "…… 좋은 길로." Sophocle, Œdipe roi, p.166. [『오이디푸스 왕』, 56쪽.]

정의로운지 여부는 그에게 중요하지 않다. 자신이 명령을 내렸다는 것만으로 충분하다("그래도 너는 따라야 해"[그래도 다스려야겠지]. 628행). 도시가 그자만의 것 아닌가(629행)?

그래서 코로스는 조금 뒤에 참주의 초상을 그리고 그의 과도한 특징을 제시할 때 참주가 "Δίκη"[Dikē/정의]를 두려워하지 않는다고 말할 수 있게 된다[885행]. 참주에 대해 상당히 가혹한 초상을 그리는 코로스의 이야기를 듣고 바로 거기에 놀란 주석가들이 있었다. 자만, 부정의, 신들에 대한 공경 거부, 비난받을 만한 오만방자함, 부당 이득, 신성모독, 거룩한 물건의 속화俗化, 신탁 청취 거부, 숭배 포기. 방금 전까지 인민에게 감사와 더불어 지지를 받았고, 불행 속에서 지체 없이 크레온을 델포이의 신에게 보냈던 군주인 오이디푸스가 이렇다고 정말 인정해야 할까? 사실, 오이디푸스가 그렇다고 인정하지 않기에는, 참주에게 전통적으로 귀속되는 너무 많은 특징들이 텍스트에 산재된 오이디푸스의 말이나 행동
[35] 과 관련된다(그리고 신탁 청취 문제는 잠시 제쳐두기로 한다). 오이디푸스의 운명이 다시 추락하기 시작하자 (πλῆθος의 반전을 상징하는) 코로스는 그때까지 참주에게 부여했던 긍정적 이미지를 뒤집는다. 그리고 참주의 지배에 "천상의 아이테르에서 태어났으며, 올림포스만을 자신의 아버지로 둔" 법νόμοι[nomoi]의 지배를 맞세운다[866-868행]. 물론 코로스는 또 다시 새로운 반전을 겪게 될 것이다. 불행이 일단 끝나면 코로스는, 한순간 도성에 숨을 돌릴 수 있게 해줬던 자를 동정하게 될 것이다.

이상이 바로 참주의 운명에 고유한 불확실성이다. 사랑받다가 버림받고, 그 다음 동정을 받는다. 도시의 법령의 가치를 지닌 자신의 개별 의지 하나하나에 사람들을 따르게 한 뒤, 그 다음 자신의 오만에 올림포스 신들이 정식화한 법이 맞세워지자 추방되고 끔찍한 운명을 맞이한다.

참주의 위태로운 상황. 그는 도시에 완전히 속하지 않는다. 시민을 구원한 것이 그 자신이기는 하지만 그는 평범한 시민이 아니다. 그리고 시련을 극복할 때만큼은 신들의 도움을 받았지만(38행) 그는 도성에 신들의 법령을 퍼뜨리지 않는다. 『오이디푸스 왕』에 [36] 서 여러 번 반복되는 세 요소가 있다. 신들, 군주, 대지(γῆ[gē] 또는 χώρα[chōra]). 오이디푸스 자신이 언급하는 이 세 요소는 참주의 위치를 정한다. 적의를 가진 신성이 대지를 황폐화시킬 때, 오이디푸스는 "신탁을 노래하는 처녀"와 죽어가던 도시 사이에서 탑처럼 자리 잡았다. 게다가 오이디푸스는 도시를 구원 가능케 해주는 신들의 도움 없이 그 일을 해낸 것이 아니다. 따라서 그는 신들에 맞서는 도시의 성벽인 동시에 신들이 도시에 보낸 자인 것이다.

반면 거기서 비극의 반전이 일어난다. 신들이 도성에 보낸 역병은 오이디푸스 자신이다. 오이디푸스 때문에 도성은 신적인 법과 신탁에서 등을 돌렸다. 신들이 질서를 복원할 수 있도록 도성은 오이디푸스를 쫓아내야 할 것이다. 도성을 더럽히고 도성에 신들의 분노를 끌고 오는 살해자를 쫓아내야 한다고 공식적으로 이야기할 때, "나를 위해, 신을 위해, 나라를 위해" 그리 해야 한다고 이야기할 때, 오이디푸스는 본의 아니게 알지도 못하고 그렇게 전면에 나섬으로써 신들과 대지 사이에 있는 참주의 위태위태한 위치를 가리키고 있다. 그리고 오이디푸스의 권력이 결국 타도되는 까닭은 바로 신들에게서 유래하는 첫 번째 지식(점쟁이의 지식)과 [37] 대지에서 유래하는 두 번째 지식(왕의 집에서 태어난 노예가 보지 않으려고 몸을 숨긴 이 χώρα에서 유래한 지식[756-764행])이 서로 직접 부합했기 때문이다.

이 특이하고 취약한 위치에서 오이디푸스의 권력은 하나의 지식과 연결된다. 그가 테바이에서 권력을 쥔 까닭은, 오히려 거기서 그에게 권력을 준 까닭은, 그가 "인식의 시련"에서 성공했기 때문이다. 오이디푸스와 코로스는 여러 차례에 걸쳐 자신들을 묶고 있는 끈이 지식에 바탕을 두고 있음을, 그것도 이중의 지식에 바탕을 두고 있음을 여러 차례에 걸쳐 서로에게 상기시킨다. 수수께끼를 풀어서 자신의 우월을 보여준 오이디푸스의 지식, 그리고 오이디푸스에게 지식이 있음을 의심할 여지가 없는 방식으로 확인할 수 있었던 도성[의 지식]. 오이디푸스는 "σοφός"[sophos/현자]로 인정받고, 시험을 통해βάσανῳ[basanōi] 도시의 호의를 받는ἀδύπολις [hadupolis](510행) 것으로 확인됐다. 시련 속에서 드러난 이 지식 덕

[38] 분에 오이디푸스는 통치할 수 있다. 그가 등장해 자신의 권력을 행사할 때마다 그것은 아는 자의 형태로 이뤄진다(나는 안다, 나는 봤다). 오이디푸스는 끊임없이 자신의 지식과 자신의 권력이 굳게 결속되어 있음을 표현한다(58, 65, 67행). Οἶδα[Oida], 그 단어18)를 가지고 오이디푸스는 자신의 존재를 드러낸다. 그 단어가 바로 그의 이름에 새겨져 있다. 이 권력-지식이 테바이의 역병에 노출되고 위태로워지며 위험에 빠진다. 왕이 무엇을 해야 할지 모르고, 누가 오점을 저질렀는지 모르고, 정화 의례를 누구에게 실행해야 할지 모른다고 하면, 그 왕은 도시와 함께 사라질 것이다. 오이디푸스가 찾던 것은 도성의 구원 못지않게 자기 자신의 구원이다. 그런데 바로 그가 또 한 번 이 수수께끼를 풀 것이다. 그는 누구도 몰랐던 것을 스스로 발견할 것이다. 그리고 자신의 권력을 잃을 것이다. 그러나 앞서가지는 말자.

권력 쟁취와 권력 행사에 연결된 이 지식은 도대체 무엇일까? 그것의 성격을 규정짓기 위해 오이디푸스 자신은 γνώμη[gnōmē/식견]라는 용어를 사용한다. 스핑크스, 스핑크스의 비밀, 스핑크스

---

18) Οἶδα는 οἰδάνω[oidanō]("부풀리다, 부어오르게 하다"), οἴδημα[oidēma]("부기"[오이디푸스의 부은 발]), εἰδέω, εἴδω[eideō, eidō]("제 눈으로 보다")를 떠올리게 한다.

의 잔혹함을 오이디푸스는 γνώμη로 제압한 것이다(γνώμηι κυρή-
σας[gnōmēi kurēsas/식견으로 맞춰], 398행). 다른 대목에서 크레온 [39]
과 테이레시아스에게 위협받고 있다고 여기는 자신이 맡은 권력을
환기하며 오이디푸스는 이렇게 외친다. "Ὦ πλοῦτε καὶ τυραννὶ
καὶ τέχνη τέχνης"[Ō ploute kai turanni kai technē technēs/오, 부여,
왕권이여, 기술을 넘어서는 기술이여](380행).[19] 권력은 여기서 그
것의 주요 속성 둘[τέχνη와 γνώμη][20]을 동반하며 등장한다. 그 둘
은 권력의 도구이자 조건이자 현시이다. 풍부한 부와 기술의 자원,
최고의 능숙함, 우월한 수완, 곧 τέχνη τέχνης[technē technēs/기술
을 넘어서는 기술]. 여기서 이 두 단어, τέχνη와 γνώμη가 가리키
는 것은 무엇일까?

τέχνη와 γνώμη는 매우 분명하게 누군가에게 뭔가를 배우는
지식의 방식에 대립한다. 오이디푸스는 자찬한다. 혼자서 그 스스
로αὐτός 스핑크스의 수수께끼를 풀 수 있었노라고. 누구도 오이디
푸스에게 아무것도 가르쳐주지 않았다. 극 초반에 사제가 그것을
소리 높여 공언한다. "그대는 카드모스의 도성을 …… 해방시키셨
습니다. 그것도 우리에게서 특별한 어떤 것을 알아내거나 배워서
가 아니라"(35-38행).[21] 오이디푸스는 알기 위해서 사제가 이야기

---

19) "오오 부여, 권세여, 우월한 재주여……." Sophocle, *Œdipe roi*, p.155. [『오이디푸
스 왕』, 44쪽.]

20) 오이디푸스의 권력은 기술(τέχνη[기술은 신들에 의해 발명됐으나 인간에게 도난당
한다])과 지식(γνώμη[누구에게도 배우지 않은 지식])으로 특징지어진다. 헤로도토스
는 정치적 심의를 할 때 제시되는 의견을 가리키는 데 γνώμη라는 단어를 사용한
다. Hérodote, *Histoires*, I, 207-208. [김봉철 옮김, 『역사』, 도서출판 길, 2016, 196쪽.
다니엘 드페르가 권력에 동반된 두 속성을 대괄호 안에 τέχνη와 γνώμη라고 덧붙인
것은 틀렸다고 영어판 옮긴이는 옳게 지적한다. 여기서 푸코가 말하는 '권력'의 두 속
성은 왕권 옆에 놓인 '부'와 '기술을 넘어선 기술'이다. 다만 푸코는 오이디푸스의 '지
식'의 두 속성(기술과 식견)에 관한 물음으로 곧장 넘어간다.]

하는 것에 귀를 기울일 필요도 없고 배울ἐκμαθεῖν[ekmathein] 필요도
없다. 그러나 이 원칙은 나라의(χώρα의) 사람들이 알 수 있는 것
[40] 에 대해서만 효과적이지는 않는다. 이 원칙은 또한 새들과 모든 전
통적인 점술 수단이 오이디푸스에게 가르쳐줄 수도 있을 것과 관
련된다. 오이디푸스는 테이레시아스에게 그것을 이야기한다. 암캐
[스핑크스]가 도성을 황폐화시키고 있었을 때 신들도 새들도 무엇
을 해야 하는지 당신에게 가르치며 당신을 구하러 오지 않았다고
말이다. 이어서 오이디푸스는 말한다. "그 수수께끼를 맞히는 건
막 도착한 사람이 할 일이 아니라, 예언술μαντείας[manteias]을 요구
하는 일이었는데 말이오"(393-394행). 이 구절은 명백히 아이러
니하다. 왜냐하면 수수께끼를 푸는 것은 바로 "막 도착한 사람,"
"그곳을 지나가던"τοὐπιόντος[toupiontos](393행) 자의 특권이었기 때
문이다. 이 행인(테이레시아스는 지금 그 행인이 아무것도 모른다고
μηδὲν εἰδὼς[mēden eidōs] 믿게 만들려고 한다)[397행]은 새들이 날아가
는 방향을 해석하는 점술이 아니라 γνώμη(390-398행)를 사용해
야 했다. 오이디푸스가 권력을 쟁취할 때 사용한 지식은 누구에게
도 아무것도 배우지 않은 지식이다. 오이디푸스는 신의 징표도 인
간들의 소문에도 도움을 청하지 않았다. 오이디푸스는 자신의 지
식을 다른 곳에서 끌어낼(ἐκμαθεῖν[ekmathein]; ἐκδιδαχθείς[ekdida
-chtheis])[38행] 필요가 없었던 것이다.

[41]   아마 오이디푸스 왕의 지식은 ἀκούειν의 차원, 즉 청취인 동시
에 굴복인 차원에 있지 않다고 말할 수 있겠다. 오이디푸스가 자찬
하는 γνώμη, 오이디푸스를 권력으로 이끈 γνώμη는 점쟁이가 신
들에게 보이는 청취-복종, 인민이 자신이 받는 명령에 대해 보이

---

21) "…… 우리에게서 아무것도 알아내지 못한 채 ……." Sophocle, Œdipe roi, p.42.
   「오이디푸스 왕」, 30쪽.]

는 청취-복종에 대립한다. 이오카스테 역시 청취-굴복에 대한 거부를 보여준다는 사실을 지적할 필요가 있다. 이오카스테는 오이디푸스의 권력, 범죄, 무지를 공유한다. 이오카스테는 이 점을 아주 명확하게, 심지어 오이디푸스보다 더 나아가서 말한다. "필멸의 인간은 누구도 예언술에서 아무것도 들을 수 없어요"(709행). 자신들에 관한 예언을 알았을 때 오이디푸스와 이오카스테는 각자의 편에서 대칭적인 방식으로 이 거부를 표명하지 않았던가? 확실히 그들은 예언을 들었고 이해했고 믿었다. 하지만 예언을 청취하지는 않았다. 그들은 예언에서 벗어날 수 있다고 생각했던 것이다. 그들은 신들의 말을 충분히 존중했다. 신들의 말에 무관심하지도 않았고 조심성 없이 그 말에 대들지도 않았다. 하지만 그 둘은 모두 신들의 말이 미래를 읽을 수는 없다고, 어떤 점술도 앞으로 일어날 일을 미리 오차 없이 이야기할 수는 없다고 생각했다. 오이디푸스나 [42] 이오카스테가 신들을 믿지 않은 것도 아니고 신들을 공경하기를 거부한 것도 아니다. 오히려 그들은 신들이 스스로를, 명확하게 자신들의 의지를 표명한다고 생각한다. 이오카스테는 724-725행에서 이렇게 이야기한다. "신이 뭔가 알릴 필요가 있다 여기시면, 신 자신이 쉽사리 보여주시니까요"ῥᾳδίως αὐτὸς φανεῖ[raidiōs autos phanei] (725행). 그리고 오이디푸스로서도 신들의 침묵을 깰 수 있다고 생각하지 않는다. 신들은 하고 싶은 말밖에 하지 않으니까.

국왕 부부는 똑같이 두 지식 절차를 거부한다. 신들이 감추려고 하는 것을 모호한 징표를 통해 찾고자 하는 절차(965-966행에 나오는 새들의 지저귐도, 징표도, 신들의 침묵을 깨기 위한 수단도 거부된다). 그리고 신들이 고정한 운명의 몫을 미리 보고자 하는 절차(예언도, 978행의 'πρόνοια'[pronoia/예견]도 거부된다). 애매함 속에서 미래를 정하는 이 법령-예언θεσπίσματα[thespismata](971행), 이 모든 것은 일고의 가치도 없다ἄξι'οὐδενός[axi'oudenos](972행).[22]

[43]   오이디푸스의 담론에서 그의 권력 행사 및 그의 지식 찬양과 상관해 가장 자주 반복되는 단어 중 하나는 εὑρίσκειν[heuriskein/찾아내기]이다. 오이디푸스는 찾아내는 사람이다. 물론 그는 스핑크스에게 줄 답을 찾아냈고, 이를 통해 도성을 구했다. 새로운 재앙 속에서 도성은 다시 오이디푸스가 가진 찾아내는 능력에 호소한다. "방책을 찾아주십시오" ἀλκήν τιν'εὑρεῖν[alkēn tin'heurein]라고 사제는 극 서두에 청한다(42행).23) 걱정하는 대중에게 오이디푸스는 자신이 찾아낸 해결책을 말한다(69행 이하). 오이디푸스는 제때에 라이오스의 살해자를 찾아내야만 했는데 ἐξερευνᾶν(258행) 그러지 않았다고 테바이인들을 나무란다. 오이디푸스는 이제 알 수 있고 도시를 구할 수 있게 해주는 것을 스스로 발견하려고 마음먹는다(120, 304행). 오이디푸스는 수사 도중에 크레온이 꾸민 음모를 '발견했다'고 생각하기까지 한다. 게다가 테이레시아스는 위협적인 아이러니를 담아 오이디푸스에게 이야기한다. "이런 것들을 찾아내는 데는 그대가 가장 능하지 않던가요?" ταῦτ'ἄριστος εὑρίσκειν ἔφυς [taut'aristos heuriskein ephus](440행).24) 그리하여 테이레시아스는 오이

[44] 디푸스에게 자신과 정반대의 특징을 부여한다. 테이레시아스는 조

---

22) 녹스는 페리클레스 시대에 예언이 참인지에 대한 논란이 일었음을 환기한다. 페리클레스는 헤로도토스와 달리 예언을 믿지 않았다. 푸코는 이 논란을 전혀 제기하지 않는다.

23) "우리 모두가 그대에게 탄원하오니, 우리에게 무슨 구원의 길을 찾아주십시오"(ἱκε-τεύομέν σε πάντες οἵδε πρόστροποι ἀλκήν τιν'εὑρεῖν ἡμῖν[hiketeuomen se pantes hoide prostropoi alkēn tin'heurein hēmin]). Sophocle, Œdipe roi, v.41-42, p.142. [『오이디푸스 왕』, 30쪽.]

24) ("오이디푸스: 그대는 항상 그렇게 모호하고 수수께끼 같은 말을 하는가!"라는 439행에 대한 테이레시아스의 답변으로서) "수수께끼들을 푸는 데는 그대가 가장 능하지 않던가요?"(Οὔκουν σὺ ταῦτ'ἄριστος εὑρίσκειν ἔφυς[Oukoun su taut'aristos heuriskein ephus]). Sophocle, Œdipe roi, v.440, p.157. [『오이디푸스 왕』, 46쪽.]

금 전에 자신이 "[자기] 안에 전능한 진리를 키우고 있다"(356행)
고 이야기하지 않던가? 그리고 코로스는 필멸의 인간들 가운데
오로지 그분만이 진리를 몸에 담고 있다며 τἀληθὲς ἐμπέφυκεν[talēthes empephuken](299행) 테이레시아스를 떠받들었다. 점쟁이는 신들이
그에게 파종한 진리가 자라는 장소와 같다. [반면] 왕은 찾아내는
능력을 보유한다.

그런데 찾아내기, 즉 εὑρίσκειν에는 서로 이어진 세 가지 특징
이 있다. 먼저 사람들은 혼자서, 스스로의 힘으로 찾아낸다. 오이
디푸스는 스핑크스에게 줄 대답을 찾아냈을 때 자신이 혼자였음
을 십분 역설한다. 왕으로 처신하면서 오이디푸스는 수차례 자신
이 몸소 정보를 얻고, 몸소 찾고, 몸소 결정하고 싶다고 강조한다.
첫 시구에서부터 오이디푸스는 이야기한다. "나는 그것을 사자 구
실을 하는 다른 사람에게서 듣는 것이 옳지 않다 여겨 몸소 이리
로 왔노라" αὐτὸς……ἐλήλυθα[autos……elēlutha](7행).25) 오이디푸스는
해결책을 찾기 위해 자신의 생각 속에 틀어 박혀 고민을 거듭한 뒤
(67행), 자신이 찾아낸 것을 곧바로 실행에 옮긴다(68행). 발견의
또 다른 특징. 혼자서 발견할 수 없는 경우, 자신이 보거나 몸소 들
은 것, 또는 그 자리에 있던 증인이 보거나 들은 것에 의거할 수 있
다. 라이오스 살해를 두고 오이디푸스가 골머리를 썩인 것도 자신 [45]
이 그 자리에 없었기 때문이다. 오이디푸스는 그것을 전해 들었을
뿐, 현장에 있지도 않았고 제 눈으로 보지도 εἴσειδόν[eiseidon](105행)
못했다. 오이디푸스는 사건과 관련 없는 자로서 스스로 αὐτός 죄인
을 찾을 수 없다(219-221행). 필요한 것은 불행을 목격했을 수 있
는 누군가이다(116-119행). 적어도 목격자를 본 사람(τὸν διδόντ

---

25) "나는 남들의 입을 통해 그것을 듣고 싶지 않았기에……." Sophocle, *Œdipe roi*,
p.140. [「오이디푸스 왕」, 29쪽.]

[α······] ὁρᾷ[ton d'idont(a······) horai], 293행)이 필요하다. 그리고 자취를 쫓으며 오이디푸스는 그 자리에 있던 사람을 직접 만나보겠다고 주장한다. 라이오스의 죽음을 목격했을 수 있는 목자에 대해 말하며 "나는 그를 만나보고 싶다"(εἰσιδεῖν[eisidein], 1052행)고 말한 것이다. 코로스는 오이디푸스에게 말한다. 희망을 가지세요. "πρὸς τοῦ παρόντος ἐκμάθῃς"[pros tou parontos ekmathēis/그 자리에 있었던 자(목격자)에게서 알아내기 전까지는](835행).26)

이렇게 현전에서 현전으로 추적하듯 현재의 무지에서 과거의 인식으로 거슬러 올라간다. 왕 본인이 직접 목격하지 않은 것의 '발[46] 견'은 표식과 흔적의 탐색을 통해 이뤄진다. 그것들은 점칠 때 필요한 새들의 울음소리가 아니다. 그것들은 현재와 과거를 연결하는 가시적 요소들(σημήνας[sēmēnas/표시된 것], 957행; σημεῖα [sēmeia/표시·실마리], 1059행; βασάνῳ[basanōi/시험을 통해], 509행), 때로 많은 것을 밝혀줄 수 있는 단 하나의 사소한 디테일(120행), 죄인의 자취(221행)를 쫓아갈 수 있게 해주는, 한마디로 일을 ἐξ ὑπαρχῆς[ex huparchēs/처음부터](132행) 다시 시작할 수 있게 해주는 모든 것이다. 이오카스테는 경솔하게도 오이디푸스더러 "현재를 과거에 따라 설명하려 하지" 않고 마지막에 입을 여는 사람의 이야기를 믿는다고 비난한다(916행 이하). 사실 오이디푸스는 지나치게 그것[현재를 과거에 따라 설명하는 것]만 한다. 바로 마지막에 입을 여는 사람(노예)의 말을 들으면서 오이디푸스는 끔찍한 과거 속에서 현재의 불행의 이유를 찾아내는 데 이른다.

보다시피 오이디푸스의 τέχνη는 인간의 운명을 미리 고정하는 신들의 감춰진 법령을 인식하는 데 어울리는 것이 아니라 과거에

---

26) "······ 증인이 당신에게 전모를 알려주기 전까지는 희망을 가지십시오." Sophocle, *Œdipe roi*, v.834-835, p.171. [「오이디푸스 왕」, 62쪽.]

일어난 것과 지금 일어나고 있는 것을 발견하는 데 어울린다. 오이디푸스의 τέχνη는 인간을 한 번에 묶는 신들의 말에 귀 기울이지 않는다. 오이디푸스의 τέχνη는 운명을 구성하는 평탄치 않음, 우여곡절, 높은 곳과 낮은 곳에 주의를 기울인다. 오이디푸스의 지식 [47]은 Τύχη[Tuchē/운]의 편에 있다. 오이디푸스의 지식에서 τέχνη-Τύχη의 근접성은 이중의 효과를 낳는다. 한편으로 이 근접성 때문에 지나간 일만 믿게 되고, 점쟁이의 새들이 어느 쪽으로 날아가는지 "좌고우면"하지 않으며(857-858행), 모든 πρόνοια[예견](978행)를 헛된 것으로 보게 되고, 폴뤼보스의 죽음처럼 일어나는 사건들 속에서 예언의 실현을 보는 것이 아니라 Τύχη의 일격을 인정할 수 있게 된다(949행). 오이디푸스는 자신의 τέχνη 때문에 "θεῶν μαντεύματα"[27](946행)를 대수롭지 않게 여길 수 있게 된다. 하지만 다른 한편으로, 신탁을 대수롭지 않게 여긴다는 것은, 곧 신탁에서 벗어날 수 있다는 말이다. 점쟁이가 인간에게 예정해놓은 듯 보이는 μοῖρα[moira/운명](713행)를 다른 운명으로 대체하는 것이 항상 가능하다는 것이다. 이것이 바로 이오카스테가 언명하는 것이요(707행 이하), 이것이 바로 이오카스테가 아기였던 오이디푸스를 유기하며 행동으로 보여주려 했던 것이다. 이것이 바로 오이디푸스가 언명하는 것이요(964행 이하), 코린토스에서 도망쳐 나올 때 하고자 했던 것이다. 그리고 아마도 이오스카스테는 이렇게 말할 때 참주가 자신의 지식[과] 자신의 운명[과] 맺는* 관계 [48]를 가장 훌륭하게 표현한 것 같다. 즉, 인간을 지배하는 κρατεῖ[kratei] 것은 운수에서 비롯되는 것들 τὰ τῆς τύχης[ta tēs tuchēs](977행)이라고

---

27) Theōn manteumata. 신들의 신탁들.

  * 강의원고에는 "참주, 그의 지식, 그의 운명의"(du tyran, de son savoir et de son destin) 라고 되어 있다.

말할 때. 그저 어떤 것에 대한 권력을 가진 만큼(ὅπως δύναιτό τις
[hopōs dunaito tis/그저 되는대로], 979행) 살아가는 것이 최선이고
가장 강하다κράτιστον[kratiston]고 말할 때. Τύχη의 힘과 인간의 권
력 사이의 게임, 그것이 바로 예언술의 징표와 그 징표가 확산시키
는 공포를 대수롭지 않게 여길 줄 아는 자의 몫이다(977-983행).
오이디푸스는 오만하게도 자신이 Τύχη의 아들이라고 큰소리치게
된다(1080행). 이 점에서 역시 오이디푸스는 전통적인 참주의 역
사적이고 전설적인 형상에 합류한다.

따라서 대립하는 두 계열이 있다. 각 계열은 어떤 유형의 지식과 어
떤 유형의 권력을 특징짓는다. 한편으로 점술의 계열. 점술은 시간
위로 솟아올라 πρόνοια의 차원에서 전개되며, 따라야 할 법령-예
[49] 언을 사자를 통해 청취하는 것이다. 이 지식은 종교적이고 지고한
자의 권력과 연결된다. 다른 한편으로 γνώμη의 계열. γνώμη는 과
거와 현재 사이에서 전개된다. 그리고 보고 목격하고 '그 자리에 있
었던' 사람들의 증언에 의거해 자기 자신을 '발견하고' 스스로 구
제책을 찾아낼 수 있게 해준다. 이것은 참주의 지식이다. 둘 모두
Ἄναξ[Anax/주군]라고 떠받들어지는 참주와 점쟁이는 각자 자신
의 지식이라는 무기를 들고 대결한다. 오이디푸스는 무지한 자가
아니다. 신탁, 예언, 점술 등 끊임없이 자신을 추적하고 단죄하던
지식의 양식에 맞서 다른 유형의 지식을 선택한 사람이다.
　　그런데 그 다른 지식이 몸소 보길 원하는 참주의 지식으로 아무
리 개인화되어도 그것은 여전히 고도로 의례화된다. 사실 신탁의
지식과 조사의 지식은 『오이디푸스 왕』에서 규칙을 갖춘 두 절차
[50] 의 효과로 제시된다. [한쪽]은 종교적 참조 절차로서 두 단계로 진
행된다. 첫 단계에서는 신탁을 받아오라고 사자를 신의 근거지에
보낸다. 두 번째 단계에서는 신을 섬기는 자에게 신탁을 보충하고

신의 명령을 어떻게, 그리고 누구에게 실행하면 좋은지 결정해달라고 요구한다. 다른 절차는 본질적으로 사법적이다. 증인이 있는지 알기 위해 사람들을 통해 탐문한다. 그렇게 지목된 자들을 소환한다. 그들의 신원을 밝히고 그들의 증언을 확인한다. 증인에게 질문하고 필요하다면, 즉 그들이 대답을 거부할 경우 고문이라도 하겠다고 위협한다. 이 모든 것은 기원전 5세기에 적용되던 조사 의례의 재현이다. 첫 번째 절차를 '종교적'이라고 규정하고 두 번째 절차를 '사법적'[이라고] 규정하는 것이 정확하지 않을 수도 있다. 두 경우 모두에서, 하지만 상이한 구성 형식에 따라서, 관건이 되는 것은 도시 내에 오점이 어디에 있는지, 그 오점을 지닌 자를 어떻게 쫓아버릴지 결정하기 위해 동원되는 종교적, 정치적, 사법적 절 [51] 차들이다. 첫 번째 절차는 상고기의 것에 더 가까우며 전통적 실천에 강하게 연결되어 있다. 두 번째 절차는 더 최근의 것이며 기원전 6~5세기에 필시 도시가 완전히 재조직됨에 따라 확립됐다.

『오이디푸스 왕』에는 세 번째 절차의 흔적도 발견된다. 이 역시 상고기 희랍 세계에 잘 알려진 절차이지만 상당히 후대까지 (비교적 덜 중요한 몇몇 소송에서나마) 계속 사용된 탓에 기원전 3세기에도 그 흔적을 찾을 수 있다. 그것은 지옥 맹세 절차이다.[28] 그대는 자신에게 죄가 없다고 서약할 것을 받아들이는가? 그리고 그것이 거짓 서약일 경우 그대가 내세운 신들의 복수에 노출될 것을 받아

---

28) "맹세는 일반적으로 일종의 시련 재판이라고 이야기된다……. 그것은 시련 재판으로 작용하지 않는다. 사람들은 맹세하는 자가 하늘의 불을 맞으리라 기대하지 않는다. 그것은 하나의 증거로 작용한다. 신의 심판이라는 용어는 여기에 전혀 어울리지 않을 것이다. ὅρκος[horkos/맹세]라는 단어는 우선 추상적 의미의 맹세가 아니라 하나의 물질, 즉 서약자가 접촉하는 하나의 성스러운 실체를 가리킨다. 서약을 하면 가장 가공할 …… 종교적 힘의 영역에 발을 들이게 된다. 상태의 변화, 더 똑바로 말하면 존재의 이동이 뜻하는 모든 것을 건 내기, 그것이 바로 시련 재판의 핵심이다." Gernet, "Le temps dans les formes archaïques du droit," p.132.

[52] 들이는가? 이 오래된 절차는, 『일리아스』에서 메넬라오스와 안틸로코스가 후자의 규칙 위반이 의심되는 전차 경주 뒤에 벌인 시비를 마무리 지을 때 사용하는 그것이다.[29] 그것은 크레온이 오이디푸스에게 음모를 꾸몄다고 고발당했을 때 오이디푸스와의 계쟁을 종결지으려고 사용한 오래된 절차이다. 이오카스테와 코로스를 증인으로 두고 크레온은 엄숙히 맹세한다. "그대가 내게 씌우고 있는 것 같은 짓을 내가 했다면, 나는 당장 행운을 누리지 못하고 저주받아 죽어도 좋소이다"(644-645행). 사실 여기서 절차는 완전하지 않다. 첫 번째 요소, 사실대로 말하면 필수불가결한 요소가 빠졌다. 원고가 이 해결 방식을 받아들이고, 도전이자 화해의 몸짓으로 원고 스스로 피고에게 그렇게 하라고 해야 하는 것이다. 그런데 의심을 품은 오이디푸스는 스스로 크레온에게 맹세의 시련을 제안하지 않을 뿐 아니라 그것을 먼저 거절했다가 이오카스테와 코뤼페의 권유를 받고 나서야 마지못해 받아들인다. 오이디푸스는 테이레시아스의 예언술의 정직성을 신용하지 않는 것과 마찬가지로
[53] 이 시련을 신용하지 않는다. 점술의 절차나 이 맹세 절차가 자신의 권력을 위협한다고 느낀 것이다(658-659행).

따라서 『오이디푸스 왕』은 오점을 제거하고 죄인을 수사하기 위해 '선-법'(先-法)과 희랍의 법에서 쓰이던 세 가지 주요 절차를 무대에 올리고 있다. 신탁 참조, 지옥 맹세, 그리고 시대착오적 표현을 사용한다면 '지역 조사.'* 소포클레스의 비극에서 역사적 출현 순서대로, 가장 오래된 것에서 가장 최근의 것까지 사용된 세 가지 절차. 이 세 가지 절차는 또한 거기에 연루된 등장인물들의

---

29) 본서 5강(1971년 1월 27일)의 111~113쪽을 참조하라.

* 지역 조사(enquête du pays)는 중세에 다음과 같은 유형의 절차를 가리키기 위해 사용된 용어이다. 그 절차에서는 그 지역 사람들에게, '형편을 잘 알' 수 있는 사람들더러 계쟁에 대해 알고 있는 것을 이야기하라고 요구한다(푸코의 노트).

위엄과 지위에 따라 각자의 자리에서 모습을 드러낸다. 신에게 호소할 때는 참조가 쓰이고, 두 수장이 대결할 때는 지옥 맹세를 하고(85행에서 크레온도 Ἄναξ로 떠받들어진다. 그리고 오이디푸스와 분쟁하면서 크레온은 자신이 왕과 동등함을 역설한다), 평민이나 노 [54] 예의 경우에는 심문과 증언을 통한 조사를 한다.** 보유 권력이나 도시에서 차지하는 자리가 다른 각각의 등장인물에게 맞는, (신에서 밑바닥 인간에 이르기까지) 각각의 위계 수준에 상응하는, 그들 각각으로부터 진실을 획득하기 위한 특수한 절차 및 의례화된 방식이 있다. 각각의 지식 형태는 의례에 따라 시행되는 권력 행사와 연결된다. 각각의 지식 형태는 의례의 효과로 나타난다.

그러므로 소포클레스의 비극의 전면에 등장하는 것은 그다지 오이디푸스의 '무지'나 '무의식'이 아니다. 오히려 전면에 등장하는 것은 다수의 지식들, 그 지식들을 산출하는 다양한 절차들, 지식들의 대결을 통해 이뤄지는 권력 투쟁이다. 『오이디푸스 왕』에 [55] 는 지식들이 너무 많다. 지식의 과잉. 그리고 오이디푸스는 무지에 의해 밤 속에 억류된 자가 아니다. 오이디푸스는 다수의 지식을 다루는(또는 다루려고 시도하는) 자이다.

이 세 절차와 그것의 특정 효과들인 지식들 사이에서 오이디푸스와 오이디푸스의 권력은 어떤 위치를 차지하는가? 이미 살펴본 바와 같이 오이디푸스의 지식, 즉 '통치'하고 '조종'하는 자의 지식은 γνώμη와 τέχνη의 지식이다. 그것은 현재를 과거와 연결함으로써, 보인 것에 의거함으로써 스스로 발견하는 지식이다. 우리는 이

** 특히 디테일 하나가 마지막 발견 에피소드의 사법적 성격을 분명히 보여준다. 소환되어서, 말하지 않으면 고문당할 거라고 위협받는 노예는 내내 라이오스 집안의, 즉 오이디푸스 집안의 일원이었다고 자신을 밝힌다. 그런데 기원전 5세기의 규칙에 따르면 노예에게 진실의 시련으로 고문이 부과된 것은 노예 소유주의 동의를 얻을 때에 한정된다(푸코의 노트).

조건 속에서 신들의 이름으로 오이디푸스에게 이야기하려고 온 자들과 오이디푸스 사이에 애초부터 불신의 관계가 존재하고 있었음을 이해하게 된다. 물론 크레온과 테이레시아스의 입을 통해 먼저 오는 것은 신들의 응답이다. 하지만 오이디푸스는 최후의 수단으로서만 신들에게 간청한다는 것을 잊어서는 안 된다. "내가 ······

[56] 많은 눈물을 흘렸고 불안에 휩싸인 채 머릿속으로 많은 구원 방법을 찾아 헤맸음을 알아두시오. 잘 숙고해보고 내가 찾아낸 유일한 처방, 그것을 나는 실행에 옮겼으니 ······ 나는 [크레온을] 사원에 보냈던 것이오"(66-70행). 이어서 오이디푸스가 테이레시아스에게 도움을 청한 까닭은 증인을 찾고 죄인을 몸소 발견하기 위해 자신이 던진 물음들의 답을 얻을 수 없었기 때문이다. 실제로 어떤 오점을 도시에서 씻어내야 하는지 듣자마자 오이디푸스는 다음과 같이 물었다. "······ 살해자들은 ······ 대체 어느 곳에 있소?" "궁 안인가, 들판인가 아니면 이국땅인가? 그것을 본 ······ 어떤 동행자도 없단 말인가?"(108-129행). 왜 알려고 하지 않았던가?(108-129행). 조금 더 뒤에서 그런 목적으로 모인 대중 앞에서 오이디푸스는 다음과 같이 선언한다. "그대들 가운데 누구든지 어떤 자가 라이오스를 살해했는지 아는 사람은30) ······ 나는 그에게 모든 것을 내게

[57] 고하라고 명하오"(224-226행).* 테이레시아스는 대중이 자신들의 무지와 무결을 선언하고 나서 다시 신에게로 향할 때에야 재등장하게 된다(276-279행).

---

30) "······라이오스가 어떤 자에게 살해됐는지." Sophocle, *Œdipe roi*, p.149. [「오이디푸스 왕」, 38쪽.]

* 오이디푸스가 라이오스의 죽음에 대해 전혀 몰랐다는 사실의 신빙성을 주석가들이 의문시한 적이 있다. 사실 오이디푸스의 이 물음들은 신빙성이라는 용어로 분석될 만한 것이 아니다. 그것들은 규칙에 맞는 절차에 따른 물음들이다. 자수하는 자는 처벌이 거의 면제된다는 227행의 약속 역시 절차의 일부이다(푸코의 노트).

비극에서 처음 진리를 언표한 것은 점술이지만, 오이디푸스에게 점술은 마지막 해결책일 뿐이다. 오이디푸스는 끊임없이 점술을 그 자신, 왕이 제 눈으로 보고 제 γνώμη로 파악할 수 있는 것에 대결시키려 한다. 그대가 알고 있는 것을 그대는 어디에서 배웠소(357행)? "그대는 귀도 정신도 눈도 멀었기 때문이오"(371행). "나는 새들에게서 배워서가 아니라 내 식견으로 찾은 것이오"(398행). 참주 오이디푸스, 군주이자 재판관 오이디푸스는 보고 들었던 자를 찾아 몸소 진실을 발견하기를 원한다. 경건하고 두려움에 떠는 대중에 떠밀려 했던 오래된 신탁 절차보다, 자신의 동의 없이 크레온이 했던 지옥 맹세 절차보다, 오이디푸스는 늘 직접 묻기를 선호했다. 누가 그렇게 했는지, 누가 그것을 봤는지, 누가 그것에 대해 증언할 수 있는지? 오이디푸스가 신탁 절차에 등을 돌린 것은 오 [58] 만과 과도함 때문이다. 코로스는 왕의 죄상이 밝혀지기 시작할 때 이 오만과 과도함을 비난한다. 코뤼페는 이에 대해 분명히 말한다. "라이오스의 오래된 신탁은 시들어져 사람들이 벌써 그것을 업신여기니 어디서도 아폴론은 영광 속에서 나타나지 못하고 신들에 대한 공경도 사라져가고 있나이다"(906-910행). 이 불경에 대해 코뤼페는 참주의 오만, 참주의 건방진 행동과 말, Δίκη를 업신여긴 죄를 연관 짓는다. "사악한 운명이 그를 채어 가리라"(886행). 오이디푸스(그리고 이오카스테)는 신들이 자신들에게 예언한 것을 피하고 싶어 했다. 오이디푸스는 여기서도 아폴론의 사제가 하는 예언에 귀 기울이기를 거부한다. 모든 것을 보지만 자신의 권력을 위협하는 신들의 말에 굴복하기보다는, 오히려 자신이 πλῆθος에게 사랑받고 있음을 알거나 그렇다고 믿으며 그 πλῆθος에게 자신의 지고의 권력을 행사하는 참주로서, 오이디푸스는 군중 속에서 목격자를 찾는다. 『오이디푸스 왕』 전체에 걸쳐 ἀκούειν과 ὁρᾶν이라는 두 단어는 끊임없이 반복된다. 하지만 그 의미는 이동한다. 즉

[59] 모든 것을 '보는' 신들의 법령에 대한 '굴복'에서 현장에 있었던 자들의 이야기를 듣기로.

그런데 다르게 듣고 다른 식으로 보는 이 새로운 절차는 신들이 봤던 것과 똑같은 것을 보게 하고 신들이 언명했던 것과 같은 말을 인정하게 만든다. 늙은 목자가 나오는 장면이 특징적이다. 그 장면에서 심문 절차 규칙에 맞는 형식에 따라 현장에 있음, 진실하게 증언함, 직접 들음, 직접 봄의 징표들이 속속 등장한다. 오이디푸스는 [원로들에게] 말한다. "나는 우리가 전부터 찾던 바로 그자를 보고 있는 듯하오ὁρᾶν δοκῶ[horan dokō]." 그렇지만 "그대는 그를 본 적이 ἰδών[idōn] 있으니" 더 잘 알 수 있을 것이오. [그러자 코로스 장이 답한다.] "제가 알아봅니다. 확실합니다."Ἔγνωκα γάρ, σάφ᾽ἴσθι[Engōka gar, saph'isthi](1111-1117행). 그 다음 오이디푸스가 코린토스의 사자를 향해 똑같은 질문을 하자, 이방인은 대답한다. "그대가 보고 계시는 εἰσορᾷς[eisorais] 바로 이 사람입니다"(1120행). 이렇게 심문을 시작할 수 있게 된다. 하지만 증인은 쳐다보고 말해야 한다φώνει βλέπων[phōnei blepōn](1121행). 손가락으로 가리키며 묻는다. "그러면 여기 이 사람을 그곳 어디선가 보아 알고 있는가?τόνδε οἶσθα[tonde oistha] …… 여기 이 사람 말이다Τόνδ᾽ὅς πάρεστιν[Tond'hos parestin]"[1128, 1130행]. 또 다른 증인이 끼어든다. "그가 저를 잘 알 것임을 저는 [60] 압니다"οἶδ᾽ὅτι κάτοιδεν[oid'hoti katoiden](1133-1134행). 두 번째 증인이 첫 번째 증인에게 묻는다. "그때 어떤 아이를 내게 준 걸 기억하오?οἶσθα[oistha] ……여기 이분이요"Ὅδ᾽ἐστίν[Hod'estin]"[1142,1145행]. 첫 번째 증인이 두 번째 증인에게 답한다. "그는 아무것도 모르면서 떠들고 있습니다"[Λέγει γάρ] εἰδὼς οὐδέν[(Legei gar) eidōs ouden](1151행). 봄, 지목, 현장에 있음, 확인된 기억의 이 모든 게임은 ἱστορείν, ἱστορῆσαι[historein, historēsai](1150, 1156, 1165행)라는 전문적 표현의 영향 아래 놓인다 — 증언하다, 본 것의 증인으로서 심문을 받다. 현장에 있었고, 봤다는 조건을 만족시키는 이 모든 증언들을 청취함으로써 오이디푸스는 자신이 듣고 싶지 않았던 것을 듣고, 자신이 보고 싶지 않았던 것을 볼 수밖에 없게 된다. "Ἀλλ᾽ ὅμως ἀκουστέον"[All'homōs akousteon/그래도 들어야만 한다](1170행). "Τὰ πάντ᾽ ἂν ἐξήκοι σαφῆ"[Ta pant'an exēkoi saphē/모든 것이 이뤄질 수밖에 없었구나, 명백하게](1182행).

이상이 오이디푸스가 자신에게 친 덫이다. μαντεία[manteia/신탁]에 맞서 ἱστορείν[심문]에 근거한 절차를 작동시키기, 그리고 자신이 저쪽에서 인정하고 싶지 않았던 것을 여기에서 발견하기. '지역 조사'의 첫 번째 효과는 신들과 점쟁이들의 말이 규정하고-예언했던 것을 하나하나 확증하는 것이다. 신탁의 φάτις[phatis/말씀]와 평민들이 언급한 모든 것ἐρρήθα[errētha]은 정확히 대응하며 [61] 빈틈없이 부합한다. 점술과 조사 사이에, 옛 절차와 새 절차 사이에,31) 수장·귀족·'왕'이 전통적으로 신들에게 자문을 구할 때 사용하던 절차와 도시의 재판관이 지금 최근의 법에 따라 증인을 심문할 때 사용하는 절차 사이에 정확히 '부절을 이루는' 관계가 있는 것이다. 신들의 법령은 도시의 사법 실천 속에서 하나의 가시적 신체를 얻는다. 새로운 절차들은 그 대신에 종교적 관인官印을 받는다. 『오이디푸스 왕』 전체에서 유통되는 것으로 확인된 σύμβολον의 형식은 두 가지 보는 방식, 두 가지 듣는 방식, 두 가지 복종 방식(사회적으로, 정치적으로, 종교적으로 상이한 이 두 지식 의례들) 사이의 연결을 보장한다.

---

31) 푸코가 반쪽 법칙으로 묘사하는 것을 녹스는 어떻게 보면 수학적 균등화라는 용어로 파악한다. 녹스는 조사 절차의 객체와 주체 사이에, 듣기와 보기 사이에, 의학적 지식과 수학적 지식 사이에, 점술과 증인 사이에 일련의 등식을 세운다. 녹스는 문헌학에서 출발해 나아간다. 푸코는 형식적 분석에서 출발해 나아간다. 푸코는 미국에서 이 강연을 하는 도중에야 녹스의 저작을 알게 됐다.

σύμβολον은 종교적 실천, 권력 행사와 연결됐으나 도시의 새
[62] 로운 정치적·사회적 조직화(거기서 σύμβολον은 동일한 인증 기능
을 다른 방식으로 보존한다) 속에서 유지된다. 이 σύμβολον은 여
기서 날짜도 기원도 지위도 다른 두 절차들의 부합에 형태를 빌려
준다. 이 두 절차들은 그렇게 서로를 인증한다.* 이 '부절을 이루
는' 대응에서, 예견됐던 것은 보였던 것과 일치한다. 예언됐던 것은
증언되는 것과 일치한다. πρόνοια의 영역에 속하던 것은 μνήμη
의 영역에 속하는 것과 일치한다. 불멸의 신들이 언명한 것은 도시
의 재판정이 회고적으로 발견한 것과 일치한다.

법에 따른 심판은 과거를 바라보면서 미래 위로 솟아 오른 신
들의 시선과 똑같은 것을 본다. 비극 전반에 걸쳐 작용하는 σύμ-
βολον의 메커니즘은 인간의 시간이 또한 신들의 시간이기도 하
다는 것을 분명히 보여준다. "모든 것을 보는 시간"과 오이디푸스
의 뜻에 반해 오이디푸스를 "발견한" 시간(1213행). 과거의 조사
가 미래의 예언과 합류한 것이다.

[63] 그렇지만 신들의 법령과 도시의 법이 정확히 부합하는 가운데
참주의 자리는 폐지되기에 이른다. 그것이 폐지되는 까닭은 참주
가 [신탁에] 등을 돌리고 다른 사람들에게 도움을 구할 수 없기 때
문이다. 그것이 폐지되는 까닭은 고문의 위협 아래에서 노예가 내
뱉는 목소리가 델포이 근거지에 있는 포이보스와 똑같은 말을 하
기 때문이다. 그것이 폐지되는 까닭은 인간의 절차에서 유래한 것
이 신의 법령에서 발생한 것과 다르지 않기 때문이다. 도시를 지배
하는 것, 도시에 일어나는 것, 도시에 닥치는 화 또는 거기서 찾아

---

* 맹세에 의한 절차 역시 결국 유효한 것으로 인정된다고 말할 수 있겠다. 실제로 조
사 결과, 크레온이 신의 메시지를 왜곡하지도 않았고 오이디푸스에 맞서 음모를 꾸
미지도 않았음이 밝혀진다. 고발의 역전은 권력의 역전과 추방형의 반전을 초래한
다(푸코의 노트).

낼 수 있는 방책, 이 모든 것의 원리는 바로 신들의 말이다. 도시를 통치하는 데 'γνώμη'는 전혀 필요 없다. 도시를 지배해야 하는 것은 법, 즉 νόμοι이다. 물론 이 사람이나 저 사람이 도시 안에 법을 수립했을 수 있으나, 법은 전혀 인간의 발명품이 아니다. "숭고한 법들"은 "천상의 아이테르에서 태어났으니, 그 법들의 아버지는 올륌포스뿐이며, 인간들의 필멸의 본성이 그들을 낳지도 않았고, 망각도 그들을 잠재우지 못하도다. 그들 가운데서 신은 강하시고, 늙지도 아니하시도다"(865-871행). 인간의 법은 신의 법령에 [64] 바탕을 둔다. 일어나는 사건들은 신들의 의지에 바탕을 둔다. 조사는 점술에서 예견됐던 것들로 이끈다. χώρα를 지배하는 것은 신들 자신이다. 신들과 χώρα 사이에 참주가 대관절 무슨 필요가 있을까? 참주가 신에게서 도망칠 때 사용하는 τέχνη가 무슨 필요가 있을까? 신을 피해 어디로? χώρα로, 들판으로. 다른 어떤 진실을 찾아서? 들판의 사람들이 자신들의 기억 속 깊이 감출지도 모르는 진실을 찾아서.

신탁의 길에서 등을 돌려 조사의 길로 나아간 오이디푸스는 조사를 통해 처음 길로 돌아오게 된다. 제 자신의 눈으로 보기를 원했던 군주는 이 급커브를 지나 증인들에 의해 죄인으로 보이게 되는 위치에 놓인 것이다. 다른 곳에서(델포이나 신에게서) 보고된 것을 듣기를 거부하던 오이디푸스는 "듣고 보는" 재판관-왕이 되고 싶어 했다. 그런데 오이디푸스가 결국 제 눈으로 본 것은 오이디푸스를 제 눈으로 봤던 자들, 요컨대 이오카스테가 유기한 저주받은 아 [65] 이, 폴뤼보스가 거둔 미아를 제 눈으로 봤던 자들이다. 스스로αὐτός 보고 싶었던 오이디푸스는 타인들의 목격 증언 속에서 자기 자신을ἑαυτόν[heauton] 본 것이었다. 오이디푸스는 자신을 결코 보여서는 안 됐을 것으로서, 더 이상 누구의 시선도 견딜 수 없는 것으로서, 더 이상 그 누구도 볼 수 없을 것으로서 본 것이었다. 이런 군주의 시선(신의 명령 내지 신의 사자의 말을 들으려 하지 않았던 참주적 지식의 도구인 동시에 상징)은 사라져야만 한다. 오이디푸스는 필시 결코 들어서는 안 될 것을 들어버린 자신의 귀를 막아버리고 싶었을 것이다. 하지만 그럴 수 없다. 오이디푸스는 이제 죽을 때까지 들어야만 하는 운명이다. 어디서 오는지 모르는 목소리를 들어야만 하는 운명이다. 따라서 복종해야 할 운명이다.[32] 이렇게 오이디푸스는 처음으로 크레온의 κρατεία[명령]를 듣는다.

오이디푸스가 (자신이 군림하던 때 내린 명령대로) 자신을 추방
[66] 시켜달라고 요구할 때, 크레온은 오이디푸스에게 신의 목소리로 언명된 법령을 사자가 보고하러 올 때까지 기다리라고 선고한다. 참주 오이디푸스가 상황을 모르고서 자신을 추방시켰던 결정에는 이제 아무런 힘도 없다. 도시의 법은 올림포스 신들의 명령에 맡겨졌다. 오이디푸스는 청취-굴복의 명에 아래 다시 놓이게 된다. 『콜로노스의 오이디푸스』에 가서야 이 청취는 마침내 오이디푸스에게 평안을 가져다줄 것이다.

❧

오이디푸스. 그는 무의식의 **문장**紋章, 즉 자기 자신에 대해 무지한 주체의 형상이 아니다. 그는 과도한 지식을, 적도適度와 명에에서 벗어나길 원하는 지식을 담지한 군주의 형상이다.[33] 신탁이 전하

---

32) 오이디푸스는 이렇게 말한다. "괴롭더라도 따라야겠지"(1516행); "내키지 않지만 따라야겠지." Sophocle, Œdipe roi, p.196. [『오이디푸스 왕』, 89쪽.] 이는 627행의 급변이요 급전이다. 거기서 오이디푸스는 크레온에게 말한다. "네 왕에게 복종해야 해"; "어쨌든 따라야 해." Sophocle, Œdipe roi, p.163. ["그래도 나는 다스려야 해."『오이디푸스 왕』, 54쪽.]

33) "오만은 폭군을 야기하는 법"("Υβρις φυτεύτει τύραννον[Hubris phuteutei turannon]). Sophocle, Œdipe roi, v.872, antistrophe 1, p.172. [『오이디푸스 왕』, 63쪽]; "과도함은 폭군을 낳는 법." Œdipe roi, trad. Paul Mazon, Paris: Les Belles lettres,

는 지식과 규칙에 따른 조사가 보고하는 지식 사이에 '왕의' 지식을 위한 자리는 없다. 그 두 지식 사이에 수수께끼를 풀고 누구에게도(점쟁이나 점쟁이의 새에게도, 봤고 기억하는 경험 있는 인간에게도) 의지하지 않고 도시를 구원할 수 있는 γνώμη를 위한 자리는 없다.『오이디푸스 왕』에서 공연된 것은 지식과 권력의 투쟁이요, 권력-지식의 형태들 사이의 투쟁이다. 오이디푸스의 실추와 [67] 함께 사라진 것은 알고 있는 왕, 자신의 지식으로 도시를 장악하고 통치하고 조종하고 재건하며 도시에서 재난이나 역병을 쫓아내는 왕이라는 오래된 오리엔트적 형태이다. 더 직접적으로 말하자면, 사라진 것은 희랍의 '참주제'가 신들의 신탁을 사용하면서, 왜곡하면서, 종종 회피하면서 도시를 재건하고자 했을 때 이 오래된 형태에 제공하려던 새로운 판본이다. 사라진 것은 어쩌면 훨씬 더 가깝게는 소포클레스의 시대에 어떤 사람들("다른 이들보다 화살을 멀리 쏘아 날렸던" 사람들, 그리고 자신들을 "시민들 중에 으뜸가는 자들"로 인정하게 만들고자 했던 자들)이 제시하려 했던 이미지일 것이다.34)

정치적 지식의 문제, 즉 도시를 통치하고 재건하기 위해 알아야 하는 것의 문제, 기원전 5세기 후반에 대단히 중요했던 이 문제는 필시 이 오래된 형상을 완전하게 일소함으로써 생겨난 것이다. 『오이디푸스 왕』은 비극 무대 위에 그 오래된 형상이 다시 등장했다가 새로이 소멸한 것이다.

959, p.66: "폭력이 참주를 만드는 법." *La Naissance d'Œdipe: Traduction et com-mentaire d'"Œdipe roi"*, trad. Jean Bollack, Paris: Minuit, 1995, p.52.

34) 녹스는 오이디푸스 왕을 오리엔트의 알고 있는-왕보다는 희랍에 대한 아테나이의 헤게모니가 참주적으로 변한 시대의 페리클레스에 접근시킨다. 전통적으로 "으뜸 시민"(『오이디푸스 왕』, 31행)["인간들 중에 으뜸가는 사람."「오이디푸스 왕」, 30쪽]이라는 표현은 페리클레스를 암시한 것으로 주해된다.

[68]   우리의 사유 체계 안에서는 지식을 권력의 관점에서, 그러므로 과잉·위반의 관점에서 생각하기가 대단히 어렵다. 우리는 지식을 (바로 기원전 5세기와 4세기 희랍 철학 이래로) 정의, 순수한 '무관심성,' 인식에 대한 순수 열정의 관점에서 생각한다.

우리는 지식을 의식의 관점에서 생각한다. 그래서 우리는 오이디푸스와 오이디푸스의 우화를 부정적인 것으로 만들었다. [오이디푸스의] 무지, 죄의식 또는 무의식, 욕망에 대해 말하는 것은 별로 중요하지 않다. 어쨌든 우리는 오이디푸스를 지식의 결함 쪽에 놓는다. 신들의 신탁과 도시의 증언이 그것의 특정한 절차 및 그로부터 산출된 지식 형태에 따라 과잉과 위반의 인간으로 몰아 쫓아낸 권력-지식의 인간으로 오이디푸스를 받아들기보다는 말이다. 오이디푸스에 관한 모든 것, 오이디푸스를 둘러싼 모든 것은 과잉이다. 부모의 과잉. 결혼의 과잉. 아버지는 게다가 형이며, 딸은 게다가 여동생이다. 그리고 그 자신이 불행의 과잉 속에 있으며 바다에 스스로 몸을 던져야만 하는 사람.

강의정황

첫 강의. 이번 강의는 한 가지 의미 이상으로 처음이다. 화자의 새로운 지위 수립[에서의 처음].[1) '사유 체계의 역사'라는 강좌명은 철학으로부 터의 어떤 해방을 말하지만, 또한 doxa[지배적인 관습적 견해]는 '후기 푸 코'만 희랍에 연결시키곤 하지만, [이 첫 번째 강의는] 철학의 태곳적 시 작을 장기지속 속에 기입한다. 연구 표적의 이동. (1971년 갈리마르 출판 사에서 『담론의 질서』라는 제목으로 출간됐기에 이 책에는 재수록하지 않 은) 1970년 12월 2일의 교수취임 기념강연 말미에 푸코는 이렇게 예고 한다. 지금까지 자신의 분석이 담론을 한계 짓는 심급들, 자신이 '비판적 측면' 또는 고고학이라 규정했던 것을 다뤘다면, 이제 "경계의 양측에서 …… 담론들의 실제 형성"†을 다룰 것이라고. 푸코는 그것을 담론들의 "계보학적 측면," 즉 담론들의 출현과 위반의 조건이라고 지칭한다. 불 법 행위, 도착과 비정상, 규제 완화, 고백, 파르레시아적 발언이 13년간 이어진 수업의 실질적 내용이 된다. 언어와 권력의 상호 함축, 그리고 고 대 희랍 문화 연구자 앙리 졸리가 멋지게 요약하듯, "언어활동에는 진리 의 언어활동과 오류의 언어활동이라는 두 언어활동이 존재할 수 있다는 사실"은 "담론을 하나의 질서에" 예속시키는 여러 구속들이다.[2)

---

1) 콜레주드프랑스 교수취임 강연과 아카데미프랑세즈 입회 연설은 보통 『르몽드』에
   기사로 실린다. Jean Lacouture, "Le cours inaugural de M. Michel Foucault: Éloge
   du discours interdit," *Le Monde*, 4 décembre 1970.

† Michel Foucault, *L'Ordre du discours*, Paris: Gallimard, 1971, p.67. [이정우 옮김, 『담
   론의 질서』(개정판), 중원문화, 2012, 46쪽.]

첫 강의. 이 해의 강의를 편집하기 위해 사용해야 했던 매체의 측면에서 처음. "언명된 것," 그와 함께 억양, 즉석 논평, 재해석을 담은 녹음된 목소리가 아니라 "쓰인 것,"† 구전口傳용 수고, 즉 레옹 로뱅의 표현을 따르면 읽기 위해서가 아니라 청중에게 들려주기 위해 작성된 것.3)

첫 강의. 이 해의 강의 때문에 우리는 푸코가 기술한 지식들의 의미를 다시 물어야만 한다는 점에서 처음. 우리의 고전적 이성을 구성하고, 고전적 이성과 그것의 환원 불가능한 대립물인 비이성의 대결을 구성하는, 끊임없이 이동하는 경험적·역사적 지식. 우리의 근대 의학, 즉 (푸코가 그 변환 규칙들을 기술한 바 있는) 우리의 인간 과학들의 패러다임인 의학이 "죽음을 빛으로 삼아" 구축된 장소로서의 지식. 이 경험적 지식들은 기원에서부터 스스로를 진리의 담론 내지 인식 이론으로 자처한 철학의 위대한 전통과 어떤 관계를 맺고 있던 것일까? 푸코가 프리드리히 니체를 다시 읽음으로써 명확히 하려는 것이 바로 이 관계이다.

우리는 다음의 사실에 놀라지 않을 수 없다. 푸코는 이 첫 강의에서 니체와 함께, '이론적 인간' 소크라테스를 거의 언급도 안 하면서 뒤엎어 놓고 있다. 그리고 1983~84년 콜레주드프랑스 강의 『진실의 용기』의 5강(1984년 2월 15일)에서 푸코는 니체가 한탄했던,4) 소크라테스가 죽을 때 아스클레피오스에게 닭 한 마리를 바쳐달라고 했다는 이야기에

---

2) Henri Joly, *Le Renversement platonicien, logos, epistémè, polis*, Paris: J. Vrin, 1974, p.140.

† Foucault, *L'Ordre du discours*, p.10. [『담론의 질서』(개정판), 13쪽.]

3) Léon Robin, *Aristote*, Paris: PUF, 1944, p.13. ἀκρόασις[akroasis/청취·강연], ἀκρο-αματικός[akroamatikos/청취용·내부 강의]에 대한 내용을 참조하라.

4) "최후의 순간에 소크라테스가 침묵을 지켰더라면 좋았을 거라고 생각했다." Friedrich Nietzsche, *Le Gai Savoir*, éd. et trad. Pierre Klossowski [édition de référence], Paris: Le Club français du livre, 1965, livre IV, §340("Socrate mourant"), p.351. [안성찬·홍사현 옮김, 「즐거운 학문」, 『즐거운 학문/메시나에서의 전원시/유고(1881년 봄~1882년 여름)』, 책세상, 2005, 314쪽.]

결부된 허무주의적 해석을 재평가하는 데 한 세션[두 번째 시간]을 할애한다.[5] 푸코는 이 이야기를 조르주 뒤메질을 통해 재해석한다. 푸코는 이미 1970년 12월 [2일에] 한 담론의 내적 경제 분석과 관련해 뒤메질에게 빚을 졌음을 인정했다.[6] 따라서 콜레주드프랑스에서 이뤄진 푸코의 수업 전체는 소크라테스에 대한 니체의 수수께끼의 틈에서 전개되었다고도 할 수 있다. 마치 이 해의 강의의 원제인 지식의 의지가 재귀적이었던 것처럼 말이다.

은밀한 극작법 하나가 이 첫 강의를 조직한다. 신들의 하늘에서 섬광처럼 언명된 진리의 말이 천천히 내려와 마침내 "인간 속에 진리의 태양을 놓는다"[7]는 극작법. 즉, 재판 속에, 확인된 사실 속에, 말하기와 보기가 절합되는 목자의 증언 속에 진리를 놓는 극작법. 이는 푸코의 이전 저작의 두 주요 테마였다. 이 경로의 중간에 소피스트가 있다. 시련 맹세의 발언도 아니고 확인된 사실도 아닌, 말과 사물을 혼동하는 말, 권력밖에 모르는 순전히 전술적인 말, 마르셀 데티엔에 따르면 희랍 도시와 함께 출현한 "대화 형식의 말"[8]에 이의를 제기하는 말. 그런데 대화

---

5) Michel Foucault, *Le Courage de la vérité (Le gouvernement de soi et des autres II): Cours au Collège de France, 1983-1984*, éd. s. dir. François Ewald et Alessandro Fontana, par Frédéric Gros, Paris: Gallimard/Seuil, 2009, leçon du 15 février, pp.68, 84, 87~107. 프리드리히 니체의 해석에 관해서는 89쪽을 참조할 것. [양창렬·홍미숙 옮김, 『진실의 용기(자기의 통치와 타자의 통치 2): 콜레주드프랑스 강의 1983~84년』, 도서출판 난장, 근간, 5강(1984년 2월 15일/첫 번째·두 번째 시간).]

6) Foucault, *L'Ordre du discours*, p.73. [『담론의 질서』(개정판), 49쪽.]

7) Michel Foucault, "Theatrum philosophicum"(1970), *Dits et Écrits*, t.2: 1970-1975, éd. Daniel Defert et François Ewald, avec collab. Jacques Lagrange, Paris: Gallimard, 1994, pp.75~99(특히 77쪽); rééd., t.1: 1954-1975, Paris: Gallimard, 2001, pp.943 ~967(특히 945쪽). [권영숙·조형근 옮김, 「철학극장」, 『푸코』, 새길, 2012, 205~245쪽(특히 208쪽). 이하 『말과 글』에서의 모든 인용은 '수록글(발표 연도), *DÉ*, 권수, 쪽수' 만 표기한다].

8) Marcel Detienne, *Les Maîtres de vérité dans la Grèce archaïque*, préface de Pierre Vidal-Naquet, Paris: Maspero, 1967.

형식의 말과 함께, 기원전 5세기 아테나이가 발명한 것은 바로 자기 자신에게 문제가 된 인간이다.[9] 신들과의 대화, 세계와의 대화, 자기와의 대화가 혼란해진다. 오이디푸스는 끊임없이 반복되는 이 혼란의 상징이다. **아고라**는 **로고스**와 비극적 감정이 함께 출현하는 장소이다.

취임 강연에서 푸코는 그 표현을 쓰진 않았지만 지식의 계보학을 예고했다. 어떤 의미에서 니체는 인식을 능력으로 보는 모든 이론을, 철학의 전통 이론을 폭파하는 지식의 계보학을 수립한다. 그렇지만 니체는 자신이 Erkenntnis[인식]와 Wissen[지식]에 부여한 의미를 명확히 구별하지 않는다. 푸코가 기대고 있는 경구들(『즐거운 학문』[1882], §110과 §111, 『선악의 저편』[1886], §230, 『도덕의 계보』[1887], III, §12, 『권력 의지』 [1885~1900], 1권, §195)†을 늘어놓으면 다음을 확인할 수 있다. 니체는 실제로 계보학을 '과학의 지식'으로 취급하면서 인식의 중심에 놓았으되 그것을 도덕적 가치 전도만의 쟁점으로 만들지는 않았다. 따라서 이해 강의의 진짜 테마는 그런 계보학의 가능성이라기보다는 인식 이론의

마르셀 데티엔은 당시 장-피에르 베르낭처럼 이냐스 메이예르송이 이끌던 잡지 『정상·병리 심리학 저널』에 연구를 발표하기 시작했다. 메이예르송은 푸코에게 현저한 영향을 끼쳤다. 푸코는 심리학 공부를 하던 시기에 메이예르송과 어울렸다. 메이예르송에 따르면 심리적 기능들은 인식의 변화와 인식의 미완성의 성질을 띤다. 그 기능들은 그 자체로 미완성된, 완성 불가능한 변화를 따른다. Ignace Meyerson, *Les Fonctions psychologiques et les Œuvres*, Paris: J. Vrin, 1948.

9) Jean-Pierre Vernant, "Le sujet tragique: Historicité et transhistoricité," *Mythe et Tragédie en Grèce ancienne 2*, Paris: Maspero, 1986, p.85.

† 프리드리히 니체, 안성찬·홍사현 옮김, 「즐거운 학문」, 『즐거운 학문/메시나에서의 전원시/유고(1881년 봄~1882년 여름)』, 책세상, 2005, 185~189쪽; 김정현 옮김, 「선악의 저편」, 『선악의 저편/도덕의 계보』, 책세상, 2002, 217~221쪽; 김정현 옮김, 「도덕의 계보」, 『선악의 저편/도덕의 계보』, 책세상, 2002, 481~483쪽; 강수남 옮김, 『권력에의 의지』, 청하, 1988, §503, 312쪽; 정동호 옮김, 『유고(1884년 초~가을)』, 책세상, 2004, 216쪽.

토대에 있는 주체-객체 이론에 계보학이 미치는 효과, 플라톤 이래 우리의 진리 개념, 한마디로 철학 자체에 계보학이 미치는 효과이다.

"인식이란 무엇인가라는 문제에서는 근본적으로 진리와 그것의 본질에 관해 물음이 제기된다……. 이 경우 **참된** 것은 존재하는 그대로의 어떤 것을 의미한다. …… 참된 것과 진리에 관한 문제로서 인식의 본질에 관한 물음은 존재자에 관한 물음이다"라고 마르틴 하이데거는 쓴다.10) 이 해의 강의에서 거론되지는 않지만 하이데거는 이번 강의의 표적일 수 있다. 더구나 피에르 클로소프스키가 번역한 하이데거의 『니체』[1936/1946]가 똑같은 해인 1971년에 출간 예정이었으니 말이다.

니체적인 인식의 계보학은 여전히 하나의 인식인가 아니면 인식의 파괴인가? 실제로 인식은 "대문자 주체(유일한 나, 일관된 자아)의 지고의 왕권에," 그리고 "대문자 표상(내가 한눈에 가로지르는 명료한 관념들) …… 사유가 사유 자체에 대해 만들어낸 이미지에,"11) 따라서 인식과 함께 구축된 형이상학 전체의 이미지에 연관되어 있다. 반대로 니체에게 관건은 정념, 본능, 투쟁, 도전, 절차, 사건, 불연속 등, 인식을 근본적으로 문제화하는 것을 재발견하는 데 있다. 이 조건들은 경제적 결정요소, 사회적 힘, 변증법 등 칼 맑스가 인식의 근저에 둔 것, 그리고 푸코가 1950년대 초 니체와 더불어 이미 해방됐던 것과 어떤 점에서 그렇게 다를까? 맑스는 인식 이론을 유지했으나 계보학은 인식 이론을 파괴한다. 계보학은 사회적 힘들을 유지한다. 하지만 권력 이론과 스스로를

---

10) Martin Heidegger, "Der Wille zur Macht als Erkenntnis"(III), *Nietzsche*, Bd.1, Pfullingen: Günther Neske Verlag, 1961, p.498; "La Volonté de puissance en tant que connaissance"(livre III), *Nietzsche*, t.1, éd. et trad. Pierre Klossowski, Paris: Gallimard, 1971, p.388. [박찬국 옮김, 「인식으로서의 힘에의 의지」(제3부), 『니체 I』, 도서출판 길, 2010, 476~477쪽.]

11) Michel Foucault, "Ariane s'est pendue"(1969), *DÉ*, t.1: 1954-1969, pp.767~771 (특히 768~769쪽); rééd., t.1: 1954-1975, pp.795~799(특히 795~796쪽).

절합시키기 위해서 그렇게 한다. 그러나 니체의 계보학은 모든 계보학과 마찬가지로 우선 가치에 대해 묻는다. 누가 말하는가? 고귀한 자인가 고귀하지 않은 자인가?

『선악의 저편』은 이렇게 시작한다.

> 진리의 의지der Wille zur Wahrheit, 이는 우리로 하여금 여전히 많은 모험을 하도록 유혹할 것이다. 저 유명한 진리에 대해 지금까지 모든 철학자는 경의를 표하며 말해왔다. 이런 진리의 의지가 우리에게 이미 어떤 문제들을 제기하지 않았던가? 그 얼마나 기묘하고 고약하고 의심스러운 문제들이었던가! …… 우리가 이런 스핑크스에 대해 또한 우리 나름대로 질문하는 법을 배운다고 해서 …… 무엇이 놀라운가? 여기에서 우리에게 질문을 던지는 사람은 도대체 **누구**인가? 우리 안에서 도대체 무엇이 '진리를 향해' 의욕하고 있는 것일까? 사실, 우리는 이런 의지의 원인을 찾으려는 물음 앞에서 오랫동안 멈춰 서 있었다. 그리하여 우리는 마침내 좀 더 근원적인 물음에 직면해 완전히 발걸음을 멈추게 됐다. 우리는 이 의지가 가지는 **가치**에 관해 묻게 됐다. 우리는 진리를 원한다고 가정했는데, 왜 **오히려** 진리가 아닌 것을 **원하지** 않는가? 왜 불확실성을 원하지 않는가? 왜 심지어 무지를 원하지 않는가? ─ 진리의 가치 문제가 우리 앞에 다가왔다 ─ 아니, 이 문제 앞에 다가선 것은 우리가 아니었던가? 우리 가운데 누가 여기에서 오이디푸스인가? 누가 스핑크스인가? …… 사람들은 그렇게 믿어야 할까? 결국 이 문제는 아직까지 단 한 번도 제기된 적이 없[다].12)

---

12) Friedrich Nietzsche, *Par-delà le bien et le mal: Prélude d'une philosophie de l'avenir*, éd. et trad. Henri Albert, Paris: Mercure de France, 1948, §1("Pourquoi préférons-nous la vérité?"), pp.11~12. [김정현 옮김, 「선악의 저편」, 『선악의 저편/도덕의 계보』, 책세상, 2002, 15~16쪽.]

겉보기에『광기의 역사』[1961]의 추론 방식을 되살리면서 푸코는 참과 거짓의 나눔을 논리적 나눔으로서도 아니고, 존재론적 나눔으로서도 아니고, "물과 기름처럼 서로 섞이는 일 없이 그저 외면적으로 배합되는"13) 의식의 역사적 계기로서도 아닌, 하나의 배제 행위로서, 즉 푸코에 따르면 결국 나중에 소피스트를 배제함으로써 실현된 사회적 폭력으로서 참조한다. 플라톤은 이 배제를 도덕적 행위, '정화'로 규정하곤 했다. "하찮은 것이면 무엇이든 버리는 것"14)으로 말이다.

푸코는 플라톤에게 이 분할을 귀속시키지 않으며, 이 해의 강의에서 알 수 있듯, 이 분할의 도덕적 나눔의 기능도 플라톤에게 귀속시키지 않는다. 푸코는 그것들을 헤시오도스와 플라톤 사이의 복잡한 선사先史 속에, 즉 상고기 희랍의 주술적-종교적 재판에서 사용된 시련 맹세와 고전기 희랍의 법적-정치적 사법 조사 절차 사이에 일어난 일련의 이동을 통해 구성됐을 복잡한 선사 속에 위치시킨다. 이때 푸코는『광기의 역사』의 대대적인 나눔에 여전히 적용된 헤겔식 극작법과 그것의 부정성의 부분을 버리고 대신 큰 사건들 사이에 발생한 일련의 이동과 차이를 중시한다.† 궤변술의 진리와 광기의 진리는 끊임없이 우리의 동시대 공

---

13) G. W. F. Hegel, *La Phénoménologie de l'esprit*, t.1, trad. Jean Hyppolite, Paris: Aubier/Montaigne, 1939, p.35. ["[만약 모든 거짓에는 어느 정도의 참이 곁들여져 있다는 식으로 이야기된다면 참과 거짓이] 기름과 물의 경우처럼 서로 섞이지 못하고 단지 겉으로만 한데 어울려 있다는 것이나 마찬가지가 될 것이다." 임석진 옮김,『정신현상학 1』, 한길사, 2005, 78쪽.]

14) Platon, "Le Sophiste," *Œuvres complètes*, t.2, éd. et trad. Léon Robin, Paris: Gallimard, 1969, 227d, p.273. [이창우 옮김,『소피스트』, 이제이북스, 2012, 52쪽.]

† "정말 들뢰즈는 여기에서 푸코를 해방하는 효과를 보여줬다. 그로 인해『광기의 역사』,『임상의학의 탄생』때까지만 해도 그렇게 중요하게 쓰인 헤겔식 부정성이 푸코의 작업에서 사라진다는 것이 내 생각이다. 1970년부터는 오래도록(아마도 말년에 잠깐을 제외하고는) 푸코의 본원적 헤겔주의가 다시 출현하는 모습을 보지 못하게 된다." Daniel Defert, "Filigranes philosophiques," *Cahiers L'Herne: Michel Foucault*, Paris: Éditions de L'Herne, 2011, p.43.

간에 출몰하고 있다. 더 이상 프리드리히 횔덜린, 제라르 드 네르발, 앙
토냉 아르토가 아니라[15] 레몽 루셀, 장-피에르 브리세, 루이 울프슨 같
이 새로운 형상을 하고서 말이다.

1966년 『지식의 고고학』을 집필하면서 푸코는 언어가 아니라 언표 가
능성의 한계가 자신의 문제임을 분명히 했다. 규칙을 갖춘 담론적 실천
없이는 지식도 없다. 푸코에게 담론과 지식은 늘 거의 비물체적인 물질
성의 두 형태였다. 그 물질성에 대해 기술이 가능한 까닭은, 그 물질성
에 구축의 규칙, 역사성, 문턱, 불연속성, 금기가 있어 그 자체가 무질서
하게 증식되지 않도록 제한하기 때문이다.

　『지식의 고고학』에서부터 푸코는 다음의 사실을 강조한 바 있다. 지
식은 철학사 전체에 걸쳐 이론화된 능력으로서의 인식과 동일하지 않고,
과학과도 동일하지 않다는 것. 하지만 지식은 과학을 둘러싸고 있으며
하나의 과학이 구성되어도 사라지지 않는다. 하나의 과학은 지식의 요소
안에 기입되며 거기서 기능한다.[16] 지식이라는 영토 덕분에 푸코는 참
과 거짓, 과학과 이데올로기라는 나눔에 기댈 필요 없이 '에피스테메들'
을 기술할 수 있었다. 푸코는 자신의 수업에 '사유 체계의 역사'라는 제
목을 붙였다. 이는 콜레주드프랑스의 다른 철학 강좌 제목인 '인식 철학

---

15) "18세기 말 이래 비이성의 살아 있는 세계는 횔덜린, 네르발, 니체 또는 아르토의
　　작품과 같은 그런 작품들의 섬광 속에서만 드러날 뿐인데, 그것들은 그 치유하는
　　정신이상으로 언제까지나 귀착될 수 없는 것이다……." Michel Foucault, *Histoire
　　de la folie à l'âge classique*, Paris: Plon, 1961, p.612. [이규현 옮김, 『광기의 역사』,
　　나남, 2003, 777쪽.]

16) Michel Foucault, "VI. Science et savoir"(IV), *L'Archéologie du Savoir*, Paris:
　　Gallimard, 1969. [이정우 옮김, 「6) 과학과 지식」(4장), 『지식의 고고학』(개정판), 민
　　음사, 2000.] 인식과 지식의 구분은 『광기의 역사』에서부터 등장한다. Foucault,
　　Histoire de la folie à l'âge classique, pp.554~555. [『광기의 역사』, 706~708쪽.] 지
　　식의 물질성은 이미 에드문트 후설이 발전시킨 개념이다.

강좌'와 구별된다. 그 강좌의 담당 교수는 논리학자인 쥘 뷔유맹이었는데, 뷔유맹은 동료들에게 푸코를 교수 후보로 추천했던 인물이다.

진리의 의지는 니체에게 자주 나타나고 주해되는 것이지만, 1967년 7월부터 푸코는 다른 형태의 의지를 식별하고 있었다. "나는 니체를 정독하고 있다네. 내가 왜 그것에 늘 매혹 당했는지 깨닫기 시작했지. 유럽 문명에서 지식의 의지의 형태학, 이것이 권력 의지 분석을 위해 등한시됐던 거야."[17] 지식에 대한 푸코의 열정이 인식에 대한 바젤 문헌학자의 매혹과 닮았음을 그 스스로 인정한 것이 이해된다. 하지만 니체에 관한 강의에서 사건의 특이성으로 기술된 지식(지식은 동일성도 영원성도 표현하지 않으며, 인식은 지식의 이상화·실체화에 지나지 않을 것이다)을 지적하면서, 푸코는 니체 사상의 지배적인 두 해석을 이동시킨다.

　— 먼저, 전통적인 해석. 그것은 니체에게서 [나타나는] 위험하고 죽음을 초래하는 인식(엠페도클레스는 지식 본능 때문에 에트나 화산의 분화구에 몸을 날린다)과 삶 사이의 끈질긴 적대 관계에 바탕을 둔 해석이다. 니체는 자기중심적인 인식 의지의 그 어떤 표명에도 반대하는 사람이다. "무엇보다도 필요한 것은 존재하는 것의 기쁨이다. 이 취향을 가장 멀리 지니고 가는 것, 그것이 주인의 임무다."[18] 지성은 개인에게 보존 수단이다. "인간들 사이에 진리에 대한 진지하고 순수한 본능"이 도래하는 일만큼 "불가해한" 것도 없다.[19] "인식 본능은 자신의 한계에 이르고, 이

---

17) Michel Foucault, Lettre du 16 juillet 1966, *DÉ*, t.1: 1954-1969, p.31; rééd., t.1: 1954-1975, p.41.

18) Friedrich Nietzsche, *Introduction aux leçons sur l'Œdipe-Roi de Sophocle (été 1870), suivi de Introduction aux études de philologie classique (été 1871)*, trad. Fran-çoise Dastur et Michel Haar, La Versanne: Encre Marine, 1994, p.94. [비평판 니체 전집(KGW)의 II-3권에 「소포클레스 비극 서설」("Einleitung in die Tragödie des Sophocles")이라는 제목으로 수록된 이 글은 원래 니체의 1870년 여름 강의를 기록한 것이다. 한국어판 니체 전집에는 이 글이 빠져 있다.]

제 지식에 대한 비판Kritik des Wissens으로 나아가기 위해 자기 자신에 대립한다. 최상의 삶에 봉사하기 위한 인식. 사람들은 스스로 착각마저도 원해야 한다. 여기에 비극적인 것이 있다. …… 과격하게 무차별적으로 진행되는 인식 본능Erkenntnistrieb은 삶이 늙어버렸다는 표시이다."20)

— 그리고 이제 철학에서 더 큰 영향력을 지닌 하이데거의 해석. 하이데거에게 인식의 의지, 존재와 권력 의지는 혼동되는 경향이 있다.

Τί ἐστιν ἐπιστήμη[Ti estin epistēmē] — "인식이란 무엇인가?"

상당히 뒤늦게야 비로소, 즉 19세기 중에 이 형이상학적 물음은 과학적 탐구 대상이 됐다. 즉 이 물음은 심리학적이고 생물학적인 연구 대상이 된 것이다……. 과거로 거슬러 올라가 비교하고, 과거에 대한 역사학적이고 문헌학적 연구의 자극을 받아 사람들은 심지어 다음과 같은 사실, 즉 아리스토텔레스와 플라톤뿐만 아니라 이미 헤라클레이토스와 파르메니데스, 그리고 나중에는 데카르트와 칸트, 셸링 '또한' 그런 '인식 이론'을 추구했다는 사실을 발견했다……. 니체가 이런 숨 막히는 상황에서 부분적으로는 마지못해, 그리고 부분적으로는 호기심 때문에 그것에 의존하게 되지 않았더라면, 학자류의 '인식 이론'이라는 괴물을 언급할 필요는 전혀 없었을 것이다…….

그리고 권력 의지라는 니체의 사상이 그의 형이상학의 근본 사상이고 서양 형이상학의 최후 사상이라면, 인식의 본질, 즉 진리의 본질은 권력 의지로부터 규정되어야만 할 것이다.21)

---

19) Friedrich Nietzsche, "Introduction théorétique sur la vérité et le mensonge au sens extra-moral"(été 1873), *Le Livre du philosophe: Études théorétiques*, bilingue, trad., intro., et notes par Angèle Kremer-Marietti, Paris: Aubier/Flammarion, 1969, p.72. [이진우 옮김, 『유고(1870년~1873년)』, 책세상, 2001, 444쪽.]

20) Nietzsche, *Le Livre du philosophe*, §37 et §25, pp.52, 44. [이상엽 옮김, 『유고(1872년 여름~1874년 말)』, 책세상, 2002, 22, 15쪽.]

이렇게 푸코는 인식과도 동일시할 수 없고, 하이데거가 이 점에서 니체를 따라 권력 의지와 동일시한 진리의 의지와도 동일시할 수 없는 지식의 의지를 식별했던 것 같다.

제 목

1967년에 지식의 의지를 따로 다루기 시작하면서 푸코는 일련의 강의에서 니체를 다뤘다. 먼저 1969~70년 겨울학기(이수 단위 170) 뱅센[실험대학]에서, 그 다음 1970년 3월 뉴욕주립대학교 버팔로 캠퍼스에서, 그 다음 1971년 4월 몬트리올의 맥길대학교에서. 이 강의들의 소산이 장문의 논문인 「니체, 계보학, 역사」이다.[22]

뱅센에서 푸코는 니체가 『도덕의 계보』 전까지 계보학을 명확히 정의하지 않았지만, 『비극의 탄생』[1872]에서부터 지식의 의지를 식별했음을 강조한다. 어쨌든 푸코가 '지식의 의지'로 번역하는 단어는 Wissen-sgier이다. 즈느비에브 비앙키는 그 단어를 '지식욕'avidité de savoir이나 '지식에 대한 갈증'soif du savoir으로 번역한다.

전혀 예상치 못했던 지식에 대한 갈증Wissensgier의 보편성이 교양 세계의 광대한 영역에 확대됐다. 거기서 인식은 높은 능력을 갖춘 모든 이에게 걸맞은 과제가 됐고, 그 인식의 드높은 파도는 결코 변하지 않았다.[23]

---

21) Heidegger, *Nietzsche*, t.1, pp.386~388. [『니체 I』, 475~477쪽.]

22) Michel Foucault, "Nietzsche, la généalogie, l'histoire: Hommage à Jean Hyppolite" (1971), *DÉ*, t.2: 1970-1975, pp.136~156; rééd., t.1: 1954-1975, pp.1004~1024. [이광래 옮김, 「니체, 계보학, 역사」, 『미셸 푸코: '광기의 역사'에서 '성의 역사'까지』, 민음사, 1989, 329~359쪽.]

23) Friedrich Nietzsche, *La Naissance de la tragédie*, éd. et trad. Geneviève Bianquis, Paris: NRF/Gallimard, 1949, §15, p.78. [프리드리히 니체 지음, 박찬국 옮김, 『비극의 탄생』, 아카넷, 2007, 192쪽. 번역은 드페르가 인용한 프랑스어판에 맞게 수정했다.

거의 똑같은 시기의 텍스트인 「사변적 연구」에서 니체는 entfesselten Wissenstrieb(§37, "맹렬한 지식 본능") 또는 Erkenntnistrieb(§25, "인식 본능") 같은 개념들을 사용한다.24)

『비극의 탄생』은 변증술로 비극적 지식을 소멸시켰다는 죄목으로 "이론적 인간" 소크라테스를 고발한다. "우리는 그가 이해할 수 있었던 유일한 문학 장르가 무엇인지를 알고 있다. 그것은 **이솝 우화**이다."25) 소크라테스, "우리에게 지식이라는 저 본능의 손에 이끌려 살 수 있었을 뿐 아니라 죽을 수도 있었던 최초의 사람"은 "퀴클롭스의 눈처럼 큰 눈으로 비극을 바라본다. 그 외눈에는 한 번도 예술적 감동의 불꽃이 불타오른 적이 없었다." 그리고 소크라테스에게는 한 번도 "비극예술이 '진리를 말하는 것'처럼" 보이지 않았다.26)

어느 정치한 논문에서 앤드류 커트로펠로27)는 '계보학자' 푸코가 그 자신의 글들에서 아이스퀼로스부터 에우리피데스까지, 윌리엄 셰익스피어부터 장 라신까지 다루는 진정한 비극론의 윤곽을 제시했으면서도 『비극의 탄생』은 거의 참조하지 않는 것에 놀란다. 그러나 이는 니체에게 비극의 문제가 우선 미학의 문제가 아니라 지식의 주요한 형상 가운데 하나임을 잊은 것이다.

인용구에 나오는 '인식'의 원어는 학문 내지 지식을 뜻하는 Wissenschaft이다.]

24) Nietzsche, *Le Livre du philosophe*, §37 et §25, pp.52, 44. [『유고(1872년 여름 ~1874년 말)』, 22, 15쪽.]

25) Nietzsche, *La Naissance de la tragédie*, §14, p.72. [「비극의 탄생」, 178쪽.]

26) Nietzsche, *La Naissance de la tragédie*, §15, p.78 [그리고 §14, p.72.]. [「비극의 탄생」, 191~192쪽 그리고 178~179쪽.]

27) Andrew Cutrofello, "Foucault on Tragedy," *Philosophy and Social Criticism*, vol.31, no.5-6, September 2005, pp.573~584.

오, 소크라테스, 소크라테스여, 이게 너의 비밀이었던가? …… 당시 내가 붙잡은 것은 무언가 무섭고 위험한 것, 두 뿔이 달린 문제. 한 마리 황소까지는 아니어도 아무튼 새로운 문제였다. 지금의 나라면 그것을 **지식의 문제 자체**였노라고 말하리라. 처음으로 지식이 문제가 있는 것으로, 의문스러운 것으로 포착되었노라고. …… 지금 나는 [이 책을] …… 데뷔작으로 간주한다. …… 세월을 겪은, 백배 더 까다로워진, 그러나 결코 더 차가워지지는 않은 눈에는, 이 책이 얼마나 불편하고 얼마나 생소한가. 그러면서도 이 눈에 생소하지 않은 바가 있으니, 이 대범한 책이 처음으로 과감하게 접근한 과제가 그것이다. **학문을 예술의 관점에서 보고 예술을 삶의 관점에서 봐야 하는** 과제.[28]

그러므로 『비극의 탄생』에서부터 인식의 계보학의 가능성, 갈망, 본능에 감싸인 인식의 가능성이 있다. 우리의 표상의 형이상학을 구성하는 요소들을 이성, 진리, 주체, 객체의 범주들에서부터 시작해 근본적으로 파괴하는 인식의 계보학의 가능성이 거기에 이미 있는 것이다. 더 뒤, 즉 『도덕의 계보』에서야 가치들의 가치에 관한 물음이 제기된다.

푸코는 이 두 계보학을 겨냥하며 두 번에 걸쳐 '지식의 의지'라는 똑같은 제목을 사용한다. 1970[~71]년의 이 강의, 그리고 1976년의 『성의 역사』 1권에. 후자는 섹슈얼리티 장치를 구성하는 지식의 계보학이자 근대 도덕의 계보학이다. 두 연구의 혼동을 피하기 위해 이 책에는 『지식의 의지에 관한 강의』라는 제목을 붙였다. 이 책에는 콜레주드프랑스에서 한 열두 번의 강의뿐 아니라 강의원고에서 사라졌던 니체에 관한 강의

---

28) Friedrich Nietzsche, "Essai d'autocritique"(1886), *La Naissance de la tragédie*, éd. et trad. Geneviève Bianquis, Paris: NRF/Gallimard, 1949, pp.128~129. [박찬국 옮김, 「자기비판의 시도」, 『비극의 탄생』, 아카넷, 2007, 17~19쪽. 번역은 박찬국의 번역보다 원문에 가까운 다른 판본을 참조했다. 김출곤·박술 옮김, 「자기비판의 시도」, 『비극의 탄생』, 읻다, 2017, 14~16쪽.]

와 「오이디푸스의 지식」이라는 제목이 붙은 강연이 담겨 있기 때문이다. 「오이디푸스의 지식」은 마지막 강의를 훌륭히 발전시킨 것인 동시에 푸코가 여섯 차례에 걸쳐(푸코의 도식이 「아리아드네 목매어 죽다」[1969]에서 이미 소묘됐으므로 심지어 일곱 차례에 걸쳐) 진리진술 체제의 패러다임으로 사용했던 걸작(『오이디푸스 왕』]에 대한 문학적 분석이다.[29]

정황들

이 해 강의의 출생지가 니체라는 사실은 쉽게 읽어낼 수 있다. 게다가 거의 동시에 세 저작이 출간됨으로써 그 정세가 형성됐다. 마르셀 데티엔의 『상고기 희랍에서 진리의 대가들』,[30] 질 들뢰즈의 『차이와 반복』,[31] 푸코와 절친한 철학자 앙젤르 크레메르-마리엣티가 번역한 니체의 『비도덕적 의미에서의 진리와 거짓에 관하여』[32]가 그것이다. 이 정세는 하이데거의 전철을 밟아 희랍적인 인식의 길로 모험을 떠나고 싶지 않았던 푸코의 의지를 지지해줬다. 비록 자신의 세대에게 니체를 문학적 해석과 심리학화하는 해석에서 끌어내어 철학 전통에 재기입한 것은 하이데거였음을 푸코도 인정하긴 했지만 말이다.[33]

---

29) Frédéric Gros, "Situation du cours," *Le Gouvernement de soi et des autres: Cours au Collège de France, 1982-1983*, éd. s. dir. François Ewald et Alessandro Fontana, par Frédéric Gros, Paris: Gallimard/Seuil, 2008, pp.357~358. [김상운 옮김, 「강의 정황」, 『자기의 통치와 타자의 통치: 콜레주드프랑스 강의 1982~83년』, 도서출판 난장, 근간. 「아리아드네 목매어 죽다」에 대해서는 앞의 각주 11번 참조.]

30) Detienne, *Les Maîtres de vérité dans la Grèce archaïque*, op. cit.. [앞의 각주 8번을 참조하라.]

31) Gilles Deleuze, *Différence et Répétition*, Paris: PUF, 1968. [김상환 옮김, 『차이와 반복』, 민음사, 2004.]

32) Nietzsche, *Le Livre du philosophe*, op. cit. 앙젤르 크레메르-마리엣티는 푸코의 작업에 관한 최초의 포괄적 분석을 출간했다. Angèle Kremer-Marietti, *Michel Foucault: Archéologie et généalogie*, Paris: Seghers, 1974.

우선 데티엔은 상고기 희랍(기원전 7~6세기, 바로 바젤 체류 시기 니체가 연구한 시대)의 역사 깊숙한 곳에서 1960년대 말에 중요해진 물음, 즉 "누가 말하는가? 어떤 권리에서? 어떤 의례에 따라?"의 물음을 재발견한다. 그 선사 속에서 데티엔은 '알레테이아'와 '레테'라는 신화-종교를 구조화하는 짝을 재발견했다. 그 짝에서 출발해 데티엔은 희랍 도시국가의 탄생에 이르기까지 진리의 효력 및 구속력을 갖는 말이 겪은 변환을 되새겨 이야기할 수 있었다.

들뢰즈는 『차이와 반복』에서 형이상학의 역사 전체를 반플라톤적인 방식으로 다시 논의한다. 푸코는 그 책에 대해 거의 모방적인 문체를 사용해 두 편의 열광적인 서평을 작성했다.[34] 들뢰즈는 회화에서 콜라주 기법을 들여오면서 철학사의 코드들을 뒤엎어 놓았다. 이로부터 머지않아 『지식의 고고학』이 출간된다. 그 책 자체가 담론적 실천들의 고유한 규칙들에 대한 면밀한 기술이다. 그 책은 "담론적 대상들을 …… 근원적 지반의 공통된 심층 속에 박아 넣기를"[35] 거부한다. 『지식의 고고학』은 언표들의 분산 및 무한한 재이식에 관한 책이다. 『차이와 반복』은 존재론적 강도와 차이, 그리고 항상 어긋난 동일자의 영원 회귀에 관한 책이다. 두 철학자 각각의 도정에서 두 핵심 저작, 두 도달점, 그리고 아마도 10여 년간 줄곧 인접한 궤도를 그리던 그들의 사유에서 발생한 두 전환점. 사실 들뢰즈는 하이데거의 문제를 전도시킨 듯 보였다. 슈바벤† 출신의 철학자는 차이로서의 존재라는 자신의 고유한 사상에서 출

---

33) Ernst Bertram, *Nietzsche: Versuch einer Mythologie*, Berlin: Georg Bondi, 1918; *Nietzsche: Essai de mythologie*, trad. Robert Pitrou, Paris: Éditions Rieder, 1932; préface de Pierre Hadot, Paris: Éditions du Félin, 1990.

34) Foucault, "Ariane s'est pendue," art. cité; "Theatrum philosophicum," art. cité. [「철학극장」, 앞의 글.]

35) Foucault, *L'Archéologie du savoir*, p.65. [『지식의 고고학』(개정판), 81쪽.]

† 하이데거의 고향인 소도시 '메스키르히'(Meßkirch)는 바덴-뷔르템베르크 주에 있는데, 역사적으로 이 지역은 (바이에른 주 일부를 포함해) '슈바벤'이라 불렸다.

발해 니체를 해석했다. 들뢰즈는 니체의 존재론에서 출발해 『존재와 시간』을 슬그머니 다시 썼다.

마지막으로 이 삼각형은 크레메르-마리엣티에 의해 닫힌다. 크레메르-마리엣티는 니체의 텍스트를 번역하고 언어활동과 진리의 관계에 관한 밀도 있는 연구를 제시했다. 이 쟁점은 본서의 3~4강(1971년 1월 6일, 13일)에서 잘 설명된 궤변 효과를 언어활동 안에 위치시킬 때 핵심이 된다. 푸코는 자신의 강의원고에서 사라진 니체에 관한 강의를 할 때, 1971년 4월(다시 말해, 이 해의 강의 직후) 맥길대학교에서 똑같은 내용을 반복할 때, 리우데자네이루에서 「진리와 법적 형태들」이라는 제목으로 강연할 때, 『비도덕적 의미에서의 진리와 거짓에 관하여』의 한 단편을 서두에 집어넣었다.[36] "수많은 태양계에서 쏟아 부은 별들로 반짝거리는 우주의 외딴 어느 곳에 언젠가 영리한 동물들이 인식이라는 것을 발명해낸 별이 하나 있었습니다. 그것은 세계사에서 가장 의기충천하고 또 가장 기만적인 순간이었습니다."[37]

들뢰즈의 저작은 사건의 차이와 독특성, 그리고 사건의 반복과 그것의 어긋난 영원 회귀를 동일한 다원주의적 존재론에 묶어뒀다. 이 책[『차이와 반복』]은 사실 1945년 이후 프랑스에서 조르주 바타유, 모리스 블랑쇼, 장 발,[38] 클로소프스키가 기획한 니체 사상의 장기적 해명 작업에 포함된다. 이 연구에 화룡점정을 한 것이 조르조 콜리와 마치노 몬티나리가 주도한 프랑스어판 니체 『전집』이었다. 푸코와 들뢰즈는 초

36) Michel Foucault, "La Vérité et les formes juridiques"(1974), *DÉ*, t.2: 1970-1975, pp.538~646; rééd., t.1: 1954-1975, pp.1406~1490.

37) 본서의 「니체에 관한 강의」의 각주 1번을 참조하라.

38) 푸코는 1946~47년에 걸출한 반항자였던 장 발의 강의를 들었다. 강의에서는 마르틴 하이데거와 플라톤의 관계가 다뤄졌다. 발 자신은 하이데거의 니체 강의(1925년과 1936년)와 『숲길』(*Holzwege*, 1950)에서 영감을 받았다(푸코가 보관하던 강의 노트 참조).

기에 이 편집 작업에 참여했다. 이 판본 덕분에『권력 의지』라는 제목을 단 두 권의 사후 편집물, 하이데거의 니체 해석의 전거가 되는 이 논란의 소지가 있는 몽타주가 사라지게 됐다. 물론 하이데거가 1936년과 1939년 사이에 했던 강연, 즉 불길한 프라이부르크대학교 총장 취임 연설 이후, 퇴임한 것으로 간주되는 시기에 행한 강연은 이 철학적 해명 작업에 강한 흔적을 남겼다. 들뢰즈는 사실 하이데거를 두 번에 걸쳐 다시 썼다. 하나는 진지한 책인『차이와 반복』이고, 다른 하나는 아이러니한 논문인 「하이데거의 알려지지 않은 선구자 알프레드 자리」, 혹은 형이상학의 지양으로서의 파타피지크이다.[39)]

들뢰즈가 다른 사람들을 따라 철학에 할당한 과제는 플라톤주의의 전복이라고 푸코는 상기시킨다. 플라톤주의의 전복은 어쩌면 아리스토텔레스나 소피스트 이후 철학의 정의 자체였을 수도 있다. 들뢰즈는 이렇게 쓴다. "플라톤주의 전체는 '사물 자체'와 모상들[꿈, 그림자, 반영, 그림, 환상] 사이에 어떤 구별이 이뤄져야 한다는 생각에 의해 지배되고 있다. 플라톤주의는 차이를 그 자체로 사유하지 않는다. 그 대신 차이를 이미 어떤 근거에 관련짓고 동일자에 종속시키며, 또 신화적 형식을 통해 매개를 도입한다."[40)] 그런데 근거를 사고할 때 플라톤은 신화에 기댄다.『차이와 반복』에서는 이것을 플라톤의 게임이라고 지칭한다.

따라서 나눔은 종별화의 가면을 벗어버리고 자신의 진정한 목적을 발견하게 되지만, …… 단순한 신화적 '게임'으로 뒤바뀐다고 말할 수 있다. ……『정치가』는 세계와 인간들 위에 군림하는 어떤 신의 이미지를

39) Gilles Deleuze, "Un précurseur méconnu de Heidegger, Alfred Jarry," *Critique et Clinique*, Paris: Minuit, 1993, pp.115~125. [김현수 옮김, 「하이데거로부터 제대로 평가받지 못한 선구자 알프레[드] 자리」,『비평과 진단』, 인간사랑, 2000, 165~177쪽. "형이상학의 지양으로서의 파타피지크"라는 표현은 이 논문에 나오는 구절이다.]

40) Deleuze, *Différence et Répétition*, pp.91~92. [『차이와 반복』, 162쪽.]

내세운다……. 『파이드로스』에서도 마찬가지의 행보를 볼 수 있다. '광기들'을 구별하는 문제에 이르러 플라톤은 갑자기 어떤 신화를 끌어들인다. 플라톤은 육체로 들어오기 이전의 영혼들의 순회를 기술하고, 이데아들(영혼들이 관조할 수 있었던 이데아들)에서 비롯되는 기억 내용을 기술한다.[41]

나눔에 관해 플라톤이 쓴 세 번째 대작 『소피스트』에서 나눔은 신화 없이 이뤄진다. 소피스트를 전형적인 가짜 후보자로, 모든 것을 모상의 상태로 돌리는 사람으로 떼어내면서. 플라톤의 변증술의 최고 목적[42]은 나눔이 아니라 차이의 선별, 즉 가치평가, 신화적 원환의 설립이다.

푸코의 게임

이 해의 강의 서두에서부터 푸코는 콜레주드프랑스라는 제도의 엄숙함과 새로 들어온 자에게 기대되는 지적 엄격함과 달리 "그가 여기서 하고 싶은 게임"을 내세운다. 이 표현은 놀랍지 않다. 그 표현을 들뢰즈가 플라톤적 형이상학의 근거로 기술한 신화적-존재론적 내지 신학적-존재론적 게임과 연관시켜 본다면 말이다. 정확히 말하면 '푸코의 게임'은 역사를 통해 그 게임에 응하는 것이 아니었을까?

『지식의 고고학』에서 푸코는 새로운 역사기술의 큰 윤곽을 제안했다. 오히려 역사학자들이 제안한 새로운 역사기술의 큰 윤곽을 환기했다고 할 수 있다. 그것은 지방사도 아니고, 사건사도 아니고, 전체사도 아닌, 계열들의 계열, 즉 이미 니체적인 역사기술이다. 서론에서부터 푸코는 자신이 포함된 현대 역사기술의 특징을 언급했다.

---

41) Deleuze, *Différence et Répétition*, p.85. [『차이와 반복』, 153~154쪽.]

42) Deleuze, *Différence et Répétition*, p.93. [『차이와 반복』, 164쪽.]

전체사의 테마와 가능성이 소멸되기 시작하고 그와는 전혀 다른 **일반사**라고 부를 수 있는 것의 윤곽이 잡히는 것을 볼 수 있다. 전체사의 기획은 한 문명의 총체적 형태, 한 사회의 물질적 또는 정신적 원리, 한 시대의 제현상에 공통되는 의미작용, 그들의 정합성을 설명해주는 법칙 등을 찾아내는 것이다. …… 새로운 역사가 계열, 마름질, 극한 …… 연대기적 종별성을 문제화할 때 의문에 부치는 것은 바로 위와 같은 공준들인 것이다. …… 그렇게 해서 열리는, 일반사의 과제를 정의해주는 문제는 이 상이한 계열들 사이에서 어떤 형태의 관계가 합법적으로 기술될 수 있는가를 …… 어떤 계열들의 계열들이, 달리 말하면 어떤 '표'가 구성될 수 있는가를 결정하는 것이다.[43]

푸코가 이 해의 강의에서 사용하는 것은 이 역사이다. 푸코는 자신이 탐사 기획을 세울 수도 있을 미지의 문서고에서 출발하는 것이 아니라 고대 사학자 집단에 의해 지금도 완벽히 정당한 것으로 인정받는 문집을 참조한다. 20세기 초의 루이 제르네에서부터 귀스타브 글로츠까지, [그리고] 특히 코린토스에 대한 새로운 고고학적 발견에 의거해 그 당시 최신 작업을 막 출간한 에두아르 빌까지. 어째서 이리 많은 역사가들을 참조할까? 푸코는 니체를 반복하거나 니체를 주해하겠다고 제안한 적이 없다. 푸코는 니체의 철학적 직관을 역사의 "밧줄 사다리"[44]로 시험한 것이다. 하이데거는 역사에 대한 니체의 양면성을 자신이 직접 만든 역사-Geschichte와 역사-Historie의 구분, 다시 말해 사건과 (기술技術과 그

---

43) Foucault, *L'Archéologie du savoir*, pp.17~19. [『지식의 고고학』(개정판), 30~31쪽.]

44) "헤라클레이토스는 논리의 밧줄 사다리를 타고 올라가 [진리를] 획득하는 것이 아니라 직관적으로 진리를 파악한다." Friedrich Nietzsche, *La Naissance de la philosophie à l'époque de la tragédie grecque*, éd et trad. Geneviève Bianquis, Paris: NRF /Gallimard, 1938, p.75. [이진우 옮김, 「그리스 비극 시대의 철학」, 『유고(1870년~1873년)』, 책세상, 2001, 394쪽.]

본질이 동일한) 역사학을 통한 사건 읽기 사이의 구분 속에 집어넣었음을 잊지 말자. 이리하여 들뢰즈가 규탄한 신학적-존재론적 게임에, 푸코는 신적 게임 대신 "내-세계적 게임"innerweltlichen Spiel이라 오이겐 핑크가 규정한 게임을 맞세운다. 내-세계적 게임이란 곧 인격의 게임, 세계와 맺는 사회적 관계, 세계의 가상과 접촉하는 인간들의 게임이다.45)

이상의 전제를 바탕으로, 역사적일뿐 아니라 깊숙이 철학적인 이 해 강의의 쟁점을 잘 이해하기 위해 다음의 텍스트를 순서대로 읽기를 제안한다. 『차이와 반복』에 관해 푸코가 쓴 두 편의 서평(그리고 물론 『차이와 반복』 자체), 1970~71년의 이 강의, 마지막으로 콜레주드프랑스의 강좌 전임자 장 이폴리트에 대한 오마주 격으로 출간된 것으로서, 바로 이 1971년에 작성된 「니체, 계보학, 역사」라는 논문. 이 텍스트들을 순서대로 읽으면 여러분은 푸코-들뢰즈 잔치에 초대되어 있을 것이다. 삶에 있어서는 아주 정숙한 잔치, 이 두 위대한 동시대인들의 상호 독해 및 그에 이어진 철학적 전개에 있어서는 매우 세심한 잔치로 말이다.46)

「니체, 계보학, 역사」에서 푸코는 계보학이 회색이라 기술하며 시작한다. 이는 G. W. F. 헤겔이 인용한 요한 볼프강 폰 괴테의 문장인 "이론은 회색이다"를 니체가 다시 인용한 것이다. 계보학은 자료에 바탕을 둔다. 계보학은 악착같은 고증이다. 계보학은 역사가 없다고 여겨지

---

45) Eugen Fink, "Die Weltlichkeit des Menschenspiels"(Kap.IV), *Spiel als Weltsymbol*, Stuttgart: W. Kohlhammer, 1960; "La mondanité du jeu humain"(chap.IV), *Le Jeu comme symbole du monde*, trad. Hans Hildenbrand et Alex Lindenberg, Paris: Minuit, 1966.

46) 푸코-들뢰즈 관계에 관해서는 다음을 참조하라. Judith Revel, *La Pensée du discon -tinu: Introduction à une lecture de Foucault*, Paris: Fayard/Mille et une nuits, 2010; Eric Bolle, *Macht en verlangen: Nietzsche en het denken van Foucault, Del -euze en Guattari*, Nijmegen: Socialistische Uitgeverij, 1981; Gilles Deleuze, *Fou-cault*, Paris: Minuit, 1986. [허경 옮김, 『푸코』, 동문선, 2003]; Anne Sauvagnargues, *Deleuze: L'Empirisme transcendantal*, Paris: PUF, 2009. [성기현 옮김, 『들뢰즈, 초월론적 경험론』, 그린비, 2016.]

는 곳에서, 예를 들어 감정, 의식, 본능, 신체, 사랑의 영역에서 사건들의 독특성을 탐지한다. 계보학은 서로 다른 역할들 속에서 사건들의 회귀를 파악한다. 역사학과 계보학을 구별해야 한다. 계보학의 대상은 기원Ursprung에 대한 탐구가 아니라 유래Herkunft(한 집단에 오래 귀속됨)에 대한 탐구와 발생Entstehung(힘의 등장)에 대한 탐구로 정의된다. 유래는 사건의 증식을 가리키는 것인바, 그것은 들뢰즈가 『차이와 반복』에서 **계속되는 불일치**dispars"라고 했던 것이다. 반대로 발생은 지배자와 피지배자의 똑같은 연극이 **반복되는** 장소 없는 극장이다. 이렇게 여러 가치들의 차이가 생겨난다. **발생**은 사건의 독특성인 동시에 사건의 항상 어긋난 반복이다. 다시 말해 푸코는 자신의 논문에서 『차이와 반복』의 강도, 질료, 쟁점을 자신의 고유한 어휘로, 막대한 역사적 조사 작업에서 출발해 다시 작성하고 있는 것이다. "탐지 가능한 여러 발생들은 하나의 동일한 의미작용의 잇단 형상이 아니다. 그 발생들은 그만큼의 대체, 교체, 위장된 정복의 효과이다……. 해석이 기원에 묻힌 의미작용에 빛을 비추는 것이라면, 형이상학만이 인류의 생성을 해석할 수 있으리라."47) 플라톤의 게임과 역사의 게임이 여기에 다시 나타나 서로 대결하는 모습을 볼 수 있다. 니체에게 계보학은 아직 역사를 갖지 않은 것, 즉 감정, 영혼, 신체, 본능 등 우리가 인간에게 있어서 변하지 않는 것이라고 전제하는 것을 옮겨 적는 것이었다. 철학적 인간학은 형이상학의 동시대적이고 실증주의적인 형태에 지나지 않을 것이다.

방법으로서의 고고학, 그리고 특히 『말과 사물』은 계보학에 대한 예비 작업이다. 푸코가 제시한 계보학은 고고학의 위기가 아니다. 고고학과 계보학은 서로를 떠받치는 것이다. 푸코가 동일한 논문에서 환기하듯, 우리는 역사에 대한 계보학을 할 수 있다. 즉 역사적 감정의 계보학

---

47) Foucault, "Nietzsche, la généalogie, l'histoire," p.146; réed., p.1014. [「니체, 계보학, 역사」, 359쪽.]

(이것은 작품의 부재이다)도, 역사가라는 직업의 계보학(이것은 더 이상 얼굴을 갖지 않기 위해 쓰기이다)도 할 수 있다. 1970~71년 강의와 동일한 움직임 속에서 집필된 「니체, 계보학, 역사」에서 푸코는 들뢰즈가 차이의 존재론으로 제시한 것을 계보학으로 제안하고 있는 것이다.

⚜

1968년 5월이 얼마 지나지 않은 분위기(당시 푸코는 이미 감옥정보그룹을 설립하고 장래의 '진실-사법 위원회'에 대해 토론하고 있었다)에서 이처럼 순전히 이론적인 정황이 펼쳐지다니 놀랍기 그지없다는 반론이 있을 수 있다. 그러나 오이디푸스를 통해 니체가 제기한 물음, "누가 말하는가?"는 바로 1970년대의 물음이다. '정치'란 결국 푸코의 강연에 모여든 청년들이 사유하고 행동하는 현재성이다. 정치란 결국 법/권리의 이데올로기적 효과로서가 아니라 권력의 신비적-종교적 형태들의 변환 속에서 일어나는 개체화의 증대이다. 정치란 귀족정의 사치스러운 시위에 맞서는 대중 투쟁으로서 금욕주의의 발생, 또는 영혼 불멸의 민주화의 발생, 또는 권력 관계 안에서의 현자(아는 현자)의 자리의 발생이다. 정치란 질서를 폭로하는 조건으로서 정함[순수함]의 윤리의 출현이다. 이 윤리는 플라톤 철학의 도덕주의의 효과로서 사유되는 것이 아니라 **노모스**의 구성의 효과로서 사유된 것이다. 마지막으로 정치란 이 모든 변환 과정에 대중 권력이 현전하는 것이다.

상고기 희랍으로 거슬러 올라가는 것은, 그것이 리하르트 바그너를 숭배하던 청년 니체에게 이미 그러했듯, 현재성의 은유 구실을 한다.

니체의 희랍

역사인가 철학인가? 대답은 마름질 속에 있다. 상고기 희랍은 니체의 희랍이다. 1970년에 니체에서 출발해 희랍을 철학적으로 논의하는 것은 더 이상 승산이 없다. 철학적 희랍 연구는 더 이상 헤겔적이지도 니체적이지도 않다. 적어도 프랑스에서 그것은 "하이데거의 방식"이다.[48]

샤를 앙들레는 『니체의 마지막 철학』에서 이렇게 말한다.

그에게 큰 계시가 된 것은 기원전 6세기였다. 이때 새로운 숨결이 희랍을 관통했다. 바빌론 문명이 산산이 몰락하고 개혁의 커다란 필요성, 영혼의 놀라운 고양이 소아시아 깊은 곳에서 전파되어왔다. 이오니아와 마그나 그라이키아의 철학자들은 그 마지막 여파를 받았다. 그들을 가득 채운 신비한 감정은 돌연히 스스로를 표현하기 위한 언어를 찾아낸다. 종교적 광기가 희랍 대중을 사로잡은 오리엔트 시대에 그 광기를 표출하는 동시에 억제하는 λόγος[logos]가 발견된 것이다. 그들에 의해 유럽은 아시아에서 떨어져 나가서 자신의 상이한 독창성을 …… 의식하게 된다. 갑자기 귀족 계급의 시인 서사시가 흩어져 …… 서정시 안으로 사라진다. 겨우 자리 잡은 관습(νόμος[nomos])은 해체된다. 바깥의 군중은 …… 관습의 개정을 요청한다. 이 무질서한 정치적 코로스 역시 코뤼페[합창대의 수석/지도자]를 요구한다. 그것이 …… 참주인 것이다. [참주들은] 민주주의의 도래를 준비한다.[49]

니체의 열광: "희랍 문명의 가장 대단한 사실은 호메로스가 그렇게 빨리 범희랍적으로 됐다는 것이다. 희랍인이 이뤄낸 지적이고 인간적인 모든 자유는 이 사실로 거슬러 올라간다."[50] 푸코의 강의는 희랍의

---

48) Michel Foucault, "Prisons et asiles dans les mécanismes du pouvoir"(1974), *DÉ*, t.2: 1970-1975, pp.521~525(특히 521쪽); rééd., t.1: 1954-1975, pp.1389~1393(특히 1389쪽).

49) Charles Andler, *Nietzsche, sa vie et sa pensée*, t.6: La Dernière Philosophie de Nie -tzsche. Le renouvellement de toutes les valeurs, Paris: Bossard/Gallimard, 1931, pp.369~370.

전영토를, 이오니아에서 코린토스와 시켈리아까지, 경쾌하게 주파한다. 아테나이에 특권이 주어지지 않는다. 우리는 도시국가 이전에 혹은 니체가 계보학자라고 부르는 헤시오도스를 자극하는 도시국가의 발생 시기에 있기 때문이다. 그리고 강의는 『오이디푸스 왕』 혹은 『오이디푸스 turannos[참주]』로 끝난다. 어떤 주석가들은 이 비극을 제국을 지배하는 아테나이 참주정의 은유로 읽으려 했다. "초기 희랍 철학은 …… 정치인들의 철학이다. 그 점을 통해 대체로 소크라테스 이전 사람들과 이후 사람들이 서로 구분된다. 소크라테스 이전 사람들의 경우 소크라테스 때부터 생겼던 '행복에 대한 흉측한 자만심'을 가지고 있지 않다. 아직 모든 것이 개인의 영혼의 상태로 환원되지는 않은 것이다. 훗날 아폴론의 gnōthi seauton[너 자신을 알라]는 오인되고 말았다."[51] 푸코는 이 델포이의 격언을 1981~82년 콜레주드프랑스 강의 『주체의 해석학』의 1강 (1982년 1월 6일/첫 번째 시간)에서부터 재해석하게 된다.[52] 푸코의 상고기 희랍은 니체에 대한 주해나 반복이 아니라 역사가들의 작업에 의해 완전히 자료로 증명된다. 즉 지식의 시험을 거친 것이다.

니체 이해와 관련해 푸코는 하이데거가 행한 연구의 핵심 지점들을 훑어보는 것 같다.

— 첫째, 정의에 대한 사상이 진리에 관한 니체의 고찰을 지배한다는 테제. "니체가 플라톤 이전의 형이상학에 대해 숙고할 때, 특히 헤

---

50) Friedrich Nietzsche, *Humain trop humain*, éd. et trad. Alexandre-Marie Desrousseaux, Paris: Mercure de France, 1904, §262, p.290. [김미기 옮김, 『인간적인 너무나 인간적인 I』, 책세상, 2001, 262쪽.]

51) Nietzsche, *La Naissance de la philosophie à l'époque de la tragédie grecque*, p.211. [최문규 옮김, 『바이로이트의 리하르트 바그너/유고(1875년 초~1876년 봄)』, 책세상, 2005, 228~229쪽.]

52) Michel Foucault, *L'Herméneutique du sujet: Cours au Collège de France, 1981-1982*, éd. s. dir. François Ewald et Alessandro Fontana, par Frédéric Gros, Paris: Gallimard/Seuil, 2001, pp.4~6, et passim. 특히 164쪽을 참조하라. [심세광 옮김, 『주체의 해석학』, 동문선, 2007, 40~43, 202쪽.]

라클레이토스의 형이상학을 숙고할 때, 이것[dikē(정의)에 대한 희랍의 사상]이 니체에게 떠올랐다는 것을 사람들은 역사적으로 밝힐 수 있다. …… '정의'에 대한 드물고 결정적인 생각은 아직 출간되지 않았다."53) 푸코는 dikē의 역사를 아폴론적 호메로스와 디오뉘소스적 소포클레스 사이에서 서술한다.

— 둘째, 하이데거는 1906년과 1911년에 편집된 『권력 의지』의 사후적·자의적 구성을 다시 사유함으로써 이 권력 의지로 가는 경로의 비밀을 복원하고, 무엇보다 여러 경구에 근거해 인식 개념이 권력 의지의 구조임을 보이려 한다. 권력 의지 자체가 존재의 운명에 대한 하나의 해석에 대응하게 된다. 이는 니체의 진리를 제거하는 것이다. 푸코는 한순간도 이를 따르지 않는다.

— 셋째, "그리고 권력 의지라는 니체 사상이 그의 형이상학의 근본 사상이고 서양 형이상학의 최후 사상이라면, 인식의 본질, 즉 진리의 본질은 권력 의지로부터 규정되어야만 할 것이다. …… 그러므로 인간은 모든 태도에서 어떤 방식으로든 참된 것에 의거한다."54) 『권력 의지』의 515번 경구, 콜리-몬티나리 판에서는 [14(152)]가 된 경구를 보자.55) "**인식**으로서의 권력 의지. '인식'이 아니라 도식화 — 우리의 실제적 필요를 충족시킬 만큼 카오스에 규칙성과 형식을 부여하는 것." 하이데거는 이 경구에 대해 이렇게 주해한다. "'인식'이 아닌 …… 도식화. 이것이 말하려고 하는 것은 인식이 '인식'이 아니라, 즉 받아들이면서 베껴

53) Heidegger, *Nietzsche*, t.1, p.490. [『니체 I』, 598쪽.]

54) Heidegger, *Nietzsche*, t.1, p.388. [『니체 I』, 477쪽.] 또한 이 글[「강의정황」]의 365
    ~367쪽을 참조하라.

55) Friedrich Nietzsche, *Œuvres philosophiques complètes*, t.14: Fragments posthumes
    (début 1888-début janvier 1889), éd. Giorgio Colli et Mazzino Montinari, trad.
    Jean-Claude Hémery, Paris: Gallimard, 1977, p.116. [강수남 옮김, 『권력에의 의지』,
    청하, 1988, §515, 316쪽; 백승영 옮김, 『유고(1888년 초~1889년 1월 초)』, 책세상,
    2004, 159쪽.]

쓰는 모사가 아니라는 것이다. …… 이렇게 인식을 도식화로 파악하는 니체의 견해는 플라톤적-아리스토텔레스적 사유와 더불어 동일한 결단 영역 내에 서 있다는 것이다. 이는 니체가 도식이라는 개념을, 과거의 견해들을 검토하면서 **역사학적으로** 아리스토텔레스로부터 '끌어들이지' 않았다 할지라도 그렇다."[56]

다시 말해, 하이데거에게 니체는 형이상학의 전통에 포함되며 그 전통의 도달점이다. 반면 푸코는 아리스토텔레스와 니체를 지식의 의지의 두 패러다임으로 대립시킨다.[†] 또한 398쪽에서 하이데거는 "플라톤과 아리스토텔레스 이후의 서양의 사유 전체뿐만 아니라 무릇 서양인의 역사마저도 철저히 지배하고 있는 진리에 대한 본질 규정은"[57] '올바름,' homoiōsis, 또는 adequatio로 정의된다고 환기한다.[58] 진리에 대한 이런 규정에 하이데거는 Alētheia에 대한 새로운 해석을 맞세운다.[59] 즉, Alētheia를 부정 접두사인 a로부터 출발해서 탈망각, 탈은폐라는 어원적으로 부정적인 개념으로 이해하는 것이다.

---

56) Heidegger, *Nietzsche*, t.1, p.431. [『니체 I』, 528~529쪽.]

† "철학의 두 패러다임이 있다. 하나는 아리스토텔레스의 패러다임이다. 아리스토텔레스는 최초의 반플라톤주의자 내지 포스트플라톤주의자로 읽힌다. 모든 철학은 그 패러다임에서 나온다. 다른 하나는 니체의 패러다임이다. 그것은 인식 이론에도 기대지 않고 표상 이론에도 기대지 않으며 주체-객체 관계에도 기대지 않는다. 완전히 새로운 유형의 사유를 위해서 말이다." Defert, "Filigranes philosophiques," p.44.

57) Heidegger, *Nietzsche*, t.1, p.398. [『니체 I』, 489쪽.]

58) Heidegger, *Nietzsche*, t.1, p.399. [『니체 I』, 490쪽.]

59) 특히 다음을 참조하라. "Ἀλήθεια[Alētheia]란 esse의 생각되지 않은 본질에 관해 아직 확인되지 않은 지표를 주는 단어일 수 있다. 그렇다면 분명히 형이상학의 표상에 의한 사유는 결코 그런 진리의 본질에 도달하지 못할 것이다. 존재의 진리는 형이상학에 대해 그것의 역사 내내(아낙시만드로스에서 니체에 이르기까지) 감춰져 있다." Martin Heidegger, "Le retour au fondement de la métaphysique," trad. Roger Munier, *Revue des sciences philosophiques et théologiques*, vol.XLIII, no.3, juillet 1959, p.413.

이에 대해 푸코는 이렇게 답한다.

1. 하이데거가 철학을 이렇게 나눈 것을 이동시키면서.

2. Dikē와 kosmos[세계]의 질서의 발생 사이의 관계를 헤라클레이토스(하이데거에 따르면 서구 형이상학의 시작)가 아니라 헤시오도스(들뢰즈는 『니체와 철학』 2쪽에서 철학자는 헤시오도스라고 썼다[60])에서 출발해, 특히 희랍의 사회적 투쟁을 통해 수립된 측정/적도(시간 측정, 적도로서의 화폐)에서 출발해 분석하면서.

3. 푸코는 문헌학이 아니라 역사학, 특히 장-피에르 베르낭과 데티엔의 작업에서 출발한다. 데티엔은 『진리의 대가들』에서 몸소 하이데거를 완전히 비튼다. 이 저작이 푸코의 숙고에 자양분이 됐음은 이론의 여지가 없다.

4. 소크라테스 이전 철학자들은 아리스토텔레스가 자신의 진리의 역사에서 참조한 경우를 제외하면 사실상 부재한다. 언어활동과 존재의 관계가 아니라 언어활동과 진리의 관계를 여기서 사유할 수 있게 해주는 것은 바로 소피스트들에 관한 분석이다. 엘렌 폴리티스가 보관한 강의 필사 노트에 따르면 푸코는 이 이동을 구두口頭로 설명했다. 하지만 푸코가 "자유의 효과로서의 지식의 이데올로기"에 가장 분명하게 반대하는 것은 맥길대학교 강연에서이다. 푸코에게 진리의 본질은 자유가 아니다. 푸코는 『지식의 의지』, 즉 『성의 역사』 1권(81쪽 이하)에서 "진리는 본래적으로 자유로운 것도 아니다"라는 이 언명으로 돌아온다.[61]

텍스트 확정

---

60) Gilles Deleuze, *Nietzsche et la Philosophie*, Paris: PUF, 1962, p.2. [이경신 옮김, 『니체와 철학』(2판), 민음사, 2001, 18쪽.]

61) 본서의 「니체에 관한 강의」의 각주 41번을 참조하라. [Michel Foucault, *Histoire de la sexualité, t.1: La volonté de savoir*, Paris: Gallimard, 1976, p.81 sq.; 이규현 옮김, 『성의 역사 1: 지식의 의지』(제3판), 나남, 2010, 68쪽.]

1/『지식의 의지에 관한 강의』는 구두 전승을 위해 작성한 강의원고에 바탕을 두고 확정됐다. 텍스트 왼쪽 여백에 강의원고의 쪽수를 적어뒀다.† 구두점과 (때때로 상세히 설명할 요점들의 목록 형태를 띤) 텍스트 공간 배치는 독서를 원활히 하기 위해 수정했다. 편집자의 가필은 최소화하되, 필요한 경우 대괄호 사이에 넣어서 표시했다. 강의원고에 쓰인 희랍 문자는 그대로 놔뒀다. 푸코는 기억에 의존해 희랍어 텍스트를 인용하곤 했다. 그 세대 고등사범학교 출신이 그렇듯 푸코는 희랍어에 능통했다.

버나드 녹스는 자신의 책『테바이의 오이디푸스』[62]에서 당시에는 학술 서적에서 희랍어 표기를 반드시 지켜야 했으나, 그 자신은 "희랍어를 모르는 독자"를 대상으로 삼았기에 그 양식을 지키지 않았다고 상기한다. 1980년대 들어 푸코는 자신의 강의를 작성할 때 희랍 문자를 사용하기도 하고 그것을 라틴 문자로 바꿔서 표기하기도 했다(구두로 진행된 강의 녹음에 기초해 강의록을 편집한 이들은 라틴 문자로 전사하는 방식을 택했다).

2/ 1970년에는 전통적으로 콜레주드프랑스 강의가 녹음되지 않았다. 강의는 강의자의 소유였다. 미니 카세트는 사용되지 않던 시절이다. 질베르 뷔를레[63]가 푸코의 동의를 얻어 몇몇 강의를 나그라 릴 녹음기에

---

† 한국어판에서는 본문의 좌우 여백에 강의원고의 쪽수를 적어뒀다.

62) Bernard Knox, *Oedipus at Thebes*, New Haven, Conn./London: Yale University Press/Oxford University Press, 1957.

63) 푸코의 영향 아래 있는 사람들 중에서도 질베르 뷔를레는 보기 드문 인물이다. 뷔를레가 처음으로 콜레주드프랑스 강의를 녹음하자고 제안했고 자크 라그랑주가 그 일을 이어받았다. 그들 덕분에 콜레주드프랑스와 푸코 센터는 수년간의 녹음 테이프를 가질 수 있게 됐고, 이것이 또한 강의록 편집 출판의 기반이 됐다. 베트남에서 태어난 안틸라인인 뷔를레는 로마의 예수교황청대학교에서 신학을 공부하고, 국립행정학교로 방향을 튼 뒤 파리 병원에서 의사 생활을 했고, 도쿄와 베이징의 파스퇴르연구소에 연구자로 들어갔다. 뷔를레는 피에르 리비에르를 연구하는

부분적으로 녹음하기는 했다. 릴 테이프에 저장된 내용은 녹취한 뒤 삭제됐기에 불행히도 지금 그것을 확인할 수는 없다. 녹취된 내용 중 일부는 강의를 명확히 하는 데 도움이 되는 경우 본문의 비판 장치로 활용됐다. 그것들은 각주에 별표(*)로 표시했다.

3/ 외국에서 강의 내용을 반복할 기회가 생긴 덕분에 푸코는 1970~71년 강의의 수고에서 니체의 지식의 의지 패러다임을 다룬 부분을 따로 빼냈다. 1970년 12월 23일과 1971년 1월 6일의 세션이 그것들인데, 그것들은 문서고에서 사라져버렸다.

이 누락은 니체의 인식 및 진리 개념에 관한 여러 암시들로 상쇄되므로 강의 구성상의 균형을 완전히 무너뜨리지는 않는다. 그래도 폴리티스의 정확한 강의 노트가 발견됨으로써 그 결핍의 중요성이 드러났다. 푸코는 청중의 노트를 출판하는 것에 대해 늘 신중한 태도를 보였다. 그래서 우리는 1971년 4월 푸코가 직접 발표한 강연을 포함시키는 것이 낫다고 판단했다. 이 강연은 [이 해의] 강의가 끝난 뒤 얼마 지나지 않아 이뤄졌거니와 해당 강의의 주요 구성을 그대로 취했기 때문이다.

몬트리올에서 푸코가 묵었던 호텔의 이름과 주소가 상단에 인쇄되어 있는 4절지 종이에 푸코가 전개할 주제가 적혀 있었다. 푸코는 강연할 때 이런 메모지를 자주 앞에 두곤 했다. 이 4절지 종이는 이 강연이 맥길대학교에서 이뤄졌음을 알려주는 유일한 단서이다.

편집자 주에서는 지금까지 보존되어 있었던 1970년 12월과 1971년 1월 파리에서의 강의 노트들과 이 강연의 주요 차이들, 주로 철학적인 차원에서의 차이들을 지적했다.

세미나에도 참석했다. 녹취록 필사를 담당한 사람은 역시 베트남에서 태어난 자클린 제르메이다. 제르메는 푸코의 강의에 참석하지는 않았고 동양어대학교에서 중국어를 공부했다. 제르메는 파코 라반의 스타일리스트 중 한 명이었다.

4/『지식의 의지에 관한 강의』를 구성하는 마지막 요소는 1972년 여름에 작성되어 「오이디푸스의 지식」이라는 제목으로 처음에는 뉴욕주립대학교 버팔로 캠퍼스에서, 이어서 똑같은 해에 코넬대학교에서, 마지막으로 1973년 리우데자네이루에서 반복된 강연이다. 푸코 문서고에는 이 강연 원고에 대한 일곱 가지 다른 판본이 있다.

이 강연은 1970~71년 강의의 12강(1971년 3월 17일)을 발전시킨 것이다. 형식적으로 볼 때 이 강연은『말과 사물』에서 [디에고 벨라스케스의 그림인] 「시녀들」이 표상 이론에 대해 맡는 역할과 같은 역할을 이 강의에 대해 하고 있다. 사실 이 강연은 상고기 희랍의 법적-종교적 진실-시련에서 고전기 희랍의 정치적-법적 진실-사실 확인으로의 변환을 구성하는 모든 요소들을 식별하고 다시 짠다. 이를 통해 이 강연은 푸코가 진리 생산의 역사에서 가장 중요한 과정으로 간주한 것 중 하나를 재구성한다. 이 강연은 푸코가 들뢰즈적 재현이 상연되는 두 무대라고 봤던 형이상학과 극장을 근접시킨다. 환상의 형이상학, 해방된 모상의 형이상학. 해방된 모상은 "특권적인 두 무대에서 실현되고 마임을 한다. 한 무대는 정신분석학이다. 그것은 환상을 다루는 만큼 언젠가 형이상학적 실천으로 이해될 것임에 틀림없다. 다른 무대는 극장. 다원화된, 무대가 여럿이며, 동시적인, 서로 낯설어 신호를 주고받는 여러 무대로 세분화된 극장. 아무것도 재현(복사, 모방)하지 않고 가면이 춤추고 신체가 울부짖으며 손과 손가락이 제스처를 하는 극장."[64]

철학적으로 볼 때 「오이디푸스의 지식」과 거기서 말하는 반쪽 법칙을 헤겔이『오이디푸스 왕』에 관해 제시한 독해와 접근시키지 않기는 어려운 일이다. 헤겔은『정신현상학』을 인간 정신의 진정한 비극(이 비극이 궁극적으로 드러내는 것은 자기의식 또는 "나는 항상 그것을 알고 있었다"이다)인 동시에 지배와 예속의, 참주와 노예의 역사로 만든다.

---

64) Foucault, "Theatrum philosophicum," p.80; rééd., p.948. [「철학극장」, 213쪽.]

사실 진리는 언어적 반쪽 법칙(신들과 점쟁이들의 주술적-종교적 말, 군주의 말, 목자의 말)을 통해 밝혀진다. 진리는 헤겔에게서처럼 상호소통에 의해서라기보다는 여러 해석들의 위계화된 갈등에 의해서 밝혀진다. 이 갈등 끝에 말하기와 보기의 절합은 신체의 모든 역량, 모든 사회적 힘, 하층민 지역을 소환한다. Pudenda origo[천한 태생]. 르네 데카르트는 확실성을 세우기 위해 여전히 신을 요청했으나, 헤겔은 신을 언어활동으로 대체한다. 여기서는 목자가 보는 것, 객관화된 진실이 아폴론신과 그의 점쟁이의 진실성을 대체한다. 증언이 곧 객관화된 진실이다. 증언은 지각(그리고 현상학에 의한 지각의 재발견)보다는 진리진술 절차의 사법적이고 정치적인 역사에 연결된다. 플라톤이 그 절차를 잊었듯 아리스토텔레스도 그 절차를 이미 잊었던 것일까? 그렇지만 푸코가 오이디푸스의 지식을 구성하는 것으로 내세운 것은 망각이 아니라 참주의 지위이다. 망각이 있다면 그것은 존재의 망각이기보다는 철학 전통이 자행한 권력의 역사의 은닉이다.

전 거

푸코가 늘 전거로 삼는 막대한 자료를 재구성하는 것은 대체로 어려운 일이다. 그 자료는 최종 편집 단계에서만, 결코 총망라하지 않는 선에서 수고에 삽입된다. 준비 연구 단계에서 푸코는 A5(21×14) 규격의 독립된 독서 카드에 자료의 출전과 정확한 인용구만 적어놓곤 했다. 푸코는 학창 시절에 이 규격을 채택하고 나중엔 관뒀으나, 분명 이 해의 강의는 예외였다. 대개 독서 카드 한 장에 하나의 인용구가 들어 있으나, 이 해의 수업과 관련된 카드들은 예외였다. 이 카드들 덕분에 본 텍스트에는 전혀 언급되지 않은 참고문헌을 재구성할 수 있었다.

그렇지만 데티엔도 루이 물리니에도 푸코의 자료에는 등장하지 않는다. 『진리의 대가들』 여백에 주석을 붙인 것으로 보아 푸코가 그 책을 사용했음을 알 수 있다. (우리가 주석에서 언급한) 물리니에[65]로 말할 것 같으면, 푸코의 호메로스 인용은 『정함과 부정함』에 등장하는 인용 순서를 따르고 있다. 그러나 물리니에의 저작에서는 희랍의 오점과 그리스도교적 오점의 구별이 충분히 이뤄지지 않았는바, 이는 필시 푸코가 거기서 아무것도 베껴 쓰지 않았음을 설명해준다.

하이데거의 해석에 통달해 있던 피에르 오방크의 『아리스토텔레스에서의 존재 문제』[66]는 스타게이로스† 철학자에 관한 푸코의 무수한 주해들의 기반이 된다. 오방크는 아리스텔레스 철학이 플라톤 철학의 분파라기보다 플라톤 너머 궤변술에 대한 응답이라고 주장한다.[67] 어떤 이들은 「오이디푸스의 지식」에서 녹스의 『테바이의 오이디푸스』의 기여를 알아볼 수 있다고 생각했다. 푸코는 이 책을 활용하지 않았다. 푸코는 이 책을 나중에 미국에서 청중들의 권유로 읽었다. 녹스에게 오이디푸스의 결정은 오이디푸스의 성격의 표현이며, 오이디푸스가 "스스로 만든 규칙들"(65, 69, 72, 77, 145, 287행)은 참주정의 표식인 동시에 또한 오이디푸스의 심리이다. 푸코는 비극적 영웅의 전통과 연결된 심리학화하는 모든 해석을 제거한다. 이 비극에서 정식화되는 것은 진리진술의 주술적-종교적 체제에서 사법적 체제로의 계승이다. 그 속에서 오이디푸스는 매번 자신의 권력이 위협받고 있다고 느낀다.

청중[폴리티스 — Eng.]의 노트에 따르면 강의 중에 하이데거의 이름이 언급됐고, 캐나다에서 했던 니체에 관한 강의에도 그 이름이 거론된다. 이 이름은 강의원고에서 한 번도 등장하지 않는다. 물론 탈은폐 개

---

65) Louis Moulinier, *Le Pur et l'Impur dans la pensée des Grecs d'Homère à Aristote*, Paris: Librairie C. Klincksieck, 1952.

66) Pierre Aubenque, *Le Problème de l'Être chez Aristote*, 2ᵉ éd., Paris: PUF, 1966.

† '스타게이로스'(Stageiros)는 아리스토텔레스의 고향으로서, 마케도니아 중부에 있는 도시이다.

67) Aubenque, *Le Problème de l'Être chez Aristote*, p.96.

념은 현존하며, 그 개념은 진리의 계기를 가리킨다. 세계가 측정에 의해 질서 잡혔을 때 이 질서는 진리에 대해 phusis[자연]가 아니라 kosmos로서 탈은폐되는 것이다. "Kosmos, 그것은 정치적 의미를 가진 단어이다. 그것은 정의의 군림이다. 그 뒤 kosmos는 자연의 생명을 지칭한다. 하지만 거기서 문제가 되는 것은 항상 정의이지, 인과 연쇄가 아니다." 베르너 예거는 이미 이렇게 썼던 것이다.[68]

다니엘 드페르

---

68) Werner Jaeger, *The Theology of the Early Greek Philosophers*, Oxford: Clarendon Press, 1947, p.35. 번역은 푸코의 것이다.

옮긴이 해제

이 책은 미셸 푸코가 콜레주드프랑스에 부임한 첫해인 1970~71년 강의, 그러니까 그 유명한 취임 강연인 『담론의 질서』(1971)에 곧바로 이어지는 강의를 번역한 것이다. 『지식의 의지에 관한 강의』라는 제목에서 『성의 역사』 1권(1976)의 부제인 '지식의 의지'를 자연스레 떠올릴 수 있을 것이다. 하지만 (마조히즘에 관한 짤막한 언급을 제외하면) 섹슈얼리티에 관한 논의는 등장하지 않는다. 목차를 일별하고 책장을 넘기면 강의 주제와 내용에 당혹스러움을 느끼게 된다. 그 당혹스러움은 우리만의 것이 아니다. 콜레주드프랑스의 어슴푸레한 강의실에서 푸코의 첫해 강의를 경청했던 청중들도 자신들이 어디로 향하는지 알 수 없는 배에 올라탄 기분이었을 것이다. 근대의 광기, 심리학, 인문과학, 인식론, 담론 형성 연구로 이름을 알린 푸코가 갑자기 상고기에서부터 고전기에 이르는 고대 희랍의 철학·역사·문학 텍스트들을 주해하는 것 같으니 말이다. 게다가 이 해의 강의는 온전한 녹음이 남아 있지 않아 푸코의 강의원고에 기초해 편집됐다. 강의원고는 "푸코에게 밑그림, 좌표, 길잡이 역할을 하는 '사유의 덩어리'"이다. 하지만 푸코는 강의 도중에 이전 강의에서 제시한 논점들을 정리하면서 나아가곤 하는데, 이 책에는 그런 푸코 자신의 재설명과 요약이 빠져 있어 읽기가 수월하지 않다. 우리는 마치 단 한 번 등장한 것 같은 단어^{hapax}와 개념을 가지고 푸코의 의중을 읽어내야 하는 상황에 놓이게 된다. 이 후기는 역자 스스로 느낀 당혹감을 해소하기 위한 과정, 한 번 등장한 것 같은 단어가 사실은 여기저기에^{passim} 암묵적으로 또는 명시적으로 출현했었음을 확인하는 과정이다. 이를 위해서는 강의의 대상이자 제목인 '지식의 의지'의 계보를 추적하고, 그 개념이 이 강의를 구성하는 몇 개의 장면에서 어떻게 모습을 바꾸며 무대에 오르는지 탐구할 필요가 있다.

1. 연구 계획과 실행: 1969~70년에 무슨 일이 벌어졌는가?[1]

1970~71년 강의 내용이 느닷없다고 느껴지는 까닭은, 그 강의 이전에 푸코가 출간한 텍스트가 『말과 사물』(1966)이나 『지식의 고고학』(1969) 이었기 때문이다. 따라서 『지식의 고고학』 출간 직후부터(혹은 『말과 사물』 출간 직후부터) 콜레주드프랑스 취임 강연(『담론의 질서』) 사이에 무슨 일이 일어났는지, 콜레주드프랑스에서 연구하게 될 주제들에 대한 실마리를 거기서 찾을 수는 없는지 살펴볼 필요가 있다.

1) 『지식의 고고학』에서 예고한 연구 계획과 실행

『지식의 고고학』은 1969년 3월 13일 출간됐다. 하지만 그 집필은 『말과 사물』이 출간되기도 전, 푸코가 튀니지에 체류하던 1966년에 이미 시작됐다. 『지식의 고고학』은 푸코 자신의 이전 연구들(『광기의 역사』[1961], 『임상의학의 탄생』[1963], 『말과 사물』)에 대한 방법론을 정리하는 동시에, 앞으로 진행할 연구들을 예견하는 책이다.[2]

---

1) 1970~71년 강의 이전, 특히 1967~69년에 이뤄진 준비 작업에 관한 일람으로는 다음을 참조하라. Luca Paltrinieri, "Archeologia della volontà: Una preistoria delle Lezioni sulla volontà di sapere," *Quadranti: Rivista Internazionale di Filosofia Contemporanea*, vol.2, no.1, 2014, pp.100~135. 루카 팔트리니에리는 푸코가 이후 작업을 위해 세공하고 발전시킨 주제 세 가지를 정리했다. ① 철학을 역사적 재구성을 통한 현실 비판으로 정의, ② 담론을 생산으로 간주하는 테마 세공, ③ 현실 문제들에 대한 정치적 답변으로서, 담론적 실천과 비담론적 실천 사이의 상호작용을 연구하기 위한 개념틀 세공. 이 준비 작업은 『지식의 고고학』에서 발견된다. 『지식의 고고학』은 계보학 모델을 이론적으로 처음 체계화한 것이었다.

푸코는 어휘의 조직이나 의미론적 장의 분절을 규정하는 것이 아니라 담론 대상들의 형성을 기술하고, 담론적 실천을 특징짓는 관계맺음을 탐지하는 것이 중요하다고 말한 뒤, 다음의 분석들이 가능하다고 적는다. "범죄성이 어떻게 의학적 감정의 대상이 될 수 있었는가?," "성적 이탈이 어떻게 정신의학 담론의 가능한 대상으로서 그려지게 됐는가?"[3] 알다시피 첫 번째 물음은 『정신의학의 권력』(1973~74년 콜레주드프랑스 강의)을 이끄는 화두이고, 두 번째 물음은 『비정상인들』(1974~75년 콜레주드프랑스 강의)이나 『성의 역사』 1권의 주제이다.

푸코는 『지식의 고고학』의 4장에서 고고학적 기술이 무엇인지 설명하고 나서 에피스테메 분석이나 인식론적 과학사와 상이한 방향으로 전개될 고고학들을 상상한다.[4]

첫째, 섹슈얼리티에 관한 고고학적 기술. 섹슈얼리티란 우리가 그것에 대해 말할 수 있거나 또는 말하는 것이 금지된 대상들의 집합은 아닌

---

2) 푸코는 둣치오 트롬바도리와의 대담에서 『광기의 역사』, 『임상의학의 탄생』 등을 탐험서에, 『지식의 고고학』을 방법서에 넣은 적이 있다. Michel Foucault, "Entretien avec Michel Foucault"(1980), *Dits et Écrits*, t.4: 1980-1988, éd. Daniel Defert et François Ewald, avec collab. Jacques Lagrange, Paris: Gallimard, 1994, p.42. [이승철 옮김, 『푸코의 맑스』, 갈무리, 2004, 32쪽. 이하 『말과 글』에서의 인용은 '수록글(발표연도), *DÉ*, 권수, 쪽수'만 표기.] 실제로 '방법론'은 『지식의 고고학』을 규정할 때 자주 쓰이지만 푸코의 의도에 부합하는 표현은 아니다. 푸코는 『지식의 고고학』에서 자신이 제시한 도구들로 무슨 작업을 할 수 있는지, 담론 형성에 대한 분석이 가능한지, 의미론이 무슨 소용인지, 양적 분석이 무슨 쓸모가 있는지 등에 대해 전혀 논하지 않았으므로 순전히 '방법론'인 문제는 제쳐뒀다고 말한다. "『[지식의] 고고학』이 이론도 아니고 방법론도 아니라면 도대체 무엇이냐고 물을 수 있겠죠. 제 대답은 이렇습니다. 그것은 하나의 대상을 지칭하는 어떤 것입니다. 제가 오랫동안 주물러왔지만 그것들이 존재하는지도 모르고 명명하지도 못했던 대상들이 튀어 오르도록 하려고 제가 위치해야 했던 수준을 식별하려는 시도이죠." Michel Foucault, "Entretien avec Michel Foucault"(1971), *DÉ*, t.2: 1970-1975, p.157.

3) Michel Foucault, *L'archéologie du savoir*, Paris: Gallimard, 1969, p.65. [이정우 옮김, 『지식의 고고학』(개정판), 민음사, 2000, 81쪽.]

4) Foucault, *L'archéologie du savoir*, p.251ff. [『지식의 고고학』(개정판), 268쪽 이하.]

지, 가능한 언표행위의 장은 아닌지, 개념들의 집합은 아닌지, 선택의 게임은 아닌지 묻기. 섹슈얼리티에 대한 금기, 배제, 한계, 가치평가, 자유, 위반이, 이 모든 언어적인 또는 비언어적인 현시들이 하나의 규정된 담론적 실천에 연결되는지 보여주기. 이것은 분명 『성의 역사』 1권의 주제들이지만, 금기·배제 체계는 『담론의 질서』에서도 등장한다.

둘째, 회화 분석. 한 폭의 그림을 분석할 때 화가가 내뱉은 단어들을 가지고 화가의 잠재적 담론을 재구성하는 것이 아니라 그림의 공간, 거리, 깊이, 색, 빛, 비례, 부피, 윤곽이 담론적 실천 속에서 명명, 언표, 개념화되는 방식을 분석하기. 푸코는 '마네의 회화'에 할애한 여러 차례의 강의에서 이런 고고학적 분석을 효과적으로 실행하게 된다.

셋째, 정치적 지식에 관한 고고학적 분석. 지식을 그것이 발생시키는 에피스테메의 방향으로 분석해 나가는 대신, 행동, 투쟁, 갈등, 결정, 전술의 방향으로 분석하기. 이것은 지식에 관한 니체적 문제틀로서 『지식의 의지에 관한 강의』에서부터 표명되어 『"사회를 보호해야 한다"』 (1975~76년 콜레주드프랑스 강의)에 이르기까지 견지된다.

요컨대 푸코의 『지식의 고고학』은 단순히 『말과 사물』에서 미처 해명하지 못한 것들을 밝히는 회고적 저작이 아니라 (비록 여전히 고고학이라는 이름을 붙였지만) 이후의 연구에 대한 구상을 담고 있는 책이다. 물론 이 계획은 곧바로 실행되지 않고 무수한 우회로를 지나게 된다.

2) 뱅센 실험대학 강의

68혁명 이후 고등교육 개혁의 일환으로 뱅센 실험대학이 설립된다. 푸코는 교수 호선 핵심 멤버가 되어 철학과 교수진을 꾸렸고 우여곡절 끝에 본인도 교수로 임명됐다.[5] 푸코는 1969년 2월 "섹슈얼리티 담론"과

---

5) Daniel Defert, "Chronologie," *DÉ*, t.1: 1954-1969, p.34. 다음도 참조하라. Didier Eribon, *Michel Foucault, 1926-1984*, Paris: Champs-Flammarion, 1991, p.219. [박정자 옮김, 『미셸 푸코, 1926~1984』, 그린비, 2012, 342쪽.]

"형이상학의 종말"을, 1969년 겨울부터 1970년 초까지는 "생명과학의 인식론"과 "니체와 계보학"을 강의했다.

"섹슈얼리티 담론"은 푸코 자신이 『지식의 고고학』에서 예고한 연구 프로그램(에피스테메나 과학사로 정향된 것과는 다른 "섹슈얼리티에 관한 고고학적 기술"6))에 답하는 것으로서, 유전 및 인종 청소의 역사를 다뤘다. "섹슈얼리티가 어떻게 그리고 왜 '참' 또는 '거짓'이 될 수 있는 과학적 담론의 대상으로 변환될 수 있었는지 이해하려 하면서, 푸코는 다섯 가지 연구의 장을 묘사한다. (세 영역, 즉 결의론, 배우자 선택에서 산아 제한에 이르기까지 결혼 관련 실천 규칙, 법적 제도를 통한) 18세기 말 섹슈얼리티 경험의 변환, (판례, 섹슈얼리티에 관한 철학적 고찰, 섹슈얼리티 생물학을 통해) 19세기에 이뤄진 섹슈얼리티의 인식론화, 정신분석학에서 성욕의 병인론, 사드 후작에서 [D. H.] 로렌스까지 문학 담론에 나타난 섹슈얼리티, 빌헬름 라이히와 헤르베르트 마르쿠제가 주장한 성의 해방. 이 주제들은 모두 제목은 다르지만 1976년 저작 『성의 역사』에서 다시 취급된다. 이 강의는 그 저작의 요람을 이룬다."7)

"니체와 계보학"은 푸코가 1967년 여름 이후 프리드리히 니체를 다시 탐독한 결과로8) '시작, 기원, 역사,' '계보학에 대한 일반적 정의,' '역사와 계보학' 같은 주제를 다뤘다.9) 데이비드 메이시는 이 강의가 피에르 클로소프스키(푸코가 "자신이 지금까지 읽은 것 중 철학에 관한 가장 위대한 책"이라고 평했던 『니체와 악순환』[1969])에 상당 부분 빚지고 있다고 봤다.10) 하지만 클로소프스키가 그 책에서 1880~88년 시기의

---

6) Foucault, *L'archéologie du savoir*, pp.252~253. [『지식의 고고학』(개정판), 268~269쪽.]

7) Paltrinieri, "Archeologia della volontà," pp.119~120. 프랑스국립도서관에 보관된 푸코의 강의 수고("박스 no.XXXIX, 프로이트, 섹슈얼리티, 광기")를 참조.

8) Defert, "Chronologie," p.31. 푸코가 질 들뢰즈와 함께 프랑스어판 니체 전집 출간의 총괄책임을 맡은 것도 이때이다.

9) Michel Foucault, *Œuvres*, t.II, Paris: Gallimard, 2015, pp.1612~1613.

니체 텍스트를 중심으로 영원 회귀를 논한 반면, 푸코는 『도덕의 계보』(1887), 『즐거운 학문』(1882), 『아침놀』(1881) 등을 참조하며 계보학을 논했다. 푸코는 이 강의에 바탕을 두고 '니체,' '계보학의 활용' 같은 노트들을 작성했으며,[11] 이 노트들에는 1971년 초 장 이폴리트 추모 논문집에 수록되는 「니체, 계보학, 역사」의 핵심이 담겼다.[12]

푸코는 1969년 11월에 콜레주드프랑스 교수 채용심사용 학술업적 보고문을 제출했다. 그는 『광기의 역사』, 『말과 사물』, 『지식의 고고학』의 문제틀을 소개하고, 당분간 "유전에 대한 지식"과 관련된 사례(동물 사육의 기술, 개량종의 시험, 다모작 재배법의 시도 등)를 중심에 놓고 다음의 이론적 문제들을 다루겠다고 밝혔다. 첫째, "개별적이고 의식적인 인식을 근거나 모델로 삼지 않는 익명의 사회적 지식." 둘째, 그 지식을 "과학적 담론으로 구성하는 것"에 대한 역사적 분석. 셋째, 지식의 순서에 대한 인과성의 문제.[13] 푸코는 『지식의 고고학』에서 예고했고 뱅센 실험대학에서 실행한 "섹슈얼리티 담론" 강의 내용을 이 보고문에 반영한 것 같다. 하지만 취임한 뒤에는 유전에 관한 주제 대신 감옥과 형벌 체계의 구체적 역사에 대한 연구에 몰두했다(자신이 예고한 연구 계획과 실제 연구의 괴리는 콜레주드프랑스 취임 강연에서부터 발견된다).

---

10) David Macey, *The Lives of Michel Foucault*, New York: Pantheon Books, 1993, p.230, n.72.

11) 세 부분(I. '계보학과 기원에 대한 탐구,' II. '유래'[Herkunft], III. '발생'[Entstehung])으로 이뤄진 이 노트들은 푸코가 1970년 3월 뉴욕주립대학교 버팔로 캠퍼스에 방문했을 시기에 작성된 것으로 추정된다. Foucault, *Œuvres*, t.II, p.1612, n.2.

12) 장 이폴리트 추모 학술대회는 1969년 1월 19일 파리고등사범학교에서 열렸다. 푸코는 이때 기념 연설을 했다. Michel Foucault, "Jean Hyppolite. 1907-1968," *Revue de métaphysique et de morale*, vol.74, no.2, 1969, pp.131~136. 「니체, 계보학, 역사」는 나중에 집필해 추모 논문집(1971년 1월 출간)에 게재한 것이다. Michel Foucault, "Nietzsche, la généalogie, l'histoire," *Hommage à Jean Hyppolite*, Paris: PUF, 1971, pp.145~172; *DÉ*, t.2: 1970-1975, pp.136~156.

13) Eribon, *Michel Foucault, 1926-1984*, p.362ff. [『미셸 푸코, 1926~1984』, 589쪽 이하.]

3) 『담론의 질서』

푸코는 콜레주드프랑스 취임 강연(『담론의 질서』)에서 자신이 1970년대 중반까지 다루게 될 문제틀이나 저작을 예견했다. 하지만 그것은 완전히 낯선 것은 아니고, 『광기의 역사』, 『임상의학의 탄생』, 『말과 사물』, 『지식의 고고학』에서 다뤘던 테마들을 확장하는 성격을 띤다.

푸코는 배제의 세 기능, 즉 금지, 나눔, 참과 거짓의 구별을 열거한다. 그리고 먼저 고전주의 시대의 광기와 이성 사이의 '나눔'을 다뤘고 (『광기의 역사』), 나중에 16세기부터 19세기에 이르기까지 섹슈얼리티에 관한 언어의 '금지'에 관해 연구할 생각이지만,[14] 당장은 참과 거짓의 구별 문제를 다루겠다고 밝힌다. 푸코는 당분간 진행할 연구 계획을 다음과 같이 나열한다.

> 저는 우선 궤변술의 시대, 그리고 소크라테스와 함께 아니면 적어도 플라톤의 철학과 함께 궤변술이 시작된 시대에 위치하고서 실효적 담론, 의례적 담론, 권력과 위험을 짊어진 담론이 어떻게 참된 담론과 거짓 담론의 나눔에 따라 점차 정렬되는지 보려 합니다. 다음으로는 16세기와 17세기의 전환기에 위치할 것입니다. 그것은 특히 영국에서 시선, 관찰, 확인의 과학이 출현한 시대, 필시 새로운 정치 구조의 확립과 분리할 수 없는, 또한 종교적 이데올로기와 구분할 수 없는 일종의 자연 철학이 출현한 시대입니다. 그것은 분명 지식의 의지의 새로운 형태가 출현한 시대이죠. 마지막 세 번째 탐지 지점은 19세기 초입니다. 그것은 근대 과학의 대대적 창설 행위와 더불어 산업 사회가 형성되고, 거기에 실증주의 이데올로기가 동반한 시대입니다. 이것이 우리의 지식의 의지의 형태학

---

14) 푸코는 이미 『성의 역사』를 예고하고 있으나, 이 시기까지만 해도 섹슈얼리티 담론과 관련해 '금지'의 관점에 머물렀다. 형벌 체계에 대한 분석을 거치면서 푸코의 관점은 바뀐다. 이에 대해서는 뒤에서 다시 다룰 것이다.

에서 발견되는 세 단면이요, 우리의 속물근성의 세 단계입니다. 저는 또한 동일한 문제를 전혀 다른 각도에서 다시 취해보려 합니다. 의학 담론, 정신의학 담론, 사회학 담론까지, 과학적이라 자처하는 담론이 형벌 체계에 의해 구성된 규정적 담론 및 실천의 집합에 어떤 효과를 낳는지 가늠해보는 것이죠. 정신감정, 그리고 형벌에서 정신감정이 맡는 역할에 관한 연구는 이 분석의 출발점이자 기초 자료 구실을 할 것입니다.[15]

여기에는 푸코가 콜레주드프랑스에 지원하면서 제출한 연구계획에 적은 유전 연구는 빠져 있다. 물론 푸코는 1969년 5월 30~31일 「생물학사에서 퀴비에의 상황」이라는 강연을 했고, 1970년 가을 프랑수아 자콥의 『생명의 논리』(1970)에 관한 서평을 쓰는 등 유전 문제에 여전히 관심을 보였다. 『비정상인들』에서는 유전학적 지식과 정신의학적 퇴화 이론이 어떻게 인종주의와 연결되는지 언급하며,[16] 『"사회를 보호해야 한다"』에서도 인종주의, 인종 간의 전쟁 문제를 다룬다. 그런데 푸코가 배제의 세 기능 가운데 참과 거짓의 구별에 더욱 천착한 것은 1970년에 이뤄진 '니체'와 '계보학'에 관한 연구 때문인 것 같다. 1969년에서 1970년으로 넘어가면서 확실히 푸코는 니체를 발전시켜 '지식의 의지에 관한 계보학'을 특권화한 것이다.

푸코는 1971년 인터뷰에서 자신의 계획을 묻는 질문에 이렇게 답한다. "오래 전부터 제가 관심을 갖는 문제가 있는데, 그것은 형벌 체계의 문제, 한 사회가 선과 악, 허가와 불허, 적법과 불법을 정의하는 방식, 한

---

15) Michel Foucault, *L'Ordre du discours*, Paris: Gallimard, 1971, pp.64~65. [이정우 옮김, 『담론의 질서』(개정판), 중원문화, 2012, 44~45쪽.]

16) Michel Foucault, *Les anormaux: Cours au Collège de France, 1974-1975*, éd. s. dir. François Ewald et Alessandro Fontana, par Valerio Marchetti et Antonella Salomo-ni, Paris: Gallimard/Seuil, 1999, p.299. [이재원 옮김, 『비정상인들: 콜레주드프랑스 강의, 1974~75년』, 도서출판 난장, 근간.]

사회가 그것의 법에 가해진 모든 위배와 위반을 표현하는 방식의 문제입니다. 저는 이미 광기와 관련해 이 문제와 마주친 바 있는데, 광기 역시 위반의 한 형태이기 때문이죠. 우리 문명에서는 광기라는 일탈과 과실이나 범죄 같은 위반을 나누는 것이 극히 어려웠습니다. 그런 것이 제 관심사입니다. 법을 위반하는 문제, 불법에 대한 억압의 문제."[17]

　　따라서 우리는 형벌 또는 형벌 체계에 관한 문제가 '위반,' '광기' 등에 관한 연구들의 연장선에 있음을 알게 된다. 다니엘 드페르가 작성한 연대기에 따르면, "형사상의 정신의학의 역사는 여전히 『광기의 역사』의 후속 기획으로 남아 있다."[18] 물론 위 대답은 1971년부터 감옥정보그룹 활동을 하던 푸코의 당시 관심이 반영된 것으로 보일 수도 있다. 하지만 감옥정보그룹은 푸코가 동료 연구자들과 진행한 콜레주드프랑스 월요 세미나의 틀과 밀접한 관련을 맺고 있다. 푸코는 이미 형벌의 문제를 집중적으로 연구할 필요성을 느끼고 있었다. 그리고 형벌 체계에서 문제가 되는 "선과 악, 허가와 불허, 적법과 불법"을 나누는 문제는 『담론의 질서』에 나온 배제의 세 번째 기능인 참과 거짓의 구별과 동형적임에 주목할 필요가 있다. 따라서 형벌 체계에 관한 푸코의 연구는 지식의 의지의 계보학이라는 큰 틀 안에 들어간다. 푸코는 『지식의 의지에 관한 강의』에서 이런 나눔의 가장 원초적인 형태인 참과 거짓의 나눔의 문제를 다뤘던 것이다.

　　『담론의 질서』에 이어 '지식의 의지'의 본 강의에서 푸코는 다음의 것들을 다룬다. 두 가지 진리의 의지 모델(아리스토텔레스 대 니체), 진리와 법적 형태들, 호메로스의 『일리아스』에 등장하는 안틸로코스와 메넬라오스의 시비 속에 나타난 시련 재판, 헤시오도스에 나타나는 정의와

---

17) Michel Foucault, "Un problème m'intéresse depuis longtemps, c'est celui du système pénale"(1971), *DÉ*, t.2: 1970-1975, p.206.
18) Defert, "Chronologie," p.39.

적도. 진리의 척도로서의 화폐, 소포클레스의 『오이디푸스 왕』에 나타난 조사 등. 이 테마들은 적어도 푸코가 출간한 저작들에서 거의 다뤄지지 않았던 것들이다. 뱅센 실험대학의 강의를 듣지 않은 청자라면, 그리고 그런 학생이더라도 푸코가 강의에서 발전시키는 테마와 설명이 낯설었을 것이다. 드페르는 『지식의 의지에 관한 강의』 출간 뒤 가진 여러 발표에서 푸코의 수업을 제대로 이해하며 쫓은 청중이 많지 않을 만큼 당시 강의는 어려웠다고, 푸코의 콜레주드프랑스 강의들 중 가장 어려웠다고 회고한다. 그도 그럴 것이, 푸코는 아리스토텔레스, 니체, 호메로스, 헤로도토스, 소포클레스 등 굵직한 저자들을 통상적인 해석과 다른 독창적인 문제틀을 가지고 독파해갔다. 이를 두고 푸코가 콜레주드프랑스 부임 첫해에 '철학자'로서의 역량을 증명해야 한다는 압박을 느껴 아리스토텔레스와 니체 등 전통 철학자들을 논하고 소포클레스의 텍스트를 주해했다고 보기는 어렵다. 콜레주드프랑스의 연구 전통과 '사유 체계의 역사'라는 강좌명에 부합하게 푸코는 전통적인 철학사나 주해 작업 대신에 새로운 문제틀과 그에 부합하는 역사적 사례들을 두루 섭렵했다. 다만 첫해 강의(특히 『담론의 질서』와 지식의 의지에 관한 아리스토텔레스 모델 대 니체 모델)에서는 서구 형이상학 전체를 근본적으로 재사고하려는 푸코의 이론적 토대가 제시됐을 뿐이다. 이는 푸코의 방법론이나 이후 강의와 구별되는 이탈이 아니다. 1970년부터 1973년까지의 강의 내용을 정리한 「진리와 법적 형태들」이라는 강연을 보면 푸코의 첫해 강의가 어떤 맥락에서 이뤄졌는지 잘 알 수 있다.[19] 더구나 푸코가 첫해 강의에서 다룬 고대 희랍의 진리의 역사는 1979~80년 강의부터 말년까지 되풀이되는 만큼, 첫해 강의를 일화적인 일탈로 보기 어렵다.

---

19) Michel Foucault, "La vérité et les formes juridiques"(1974), *DÉ*, t.2: 1970-1975, pp.538~646. 이것은 푸코가 1973년 5월 21일과 25일 양일간 브라질의 리우데자네이루가톨릭대학교에서 행한 강연으로서, 이듬해 6월에 처음 출간됐다.

2. 강의를 구성하는 축 (1) — 서구 형이상학 비판: 니체와 지식의 의지

1) 니 체

푸코는 1950년대 초부터 독일 철학, 특히 G. W. F. 헤겔, 아르투어 쇼펜하우어, 마르틴 하이데거의 책을 탐독했다. 니체는 1953년부터 집중적으로 읽었다고 알려져 있다. 프랑스국립도서관에 보관된 푸코의 독일 철학 독서 노트는 1,045쪽에 달하는데, 그 중 니체 노트의 비중이 2/3이니 그 열의를 쉬이 짐작할 수 있다. "지식의 역사, 이성의 역사"를 묻기 위해서,[20] 현상학적인 '정초하는 주체'에서 빠져나오기 위해서 니체를 경유할 필요가 있었다. 특히 1880년대의 니체에 집중적으로 관심을 가졌고, 릴대학교에서 니체에 관한 강의를 하기도 했다.[21] 웁살라 체류 기간(1955~56년)에는 니체에 관해 처음으로 몇 편의 글을 쓰기 시작했으나 출간하지는 않았다. 하지만 니체의 문제의식은 푸코에게 강한 흔적을 남겼다.[22] 1961년 박사학위 주논문 『광기와 비이성』의 서문에서 자신의 연구를 "거대한 니체 연구의 태양 아래" 위치시킬 정도였다.[23]

질 들뢰즈의 『니체와 철학』, 클로소프스키의 『니체와 악순환』, 특히 프랑스어판 니체 전집의 출간과 더불어 1960~70년대 프랑스는 가히

---

20) "저는 지식의 역사, 이성의 역사에 대해 묻는 관점에서 1953년에 니체를 읽었습니다. 어떻게 합리성의 역사를 기술할 수 있는가? 그것은 19세기의 문제였습니다." Michel Foucault, "Structuralisme et poststructuralisme"(1983), *DÉ*, t.4: 1980-1988, pp.436~437. [정일준 옮김, 「비판이론과 지성사: 푸코와의 대담」, 『자유를 향한 참을 수 없는 열망』, 새물결, 1999, 60~62쪽.]

21) Defert, "Chronologie," p.19.

22) 푸코의 저작에서 발견되는 니체의 영향을 살피는 연구로는 다음을 참조하라. Alan D. Schrift, *Nietzsche's French Legacy: A Genealogy of Poststructuralism*, New York /London: Routledge, 1995, pp.33~58; Hans Sluga, "Foucault's Encounter with Hei-degger and Nietzsche," *The Cambridge Companion to Foucault*, ed. Gary Gutting, Cambridge: Cambridge University Press, 2005, pp.210~239.

23) Michel Foucault, "Préface"(1961), *DÉ*, t.1: 1954-1969, p.162.

니체 르네상스라 할 만 했다.[24] 푸코는 니체를 주제로 한 루와요몽 콜로퀴엄(1964년 7월)에서 「니체, 프로이트, 맑스」를 발표했다. 니체에 관해 공식적으로 발표한 첫 논문이었다. 이 논문은 『지식의 의지에 관한 강의』에서 푸코가 제기하는 물음들을 선취하고 있어 주목할 만하다.

나는 특히 니체가 이 깊이 문제를 줄곧 염두에 두고 있었다고 생각한다. 니체는 관념의 깊이, 의식의 깊이를 철학자들이 지어낸 것이라고 비난하면서 비판한다. 이 깊이는 진리에 대한 순수하고 내재적인 탐구라고 말이다. 니체는 그것이 어떻게 체념과 위선과 가면을 내포하고 있는지를 보여준다. 그렇기 때문에 기호 전체를 다 살펴서 그것들을 비난하고자 할 때 해석자는 수직선을 따라 아래로 내려가 이 내면성의 깊이가 사실은 그 깊이가 말하는 것과는 다른 것임을 보여줘야 한다. 따라서 해석자는 내려가야 하며, 니체 자신이 말하듯이, '밑바닥을 파헤치는 유능한 발굴자'가 되어야 한다. …… 해석이 기호에 선행한다는 생각은 기호가 16세기의 경우처럼 단순하고 호의적인 존재가 아니라는 것을 함축하고 있다. 16세기에는 기호의 과잉, 즉 사물이 서로 유사하다는 사실은 다만 신의 호의를 입증하는 것이었을 뿐이며, 투명한 베일에 의해서만 기호가 기의로부터 분리됐다. 이와 반대로 19세기부터는, 즉 프로이트, 맑스, 니체에서부터는 기호가 심술궂은 무엇이 된 것처럼 보인다. 다시 말해, 기호 안에는 나쁜 의지나 악의와 같은 형태로 모호하고 약간 수상쩍은 무엇인가가 깃들게 된 것이다. 즉 기호는 이미 하나의 해석인데도 전혀 그렇게 보이지 않게 된 것이다. 기호는 스스로를 정당화하려고 애쓰는 해석이지만, 그 역은 성립하지 않는다. 즉 해석이 스스로를 정당화하려는 기호는 아니다.

---

24) 1960~70년대 프랑스의 니체 연구에 관해서는 다음을 참조하라. 앨런 슈리프트, 박규현 옮김, 『니체와 해석의 문제』, 푸른숲, 1997. 특히 제3장 참조.

『정치경제학 비판』과 무엇보다도『자본』제1권에서 정의된 바와 같이 화폐는 이런 식으로 기능한다. 프로이트에게는 증상도 이런 식으로 작용한다. 그리고 니체에게서 낱말, 정의, 선과 악의 이분법적 분류, 나아가 궁극적으로 기호는 모두 가면이다. 기호는 해석의 은폐라는 새로운 기능을 획득함으로써 그 대신 르네상스 시대만 해도 갖고 있던 단순한 기표로서의 존재를 상실한다. 또한 그 자신의 두께가 뚫리게 되어, 기호 이론에서 지금까지는 생소하게 여겨졌던 모든 부정적 개념이 쏟아져 나올 수 있게 됐다. 기호 이론은 베일의 투명하고 긍정적인 순간만을 알고 있었다. 그러나 이제는 모순, 대립 등 부정적 개념의 유희, 간단히 말해 들뢰즈가 니체에 대한 자신의 저서에서 훌륭하게 분석해 놓은 반동적 힘들의 유희 전체가 기호 내부에서 조직될 수 있게 될 것이다.[25]

관념의 깊이, 의식의 깊이를 나타내는 기호의 밑바닥에 진리에 대한 순수하고 내재적인 탐구가 깔려 있기는커녕 그 기호가 하나의 가면이라는 것, 다시 말해 기호는 이미 어떤 해석을 전제하고 그것을 정당화하려 한다는 것. 따라서 기호를 투명하게 자신의 의미를 드러내는 해석의 대상으로 볼 것이 아니라, 기호 안에 은폐된 나쁜 의지나 악의, 수상쩍은 무엇인가를 들춰내는 것이야말로 해석자의 일이라는 것. 이것이 푸코의 주장이다.

푸코는 1967년 여름부터 니체를 재차 탐독하는데,[26] 이는 한편으로 그가 들뢰즈와 함께 프랑스어판 니체 전집 간행의 총괄 책임을 맡았기

---

25) Michel Foucault, "Nietzsche, Freud, Marx"(1964), *DÉ*, t.1: 1954~1969, pp.568~573. [정일준 옮김, 「니체, 프로이트, 맑스」, 『자유를 향한 참을 수 없는 열망』, 새물결, 1999, 36~42쪽.]

26) "나는 니체를 정독하고 있다네. 내가 왜 그것에 늘 매혹 당했는지 깨닫기 시작했지. 유럽 문명에서 지식의 의지의 형태학, 이것이 권력 의지 분석을 위해 등한시됐던 거야"(푸코의 1967년 7월 16일자 편지). Defert, "Chronologie," p.31.

때문이며, 다른 한편으로 고고학이나 계보학 같은 자신의 방법을 세우는
데 니체가 중요한 지지대가 됐기 때문이다.[27] 가령 1972년 인터뷰에서
푸코는 차라투스트라의 니체가 아니라 『비극의 탄생』(1872), 『도덕의 계
보』의 니체를 좋아했다고 밝힌다. 그리고 구체적으로 기원을 참조하지
않고 실증주의 유형의 역사적 분석에 기댐으로써 인식, 도덕, 형이상학
같은 근본 개념들을 문제 삼으려 했으며, 르네 데카르트와 임마누엘 칸
트처럼 인식 주체에 우위나 특권을 부여하는 것을 문제 삼기에 좋았다
고 말한다.[28] 이 문제설정을 명시적으로 보여준 것이 「니체, 계보학, 역
사」이다. 그 유명한 논문 말미에서 푸코는 이렇게 적고 있다.

> 역사의 세 번째 용법: 인식 주체의 희생. 역사적 의식은 외견상, 혹은 차
> 라리 그것이 쓰고 있는 가면 때문에 중립적이고, 어떤 정념도 없으며,
> 오직 진리에만 열중한다. 하지만 만일 역사적 의식이 스스로 묻는다면,
> 더 일반적으로 말해서 만일 역사적 의식이 모든 과학적 의식을 그것의

---

27) 푸코는 자신이 교수 시절 니체에 관한 강의를 많이 했다고 언급한 뒤, 자신이 하
고 있는 작업에 일반적인 제목을 붙일 수 있다면 '도덕의 계보학'이라고 했을 것
이라고 인터뷰에서 말한다. 이 인터뷰 말미에서 푸코는 자신이 좋아하는 사람의
사유에 존경을 표하는 방식은 그를 "활용하고 변형해 이를 갈게 만들고 고함치게
하는 것"이라고 덧붙인다. Michel Foucault, "Entretien sur la prison: Le livre et sa
méthode"(1975), *DÉ*, t.2: 1970-1975, pp.752~753.

28) Michel Foucault, "Les problèmes de la culture: Un débat Foucault-Preti"(1972),
DÉ, t.2: 1970-1975, p.372. 푸코는 여러 인터뷰에서 자신이 니체에게 영감 받았
음을 선뜻 고백하지만 어느 책을 특히 좋아했는지와 관련해서는 답변이 그때마
다 다르다. 조르주 바타유, 모리스 블랑쇼, 하이데거를 통해 니체에 입문한 푸코는
1953년에 『반시대적 고찰』(1873~76)을 탐독했다. 1960년대 중후반에는 『즐거운
학문』, 『아침놀』, 『선악의 저편』(1886), 『도덕의 계보』에 더 주목했던 것으로 보인
다. 하지만 푸코가 1950년대에 쓴 독일 철학(니체, 쇼펜하우어, 헤겔 등) 독서 노트
의 테마들을 훑어보면 그가 니체의 전작을 섭렵했다는 인상을 받게 된다. 푸코가
어느 시기에 어느 저작을 읽고 니체의 어떤 사유에 주목했는지 추적하기 위해서
는 푸코 문서고를 확인해야만 할 것이다.

역사 속에서 검토한다면, 역사적 의식은 본능, 심문자의 악착스러움, 냉혹한 기교, 악의와 같은 지식의 의지volonté de savoir의 형식들과 변환들을 발견하게 된다. …… 인류를 관통하는 이 거대한 지식욕vouloir-savoir을 역사적으로 분석하면 불의에 의거하지 않은 인식은 없다는 사실(따라서 인식 자체에 진리에 대한 권리 내지 참의 토대 따위는 없다는 사실) 그리고 동시에 인식에 대한 본능은 나쁘다는 사실(인식에 대한 본능에 살인적인 뭔가가 있으며 그 본능은 인간의 행복을 위해 아무것도 할 수 없고 아무것도 바라지 않는다는 사실)이 나타난다.[29]

앞서 인용한 「니체, 프로이트, 맑스」의 대목과의 유사성이 눈에 띤다. 의식, 가면, 중립적 진리, 그 의식 밑에 깔린 악의 등등. 「니체, 계보학, 역사」에서 발췌한 구절에서 발전된 부분은 바로 인식에 대한 본능, 지식욕이 인간의 행복을 위한 것이 아니라 사실은 냉혹한 기교, 악의, 불의와 같은 지식의 의지라는 주장이다.[30] 다시 말해 기호와 해석의 대립이 인식에 대한 본능과 지식의 의지의 대립으로 대체됐을 뿐, 푸코가 니체를 해석하는 구도에는 변화가 없다.

푸코가 'le vouloir-savoir' 또는 'la volonté de savoir'라고 쓰는 단어는 『비극의 탄생』에 등장하는 Wissensgier를 번역한 것이다. 니체가 보기에 지식욕Wissensgier은 소크라테스의 죽음과 더불어 보편적인 것이 됐다. 세계사의 한 전환점이라 할 만한 "소크라테스는 이론적 낙천주의자의 원형이다. 앞서 말한 것처럼 그는 사물의 본성을 철저하게 규명할 수 있

---

29) Foucault, "Nietzsche, la généalogie, l'histoire," *DÉ*, t.2: 1970-1975, pp.154~155.

30) 폴 벤느는 "푸코의 저작이 전부 다 니체의 『도덕의 계보』의 연장"이라고까지 봤다. 왜냐하면 푸코는 자신의 저작에서 "사람들이 영원하다고 믿는 모든 개념(여기서는 진리가 문제가 된다)이 역사를 가지고 있으며, '변전된' 것이며, 그 기원들에는 숭고한 것이 전혀 없다는 점을 보여주고자" 했기 때문이라는 것이다. 폴 벤느, 이상길 옮김, 『푸코, 사유와 인간』, 산책자, 2009, 173쪽.

다고 믿으면서 지식과 인식에 만병통치약과 같은 효력이 있음을 인정하고 오류야말로 악 그 자체로서 파악한다. 저 근거들을 천착하고 가상과 오류에서 참된 인식을 분리해 내는 것이 소크라테스적 인간에게는 가장 고귀한 소명, 유일하고 진정한 인간의 소명이라고 여겨졌다."[31]

하지만 니체가 보기에 지식을 획득함으로써 행복과 유익을 얻으려는 욕망은 전혀 자연적이지도 않거니와 참된 인식이 인간의 존재 이유도 아니다.[32] 마치 선험적으로 존재하는 양 간주되는 보편적이고 절대적인 진리란 참과 거짓을 대립시킴으로써 인식에서 가상과 오류를 제거하는 배제 절차를 전제한다. 바로 이 문제틀이 푸코의 콜레주드프랑스 취임 강연인 『담론의 질서』에서 본격적으로 전개된다.

2) '지식의 의지'의 계보

① 진리의 의지, 지식의 의지: 『담론의 질서』와 『지식의 의지에 관한 강의』
푸코는 『담론의 질서』에서 자신이 전개할 가설을 정리하면서 시작한다.
"모든 사회에서 담론의 생산은 일련의 절차들, 즉 담론의 힘과 위험을 쫓아내고 그것의 우발적 사건을 제어하며 그것의 무겁고 가공할 물질성을 회피하는 역할을 하는 절차들에 의해 통제·선별·조직·재분배됩니다."[33] ('내적' 배제 절차에 앞서) 세 가지 '외적' 배제 절차가 열거된다.

---

31) 프리드리히 니체, 박찬국 옮김, 『비극의 탄생』, 아카넷, 2007, 192~194쪽. 『비극의 탄생』에서 '지식욕'이라는 단어는 (만족할 줄 모르는 낙천주의적) '인식욕'과 교환 가능하게 사용된다(『비극의 탄생』, 195쪽).

32) "나는 인식의 목적에 대해 묻지 않는다: 그것은 우연히 생겨난 것이다. 즉 이성적으로 의도된 목적과 함께 생긴 것이 아니다. 그것은 특정한 경우에 필요한 사유와 행위 방식의 확장이나 확고하고 안정된 정립에 의해 생긴 것이다. 인간은 본성적으로 인식을 위해 존재하지 않는다." 프리드리히 니체, 이상엽 옮김, 『유고(1872년 여름~1874년 말)』, 책세상, 2002, 79쪽.

33) Foucault, *L'Ordre du discours*, pp.10~11. [『담론의 질서』(개정판), 13쪽.]

첫째, 금기. 둘째, 나눔과 배척. 셋째, 참과 거짓의 대립.[34] 푸코는 『담론의 질서』 후반부에서 16세기부터 19세기에 이르기까지 섹슈얼리티에 관한 언어의 금지 체계와 고백의 실천을 분석함으로써 '금기'를 다루겠다고 예고한다. 그리고 자신이 고전주의 시대의 광기와 이성의 나눔을 분석하며 '나눔과 배척'에 대해서는 이미 다뤘기 때문에 당장은 배제의 세 번째 체계를 다루겠다고 말한다.[35] 그것은 담론을 통제하는 심급들에 대한 (계보학적 분석이 아니라) '비판적' 분석에 들어간다.

　　푸코가 보기에 참과 거짓의 나눔은 "우리 역사의 수세기를 통과해 온 진리의 의지"로서 "역사적이고, 수정 가능하며, 제도적으로, 구속력 있는 배제의 체계"이다.[36] 예를 들어 기원전 6세기 희랍 시인들(헤시오도스)에게 참된 담론이란 군림과 복종의 관계를 전제하고, 의례에 따라 누군가에 의해 표명된 담론이었기 때문에, 그 담론이 무엇을 '하는가'가 중요했다. 푸코가 본 강의에서 다루는 시련 재판이나 소피스트의 궤변술이 그 예이다. 하지만 소크라테스나 적어도 플라톤과 더불어 새로운 시대가 도래한다. 이들에게 참된 담론이란 참된 담론과 거짓된 담론의 분리를 통해서만 존재하며, 그 담론이 무엇을 '말하는가'가 중요하다. 욕망이나 권력과 뗄 수 없던 담론이 마치 그것들로부터 자유로워진 양 제시되는 것이다.[37] 이렇게 '자리를 옮기는'(수정되는) 진리의 의지는 지식의 의지에 자신의 일반화된 형태를 부여함으로써 '역사'를 갖는다. 참과 거짓의 나눔이 새로운 인식 대상, 새로운 인식 주체, 새로운 인

---

34) 이렇게 말할 수도 있다. "담론에 부과되는 세 가지 커다란 배제 체계들 ― 금지된 말, 광기의 나눔 그리고 진리의 의지." Foucault, *L'Ordre du discours*, p.21. [『담론의 질서』(개정판), 20쪽.]

35) Foucault, *L'Ordre du discours*, pp.63~64. [『담론의 질서』(개정판), 44쪽.]

36) Foucault, *L'Ordre du discours*, p.16. [『담론의 질서』(개정판), 17쪽.]

37) 『담론의 질서』에서는 헤시오도스와 플라톤 사이에 일어난 진리의 의지의 변화를 다뤘지만, 『지식의 의지에 관한 강의』에 들어가면 플라톤 대신 아리스토텔레스 모델을 분석한다.

식을 구조화하는 체계를 수립하게 되는 것이다.[38] 그리고 그 실효성은 '제도'로 뒷받침된다. 희랍의 경우, 민주주의 도시국가에서는 시민들에게 산수를 통해 산술적 평등 관계를 고취시켰지만, 과두정에서는 기하학을 가르쳐 비례적 (불)평등을 인지시키는 식이다. 이렇게 제도로 뒷받침된 진리의 의지는 한 담론이 다른 담론 영역에도 구속력을 갖고 영향을 미칠 수 있게 된다.[39]

진리의 의지la volonté de vérité는 니체에게서 차용한 개념이다. 니체는 『즐거운 학문』, 제5부, 344절("우리는 아직 어느 정도로 신심이 깊은가")[40]

---

38) 푸코는 『담론의 질서』에서 우리의 지식의 의지를 지배하는 배제 체계, 역사적으로 수립된 나눔의 유형들을 논한다. Foucault, *L'Ordre du discours*, p.16. [『담론의 질서』(개정판), 16~17쪽.] "물론 이 역사적 나눔은 그것의 일반적 형태를 우리의 지식의 의지에 부과했습니다. 하지만 그 역사적 나눔은 끊임없이 자리를 옮겼죠. 과학의 대변동은 아마 종종 어떤 발견의 귀결로 읽힐 수 있겠지만, 진리의 의지에서 새로운 형태가 출현한 것으로 읽힐 수도 있습니다. 19세기에 있던 진리의 의지는 분명 그것이 작동시키는 형태에서나, 그것이 관계하는 대상 영역에서나, 그것이 준거로 삼는 기술에서나, 고전주의 문화를 특징짓는 지식의 의지와는 일치하지 않습니다. 조금 더 거슬러 올라가보죠. 16세기에서 17세기로 넘어가는 전환기에, 특히 영국에서, 하나의 지식의 의지가 출현했습니다. 지식의 의지는 자신의 현실적 내용을 예상하면서 관찰 가능하고, 측정 가능하고, 분류 가능한 대상이 될 만한 것들의 도면을 그립니다. 지식의 의지는 인식하는 주체에게, 그리고 어떻게 보면 모든 경험에 앞서 어떤 위치, 어떤 시선, 어떤 기능(읽기보다 보기, 주해하기보다 검증하기)을 부여합니다. 지식의 의지는 인식이 검증 가능하고 유용해지기 위해서 투자될 기술적 수준에 의해서, 그리고 그 어떤 특정 도구보다 일반적인 방식으로 규정됩니다. 마치 플라톤이 도입한 거대한 나눔에서 출발하는 진리의 의지는 구속력 있는 진리들의 역사와는 다른 제 고유의 역사를 가진 것만 같습니다. 즉, 인식해야 할 대상이 그려진 도면의 역사, 인식하는 주체의 기능 및 위치의 역사, 인식의 물질적·기술적·도구적 투자의 역사[를 제 고유의 역사로 갖는 것입니다]." Foucault, *L'Ordre du discours*, pp.18~19. [『담론의 질서』(개정판), 17~18쪽.] 여기서 인식 대상과 인식 주체가 지식의 의지로부터 산출됨을 알 수 있다. 그리고 형태가 상이한 지식의 의지들은 특정 시기에 출현하며 나름의 역사를 갖는다. 푸코는 『지식의 의지에 관한 강의』에서 지식의 의지의 형태학을 탐구한다.

39) Foucault, *L'Ordre du discours*, pp.15~23. [『담론의 질서』(개정판), 16~21쪽.]

에서 학문의 토대가 되는 어떤 믿음이자 확신으로서 진리의 의지^{Wille zur Wahrheit}가 다뤄진다. "진리보다 더 필요한 것은 없다. 진리와 비교하면 그 밖에 다른 모든 것은 이차적인 가치밖에 지니지 못한다"는 명제로 표현할 수 있는 형이상학적 신앙. 진리의 의지는 그것 이외의 다른 모든 믿음을 "학문의 제단에 바쳐 도살"하는 희생을 치르면서 진리를 추구하려 한다. 기만하지 않고 기만당하지 않으려는 진리의 의지와 달리 "삶은 오류, 기만, 위장, 현혹, 자기기만에 기초"하고 있다. 따라서 진리의 의지는 삶에 대한 부정이요 "죽음의 의지"와 다름없다.

니체의 논의에서 푸코가 주목하는 진리의 의지의 세 가지 성격을 구분할 수 있다. 첫째, 도덕의 토대로서의 진리의 의지. "나는 기만하지 않고 싶다. 나 자신까지도." 둘째, 학문의 토대로서의 형이상학적 신앙. "진리보다 더 필요한 것은 없다. 진리와 비교하면 그밖에 다른 모든 것은 이차적인 가치밖에 지니지 못한다." 셋째, 비진리를 배제하는 참과 나눔의 체계. "어떤 희생을 치르고서라도" 형이상학적 신앙 이외의 모든 믿음을 제거하는 "진리 추구." 통념상 의지라는 단어는 첫 번째 성격에만 어울리는 것 같다. 하지만 푸코는 진리의 '의지'를 신념 체계나 배제 메커니즘으로 확장해 사용함에 주목하자. 진리의 의지란 "순수한 주관적 지향성이 품는 의지가 아니라 제도들에 의거하는 의지, 배제의 체계와 지배의 실천에 의해 구조화되며 역사적으로 다양한 형태들을 취하는 의지,"[41] "참된 담론을 조직하는 합리성의 구조"[42]와 다르지 않다.

40) 프리드리히 니체, 안성찬·홍사현 옮김, 『즐거운 학문/메시나에서의 전원시/유고 (1881년 봄~1882년 여름)』, 책세상, 2005, 320~324쪽. 『즐거운 학문』의 제5부는 제2판(1887)에 새로 추가된 내용으로서 『선악의 저편』과 밀접한 관계가 있다.

41) Frédéric Gros, "Michel Foucault, une philosophie de la vérité," in Michel Foucault, *Philosophie: Anthologie*, Paris: Gallimard, 2004, p.41.

42) 미셸 푸코, 오트르망(심세광, 전혜리) 옮김, 『비판이란 무엇인가? 자기 수양』, 동녘, 2016, 59쪽.

이런 니체 해석을 통해 푸코는 인식 주체와 인식 대상의 일치라는 전통적 진리 개념과 단절하고자 했다. 진리는 "발견해야 하거나 수용하게 만들어야 하는 참된 것들의 집합이 아니라 참과 거짓을 분간하고 참에 권력의 특정한 효과를 결부시킬 때 따르는 규칙들의 집합"[43]인 것이다. 이렇게 말할 수도 있다. "진리란 언표들의 생산, 법칙, 배정, 유통, 기능에 관한 규칙적인 절차들의 집합"을 뜻한다. "진리는 그것을 생산하고 지지하는 권력 체계, 그리고 진리에 의해 유도되거나 진리를 갱신하는 권력 효과들과 순환적으로 이어져" 있다.[44] 진리는 감각 세계 너머에서 빛을 발하는 이념이 아니라 이 땅에서 그것을 쟁취하려고 전투를 벌이는 대상이다. 푸코는 1971년 4월 캐나다의 맥길대학교에서 한 니체 강의에서 서구 철학 전통에서 의지-'자유'-진리 절합 체계에 니체가 발견한 의지-'폭력'-진리 체계를 맞세운다.[45] 이 투쟁, 폭력이라는 성격은 지식의 의지에서 더 두드러진다.

『지식의 의지에 관한 강의』에서 푸코가 말하는 지식의 의지의 전거는 『즐거운 학문』, §333이다. 거기서 니체는 베네딕투스 데 스피노자의 유명한 구절을 인용하며 시작한다. 비웃음, 탄식, 저주 같은 정념으로부터 인식을 떼어내려 한 스피노자와 달리, 니체는 인식이 그런 정념들, "서로 상이하고 대립되는 충돌들로부터 나온 결과"라고, 거꾸로 말하면 그런 충돌들이야말로 인식을 가능케 하는 가능성의 조건이라고 본다. 실상은 그

---

43) Michel Foucault, "Entretien avec Michel Foucault"(1977), *DÉ*, t.3: 1976-1979, p.159. 이것은 1976년 6월, 푸코가 알레산드로 폰타나, 파스콸레 파스퀴노와 나눈 인터뷰로서 이탈리아어로 먼저 출판됐다.

44) Foucault, "Entretien avec Michel Foucault"(1977), p.160.

45) Michel Foucault, *Leçons sur la volonté de savoir: Cours au Collège de France, 1970 -1971*, suivi de "Le savoir d'Œdipe," éd. s. dir. François Ewald et Alessandro Fontana, par Daniel Defert, Paris: Gallimard/Seuil, 2011, p.206. [양창렬 옮김, 『지식의 의지에 관한 강의: 콜레주드프랑스 강의, 1970~71년』, 도서출판 난장, 2017, 298~299쪽.]

런데, 사람들은 충동들이 화해·결산한 결과로서의 '의식된 사유'만 보고는 인식이 정의롭고 선하다는 잘못된 생각을 갖게 됐다는 것이다. 니체는 "인식은 **충동들 상호간의 특정한 태도**일 뿐"이라고 말했다. 여기서 강조된 구절이야말로 푸코가 말하는 '지식의 의지'를 가리킨다. 정초하는 의식적 주체의 속성이나 능력으로서 지식의 의지를 간주하는 전통 철학과 달리, 푸코는 지식의 의지를 주체의 산출 이전에 충동들 선에서 작동하는 힘관계로 간주한다.

푸코는 「니체, 계보학, 역사」에서 플라톤적인 역사의 양상에 맞서는 역사 감각의 세 번째 용법("인식 주체의 희생")으로 이를 암시했다. 보통 역사 의식은 중립적이고, 어떤 정념에도 빠져서는 안 되며, 오로지 진리에 몰두해야 한다고 가정된다. 하지만 이런 역사 의식의 가면 아래에는 "충동, 정념, 집요한 추궁, 극도의 잔인성, 악의," 폭력과 같은 지식의 의지가 발견된다는 것이다.[46] 푸코는 『지식의 의지에 관한 강의』에서 이와 동일한 주장을 철학 내지 형이상학의 차원에서 펼친다. 철학에서 참된 인식이란 중립적이고, 정념에 좌우되지 않으며, 오로지 진리에 도달하기 위한 과정으로 가정된다. 하지만 그 배후에는 충동, 정념, 악의, 폭력, 투쟁, 권력 등이 작동한다고 말하려는 것이다.

니체가 『선악의 저편』, §229 마지막 문장에서 말했듯, "이미 모든 인식욕[알고자 하는 의욕]Erkennen-Wollen에는 한 방울의 잔인성이 포함되어 있는 것이다."[47] 나아가 지식욕의 폭력성, 잔인성이 가속화되면 보편 진리에 대한 접근이나 자연에 대한 지배를 인간에게 쥐어주기는커녕 주체의 통일성을 파괴한다. 바꿔 말하면 지식의 의지는 우리 자신의 실험, 인식 주체의 희생을 요청한다. 인식 주체의 파괴와 해체는 지식의 의지의 폭력성을 한계까지 밀어붙일 때(이것은 푸코가 1950~60년대 내내 천착

---

46) Foucault, "Entretien avec Michel Foucault"(1971), pp.154~155.
47) 프리드리히 니체, 김정현 옮김, 『선악의 저편/도덕의 계보』, 책세상, 2002, 217쪽.

한 한계-경험의 한 형태일 것이다)에야 완수될 것이며, 우리는 그런 위험을 무릅쓸 필요가 있다는 것이 바로 푸코가 말하려는 바이다.

주디트 르벨은 컬럼비아대학교에서 열린 니체 세미나에서 「니체의 독자, 푸코」라는 글을 발표했다.[48] 르벨은 발표 전반부에서 「니체, 계보학, 역사」의 니체와 『지식의 의지에 관한 강의』의 니체는 다르다고 주장한다. 이유는 다음과 같다. 논문에서 푸코는 진리, 즉 기원의 말에 대한 탐구를 거부하는 전형적인 니체적 관점을 취하지만, 강의에서 푸코는 변환, 변화, 도약, 불연속 등의 복합적 의미를 띤 역사화 작업에 천착한다. 상이한 사유 체계들이 불연속적으로 대체되는 동시에 연속적으로 변환된다고 보는 관점은 니체가 아니라 당대의 역사학자들에게 영감을 받았다. 요컨대 강의에서는 진리에 대한 거부가 아니라 진리 게임을 재구성하는 것이 관건이 된다. 즉, 진리에 대한 접근이 역사적으로 어떻게 코드화됐고, 그에 따라 참과 거짓의 나눔이 어떻게 형식화됐으며, 어떤 대상, 담론, 실천이 진리라고 이야기될 수 있고 되어야 하는 것으로 어떻게 간주됐는지를 살피는 것이 중요해졌다는 것이다.

하지만 르벨이 말하는 변환의 역사는 푸코가 『말과 사물』의 한계를 교정하기 위해 『지식의 고고학』에서 세공한 것으로서, 이 계보학적 작업이야말로 니체로부터 영감을 받은 것임을 지적하지 않을 수 없다. 「니체, 계보학, 역사」의 니체와 『지식의 의지에 관한 강의』의 니체의 차이점이 중요한 것이 아니라, 두 저작에 일관되게 유지되는 푸코의 니체 독해, 특히 『즐거운 학문』에서 푸코가 주목한 '인식의 발명'이라는 테마가 중요하다. 그 테마 뒤에는 인식을 산출하는 지식의 의지에 대한 논의가 따라붙는다. 진리가 고정된 기원과 시작이 아닌 나름의 역사와 계보를 갖는

---

48) Judith Revel, "Foucault lecteur de Nietzsche," *Nietzsche 13/13*, Columbia Center for Contemporary Critical Thought, February 6, 2017. [blogs.law.columbia.edu/nietzsche1313/judith-revel-foucault-lecteur-de-nietzsche/]

까닭은 그것이 폭력, 투쟁, 힘관계의 산물로서 변환을 겪기 때문이다.[49] 푸코는 「진리와 법적 형태들」에서 이에 대해 잘 정리하고 있다.

② 담론적 실천: 『지식의 고고학』

지금까지는 푸코가 니체의 지식욕 개념을 어떻게 전유했는지 살펴봤다. 하지만 지식의 의지가 푸코 자신의 개념 체계 안에서 유래했음을 증명하는 대목이 있다.

첫해 강의를 편집한 드페르는 1971년 3월 17일 강의(본서 12강) 말미에 쪽수가 적히지 않은, 해당 강의에 이어지는 부분인지 아니면 다른 기회에 다시 손을 댄 것인지 알 수 없는 장을 붙여뒀다. 거기서 푸코는 자신이 강의에서 했던 것이 담론적 사건에 관한 분석이라고 말한다. 그러면서 '사건' 그리고 '담론적 사건'에 대한 정의를 환기한다. 이어서 플라톤이나 아리스토텔레스에서 발견되는 진리의 출현, 니체가 그것의 배후에서 진리의 의지, 지식의 의지라는 전혀 다른 것을 발견한 그 진리의 출현을 하나의 담론적 사건으로 볼 수 있다고 밝힌다. 따라서 지식의 의지란 푸코가 『지식의 고고학』에서 제출한 '담론적 사건' 개념을 서구 형이상학에 적용한 것임을 알 수 있다.

담론은 분산된 언표들이 빚어내는 담론적 사건으로부터 출현한다. 이 담론적 사건은 담론 주체, 담론 대상, 그리고 담론 주체가 담론 대상을 언표하거나 담론화하는 유형을 규정한다. 담론적 사건은 "제도, 법, 정치적 승리와 패배, 요구, 태도, 반란, 반동 사이에 분산되는 사건"인 만큼 그 자체로는 텍스트적이지도 담론적이지도 않다. 이와 유비적으로 지식의 의지에 관해 기술할 수 있다. 지식은 지식의 의지로부터 출현한다. 지식의 의지는 인식 주체, 인식 대상, 그리고 인식 활동 및 인식 내용에

---

49) Michel Foucault, "La philosophie analytique de la politique"(1978), *DÉ*, t.3: 1976-1979, p.544ff.

대한 명제학적 기술 방식을 규정한다. 지식의 의지는 (첫해 강의의 사례를 들어 말하자면) 농민의 채무, 화폐 제도 수립, 정화 의례, 사회 계급의 정치 투쟁을 둘러싸고 일어나는 힘관계이자 사건인 만큼 그 자체로는 지식적이지도 명제학적이지도 않은 전혀 다른 것이다.

엄밀히 말하면, "제도, 법, 정치적 승리와 패배, 요구, 태도, 반란, 반동 사이에 분산되는 사건"은 푸코가 『지식의 고고학』에서 비담론적 영역 내지 비담론적 실천이라고 이야기했던 것과 크게 다르지 않다. 푸코는 "고고학은 담론 형성과 비담론적 영역(제도, 정치적 사건, 경제학적 실천과 과정) 사이의 관계를 드러내기도 한다"[50]고 말했다. 이를테면 부의 분석의 형성 체계는 상품 순환, 상품 순환 효과에 동반되는 화폐 조작, 상업과 수공업 보호 체계, 화폐 주조에 사용되는 금속량 변동과 같은 비담론적 조건들 및 실천들과 연관되어 있다.[51] 『지식의 의지에 관한 강의』에서는 고대 희랍의 정의 담론 형성과 관련된 비담론적 영역들을 고찰했던 것이라고 할 수 있다.

③ 권력-지식: 『형벌의 이론과 제도』와 『성의 역사』 1권
지식의 의지란 인식 대상과 인식 주체를 산출하는 지식의 장 안에서 일어나는 상이한 힘들, 전략들 간의 투쟁을 가리킨다. 푸코는 1971~72년부터 이 지식의 의지를 '권력-지식'이라고 바꿔 부르게 된다. 『형벌의 이론과 제도』 13강(1972년 3월 8일)에서 푸코는 지난해 강의, 즉 『지식의 의지에 관한 강의』를 이렇게 정리한다.

지난해에는 '지식의 의지'라는 문제를 제기했다.

---

50) Foucault, *L'archéologie du savoir*, p.212. [『지식의 고고학』(개정판), 226쪽.] 다음의 논문에서는 비담론적 맥락의 예로 제도, 사회적 관계, 정치적·경제적 정세가 언급된다. Michel Foucault, "Réponse à une question"(1968), *DÉ*, t.1: 1954-1969, p.676.

51) Foucault, *L'archéologie du savoir*, p.229. [『지식의 고고학』(개정판), 243쪽.]

— 전통적인 철학 분석에서는 인식(인식하는 주체)이 기원에, 인식의 뿌리에 놓이곤 했다.

　　이미-거기에 있는 주체

　　이미 작동 중인 인식

　　이미 주어진 인식 대상

호기심의 심리학, 기억과 망각(우리는 그것을 흔적/억압으로 바꿀 수 있다)의 형이상학.

— 니체의 분석은 인식의 배후에서 인식과 전혀 다른 것을 찾는다. 인식하는 주체와 인식 자체는 전혀 다른 것의 효과이다.

이 전혀 다른 것의 목록을 작성하는 게 중요하다.

인식의 '형태', 인식의 주체, 인식해야 할 대상의 열린 장, 획득된 인식 뭉치 배후에 있는 것, 이 모든 것 배후에 있는 것이 바로 권력 관계이다. 즉, 권력이 지식을 창조해내고 다시 지식이 권력을 증대시키는 권력 형태들의 세팅인 것이다. 형성, 전위, 순환, 집중의 무한정한 게임인 권력 관계 안에서, 권력의 보충, 남용, 강화, 지식의 증대, 더 많은 지식, 초-지식이 쉴 없이 일어난다. 그것이 바로 '권력-지식'의 수준이다.[52]

『지식의 의지에 관한 강의』에서는 인식 배후에 있는 전혀 다른 것으로서 '지식의 의지'가 있다고 했으나, 『형벌의 이론과 제도』에서는 '권력

---

52) Michel Foucault, *Théories et institutions pénales: Cours au Collège de France, 1971 -1972*, éd. s. dir. François Ewald et Alessandro Fontana, par Bernard E. Harcourt, Paris: Gallimard/Seuil, 2015, p.213. [김상운 옮김, 『형벌의 이론과 제도: 콜레주드프랑스 강의, 1971~72년』, 도서출판 난장, 근간.] 이에 근거해 미셸 세넬라르는 '권력-지식' 개념이 1972년에 만들어졌다고 본다. Michel Senellart, "Situation du cours," in Michel Foucault, *Du gouvernement des vivants: Cours au Collège de France, 1979 -1980*, éd. s. dir. François Ewald et Alessandro Fontana, par Michel Senellart, Paris: Gallimard/Seuil, 2012, p.338. [김상운 옮김, 『생명체의 통치에 관하여: 콜레주드프랑스 강의, 1979~80년』, 도서출판 난장, 근간.]

관계'가 있다고 한 셈이다. 위 구절에 이어서 푸코는 자신의 연구가 과학사에서 ('인식론적 모체'를 통해) 고고학으로, 그리고 고고학에서 (측정/적도, 시련, 조사라는 지식의 '법적-정치적' 모체들을 통해) 권력-지식으로 이동했다고 밝힌다.53) 측정/적도, 시련, 조사와 같은 지식의 법적-정치적 모체들에 관한 분석이 『지식의 의지에 관한 강의』에서 시작된 만큼, 권력-지식의 문제틀도 콜레주드프랑스 첫 강의에서 이미 시작됐다고 볼 수 있다. 그리고 알다시피 이 문제틀을 명료하게 그리고 출판을 통해 공개적으로 정식화한 것은 『감시와 처벌』(1975)이었다. 물론 그 때문에 우리는 한동안 권력-지식론이 『감시와 처벌』에서 갑자기 등장했다고 오인하게 됐지만 말이다.

> 권력은 (단순히 지식이 권력에 봉사하므로 지식을 조장하거나 지식이 유용하므로 지식을 적용하려는 것만이 아니라) 어떤 지식을 산출한다는 것, 권력과 지식은 직접적으로 서로를 함축한다는 것, 자신에게 상관적인 지식의 장을 구성하지 않는 권력 관계도 없고 권력 관계를 동시에 가정하고 구성하지 않는 지식도 없다는 것을 우리는 인정해야 한다. 따라서 이런 '권력-지식' 관계는 권력 체계와 관련해 자유로울 수도 있고 자유롭지 않을 수도 있는 한 인식 주체에 입각해 분석되지 않는다. 반대로 인식하는 주체, 인식해야 할 대상, 인식의 양태 모두가 권력-지식의 근본적 함축[귀결]이자 그것의 역사적 변환의 효과임을 고려해야 한다. 요컨대 권력에 유용하거나 저항하는 지식을 산출하는 것은 인식 주체의 활동이 아니라 권력-지식, 그러니까 지식을 가로지르고 그것을 구성하면서 인식의 가능한 형태와 영역을 규정하는 과정 및 투쟁인 것이다.54)

---

53) Foucault, *Théories et institutions pénales*, p.214. [『형벌의 이론과 제도』, 근간.]

54) Michel Foucault, *Surveiller et punir: Naissance de la prison*, Paris: Gallimard, 1975, p.32. [오생근 옮김, 『감시와 처벌』(개정판), 나남, 2016, 58~59쪽.]

여기서 우리는 인식 주체, 인식 대상, 인식 양태를 규정하는 과정 및 투쟁으로서 지식의 의지가 권력-지식으로 대체됐음을 분명히 확인할 수 있다. 어쨌든 '권력-지식' 개념이 만들어지고 나서 지식의 의지는 푸코의 텍스트에서 잘 등장하지 않는다. 『성의 역사』 1권의 부제에 그 흔적이 남아 있는 것이 예외라고 느껴질 정도이다.

『성의 역사』 1권에서 푸코는 성에 관한 "담론을 뒷받침하는 권력-지식-쾌락 체제의 작동과 존재이유를 결정하는 것"이 관건인바, 이를 분석하기 위해 담론화-권력의 테크놀로지-지식의 의지라는 세 가지 심급을 제시한다. 여기서 지식의 의지는 좁게는 "섹슈얼리티의 과학을 구성"하고, 성과 관련된 "담론을 생산하거나 산출하는 매체이자 수단"이요,[55] 넓게는 "지식을 생산하고 담론을 증가시키고 쾌락을 유발하고 권력을 낳는 실증적 메커니즘"[56]으로 지칭된다. 다음의 구절도 주목할 만하다. "19세기에 성에 관한 진리 담론을 가득 채운 오류, 순진함, 도덕지상주의를 설명하는 대신에 근대의 서양을 특징짓는 방법, 즉 성과 관련된 지식의 의지가 고백의 관례를 과학적 규칙성의 도식 속에서 작동하게 한 방법을 찾아내는 것이 더 유익할 듯하다. 성적 고백을 강요한 그 광범위한 전통이 어떻게 과학의 형태로 전환되기에 이르렀을까?"[57]

이를 일반화해 말하면, 어떤 대상과 그와 관련된 의례/행위를 과학적 형태 내지 과학적 규칙성 안에서 작동하도록 만드는 기법을 지식의 의지라고 부를 수 있을 것이다. 이런 설명은 푸코가 『지식의 고고학』에서 내린 지식에 대한 정의, 즉 "한 담론적 실천에 의해 규칙적인 방식으로 형성된 요소들의 집합, 반드시 과학을 탄생시키는 것은 아니지만 한 과

---

55) Michel Foucault, *Histoire de la sexualité, vol.1: La volonté de savoir*, Paris: Gallimard, 1976, pp.19~20. [이규현 옮김, 『성의 역사 1: 지식의 의지』(3판), 나남, 2010, 18~19쪽.]

56) Foucault, *La volonté de savoir*, p.98. [『지식의 의지』(3판), 83쪽.]

57) Foucault, *La volonté de savoir*, p.87. [『지식의 의지』(3판), 74쪽.]

학의 구성을 위해서 필수불가결한 그런 요소들의 집합"58)과 맞아떨어
진다. 이는 지식의 의지의 '지식'이 『지식의 고고학』에서 정의된 '지식'
과 연결되어 있음을 보여주는 증거가 된다. 어떤 요소들을 과학을 탄생
시키지 않는 방식으로 형성하려는 비-지식의 의지와 어떤 요소들을 과
학을 탄생시키는 방식으로, 과학적 규칙성을 부여하여 형성하려는 지식
의 의지가 있다고 말할 수 있을 것이다.59)

『성의 역사』 1권에서 지식의 의지는 (방금 인용한 구절들에만 등장할 뿐)
핵심 개념이 아니다. 다른 인터뷰에서도 지식의 의지는 그 지위를 상실
한다. 푸코가 사용하는 개념 체계에서 지식의 의지는 왜 갑자기 사라졌
을까? 푸코는 그것을 왜 '권력-지식'이라는 개념으로 대체했을까?
　　첫째, 푸코의 방법론에서 단절은 아니지만 강조점의 변화가 있다. 앞
서 지적했듯이 푸코는 고고학-인식론의 문제틀에서 계보학-권력 분석
론으로 관심이 이동했다. 이 변화는 과학사에서 법·정치적 제도와 실
천에 대한 분석으로 연구 초점이 옮아가는 형태로 나타난다. 흥미롭게

---

58) Foucault, *L'archéologie du savoir*, p.238. [『지식의 고고학』(개정판), 252쪽.]

59) 『성의 역사』 1권 제3장(「스키엔티아 섹수알리스」)에서 푸코는 동물이나 식물의 생
식에 관한 과학적 생리학과 인간의 성에 관한 빈약한 담론(성의 의학)의 차이와
관련해 이렇게 말한다. "하나는 서양에서 과학 담론의 확립을 뒷받침한 그 막대
한 **지식의 의지**에 속하는 반면, 다른 하나는 끈질긴 **비-지식의 의지**와 관련되어 있을
지 모른다. 시대에 뒤떨어진 맹신뿐만 아니라 틀에 박힌 무분별, 즉 듣지도 보지도
않으려는 거부의 태도, 그러나 아마 핵심적일 사항으로서, 누구나 출현하게 만들
거나 강압적으로 표명되기를 요구하는 바로 그것을 대상으로 하는 거부의 태도가
19세기에 성에 관해 행해진 학자들의 담론에 스며들었다는 것은 부인할 수 있는
사실이다. 사실 몰이해는 진리에 대한 기본적 관계를 토대로 해서만 일어날 수 있
을 뿐이다. 그것은 진리를 피하고 진리에 이르는 통로를 차단하고 진리를 가리기
이다. 즉, 이중인화(二重印畵)에서처럼, 그리고 최종 심급의 우회에 의해, 필수불
가결한 지식의 요구에 역설적 형태를 부여하러 오는 그만큼 많은 국지적 전술이
다. 인정하려고 들지 않는 것도 역시 **진리의 의지**의 결과이다." Foucault, *La volonté
de savoir*, pp.73~74. [『지식의 의지』(3판), 61~62쪽. 강조는 인용자.]

도 이런 변화는 푸코가 문학이나 니체에 관해 이야기하지 않게 된 상황과 시기적으로 일치한다. 푸코가 형벌 체계를 연구하고, 감옥정보그룹을 통해 현실에 개입하면서 권력에 대한 관점이 바뀌었기 때문이다. 푸코는『담론의 질서』때까지만 해도 권력에 대한 전통적 관념을 받아들였으나, 1971~72년에 감옥에 관해 경험하고 연구하면서 권력에 관한 생각을 바꾸게 됐다고 회고한다. 이제는 법이 아니라 기술과 전략의 용어로 권력을 분석하는데, 이런 틀은『감시와 처벌』에서 확립되고『성의 역사』1권에서 활용됐다고 한다.60) 그렇다면『지식의 의지에 관한 강의』에 사용된 '지식의 의지'와『성의 역사』1권의 '지식의 의지' 사이에 변화가 있을까? 그런 것 같지는 않다. 오히려 '지식의 의지'라는 개념은『지식의 의지에 관한 강의』이후에는 거의 등장하지 않는다. 푸코는 광기, 정신질환, 섹슈얼리티 등이 어떻게 지식의 대상이 됐는가라는 물음에서 출발한다. 그 물음은 광기를 광기로 인식하는 주체의 산출, 그리고 인식 주체와 인식 대상을 산출하는 지식의 의지라는 물음을 요청했다. 하지만 푸코는 제도, 장치 등의 개념을 가지고 지식의 의지를 대체해버렸다. 지식의 의지는 1960년대 내내 푸코를 사로잡았던 광기-문학(위반, 한계경험, 바타유, 블랑쇼)-니체 계열에 의거해 '권력'을 사유하기 위해 만들어낸 최종 개념으로 봐야 한다.

둘째, 지식의 의지라는 표현 자체가 야기하는 난점이 있다. la volonté de savoir는 '알고자 하는 의지'로 이해되기 마련이다. 물론 이는 아리스토텔레스가『형이상학』에서 말했던, 인간이 자연적으로 가진 인식에 대한 욕망을 가리키는 데에는 문제가 없다. 하지만 의지라는 단어는 의지를 가진 인식 주체 내지 윤리적 주체를 자연스레 상기시키므로 푸코가 말하고자 했던 바를 효과적으로 보여주지 못한다. 정초하는 초월적 주

---

60) Michel Foucault, "Les rapports de pouvoir passent à l'intérieur des corps"(1977), *DÉ*, t.3: 1976-1979, pp.228~229.

체 개념에서 벗어나려는 철학이 의지라는 단어가 들어간 개념들을 유지하는 데 따르는 오해와 부담이 있는 것이다. 그것을 피하기 위해서 푸코는 의지란 어떤 주체가 지식이나 진리를 얻고자 하는 심리적 경향을 가리키는 것이 아니라 지식이나 진리의 경계설정을 둘러싼 충동, 욕망들 사이의 갈등과 투쟁을 가리키는 단어일 뿐이라는 해명을 매번 덧붙이는 수고를 해야 한다. 니체가 의지라는 단어에서 "모든 작용을 작용하는 자"로서의 '주체,' "활동, 작용, 생성 뒤에 있는 어떤 존재"로서의 '주체'를 만들어내고자 하는 "언어의 유혹"에 빠질 것이 아니라 '충동,' '작용,' '힘' 같은 단어를 떠올려야 한다고 누차 말했음에도 불구하고[61] 사람들이 그 본의를 이해하기 어려워했듯 말이다. 그에 비해 권력-지식은 푸코가 지식의 의지 개념을 통해 말하고자 했던 바를 더 잘 드러낼 수 있다. 소크라테스, 플라톤 이래 서구 형이상학에서 지식은 권력을 배제함으로써 자신의 진리를 확보하고자 했다.[62] 하지만 권력-지식은 지식이 권력과 불가분함을 가리키기에 적합하다.

셋째, 지식의 의지와 권력-지식은 동일한 사태를 가리키는 다른 이름인 것만은 아니다. 그 둘 사이에는 의미상의 변화가 있다. 니체에게서 차용한 지식의 의지는 지식이 힘관계에 의해 사건처럼 산출되는 상황을 가리키는 데 그치는 반면, 권력-지식은 힘관계에 의해 지식이 만들어질 뿐 아니라 지식이 다시 권력에 영향을 미치는 상황을 가리키는 개념인 것이다.[63]

---

61) 니체, 『선악의 저편/도덕의 계보』, 377~378쪽.

62) Foucault, "La vérité et les formes juridiques," p.570.

63) "(푸코가 해석한) 니체와 푸코 자신 사이에는 약간 차이가 있다. 니체에게 근본적으로 중요한 것은 힘들의 투쟁이 지식을 가능하게 한다는 사실이며, 따라서 힘의 차원에 근원적인 지위가 주어진다. 반대로 푸코는 권력이 지식을 가능케 할 뿐 아니라 지식이 권력을 가능케 한다는 것도 강조한다. 따라서 권력의 차원과 지식의 차원은 상호긴장 관계에 놓인다." Kojiro Fujita, "Force and Knowledge: Foucault's Reading of Nietzsche," *Foucault Studies*, no.16, September 2013, p.133.

이런 변화, 난점, 차이를 무릅쓰고서 푸코가『성의 역사』1권의 부제 자리에 지식의 의지를 남겨둔 것은 니체에게 진 빚을 갚기 위해서,[64] 혹은 지식의 의지라는 단어 자체가 주는 매혹 때문이었던 것 같다.

③ 진리의 체제, 지식의 체제:『생명체의 통치에 관하여』
1979~80년 콜레주드프랑스 강의인『생명체의 통치에 관하여』는『지식의 의지에 관한 강의』와 밀접한 연관이 있다. 형벌의 이론과 제도, 정신의학, 생명정치, 통치성 연구를 거쳐 9년 만에 푸코는 자신의 연구 기획 및 방법론을 재정리한다.

1980년 1월 9일의 첫 강의에서 푸코는 이렇게 말한다. 자신은 '지배 이데올로기' 개념에 맞서 '지식-권력' 개념을 내세운 바 있으나, 이제는 낡고 진부해진 지식-권력이라는 테마를 '진실을 통한 통치'로 이동시켜야 한다고. 권력보다는 통치, 즉 "사람을 인도하고, 사람의 행위를 지도하고, 사람의 행위를 인도하기 위한 메커니즘과 절차"가 더 조작적(편리한) 개념이라고. 푸코는 이전 두 해의 강의, 그러니까『안전, 영토, 인구』에서는 17세기 국가 이성의 탄생을,『생명정치의 탄생』에서는 동시대 미국과 독일의 자유주의를 다뤘다고 밝힌다. 그리고 이제 지식이라는 개념을 진실의 문제 속에서 세공하겠다고 말한다.[65] 이 틀에서 푸코는 권력 행사와 진실 표명/현현의 관계를 탐구한다. 이어지는 세 번의 강의에서 푸코는「오이디푸스의 지식」이나「진리와 법적 형태들」에서 제시한『오

---

64) "저는 니체에 관해 강의를 몇 번 했지만 글을 쓴 적은 거의 없습니다. 제가 니체에게 조금 떠들썩하게 오마주했던 것은『성의 역사』1권 제목을 '지식의 의지'라고 한 게 유일합니다." Foucault, "Structuralisme et poststructuralisme," p.444. [『비판이론과 지성사』, 71쪽.]

65) Michel Foucault, *Du gouvernement des vivants: Cours au Collège de France, 1979 -1980*, éd. s. dir. François Ewald et Alessandro Fontana, par Michel Senellart, Paris: Gallimard/Seuil, 2012, pp.12~14. [김성운 옮김,『생명체의 통치에 관하여: 콜레주드 프랑스 강의, 1979~80년』, 도서출판 난장, 근간.]

이디푸스 왕』분석을 살짝 변주해 되풀이 한다. 그리고 그리스도교에 관한 연구로 넘어가기에 앞서 자신의 연구 계획을 이렇게 재정리한다. "근본적으로, 제가 하고 싶지만 하지 못할 것임을 알고 있는 것, 그것은 참의 힘의 역사, 진리의 권력의 역사, 따라서 같은 생각을 다른 측면에서 취해본 지식의 의지의 역사를 쓰는 것일 겁니다."[66]

『지식의 의지에 관한 강의』에서 푸코는 '지식의 의지의 형태학'을 쓰겠다고 했는데, 『생명체의 통치에 관하여』는 정확히 참의 힘의 역사, 진리의 권력의 역사, 지식의 의지의 역사를 쓰는 것이 관건이라고 명시한다. 하지만 크게 보면 『지식의 의지에 관한 강의』도 푸코의 사유의 전체 기획인 '진리의 역사'에 관한 탐구에 집어넣을 수 있다. 그것은 분명 1880년대 니체의 저작들에 크게 빚진 것으로서, 니체의 진리의 역사에서 출발해 현상학으로 빠졌던 장-폴 사르트르와도 다르고 니체를 통해 욕망의 문제를 사고했던 들뢰즈와도 다른 것이다. 푸코의 문제는 늘 "진리, 진실 말하기, wahr-sagen(진실을 말한다는 것), 진실 말하기와 재귀성, 즉 자기의 자기에 대한 재귀성의 형태 사이의 관계"[67]였다.

푸코는 『생명체의 통치에 관하여』에서 진리의 체제, 지식의 체제라는 개념을 도입한다. 위에서 이미 지적한 바 있듯이 진리의 의지 내지 지식의 의지라는 개념이 야기하는 난점이 있으며, 푸코 역시 그 점을 인정했기 때문이다. 드페르의 인터뷰를 읽어보자.

푸코는 '진리의 의지'라는 표현을, 아마 제 생각으로는, 『광기의 역사』나 『임상의학의 탄생』에서 이미 단어로 사용한 바 있습니다. 간단히 말해 그 개념이 이미 등장하는 대목이 있는 것이죠. 푸코는 1967~68년부터

---

66) Foucault, *Du gouvernement des vivants*, pp.98~99. [『생명체의 통치에 관하여』, 근간.]

67) Foucault, "Structuralisme et poststructuralisme," pp.444~445. [「비판이론과 지성사」, 72~73쪽.]

니체 읽기에 매달렸는데, 니체 독해와 진리의 의지에 몰두했을 때 푸코는 권력 의지가 아니라 지식의 의지에 관심 있다고 했어요. 사실상 진리의 의지와 지식의 의지 사이에는 약간 연속적인 미끄러짐이 있습니다. 푸코는 그 개념 때문에 난처해했어요. 어찌 보면 푸코는 주체를 필요로하지 않고 진리의 의지 개념을 도입하는 철학을 어떻게 할 수 있을까, 라고 이야기하니까요. 푸코는 그 문제를 꺼내기는 했지만 그리 발전시키지는 않습니다. 푸코가 말한 것이라고는, 진리의 의지는 배제의 체계라는 것뿐입니다. 다시 말해 갑자기 푸코는 이 진리의 의지라는 개념에 주체성의 내용을 집어넣은 것이 아니라 익명의 체계라는 내용을 집어넣은 겁니다. 이건 정말 이상한 거죠! 저는 진리의 의지나 지식의 의지 개념이 불편했습니다. …… 푸코도 그렇게 이야기해요, 난처하다고. 주체 없이 지식과 진리에 대한 분석을 하려 할 때, 진리의 의지 개념을 사용한다는 게 무슨 뜻일까, 라면서요. 푸코는 이렇게 궁지에서 빠져나와요. 좋다. 그것은 배제의 체계요 금기의 체계이다. 그렇게 푸코는 자신이 이성에 관해 이미 했던 분석들에 다시 위치하게 됩니다. 푸코는 후딱 말했지만 몇 번이고 되돌아오죠. 그리고 정말로 훨씬 나중에 '진리의 체제'라는 개념을 가지고 1970~71년 강의 당시의 쟁점을 재개하게 됩니다. 의지 안에 있는 주체성의 모종의 '잔재'를 철저히 일소하면서 말이죠.[68]

진리의 체제란 "개인들이 어떤 진리 행위를 하도록 구속하는 것," "이 행위의 형태를 정의·규정하고, 이 행위들이 효력을 발휘할 수 있는 조건 및 특정 효과를 정립하는 것"이다. 요컨대 "진리 표명 절차와 관련해 개인들이 행해야 할 의무를 규정하는 것"을 가리킨다.[69] 푸코는 1980년

---

68) Orazio Irrera e Daniele Lorenzini, "Volontà di verità e pratica militante in Michel Fou -cault: Intervista a Daniel Defert," *Materiali Foucaultiani*, vol.1, no.2, luglio-dicem -bre 2012, pp.146~147.

2월 6일 강의에서 데카르트의 "나는 생각한다, 고로 존재한다"라는 유명한 구절을 분석한다. 푸코는 '고로' 내지 '그러므로' 아래에 암묵적인 또 다른 '그러므로'(그것은 참이다, 그러므로 나는 굴복한다)가 있다고 주장한다. 즉, 주체가 "나는 생각한다"는 사실을 명백한 참으로 인정하고 그것에 굴복하겠다고 해야만 "나는 생각한다"에서 "(나는) 존재한다"로 이행할 수 있다는 것이다. 주체로 하여금 참에 복종하고 구속하도록 만드는 이 체제는 이 체제를 거부하는 '광인'을 배제한다는 것이 푸코의 생각이다.[70] 이 점에서 푸코가 이성에 관해 이미 했던 분석들에 다시 위치하게 됐다는 드페르의 말을 이해할 수 있을 것이다.

우리의 눈길을 끄는 것은, 푸코가 같은 날 강의에서 진리 체제에 관한 연구("진리 표명을 그 절차와, 그리고 그 절차의 조작자인 주체와, 증인과, 경우에 따라서는 대상과 연결하는 관계 유형들에 관한 연구"[71])를 지식의 고고학 또는 (비)고고학이라고 명명한다는 사실이다. 바로 그 맥락에서 앞서 인용했던 구절이 등장한다. "근본적으로, 제가 하고 싶지만 하지 못할 것임을 알고 있는 것, 그것은 참의 힘의 역사, 진리의 권력의 역사, 따라서 같은 생각을 다른 측면에서 취해본 지식의 의지의 역사를 쓰

---

69) Foucault, *Du gouvernement des vivants*, p.91. [『생명체의 통치에 관하여』, 근간.] 또한 다음을 참조하라. "내 생각에 중요한 것은 진리가 권력 바깥에 있지도 않고 권력 없이 존재하지도 않는다는 것이다(그 역사와 기능을 재고할 필요가 있는 어떤 신화에도 불구하고 진리는 자유로운 정신에게 주어지는 보상, 기나긴 고독의 산물, 자신을 벗어던질 줄 알았던 자들의 특권이 아니다). 진리는 이 세계에 속한다. 진리는 이 세계에서 다양한 구속덕분에 만들어진다. 그리고 진리는 이 세계에서 권력의 규칙적인 효과들을 보유한다. 사회에는 저마다 진리의 체제, 진리의 일반적 정치가 있다. 즉, 사회에서 용납되고 참으로 기능하는 담론 유형, 참된 언표와 거짓된 언표를 구별하게 해주는 메커니즘과 심급, 언표들을 비준하는 방식, 진리 획득과 관련해 가치를 부여받은 기술과 절차, 참으로 기능하는 것을 이야기하는 일을 맡은 자들의 지위." Foucault, "Entretien avec Michel Foucault"(1977), p.158.

70) Foucault, *Du gouvernement des vivants*, p.96. [『생명체의 통치에 관하여』, 근간.]

71) Foucault, *Du gouvernement des vivants*, p.98. [『생명체의 통치에 관하여』, 근간.]

는 것일 겁니다." 이 대목은 우리에게 두 가지 점에서 흥미로운데, 첫째, 푸코는 지식의 고고학이라는 연구 프로젝트를 포기하지 않았다는 것(푸코가 '진리 체제' 연구가 과학과 이데올로기의 이분법적 나눔이나 과학사와 상관없다고 말할 때, 그것은 '지식의 고고학'이 과학과 이데올로기의 나눔이나 과학사와 구분된다고 말한 것의 반복으로 보일 정도이다). 둘째, 지식의 의지라는 단어를 참의 힘, 진리의 권력이라는 단어들과 병치시킴으로써, '의지'의 의미가 사실상 힘이나 권력임을 알려준다는 것.

『생명체의 통치에 관하여』에서 푸코가 재정리한 용어법으로『지식의 의지에 관한 강의』를 다시 정리할 수 있을 것이다. 그 강의는 "진리의 체제, 인간이 그것을 통해 자기 자신을 진리의 대상으로서 표명하는 진리의 체제가 어떻게 정치적, 법적 체제들과 연결되는지"를 보여주는 것이었다고 말이다. 푸코는 "지식의 체제, 그것은 강제와 구속을 하는 정치 체제와 특수한 강제와 구속의 체제인 진리의 체제가 절합되는 지점"이라고 말한다.[72] 드페르의 말대로 체제가 '의지'를 대체하는 말이라고 한다면, 우리는 사후적으로 위 구절을 이렇게 다시 쓸 수 있다. 지식의 의지란 강제하고 구속하는 정치적 체제(『지식의 의지에 관한 강의』에서는 법적 체제가 문제가 됐다)와 진리의 의지가 절합되는 지점이다, 라고. 푸코는 '체제'라는 단어를 "정치적인 것과 인식론적인 것 간의 절합"[73]으로 이해한다. 이전에 사용하던 '의지'라는 단어가 위 두 의미를 짊어지기는 어려웠을 것이다.

지금까지 우리가 논의한 바를 정리하는 지식의 의지의 계보를 그릴 수 있을 것이다. 담론적 실천 → 지식의 의지 → 권력-지식 → 통치성 + 진리의 체제. 이것은 단절과 폐기의 과정이라기보다는 동일한 니체적 문

---

72) Foucault, *Du gouvernement des vivants*, p.99. [『생명체의 통치에 관하여』, 근간.]

73) Foucault, *Du gouvernement des vivants*, p.99. [『생명체의 통치에 관하여』, 근간.]

제의식(진리의 권력의 역사) 속에서 더 '조작적인' 개념을 찾아나가는 부단한 과정이었다.

지식의 의지 – 진리/진실	권력 – 지식 – 통치성	통치 – (주체의) 진리/진실
진리의 의지	권력 – 지식 – 통치성	진리의 체계

3. 강의를 구성하는 축 (2) — 담론의 사건성과 물질성: 문학 비평과 궤변술

지식의 의지의 두 가지 상반된 형태학으로서 아리스토텔레스 모델과 니체 모델을 맞세운 뒤, 푸코는 소피스트의 궤변술로 넘어간다. 푸코가 소피스트를 다루는 이유와 맥락을 두 가지 맥락에서, 즉『지식의 의지에 관한 강의』이전 연구의 연속이라는 맥락에서, 그리고 이 강의 내에서 다루는 다른 테마와의 연결이라는 맥락에서 살펴볼 필요가 있다.

먼저, 철학의 무대에서 소피스트가 제거된 것은 푸코가『담론의 질서』에서 밝힌 배제의 세 번째 체계(참과 거짓의 대립)의 한 사례에 해당한다. 1971년 1월 6일 강의(본서 3강)에서 푸코는 이렇게 말한다.

> 외부를 제거하는 것이 중요했다. 인식 이론의 외부, 그것은 욕망이었거나 적어도 욕망으로 상징화됐던 것이었다. 철학사에서 외부를 대표하고 상징하는 것은 소피스트, 그리고 소피스트라는 인물이 수반했던 모든 것이다. 내가 아리스토텔레스의 이 구절에 주의를 기울인 까닭은 이렇다. 그 구절이 철학의 어떤 내부성을 정의하고 규정하는 것 같기 때문이고, 그 구절이 철학 담론의 어떤 바깥을 배척하는 것 같기 때문이다. 그것을 제거함으로써 철학의 존재 자체가 가능해지는 바깥, 그것에 철학 담론이 어렴풋이 기대는 바깥을.[74]

---

74) Foucault, *Leçons sur la volonté de savoir*, p.38. [『지식의 의지에 관한 강의』, 66쪽.]

이로부터『지식의 의지에 관한 강의』시기까지 푸코가 '바깥' 개념을 유지하고 있었음을 확인하는 동시에, 「바깥의 사유」[75]와 이 강의 내용이 연결된 것이 아닌가하는 가설을 세워볼 수 있다.[76]

푸코가 쓴 블랑쇼론의 서두는 "일찌기, '나는 거짓말한다'라는 단 하나의 단언이 그리스의 진실을 뒤흔들어놓았었다"라는 구절로 시작하는데, 이는 두말할 나위 없이 희랍의 유명한 거짓말쟁이 역설 또는 궤변의 사례를 염두에 둔 것이다. 그리고 "오늘날엔 '나는 말한다'가 현대의 픽션 전체를 시험대 위에 올려놓고 있다"라는 문장이 이어진다.[77] 여기서 "나는 말한다"는 어떤 의미도 전달하지 않는, 언어활동의 펼쳐짐이라는 적나라한 사태 자체인 '언어의 존재'l'être du langage를 가리키는 것이다. 내가 "나는 말한다"고 말하는 사태는 동어반복이나 마찬가지이며 반드시 참이다. 하지만 "나는 말한다"라는 진술은 말하는 주체의 사유를 담는

---

75) Michel Foucault, "La Pensée du dehors"(1966), *DÉ*, t.1: 1954-1969, pp.518~539. [심재상 옮김, 「바깥의 사유」,『미셸 푸코의 문학비평』, 문학과지성사, 1989, 186~215쪽.] 「바깥의 사유」에 대한 연구로는 다음을 참조하라. Peter Pál Perbert, "The Thought of the Outside, the Outside of Thought," *Angelaki*, vol.5, no.2, August 2000, pp.201 ~209; Kas Saghafi, "The 'Passion for the Outside': Foucault, Blanchot, and Exteriority," *International Studies in Philosophy*, vol.28, no.4, Winter 1996, pp.79~92; Jean-François Favreau, *Vertige de l'écriture: Michel Foucault et la littérature (1954-1970)*, Lyon: ENS Éditions, 2012.

76) 우리가 당장 구할 수 있는 문서가 「바깥의 사유」뿐이기 때문에 소피스트와 「바깥의 사유」에 나오는 언어론을 연결했지만, 더 중요한 자료는 푸코 문서고 박스 no.XLVIII에 담긴『지식의 고고학』준비 서류일 것이다. 푸코는 1966~67년에 논리학과 영미 분석 철학을 깊이 연구했고, 이때 작성한 노트들은 언어, 언어의 존재, 언어의 돌발, 언어의 '잔류'를 대상으로 하는『지식의 고고학』초고에 사용된다. 바로 이 준비 서류와『지식의 의지에 관한 강의』의 두 번째 축 사이에 모종의 연관 관계가 있을 것이라는 가설을 세워볼 수 있다. 푸코가 쓴 초고의 서론은 다음에 수록되어 있다. Michel Foucault, "《Introduction》à *L'Archéologie du savoir*" (texte établi et introduit par Martin Rueff), *Les Études philosophiques*, no.3, juillet 2015, pp.327~352.『지식의 고고학』의 초기 수고들에 관해서는 다음을 참조하라. Martin Rueff, "Notice," in Foucault, *Œuvres*, t.I, pp.1401~1430.

77) Foucault, "La Pensée du dehors," p.518. [「바깥의 사유」, 186쪽.]

도구나 매개이기를 그친다. 그 진술 속에서 주체는 자신의 공간을 언어에게 내어준다. 푸코는 이것을 두고 "말의 말"la parole de la parole, "말하는 주체가 사라지는 바깥"을 이야기한다.[78]

언어의 존재는 두 가지 효과를 낳는다. 첫째, 사유와 말의 분리. 「바깥의 사유」에서 문제가 되는 "나는 생각한다"(내부성을 정초하는 것)와 "나는 말한다"의 분리는 『지식의 의지에 관한 강의』에서 문제가 되는 생각 없이 그저 말을 위한 말을 쏟아내는 소피스트에 대한 플라톤-아리스토텔레스의 비판과 연결되는 지점이 있다. 파르메니데스 이래 서구 형이상학에서는 존재와 사유의 일치를 확보하기 위해 노력했으며, 그렇게 정초된 존재=사유를 다시금 언어와 일치시키는 것을 과제로 삼았다. 그리고 사유와 언어의 일치를 보증해주는 것이 존재에 대한 인식 또는 존재의 진리였는데, 소피스트는 바로 이 일치를 깨트렸던 것이다.

둘째, 진술의 물질성. 푸코는 『말과 사물』에서 언어의 존재를 다루면서 이렇게 말한다. "17세기와 18세기에는 언어의 고유한 존재 방식, 즉 세계에 새겨지는 유구하고 견고한 사물로서의 언어가 재현의 기능 속으로 사라졌고 모든 언어가 담론으로서만 가치를 지니고 있었다."[79] 세계에 새겨지는 유구하고 견고한 '사물'로서의 언어가 생각을 전달하고 사라지는 비물질적 표현으로 전락하는 상황. 이와 동일한 사태가 서구 형이상학이 정초되는 과정에서 이미 일어났던 것이다. 1971년 1월 6일 강의에서 푸코는 아리스토텔레스가 소피스트의 궤변술을 참된 추론에 반대되는 거짓 추론이 아니라 추론의 외견, 오류 추론으로 치부하면서 추론 자체에서 추방하려고 시도했음을 보여준다. 특히 궤변술은 참 또는 거짓으로 판별될 수 있는 명제학적 진술의 평면이 아니라 진술의 물질

---

78) Foucault, "La Pensée du dehors," p.520. [『바깥의 사유』, 189쪽.]

79) Michel Foucault, *Les Mots et les Choses: Une archéologie des sciences humaines*, Paris: Gallimard, 1966, pp.58~59. [이규현 옮김, 『말과 사물』, 민음사, 2012, 80~83쪽.]

성(그 진술이 의미하는 바의 비물질성이 아니라 말해진 것 자체의 사건적이고 물질적인 성격)의 수준에서 문제가 된다.

　푸코는 바깥의 사유를 전개한 사상가들로 위-디오뉘소스, 사드, 프리드리히 휠덜린, 니체, 스테판 말라르메, 앙토냉 아르토, 바타유, 클로소프스키, 블랑쇼를 든다. 그들 가운데 니체는 "서구의 모든 형이상학은 서구의 문법뿐 아니라 담론을 쥠으로써 말의 권리를 소지해버리는 자들과도 관계가 있다는 사실을 발견"[80] 한 인물이다. 『지식의 의지에 관한 강의』 전체는 니체의 문제틀, 바로 니체의 '바깥의 사유'를 발전시킨 것과 다르지 않다. 그 강의는 서구 형이상학을 정초한 참과 거짓의 체계(진리의 의지)와 그 담론 체계를 장악함으로써 말의 권리를 손에 쥔 자들의 이야기에서 출발하는 것이다. "아마도 욕망이 사드에게, 권력이 니체에게, 사고의 물질성이 아르토에게, 위반이 바타유에게 차지하는 역할을 맡고 있는 것이 블랑쇼에겐 이 끎l'attirance, 즉 순수하고 가장 적나라한 바깥의 경험이다."[81] 우리는 이 바깥의 경험의 목록에 '소피스트의 진술의 물질성'을 덧붙일 수 있을 것이다.

　『지식의 의지에 관한 강의』 안팎에서 다뤄진 다른 테마들과 소피스트가 어떻게 연결되는지 살펴보기 위해서는 「진리와 법적 형태들」에 이어진 원탁 토론을 참조할 필요가 있다. 거기서 푸코는 소피스트가 중요한 까닭을 다음과 같이 밝히고 있다.

　첫째, 소피스트에게서 전략적 담론 실천, 전략적 담론 이론을 확인할 수 있다. 그들은 소크라테스처럼 진리에 도달하기 위해 토론하는 것이 아니라 상대를 이기기 위한 담론을 구축했던 것이다. 이는 『일리아스』의 안틸로코스와 메넬라오스의 전차 경주 시비 장면에서 드러나는 진리 형태와 연결된다.

---

80) Foucault, "La Pensée du dehors," p.522. [「바깥의 사유」, 191쪽.]

81) Foucault, "La Pensée du dehors," p.525. [「바깥의 사유」, 196쪽.]

둘째, 소피스트에게서 담론의 실천은 권력 행사와 분리되지 않는다. 말을 한다는 것은 권력을 행사하고, 자신의 권력을 위험에 처하게 함으로써 이기거나 지는 것이다. 하지만 소크라테스 때부터 로고스(말)는 권력의 행사가 아니라 기억의 발휘가 됐다. 이는 『오이디푸스 왕』 분석에서 오이디푸스의 권력-지식이 민중의 기억-증언에 의해 위협받게 되는 상황과 연결된다.

이 두 이유는 고대 희랍의 진리 개념에서 일어난 이행, 즉 호메로스-소피스트 계열에서 소포클레스-소크라테스 계열로 가는 이행과 관련된 것이다. 소크라테스-플라톤주의와 소피스트주의 사이에는 철학자냐 수사학자/웅변가냐, 진리냐 효과냐, 지식이냐 승리냐라는 커다란 대립이 존재한다. 푸코는 담론의 권력, 담론의 효과, 담론의 전략을 사고한다는 점에서 마땅히 소피스트의 계열에 스스로를 위치시킨다. 푸코는 소크라테스-플라톤적 담론이 지배한 서구 철학에 이 은밀한 전통을 다시 도입하려 한다. "철학을 '수사학화'하고 진리의 의지를 파괴하기 위해서." 지식에서 분리됐던 권력을 다시 지식과 연결하기 위해서.82)

소크라테스-플라톤은 지식에서 권력을 분리해냈을 뿐 아니라, 진리에서 욕망을 분리해냈다. 그리고 우리는 이 문제틀을 푸코가 콜레주드프랑스에 취임하기 직전인 1970년 3월 미국 뉴욕주립대학교 버팔로 캠퍼스에서 했던 사드 강의에서 미리 엿볼 수 있다. 사드에 대한 두 번째 강의에서 푸코는 서양의 이데올로기적·철학적 기능을 역전하는 사드 담론의 다섯 가지 기능(탈거세 기능, 차이화 기능, 용도 기능, 경쟁 기능, 어떻게 해서 개인 자신이 전혀 아무것도 아닌가를 규정해주는 기능)을 정리한다. 그리고 사드가 욕망에 대한 진리를 말한 것이 아니라 "욕망과 진리를 서로서로에 기반해 유기적으로 재구성"했으며 "욕망의 진리 기능을 보여주고자" 했다고 말한다. 왜냐하면 "실로 사드는 욕망을 진리의

---

82) Foucault, "La vérité et les formes juridiques," pp.632~634.

절대권 아래 정돈시켰던 플라톤적 구축물을 욕망과 진리가 동일한 나선의 내부에 함께 속해 있어 서로 맞부딪히고 서로에게 맞서는 하나의 놀이로 대체한 인물"이었기 때문이다.[83]

힘관계와 진실/진리를 둘러싼 상이한 계열의 대립은 『"사회를 보호해야 한다"』에서도 확인된다. 한쪽에는 고대 희랍 철학 이래로 보편화한 철학적-법적 담론이 있다. 이 담론은 중립적인 진실과 평화로운 보편성을 추구하며, "적수들 사이에, 그 한가운데에, 그 위에 자리 잡은 채 각자에게 일반적인 법률을 부과하고 서로 화해하는 질서를 정초"하는 '입법자 솔론'을 모델로 삼는다. 한편 그 반대쪽에는 철학자나 법학자의 담론에 의해 주변부로 쫓겨났던 역사적-정치적 담론 내지 영구적 전쟁 담론이 있다. 여기서 말하는 주체는 불가피하게 어느 한 진영에 서서 자신의 권리를 내세울 뿐 아니라, 바로 그런 편향된 위치 덕분에 질서정연하고 평화로운 세계라는 환상과 오류를 깨뜨리며 진실을 더 잘 말할 수 있다. 이 담론은 "비대칭이 박혀 있는 법을 세우고, 힘관계와 연결된 진실을 정초하고, 무기로서의 진실, 특이한 법을 정초"하는 '소피스트'를 모델로 삼는다.[84] 이렇게 우리는 1976~78년 사이에 명시적으로 표명된 '니체의 가설,' '전쟁 담론'의 근원을 『지식의 의지에 관한 강의』에서도 찾아볼 수 있다.[85]

---

83) Michel Foucault, *La grande étrangère: À propos de littérature*, Paris: EHESS, 2013, p.218. [허경 옮김, 『문학의 고고학』, 인간사랑, 2015, 295쪽].

84) Michel Foucault, *"Il faut défendre la société": Cours au Collège de France, 1975-1976*, éd. s. dir. François Ewald et Alessandro Fontana, par Mauro Bertani et Alessandro Fontana, Paris: Gallimard/Seuil, 1997, pp.44~50. [김상운 옮김, 『"사회를 보호해야 한다": 콜레주드프랑스 강의, 1975~76년』, 도서출판 난장, 2015, 72~80쪽.]

85) 하지만 푸코는 『생명정치의 탄생』 1강(1979년 1월 10일)에서 전쟁 담론을 자연법이나 계약론과 같은 법-철학적 담론 곁에 다시 위치시킨다. 이는 푸코가 전쟁 담론을 폐기하고 통치성론으로 넘어간다는 해석의 주요 전거가 된다. 주목할 만한 연구로는 다음을 참조하라. 오모다 소노에, 김상운 옮김, 「전쟁에서 통치로: 1976

셋째, 소피스트에게 로고스(담론)는 물질적 실존을 갖는다. 말한 것은 물질적으로 존재한다. 말해진 사물의 물질성과 입으로 뱉어낸 단어 자체의 물질성이 있다. 푸코는 1971년 1월 13일 강의(본서 4강)에서 이렇게 말한다. "궤변은 엄격한 의미에서 도착倒錯이다. 말하는 주체는 궤변 속에서 자신의 진술의 육체, 즉 물질성과 이치에 맞지 않는 관계를 맺는다. 성숙한 도덕 질서에서 허락되지 않는 그런 관계를 말이다. 오늘날 진정한 소피스트는 어쩌면 논리학자들이 아니라 레몽 루셀, 장-피에르 브리세, 루이 울프슨이다."[86]

푸코가 이들을 언급한 것은 우연이 아니다. 콜레주드프랑스에서 강의를 시작한 바로 그 해(1970년)에 푸코는 장-피에르 브리세의 『논리적 문법』(1878) 재출간에 맞춰 붙인 서문 「일곱 번째 천사에 대한 일곱 개의 말」에서 브리세, 루셀, 울프슨의 기법을 비교했기 때문이다.[87] 소피스트와 이 세 작가에게 공통되게 발견되는 말·단어·담론의 물질성, 그리고 이 작가들의 기법과 『지식의 의지에 관한 강의』의 테마 사이의 연속성에 대해서만 짧게 언급하겠다.

~79년 콜레주드프랑스 강의」, 『푸코 이후: 통치성, 안전, 투쟁』, 도서출판 난장, 2015, 19~49. 이에 대한 비판적 검토로는 다음을 참조할 것. 김상운, 「옮긴이 해제」, 『"사회를 보호해야 한다"』, 347~401쪽. 여기서는 지식의 의지와 전쟁 담론, 니체 가설의 연속성 내지 미끄러짐을 밝히면 충분하므로 전쟁 담론과 통치성론 사이의 관계를 다루는 복잡한 논쟁은 제쳐두기로 한다. 다만 '잠정적으로' 우리가 견지하는 입장은 이렇다. 즉, 지식의 의지-전쟁 담론-통치성론 각각의 종별성과 긴장 관계가 있는 것은 사실이지만, 푸코는 (투쟁, 전략, 명령과 복종을 함축하는) 니체적 의지 개념을 포기하지 않았다. 또한 『"사회를 보호해야 한다"』, 『안전, 영토, 인구』, 『생명정치의 탄생』을 (생명정치냐 통치성이냐의 쟁점이 걸린) 독립된 시퀀스로 보기보다 콜레주드프랑스 강의 전체의 맥락, 그러니까 진리의 정치의 역사라는 틀에서 본다면 현재의 논쟁 지형을 다르게 볼 수 있을 것 같다.

86) Foucault, *Leçons sur la volonté de savoir*, p.61. [『지식의 의지에 관한 강의』, 96쪽.]
87) Michel Foucault, "Sept propos sur le septième ange"(1970), *DÉ*, t.2: 1970-1975, pp.13~25.

푸코는 1957년 7월 조제 코르티 책방에서 루셀의 『시각』(1904)을 우연히 발견했다. 처음에는 알랭 로브-그리예를 연상시키는 산문의 아름다움에 매료됐고, 차츰 루셀이 사용하는 글쓰기 기법이라든가 그의 강박증, 즉 광기에도 관심을 갖게 됐다.[88] 1962년에는 「레몽 루셀에서 말하기와 보기」라는 글을 발표하고, 1963년에는 『레몽 루셀』이라는 단행본을 출간했다.[89] 이 책에서 푸코는 루셀을 단지 정신병에 기인한 글쓰기를 선보인 작가로 환원하는 정신병리학적 비평과 거리를 두고 루셀이 사용하는 언어의 기능에 주목하려고 했다.

루셀의 기법 가운데 몇 가지만 살펴보자.

첫째, 메타그람^{métagrammes}. 철자를 바꿈으로써 발음이 비슷한 단어가 전혀 다른 의미를 갖게 만들기.

루셀은 『나는 내 책을 어떤 방법으로 썼는가』(1935)에서 자신의 책 『아프리카의 인상』(1910)의 토대가 된 텍스트 「흑인들 사이에서」(1898)가 billard라는 단어와 pillard라는 단어의 가까움에서 발생했다고 적고 있다. 정확히 말하면, 루셀은 "Les lettres du blanc sur les bandes du vieux billard"와 "Les lettres du blanc sur les bandes du vieux pillard"라는 최초의 두 문장을 구상했으며, 이 두 문장이 소설의 구성 전체를 결정하게 된다. 첫 문장과 두 번째 문장에서 동일한 단어는 다음과 같은 상이한 의미를 띠게 된다. lettres는 기호 활자 또는 편지. blanc은 분필 또는 백인. bandes는 테두리 또는 전사 무리. 따라서 「흑인들 사이에서」(그것은 청년기-텍스트$^{texte-jeunesse}$이자 발생-텍스트$^{texte-genèse}$이다)는 "낡은 당구대

---

88) 푸코가 레몽 루셀을 발견하게 된 계기에 관해서는 『레몽 루셀』 영어판에 붙인 인터뷰 「어떤 정념의 고고학」을 볼 것. Michel Foucault, "Archéologie d'une passion" (1984), *DÉ*, t.4: 1980-1988, pp.599~608.

89) Michel Foucault, "Dire et voir chez Raymond Roussel"(1962), *DÉ*, t.1: 1954-1969, pp.205~215; *Raymond Roussel*, Paris: Gallimard, 1963; 1992. 1962년의 논문은 『레몽 루셀』 1장의 바탕이 됐다.

테두리 위에 흰색 분필로 쓴 기호 활자"에서 출발해 "어느 백인(모험가)이 (「흑인들 사이에서」라는 제목 아래) 어느 늙은 약탈자(흑인 왕)의 전사 무리들에 관한 책을 편지 형태로 출간한 이야기"가 되는 것이다. 단어 billard에서 철자 b를 p로 대체하는 가운데 발생하는 이야기. 형태는 거의 비슷하지만 의미는 전혀 다른 두 단어에 의해서 문장을 구성하는 모든 단어들의 의미가 바뀌며, 그 의미 변화를 서술하는 가운데 작품이 발생하는 기법. 루셀은 billard와 pillard 말고도 berceau와 cerceau, crayon과 rayon 등 발음이 비슷한 단어들, 그래서 거의 메타그람(글자바꾸기 놀이)을 생각하게 만드는 것들을 이용한 언어 실험을 제시한다.[90]

철자를 바꿀 필요 없이, 두 가지 의미로 간주될 수 있는 한 단어와 역시 두 가지 의미로 간주될 수 있는 한 단어를 전치사 à로 연결하는 기법도 있다. palmier à restauration라는 표현을 예로 들어보자. 여기서 palmier는 과자라는 뜻과 종려나무라는 뜻을 모두 갖는다. restauration은 과자를 내놓는 레스토랑이라는 뜻과 왕정복고라는 뜻을 모두 갖는다. 이로부터, 탈루 왕조의 복고에 바쳐진 트로페 광장의 과자 이야기가 발생될 수 있다. 특히 『아프리카의 인상』의 중심 장소인 '비할 바 없는 자들의 클럽'le Club des Incomparables이라는 표현의 유래를 이렇게 설명한다. "1° Cercle(원) à rayons(기하학적 특징인 반지름). 2° cercle(서클) à rayons(광명); 이로부터 le club des Incomparables(비할 바 없는 자들의 클럽)이 나온다."[91] 푸코는 비슷한 표현을 통해 한 의미에서 다른 의미로 가는 이런 전위 공간 속에서 수사학의 형상들, 그러니까 비유, 환유, 제유, 은유, 환칭, 곡언, 대환 등이 발생한다고 보고 있다.[92]

---

90) Raymond Roussel, *Comment j'ai écrit certains de mes livres*, Paris: J. J. Pauvert, 1963, p.11.

91) Roussel, *Comment j'ai écrit certains de mes livres*, p.15.

92) Foucault, *Raymond Roussel*, p.24.

이런 식으로 루셀은 말과 사물의 관계를 완전히 재고한다. "말은 사물의 다른 얼굴로 나타나지 않고 그 자체 두 얼굴을 가진 현실이 되고, 이 두 얼굴은 자동적으로 상대와 일치되지 않는다. 이 기호와 의미의 관계에 혐오스런 형식을 부여하는 방식으로 언어의 사용을 그 한계로까지 밀고가면서 루셀은 언어란 전혀 사물을 말하기 위한 것이 아니라는 것, 아니 차라리 언어가 말하는 사물은 일반적으로 우리가 생각하는 것과 언제나 부합하는 것은 아니라는 것을 폭로했다."[93]

둘째, 암호문[cryptogrammes]. 단어의 음절, 끊어 읽기를 바꿈으로써 수수께끼 같은 문장 만들기.

예를 들어 루셀은 Gmeurt-éferla-Krit-KtueREDEM-ONscieur-dé-Barras라는 불가해하고 번역 불가능해 보이는 문장을 구상한다. 이것은 J'aimerais faire la caricature de monsieur Débarras[데바라스 씨의 캐리캐처를 하고 싶습니다]라는 발음이 비슷한 문장을 다른 식으로 끊어 읽어 만들어낸 것이다.[94] 역시 『아프리카의 인상』에 삽입되는 「시인과 무어 여인」이라는 콩트에서는 "J'ai du bon tabac dans ma tabatière"[내 담배쌈지 안에 좋은 담배가 있어]라는 문장을 해체해 "Jade tube onde aubade en mat (objet mat) a basse tierce"를 만들기도 한다.[95] 이것은 『소피스트적 논박』에서 아리스토텔레스가 논박한 분리의 궤변의 이형처럼 보이는 동시에, 의미 전달을 목적으로 하지 않고 입 밖으로 내뱉어지는 단어 자체의 물질성만 추구하는 사례에 해당한다.[96]

---

93) 피에르 마슈레, 서민원 옮김, 「루셀의 독자 푸코: 철학으로서의 문학」, 『문학은 무슨 생각을 하는가』, 동문선, 2003, 304쪽.

94) Roussel, *Comment j'ai écrit certains de mes livres*, p.168.

95) Roussel, *Comment j'ai écrit certains de mes livres*, p.20.

96) "푸코에 따르면 루셀은 언어 자체 외에 다른 어떤 것도 앞에 두지 않는 언어를 발명한다. 언어 깊숙한 곳에는 밝혀지길 기다리는 사물들의 무언의 진리 따위는 존재하지 않는다. 단어들, 여전히 단어들, 이미 이야기된 것의 무한정한 중얼거림, 사용되고 부서지고 재활용된 단어들이 존재하는 것이다." 1960년대 푸코의 문학적

루셀의 언어 실험은 "풍요로운 빈곤," 즉 사물을 모두 가리키기에는 수가 모자라서 같은 단어로 여러 대상을 가리킬 만큼 언어는 부족하고 결핍되어 있지만 각종 기법을 통해 더 풍부한 언어활동이 가능함을 보여준다.[97] 마찬가지로 『지식의 의지에 관한 강의』에서 푸코는 진술의 물질성이 "단어와 사물의 수적 불균등으로, 이름의 부족함으로 나타났다"[98]고 적었다.

푸코는 「일곱 번째 천사에 대한 일곱 개의 말」에서 브리세의 "여기 더러운 놈들이 잡혀 있다. 그들은 더러운 물에서 붙잡혔고, 대가를 치르는 방 안에 있다"(Voici *les salauds pris*; ils sont dans *la sale eau pris*, dans *la salle aux prix*)라는 문장을 다룬다. 우리말로 번역된 문장에서는 원문이 겨냥한 효과가 드러나지 않는다. 이탤릭체로 표시된 구절들은 모두 '살로프리'로 발음된다. (의미상) 차이나면서 (발음상) 반복되는 단어는 다양한 꾸밈새, 행위자, 급전을 뚫고 동일한 소음[bruit], 외침, 중얼거림이 출현하는 무대를 연출한다고 푸코는 설명한다. 그러면서 덧붙인다. "몽상가들은 언어의 기원을 탐구하려고 출발할 때 늘 이렇게 묻곤 한다. 첫 음소가 마침내 소음에서 벗어난 것은 어느 순간인가. 사물과 제스처를 넘어 갑자기 한 번에 순수한 상징 질서를 도입하는 그 순간은 어느 순간인가. 반대로 브리세의 광기는, 무대, 투쟁, 욕구와 폭력의 쉼 없는 게임에 붙잡힌 문장[담론]이 반복되는 커다란 소음, 뼈와 살을 가진 단어를 차츰차츰 형성한다고 이야기한다는 데 있다."[99] '기원'에 대한 탐구

글쓰기의 핵심은 "기원 없는 언어, 단어들로 표류하는 언어, 빈 중심에서 불어오는 바람결에 폭발하는 언어. 사물을 탈구시키는 언어, 진술하고 있다고 여기는 주체를 분쇄하는 언어"에 대해 말하는 것이었다. Frédéric Gros, "Lecteur de Roussel et Brisset," *Le Magazine Littéraire*, no.410, juin 2002, pp.40~42.

97) Foucault, *Raymond Roussel*, p.23.

98) Foucault, *Leçons sur la volonté de savoir*, p.46. [『지식의 의지에 관한 강의』, 79쪽.]

99) Foucault, "Sept propos sur le septième ange," pp.19~20.

와 반복되는 소음의 '발생'의 대립에서 「니체, 계보학, 역사」의 문제틀을 볼 수 있고, 상징 질서와 소음의 대립에서 소피스트로서의 브리세의 면모를 볼 수 있으며, 무대, 투쟁, 욕구와 폭력의 쉼 없는 게임 속에 있는 담론에서 지식의 의지의 문제틀을 볼 수 있다. 이처럼 『지식의 의지에 관한 강의』에는 푸코가 1960년대 내내 몰두했던 문학 언어 연구의 결실들이 곳곳에 녹아 있다.

4. 강의를 구성하는 축 (3) ─ 진리 효과들을 산출하는 법적-정치적 형태들

『지식의 의지에 관한 강의』의 전반부는 서구 형이상학의 진리의 의지가 소피스트의 궤변술을 축출하는 과정을 보여줬다. 후반부에서는 고대 희랍의 법·정치·경제·종교 체계에서 진리가 수립되는 과정을 보여준다.

이 후반부의 연구 테마들을 프레데릭 그로는 이렇게 정리한다. "콜레주드프랑스에서 이뤄진 첫 번째 강의는 서구에서 보편적이고 참되며 정의롭고 사심 없으며 중립적이고 객관적이며 순수하다고 자처한 담론(철학)의 외양을 문제 삼았다. 푸코는 이 담론이 고대 희랍에서 일어난 대대적인 사회정치 변혁을 얼마나 전제하는지 보여준다. 이 고대 희랍의 변혁에는 정의를 신의 맹렬한 힘의 현시로 보지 않고 인간의 측정/적도 및 인간의 질서 수립으로 보는 규정이 포함된다. 이를테면 화폐가 발명되어 도시국가 전체에 유통되고 사회적 유대를 상징할 수 있게 됐다. 공평무사한 익명의 법^{nomos}이 제정됐다. 범죄를 오점^{miasma}으로 규정하게 됐다. 이 모든 특징들(객관성, 보편성, 중립성, 정함)이 고전기 희랍과 이후의 서구 철학 담론의 기준으로 다시 발견되는 것이다. 1971년 푸코는 이 참된 담론의 발명이 동시에 일련의 배제에 토대를 둔다는 사실을 보여줬다. 견딜 수 없는 참의 차원을 역설하는 비극적 발화는 거부된다. 합의의 기만과 불의의 추문을 고발하는 혁명적 발화는 제거된다. 말할 권리를 가졌다고 주장하는 사람들 사이에서 정함과 부정함이 나뉜다. 희랍 사유를 대상으로 한 이 첫 번째 포괄적 연구는 서구의 진리의 의지(철학 담론의 실천적 뿌리인 동시에 이 담론이 야기한 불명료함에 대한 고발)를 기술하는 니체의 프로그램을 실현한 것으로 제시된다."[100]

전반부와 후반부를 연결하는 실마리는 무엇일까? 두 부분 모두 투쟁과 경합을 통해 산출되는 진리 관념이 무대에서 배제되며 중립적이고 보편적인 진리가 무대를 차지하는 과정을 그리고 있다. 예컨대 전반부에서는 아리스토텔레스 모델을 참조해, 본성에 새겨져 있으며 권력으로부터 분리된, 순수한 지식(인식)에 대한 욕망을 다뤘다면,[101] 후반부에서는 돌에 새겨져 있으며, 누구도 그것을 표현할 필요 없이 모두의 가슴 속에 현전하는 nomos가 등장한다.[102]

사소한 차이점도 있다. 철학적인 전반부에서 푸코는 아리스토텔레스의 텍스트들을 나름의 방식으로 해석하고 있는 반면, 역사학적인 후반부에서는 전문 연구자들의 선행 연구를 다수 참조하고 있다. 진리 문제에서는 마르셀 데티엔의 연구를, 테미스와 디케를 비롯해 고대 희랍의 '정의,' '재판'에 관해서는 루돌프 히르첼, 하르트비히 프리쉬, 귀스타브 글로츠, 루이 제르네의 연구를, 참주정에 관해서는 퍼시 네빌 유어, 앤소니

---

100) Frédéric Gros, "The Acients (Stoics and Cynics)," *The Cambridge Foucault Lexicon*, New York: Cambridge University Press, p.555. 다음과 같은 요약도 유용해 참조할 만하다. "계보학은 진리의 정치사로 이해된다. 그리하여 푸코는 인식론과 과학사의 각도에서가 아니라 사법적 실천들을 역사적 준거 삼아 진리의 문제를 숙고하게 된다. 상고기 희랍(거기서는 내가 신들의 분노에 노출되는 맹세-도전의 실천으로 상징화되는, 패배 내지 승리가 문제가 된다)에서 정의는 힘 관계를 뜻하다가 나중에 세계의 질서, 교환과 부채의 정확한 측정, (민주적이고) 평등한 관계로 그 뜻이 변하는데, 이런 개념 변화로 인해 측정/적도(수학과 여타 정량 과학의 원형)로서의 진리의 사회적 실천이 도래하게 된다(1971년 콜레주드프랑스 강의)." Gros, "Michel Foucault, une philosophie de la vérité," p.17.

101) Foucault, *Leçons sur la volonté de savoir*, p.9. [『지식의 의지에 관한 강의』, 27쪽.]

102) Foucault, *Leçons sur la volonté de savoir*, p.147. [『지식의 의지에 관한 강의』, 215쪽.]

P. 앤드류스의 연구(코린토스의 경우에는 에두아르 빌의 연구)를, 화폐와 권력 문제에 관해서는 베른하르트 라움과 에두아르 빌의 연구(nomos와 nomisma의 연결)를, 에우노미아, 이소노미아에 관해서는 빅토르 에렌베르크와 그레고리 블래스토스의 연구를 참조했다.

『말과 사물』에서 분명히 보여주었듯 푸코는 근대성(의 문턱)을 연구하는 데 관심 있었다. 그런데『지식의 의지에 관한 강의』에서 푸코는 왜 고대 희랍으로, 그것도 상고기까지 거슬러 올라갔을까?『말과 사물』에서도 그렇고, 이후 생명정치 연구에서도 그렇고 푸코의 관심은 근대성의 문턱을 연구하는 데 있지 않았는가? 측정과 정치의 관계를 밝히는 게 목적이라면 근대 '수량화 혁명'을 연구할 수도 있었을 테고, 형벌 이론과 제도 역시 우리와 가까운 근대의 사례를 밝히는 것으로 충분하지 않았을까? 굳이 고대 희랍의 사법 실천에서부터 중세 게르만법까지 검토할 필요가 있었을까? 희랍 사유에 대한 검토는 푸코가 니체적 문제틀에 입각하여 서구 형이상학 전체, 나아가 사법 실천 전체를 근본적으로 다시 사고하기 위해 필수불가결한 것이었을 테다. 그리고 그 작업의 목적은 서구 형이상학사, 사법사를 그 기원으로 거슬러 올라가 있는 그대로 서술하는 것이 아니라, '현재'를 규정하는 진리의 의지, 그리고 지식의 의지의 '형태들'을 뽑아내는 것이었다.

푸코는『형벌의 이론과 제도』의 강의요지에서 이렇게 적고 있다. "작년에 **측정/적도**는 희랍 도시의 구성과 연결된 '권력-지식'의 형태로서 분석됐다. 올해 **조사**는 같은 방식으로 그것이 중세 국가 형성과 맺는 관계 속에서 연구됐다. 내년에는 산업 사회에 고유한 통제, 배제, 처벌 체계와 연결된 권력-지식의 형태로서 **검사**를 검토할 예정이다. 측정/적도, 조사, 검사는 모두 그것의 역사적 형성에 있어서 권력을 행사하는 수단들이자 지식을 수립하는 규칙이었다." 푸코가 여기서 말하는 '권력-지식'이란 어떤 지식도 권력의 형태인 소통, 등록, 축적, 변위 체계 없이 형성되지 않고, 어떤 권력도 지식의 추출, 전유, 분배, 보유 없이 행사되지 않는 상황을 가리키는 표현이다.[103]

어쨌든 『지식의 의지에 관한 강의』에서는 측정/적도가 관건이 된다. 한편으로, '측정/적도'에 관한 푸코의 논의는 니체가 아폴론적 문화의 형상 의식이 요청하는 '척도'에 관한 논의의 연장선상에 있다고 봐도 좋다.[104] 척도에 대한 요청은 아폴론적 문화의 형상 의식으로 제시된다. 그것은 한계에 대한 인식("너 자신을 알라," "결코 너무 많이 하지 말라," "지혜의 척도/정도를 가져야 한다")을 요청한다. 이런 척도에 대한 요청이 철학에서는 소크라테스라는 이론적 인간에 구현됐다.[105] 이런 척도에 대한 요청을, 니체는 척도와 아름다운 가상(아폴론) 대 과도함과 진리의 폭로(디오뉘소스)의 맥락 속에서 다뤘지만, 푸코는 권력-지식의 형태 아래서 다루고 있는 것이다.

다른 한편으로, 측정/적도에 관한 푸코의 논의는 위의 강의요지에서 보듯 '희랍 도시의 구성'과 연결된다. '측정/적도'는 고대 희랍에서 공정한 질서를 수립하기 위한 권력-지식의 한 형태로서 농민 부채, 중장보병의 도입을 통한 군사 전략의 변화, 장인계급 및 교환 체계의 발전을 통해 예시된다. 권력을 지닌 자는 토지, 사물, 부, 권리, 권력, 인간을 측정

---

103) Foucault, *Théories et institutions pénales*, p.231. [『형벌의 이론과 제도』, 근간.]

104) 프리드리히 니체, 이진우 옮김, 「디오니소스적 세계관」, 『유고(1870년~1873년)』, 책세상, 2001, 70~72쪽.

105) 들뢰즈의 설명은 니체, 그리고 푸코의 의도를 이해하는 데 도움이 된다. "철학의 퇴화는 소크라테스와 함께 분명히 나타나게 된다. 만약 사람들이 형이상학의 정의를 그것이 두 세계를 구별하고, 본질과 현상, 참과 거짓, 예지계와 감성계를 대립시키는 것에서 찾는다면 소크라테스야말로 형이상학을 발명했다고 말해야만 한다. 소크라테스는 생을 재단되고, 측정되며, 한정되어야 하는 것으로 만들며, 사유를 더 높은 가치들(신성, 진, 미, 선……)의 이름으로 일하는 척도, 즉 한계로 만든다. 소크라테스와 함께, 자발적으로 그리고 교묘하게 복종하는 철학자라는 유형이 나타나는 것이다." Gilles Deleuze, *Nietzsche*, Paris: PUF, 1968, pp.20~21. [박찬국 옮김, 『들뢰즈의 니체』, 철학과현실사, 2007, 34~35쪽].

하고, 이런 측정 체계는 다시금 권력을 공고히 해준다. 권력은 측정 지식의 획득과 실행을 통해 수립된다.[106]

위의 강의요지에서는 권력-지식의 세 형태로서 측정/적도, 조사, 검사가 제시됐다. 하지만 푸코는 시련, 조사, 검사를 '진리 효과들을 산출하는 세 가지 법적-정치적 형태들'로 묘사하기도 한다. 푸코는 콜레주드프랑스에 취임한 후 첫 세 해에 걸쳐 그 형태들을 차례로 분석한다.[107]

첫째, 시련[épreuve]. 고대 희랍의 선-법(예컨대 호메로스의 『일리아스』, XXIII에서 안틸로코스와 메넬라오스의 다툼에 등장하는 진실진술 양식으로서의 시련)에서 발견되며 중세 10~13세기 게르만법, 봉건법에서 확립된 형태. 유죄 여부, 즉 어느 개인이 죄가 있는지 없는지가 개인들 간의 대결을 통해서 단번에 결정되는 전쟁 모델이다. 말하는 자의 힘이나 무게(당사자의 맹세나 지지자들의 공동맹세)에 의해 진실이 확립된다. 맹세라는 시련-도전을 받아들이느냐 마느냐라는 이항구조의 게임에 의해 재판의 승패가 결정된다. 이런 형태의 계쟁에서는 온전한 의미의 재판관은 없고, 시비를 다투는 두 당사자만 있다. 심판은 그 둘의 싸움이 절차에 맞게 진행되는지만 확인할 뿐이다. 푸코는 『지식의 의지에 관한 강의』에서 이 형태를 집중 분석했다.

둘째, 조사[enquête]. 고전기 희랍(예컨대 소포클레스의 『오이디푸스 왕』에 등장하는 조사)에서 생겨나 중세 전반기 교회에서 그리고 카롤링거 왕조에서 재등장해 12세기에 확립된 형태. 어떤 행위가 범죄로 탐지될

---

106) Foucault, *Théories et institutions pénales*, p.209. 그리고 각주 33번(같은 책, 222~223쪽)도 참조하라. [『형벌의 이론과 제도』, 근간.]

107) 푸코는 적도/측정, 시련, 조사 등을 "지식의 '법적-정치적' 모체들" 또는 "권력-지식의 도식"이라 부르기도 한다. Foucault, *Théories et institutions pénales*, pp.214~215. [『형벌의 이론과 제도』, 근간.] 푸코는 리우데자네이루가톨릭대학교 강의인 「진리와 법적 형태들」에서 이 법적-정치적 형태들을 정리한다.

경우, 누가 무엇을 어떤 상황 속에서 했는지 심문을 통해 확정한다. 즉 사실, 사건, 행위, 속성, 권리를 확인하고 복원하는 것이다. 특히 중세 시대에는 유력자에게 부와 무력이 집중되면서 그의 수중에서 사법권이 수립되곤 했다. 그리하여 개인들 사이의 시비와 사적인 해결은 더 이상 용납되지 않고, 한 개인이 다른 개인에게 끼치는 위해는 주권·법·권력에 대한 위해이자 위반으로 간주되며, 주권자를 대리하는 검사가 죄에 대해 수사를 진행한다. 푸코는『형벌의 이론과 제도』, 그리고「오이디푸스의 지식」에서 이 형태를 집중 분석했다.

셋째, 검사examen. 18세기 말~19세기 초 자본주의 산업사회의 발전과 함께 확립된 형태. 행위의 수준이 아니라 잠재성의 수준에서 행위의 위험성을 고려해 개인들을 항구적으로 감시·통제하는 체계이다. 개인의 품행이 규범에 비추어 정상적인지 아닌지 판단한다. 검사는 규범, 규칙, 배정, 자격규정, 배제를 정하는 수단이 된다. 감옥, 공장, 정신병원, 수도원, 학교, 군대 등 곳곳에서 일망감시방식(판옵티콘)의 형태로 실행됐다. 푸코는『처벌사회』(1972~73년 콜레주드프랑스 강의)에서 이 형태를 집중적으로 분석했으며, 2년 뒤인 1975년에『감시와 처벌』을 출간함으로써 그 연구결과를 선보이기도 했다.[108]

푸코는 인식론이나 과학사의 전통적 방법론을 사용하지 않고 이런 법적-정치적 형태들로부터 어떻게 진리의 형태들이 유래했는가를 보이고자 했다. 예컨대 사법 질서에서 "누가 무엇을 했는가, 어떤 조건 속에서 어느 순간에 했는가"에 대한 '조사'가 어떻게 과학이나 철학에서의 '조사'로 사용되게 됐는가를 탐구하고,[109] 19세기의 '검사'에서 어떻게

---

108) 시련, 조사, 검사를 논의하는 관련 구절들의 서지사항은 다음을 참조하라. Michel Foucault, *La société punitive: Cours au Collège de France, 1972-1973*, éd. s. dir. François Ewald et Alessandro Fontana, par Bernard E. Harcourt, Paris: Gallimard /Seuil, 2013, pp.203~204. [김상운 옮김,『처벌사회: 콜레주드프랑스 강의, 1972~73년』, 도서출판 난장, 근간.]

사회학, 심리학, 정신병리학, 범죄학, 정신분석학이 생겨나게 됐는지를 보여주는 식이다.[110] 그렇다면 '시련'은 어떤가? 엄밀히 말하면 시련에서는 오늘날 우리가 흔히 말하는 '진리/진실'은 없다. 거기에서는 대결, 전쟁, 전략, 권력 관계만이 중요하다. 그래서 비록 푸코가 썼다가 지우기는 했지만 『형벌의 이론과 제도』에서는 "사건-시련의 자리를 조사/진리가 차지하게 된다"라고 했던 것이다.[111] 이 두 진리/진실 형태의 구분에 관해서는 『정신의학의 권력』의 중요한 구절을 참조해야 한다.[112]

사건으로서의 진실, 의례로서의 진실, 권력 관계로서의 진실이 한쪽에 있다면, 확증·논증되는 진실, 발견·방법으로서의 진실, 인식관계로서의 진실이 다른 한쪽에 있다. 진실 일반의 역사란 이 두 계열의 진실을 추적하고 그 두 계열의 관계를 밝히는 것이다. '지식의 고고학'이란 확증적 진실 내지 논증적 진실의 토대에 사건으로서의 진실 체계가 있음을 밝히는 작업이다. 이를 위해서는 논증적 진실의 테크놀로지가 사건이나 전략이나 사냥에 연결된 진실을 어떻게 예속지배하고 권력을 행사하고 있는지를 추적하는 '인식의 계보학'이 필요하다.

5. 강의를 구성하는 축 (4) — 오이디푸스의 권력과 지식

푸코는 3년에 걸친 강의에서 세 가지 법적-정치적 형태들 혹은 권력-지식의 형태들을 다뤘다. 하지만 앞서 정리한 『정신의학의 권력』의 대목

---

109) Foucault, "La vérité et les formes juridiques," p.541.

110) Foucault, "La vérité et les formes juridiques," p.542.

111) Foucault, *Théories et institutions pénales*, p.201. 편집자 본문 각주 b, 그리고 같은 책 204쪽의 도식도 참조하라. [『형벌의 이론과 제도』, 근간.]

112) Michel Foucault, *Le Pouvoir psychiatrique: Cours au Collège de France, 1973-1974*, éd. s. dir. François Ewald et Alessandro Fontana, par Jacques Lagrange, Paris: Galli-mard/Seuil, 2003, pp.235~247. [오트르망(심세광, 전혜리) 옮김, 『정신의학의 권력: 콜레주드프랑스 강의, 1973~74년』, 도서출판 난장, 2014, 333~360쪽.]

에서도 그렇고, 「정신병원」(1975)에서도 그렇고 '검사'를 제쳐두고 '시련'과 '조사'의 대립만 강조하곤 한다.[113] 소피스트와 소크라테스-플라톤을 맞세운 니체 도식의 연장선에 있는 이 대립은 푸코가 1970년대 초중반까지 『오이디푸스 왕』을 분석할 때 두드러진다.

극 초반에 크레온은 자신이 오이디푸스의 권력을 빼앗으려고 델포이의 신탁을 위조하지 않았다고 맹세하고, 오이디푸스는 자신이 라이오스 왕의 살인자를 찾아 추방하겠다고 맹세한다. 여기까지는 『일리아스』의 마차 경주에서 봤던 맹세-도전 형태의 '시련'과 다를 바 없다. 하지만 살인자를 추적하고 밝히는 '조사' 과정에서 "누가 죽었는가?," "누가 부정한 일(살인)을 저질렀는가?" 같은 물음이 제기되며, 그에 대해 답하는 상이한 형식들, 다시 말해 진실을 확립하는 상이한 방식들이 나타난다. 이를테면 아폴론의 신탁과 테이레시아스의 점술은 예언의 형태로, 미래형으로 주어진다. 이오카스테와 오이디푸스의 답변은 (삼거리에서 라이오스 왕을 죽인 것은 오이디푸스 자신이었다는 식의) 기억의 형태로, 과거형으로 주어진다. 증인인 목동과 노예의 증언은 (이오카스테에게서 아기를 건네받았으며, 여기 이 사람이라는 식의) 경험의 형태로, 현재형으로 주어진다. 『오이디푸스 왕』에서는 진리가 표명되는 메커니즘이 1) 신적인 질서에 속하는 맹세나 예언에서 2) 이오카스테나 오이디푸스의 기억을 거쳐 3) 민중의 증언으로 넘어간다는 것이 중요하다. 뒤로 갈수록 진리는 더욱 분명해지고, 반쪽에 머물렀던 진실의 조각들은 맞춰진다.

푸코가 주목하는 것은 신들의 '지식'과 하인들의 경험적 '지식' 사이에 있는 오이디푸스의 '지식'의 성격이다. 소포클레스는 『오이디푸스

---

113) 짧지만 중요한 글인 「정신병원」에서 푸코는 사건에 속하는 시련-진실(vérité-épreuve)이 인식에 속하는 조서-진실(vérité-constat)로 변환되는 방식을 정리한다. 즉, 시련 재판, 맹세, 경쟁(agōn), 힘관계에서 중재자, 재판관, 정의로운 것, 확인된 사실 등으로의 사법 실천의 변환. Michel Foucault, "La maison des fous" (1975), *DÉ*, t.2: 1970-1975, p.694.

왕』에서 참주이자 권력자인 오이디푸스 왕의 권력-지식이 위기에 처하는 상황을 연출한다. 푸코가 말하는 오이디푸스의 지식-권력이란 신들의 신탁이나 점술가의 예언에 귀 기울이지 않고, 민중의 말에도 등 돌리고 혼자서 발견하고 통치하려는 자의 고독한 지식이요 전제적인 권력이다. 우리가 알고 있듯이 오이디푸스가 라이오스를 죽였다는 사실과 관련해 신들의 예언이라는 반쪽과 기억하는 사람들의 증언이라는 반쪽은 부합한다. 그리고 오이디푸스는 이 두 반쪽이 부합하도록 만들어주고 몰락한다. 하지만 푸코가 궁극적으로 말하려고 하는 것은 오리엔트의 전제권력-지식에서 유래한 오이디푸스식 지식-권력(그리고 소피스트의 지식)이 소포클레스나 플라톤에 의해 어떻게 배제됐는가 하는 점이다. 소포클레스가 오리엔트적 주술-종교 권력을 보유하던 참주 오이디푸스가 몰락함으로써 희랍 사회가 성립되는 과정을 보여줬다면, 플라톤은 돈을 받고 논쟁에서 이기는 법을 가르치는 소피스트를 배척함으로써 지식이 성립되는 과정을 보여줬던 것이다. 바로 이 진리의 역사, 다시 말해 지식과 권력의 결합을 해체하고 정치권력과 분리된 순수 진리를 추구하고자 하는 의지의 역사를 되짚어 보려는 것이 푸코의 기획이다.

푸코는 『오이디푸스 왕』을 여러 차례 다시 분석한다.[114] 『생명체의 통치에 관하여』에서도 『오이디푸스 왕』을 다루며 「오이디푸스의 지식」의 내용(특히 '반쪽 법칙')을 되풀이한다. 분석틀은 대동소이하지만 분석 대상에 대한 초점은 분명하게 이동했다. 이전에는 사실로서의 지식이 수립되는 과정이 관건이었다면, 이번에는 첫째, 진실을 현현하는 두 형

---

114) 적어도 여섯 개의 판본이 있다. 1) 1971년 3월 17일 강의(『지식의 의지에 관한 강의』), 2) 「오이디푸스의 지식」(1972년 3월), 3) 「진리와 법적 형태들」 두 번째 강의(1973년 5월), 4) 1980년 1월 9, 16, 23, 30일 강의(『생명체의 통치에 관하여』), 5) 1981년 4월 28일 강의(『악을 행하고, 참을 말하기』[본서 5강의 각주 5번 참조]), 6) 1983년 1월 19, 26일 강의(『자기의 통치와 타자의 통치』). 여섯 개의 판본이 곧 여섯 개의 새로운 해석을 뜻하는 것은 아니다.

태인 신적인 의례적 알레투르기아와 노예들의 사법적 알레투르기아를 비교하고, 둘째, 사법적 알레투르기아에서 증인이 진실을 이야기할 때 사용하는 1인칭의 요소(나, 나 자신, 내가 거기에 있었다, 내가 직접 봤다, 내 손으로 쥤다, 내 손으로 받았다 등)가 서구 진리의 역사에서 갖는 의미를 탐구하는 것이 관건이 된다.[115] 푸코는 소포클레스가 이 비극에서 상고기의 종교적·의례적 알레투르기아와 고전기 도시국가의 법에서 새로 제정된 사법절차 규칙들(조사, 증인소환, 심문, 증인 대질, 고문 가능성 등)을 대치시킨다고 봤다. 특히 이런 사법 절차는 민주주의가 쟁취해낸 성과로 보고 있다. 두 알레투르기아는 질문 방식에서, 지식의 양상에서, 시간과 관련해 차이나지만, 결국 동일한 것(오이디푸스가 라이오스를 살해한 범죄자라는 사실)을 이야기한다. 그런 한에서 그 두 알레투르기아는 바른 말[orthon epos]이 된다.

푸코가 『생명체의 통치에 관하여』에서 『오이디푸스 왕』을 다시 다루며 강조하고자 했던 테마는 세 가지이다. 1) 권력은 진실의 현현 없이는 행사될 수 없다. 2) 신탁·예언의 알레투르기아는 주체화를 동반하는 노예의 알레투르기아 없이는 그것의 진실을 완전히 현현할 수 없었다. 주체성의 형태 속에서 현현하는 진실이 권력 행사를 위해 필요한 것이다. 3) 진실의 현현이란 범인의 정체를 식별하는 것과 같은 유용한 인식 효과의 수준을 넘어서는 어떤 효과를 갖는다.[116]

「오이디푸스의 지식」의 해석과 『생명체의 통치에 관하여』에서 이뤄진 해석의 가장 큰 차이만 대략적으로 지적하겠다. 전자에서는 "권력-지식 형태들의 대결"이 축이었다면, 후자에서는 진실 말하기에서 "'나,'

---

115) 다음도 참조하라. Stephen Legg, "Subject to Truth: Before and After Governmental
-ity in Foucault's 1970s," *Environment and Planning D: Society and Space*, vol.34,
no.5, 2016, pp.858~876.

116) Foucault, *Du gouvernement des vivants*, pp.71~73. [『생명체의 통치에 관하여』,
근간.]

autos, 나-자신의 요소"라는 새로운 대상이 중심이 된다. 노예는 단순히 진실을 봤던 증인에 그치는 것이 아니라 진실을 이야기하는(그러면서 진리 절차 안에서 주체화하는) 자로 간주된다. 이렇게 권력-지식이 아니라 권력-지식-주체가 문제가 되면서 "개인들로 하여금 어떤 진실의 행위를 하도록 구속하는 것, 이 행위들의 형태를 규정하고 결정하며, 이 행위들의 실행 조건들과 종별적인 효과들을 수립하는 것"[117]으로서 '진리 체제'régime de vérité의 역할이 부각되는 것은 당연한 일이다.

6. 『지식의 의지에 관한 강의』의 성격

『말과 사물』, 『지식의 고고학』 시기의 방법과 『감시와 처벌』, 『성의 역사』 1권 시기의 방법은 불연속적인 관계에 있는가 아니면 연속적 관계에 있는가? 허버트 드레퓌스와 폴 레비노우의 연구 이후, 많은 연구자는 전자를 구조주의적 고고학 시기로, 후자를 니체적 계보학 시기로 부르며 구분하곤 했다. 더구나 고고학은 방법으로서 유효성을 다하고 계보학에 의해 대체된 것으로 간주됐다. 이런 주장은 푸코가 생전에 출간한 단행본들을 대상으로 한 제한적 독해에 바탕을 둔 것이다. 푸코의 『말과 글』과 콜레주드프랑스 강의록이 출간됨cf으로써, 겉보기엔 공백기이지만 사실상 치열한 연구와 정치활동으로 충만했던 그 시기의 전모를 파악할 수 있게 됐을 뿐 아니라, 1970년대 초중반에 푸코의 문제틀과 방법이 완전히 바뀌었느냐는 물음을 새로이 조명할 수 있게 됐다.

먼저 드레퓌스와 레비노우 식의 단절론에 대해 곧바로 몇 가지 의문을 제기할 수 있다. 한 저작을 고고학 또는 계보학이라는 한 가지 틀로만 읽을 수 있을까? 예컨대 『광기의 역사』에는 고고학과 계보학의 관점

---

117) Foucault, *Du gouvernement des vivants*, p.93; Senellart, "Situation du cours," in ibid, pp.325~327. [『생명체의 통치에 관하여』, 근간.]

이 동시에 나타나지 않는가?[118] 고고학적 방법론의 대표 저서로 간주되는『말과 사물』에서 푸코는 자신의 기획을 '니체적 계보학'이라고 밝히지 않았던가?『지식의 고고학』역시 고고학의 정점이자 계보학의 시작으로서 두 관점을 동시에 포함하고 있지 않은가?[119] 한 시기의 텍스트를 불가역적으로 한 가지 관점으로만 읽어야 할까? 이미 계보학적 관점이 명시된「니체, 계보학, 역사」이후에 이뤄진 '마네 강의'는 여전히 고고학적 방법론을 사용하고 있지 않은가? 심지어『성의 역사』와 관련해서도 푸코는 자신이 '섹슈얼리티 담론에 관한 고고학'을 하려고 했다고 말하지 않는가?[120]

푸코는『비정상인들』강의를 마친 직후 작성한 강의요지에서 1970~76년 강의가 하나의 사이클에 들어간다고 주장한다. "1970년 이후 내가 쭉 해온 강의의 대상은 징벌의 전통적인 법적 절차로부터 정상화/규범화의 지식과 권력이 천천히 형성되는 과정이었다. 1975~76년 강의는 19세기 말 이래 소위 '사회를 보호해야 한다'는 주장을 낳은 메커니즘들을 공부하는 것으로 이 사이클을 끝맺으려 한다."[121] 이 설명에 따르면,『지식의 고고학』의 고고학과『감시와 처벌』의 계보학의 단절 혹은 계보학의 시작은 이미『지식의 의지에 관한 강의』에서 시작되는 셈이다.

---

118) 오생근,『미셸 푸코와 현대성』, 나남, 2013, 317쪽.

119) Jean-François Courtine, "Michel Foucault et le partage nietzschéen: Vérité/Mensonge," *Les Études philosophiques*, no.153, 2015, pp.377~390.

120) Michel Foucault, "Une interview de Michel Foucault par Stephen Riggins"(1983), *DÉ*, t.4: 1980-1988, p.530.

121) Foucault, *Les anormaux*, p.311. [『비정상인들』, 근간.] 푸코는 1970~71년의 콜레주드프랑스 연구 세미나에서 19세기 프랑스의 형벌 제도를 연구하고, 이듬해 강의『형벌의 이론과 제도』에서 징벌 또는 형벌 제도 및 담론을 본격적으로 분석한다. 하지만 앞서 살펴봤듯이『지식의 의지에 관한 강의』는 큰 틀에서는 형벌과 관련된 법적 절차들 및 정상화를 논하는 사이클에 속하면서도 그것에 속하지 않는 측면, 심지어 이후의 강의들을 개괄하는 측면을 포함하기에 특별하다.

그러므로 푸코의 지적 여정을 기술하는 개선된 판본이 가능하다. 푸코에게 있어서 고고학과 계보학이 급격한 단절을 겪은 것이 아니라 일종의 이행기를 거쳤다고 보며, 이행기에 속하는 저술들로「철학 극장」(1970),『담론의 질서』(1970),「니체, 계보학, 역사」(1971)를 드는 것이다.[122] 이 이행기 때부터 발전된 니체주의적 힘관계 이론이『감시와 처벌』에서 권력–지식론의 형태로 완성되어 나타난다고 보면서 말이다.

고고학에서 계보학으로의 이행과 정확하게 일치하는 것은 아니지만 그것과 자주 혼동되는 것이 바로 권력에 대한 부정적 관점에서 긍정적 관점으로의 이행이다. 이런 입장에서 보면『담론의 질서』는 여전히 1960년대 푸코가 했던 인간학 비판이나『지식의 고고학』의 문제틀에 머무른 채 담론이나 지식에 부정적인 방식으로 배제·제한·구속을 가할 뿐 권력의 생산적인 메커니즘이나 효과를 제시하지 못했다. 이 입장은 앨런 셰리던부터 최근『담론의 질서』를 재번역한 일본어판 옮긴이 신카이 야스유키에 이르기까지 두루 발견된다.[123]

푸코의 다음과 같은 인터뷰는 그 전거가 된다.

저는『담론의 질서』에서 두 가지 개념화를 섞었다고 생각합니다. 아니 오히려 제가 정당하다고 여긴 질문(담론의 사실과 권력 메커니즘의 절합)에 부적합한 답변을 내놓았다고 생각합니다.『담론의 질서』는 제가 이행기에 쓴 텍스트입니다. 그때까지 저는 전통적 권력 개념을 받아들였던

---

122) 허경,「근대 임상의학 및 생명 담론의 변화: 미셸 푸코의《임상의학의 탄생》을 중심으로」,『생명연구』(제23집/봄), 서강대학교 생명문화연구소, 2012, 37~38쪽;「미셸 푸코의 '담론' 개념: '에피스테메'와 '진리놀이'의 사이」,『개념과 소통』(여름/제9호), 한림대학교 한림과학원, 2012, 7쪽.

123) Alan Sheridan, *Michel Foucault: The Will to Truth*, London/New York: Tavistock, 1980; Routlede, 2005, pp.127~128; ミシェル・フーコー, 慎改康之 翻訳,『言説の領界』, 東京: 河出書房新社, 2014, 166, 168頁. 신카이 야스유키는 '역전의 원칙'이 1970년대의 권력 분석과 근본적으로 이질적인 것을 포함한다고 본다.

것 같아요. 권력을 본질적으로 법적 메커니즘, 즉 법을 말하는 것, 금지하는 것, 안 된다고 말하는 것, 일련의 부정적 효과들(배제, 배척, 봉쇄, 부인, 은폐)을 동반하는 것으로 봤죠. …… 그런데 저는 이런 개념이 부적합하다고 생각합니다. 『광기의 역사』에서는 그런 개념으로도 충분했죠. 이 책이 그 자체로 만족스럽다거나 충분하다는 말은 아닙니다. 실제로 광기는 특별한 사례이니까요. 고전주의 시기 동안 권력은 필시 광기에 대해서만큼은 주로 배제의 형태로 행사됐고, 그 대응으로서 광기가 연루된 대대적인 배척을 목도할 수 있었죠. 이 사실을 분석하며 저는 별 문제 없이 순전히 부정적인 권력 개념을 쓸 수 있었던 것입니다. 어느 순간부터 이것이 충분하지 않게 보였죠. 1971~72년에 감옥을 구체적으로 경험하면서 그렇게 생각하게 됐어요. 형벌의 경우는 그다지 법/권리의 용어가 아니라 기술, 전략·전술의 용어로 되어 있음을 깨닫게 된 것입니다. 『감시와 처벌』에서 법적이고 부정적인 격자를 기술적·전략적 격자로 대체하려 했고, 『성의 역사』에서 이 두 번째 격자를 사용하려고 애썼죠. 따라서 저는 『담론의 질서』에서 권력과 담론이 맺는 관계를 부정적 희박화 메커니즘으로 제시한 것을 기꺼이 포기하고 싶습니다.[124]

푸코는 권력에 대한 배제적이고 부정적인 개념(일본어판 옮긴이가 지적했듯이 '역전의 원칙'[125]과 관련된 부분)에서 전략적이고 긍정적인 개념으로 넘어가는 길목에 『담론의 질서』가 있다고 밝히고 있다. 다시 말

---

124) Michel Foucault, "Les rapports de pouvoir passent à l'intérieur des corps"(1977), *DÉ*, t.3: 1976-1979, pp.228~229.

125) 푸코는 '역전의 원칙'에 관해 이렇게 설명한다. "전통적으로 담론들의 원천, 그것들의 증식과 연속성의 원리를 식별할 수 있다고 여겨지는 곳에서, 즉 긍정적인 역할을 행하는 것으로 보이는 이 형태들(저자, 분과, 진리의 의지의 형태) 속에서 담론을 마름질하고 희박화하는 부정적 작용을 식별해야 합니다." Foucault, *L'Ordre du discours*, pp.53~54. [『담론의 질서』, 38~39쪽.]

해 『담론의 질서』와 『지식의 의지에 관한 강의』 때 푸코는 권력에 대한 법적 관점에 있었다. 그것은 배제, 억압, 나눔의 관점으로서 생산, 저항이 고려되지 않은 상태였다. 그때까지만 해도 금지하고 방해하고 한계를 정함으로써 배제하고, 감추고, 희박하게 만드는 권력에 대한 관점을 유지했다. 하지만 1971~72년부터 감옥, 감시, 처벌을 본격적으로 연구하면서 이 관점을 바꾸기 시작한다. 권력은 금지하는 것이 아니라 개인들이 그의 효율성, 힘, 소질을 증식하도록 강제한다. 개인들을 길들이고 가장 유용한 곳에 배치하도록 만드는 것이야말로 권력의 기능이다.[126]

이처럼 공식적으로는 1971~72년부터, 즉 감옥정보그룹 활동을 하면서 권력에 대한 관점이 바뀐 것으로 알려졌지만, 이 입장 변화는 『지식의 의지에 관한 강의』에서도 감지된다. 이를테면 푸코는 『담론의 질서』에서 방법상의 원칙들로 네 가지를 든다. 역전의 원칙, 불연속의 원칙, 종별성의 원칙, 외재성의 원칙. 그리고 푸코는 자신이 행하는 분석을 두 집합으로 분류한다. 한편에는 역전의 원칙을 실행하는 '비판적' 집합이 있고, 다른 한편에는 나머지 세 원칙을 실행하는 '계보학적' 집합이 있다. 자신은 먼저 배제의 세 번째 체계인 참과 거짓의 나눔(진리의 의지)에 관심이 있다고 밝힌 뒤, 지식의 의지의 형태학의 세 단면을 연구하는 작업(적어도 3년간 지속될 연구 계획)을 비판적 집합에 집어넣는다. 그렇지만 『담론의 질서』에 이어진 본 강의에서 푸코는 고대 희랍에서 형성된 새로운 진리, 정의/재판의 제도화 등을 다루며 "권력을 국가의 주권과 법의 형태와 지배 체제 하에서 이뤄지는 부정적인 작용"으로 보는 것이 아니라 "다수의 다양한 힘관계"이자 "특정 사회의 복잡한 전략적 상황"으로 사고했다. 따라서 푸코는 (계획과 어긋나게) 『지식의 의지에 관한 강의』에서 분석의 계보학적 측면도 보여주고 있는 셈이다.[127]

---

126) Michel Foucault, "Sexualité et pouvoir"(1978), *DÉ*, t.3: 1976-1979, pp.568~569.
127) フーコー, 『言説の領界』, 174頁. 야스유키는 『담론의 질서』에서는 권력의 생산적

우리가 지식의 의지의 계보를 추적하며 보이고자 했듯이, 계보학을 대표하는 권력-지식론이나 니체적 힘관계론, 그리고 그 둘의 시발점인 '지식의 의지'는 적어도 1960년대의 문학 비평과 『말과 사물』, 『지식의 고고학』의 지식 개념, 1967년 이후의 본격적인 니체 재독해 없이는 성립될 수 없는 개념이다. 어느 시점에서 고고학과 계보학을 끊어야 할까? 설사 개선된 판본일지라도, 이행론은 푸코가 결국 고고학에서 계보학으로 넘어갈 수밖에 없었다는 목적론적인 시각을 전제한다. 고고학은 실패한 기획이며 고고학과 계보학은 양립 불가능한 것인가? 푸코가 "이제는 고고학이라는 단어를 사용하지 않는다"고 지나가듯 말할 때도 있지만,128) 그것은 고고학적 분석 자체를 폐기했기 때문이 아니라 그가 인터뷰 당시에 '자기가 자기와 맺는 관계'(재귀성의 형태)와 '진실 담론'이 맺는 관계 분석에 몰두하고 있었기 때문으로 보는 게 맞다.

푸코는 1980년대에 행한 강연이나 인터뷰에서 담론적 사건들을 분석하는 고고학과 이 담론적 사건들이 우리의 현재를 구성하는 방식을 분석하는 계보학에 대해 규정한 뒤 계보학이 자기 작업의 목표와 목적을 정의하며, 고고학은 자신이 계보학을 하기 위해 다루는 영역이자 그것의 물질적·방법론적 틀이라고 주장했다. 그리고 그 둘 어느 하나도 그만둔 적이 없다고 덧붙였다.129) 따라서 우리는 푸코가 평생 동안 했

<hr />

측면이 명확히 주제화되지 않았으나, 『지식의 의지에 관한 강의』에서는 위와 같이 권력이 갖는 전략적·생산적 측면을 보여주고 있다고 말하면서 자기 모순에 빠지는 것 같다. 물론 이 혼동은 푸코 자신의 동요에서 비롯된 것이다. 푸코 스스로 부정적 배제의 체계인 진리의 의지와 전략적 힘관계의 체계인 지식의 의지를 명확히 구분하지 않고 간혹 혼동해서 사용했으며, 지식의 의지의 형태학에 관한 연구를 '비판적' 집합에 집어넣었기 때문이다.

128) Foucault, "Structuralisme et poststructuralisme," p.443. [『비판이론과 지성사』, 71쪽.]

129) Michel Foucault, *Qu'est-ce que la critique?* suivi de *La culture de soi*, éd. Henri-Paul Fruchaud et Daniele Lorenzini, intro. Daniele Lorenzini et Arnold I. Davidson, Paris: J. Vrin, 2015, pp.128, n.2, 132. [오트르망(심세광, 전혜리) 옮김, 『비판이란 무엇인가? 자기수양』, 동녘, 2016, 150쪽과 각주 2번, 156쪽.]

던 작업들을 고고학과 계보학의 결합 속에서 다시 바라볼 수 있을 것이다. 그리고 이런 관점을 발전시키기 위해서는 푸코가 자신의 작업을 정리하는 다른 방식을 참조할 필요가 있다.

> 계보학의 세 영역이 가능합니다. 첫째 영역은 우리가 진리와 관계하는 측면에서 본 우리 자신의 역사적 존재론으로, 진리를 통해 우리는 자신을 인식의 주체로 구성합니다. 둘째 영역은 우리가 권력의 장과 관계하는 측면에서 본 우리 자신의 역사적 존재론으로, 권력의 장에서 우리는 우리 자신을 다른 자들에 대해 작용하는 주체로서 구성합니다. 셋째 영역은 우리가 도덕과 관계하는 측면에서 본 우리의 관계의 역사적 존재론으로, 도덕을 통해 우리는 자신을 윤리적 행위자로 구성합니다.
> 이렇게 해서 세 개의 축이 계보학에 가능해집니다. 이 세 가지가 다소 혼돈된 형태로 섞여 있는 것이 『광기의 역사』입니다. 진리의 축은 『임상의학의 탄생』과 『말과 사물』에서 연구됐습니다. 한편 권력의 축은 『감시와 처벌』에서, 도덕의 축은 『성의 역사』에서 각각 연구됐습니다.[130)]

이 대목에서 푸코는 고고학에서 계보학으로의 이행이나 시기 구분보다는 계보학이라는 연구 방법만 가지고 자신의 저작들을 정리한다. 이를 두고 푸코가 더 이상 고고학적 접근이 필요 없다고 여겼다고 결론 내릴 수는 없다. 여기에서 계보학은 연구 대상 내지 연구 영역의 형성을 살핌으로써 자신의 연구 목표가 무엇이었는지 보여주는 것으로 읽혀야 한다. 게다가 푸코는 '진리,' '권력,' '도덕'과 우리가 맺는 관계라는 연구 대상의 축에 주목한다. 요컨대 방법론에 따른 불가역적 시기 구분보다는 푸

---

130) Michel Foucault, "À propos de la généalogie de l'éthique: Un aperçu du travail en cours"(1983), *DÉ*, t.4: 1980-1988, p.393. 이 인터뷰는 나중에 부분적으로 수정됐다(같은 책, 618쪽 참조). [서우석 옮김, 「윤리학의 계보학에 대하여: 진행 중인 연구에 대한 개관」, 『미셸 푸코: 구조주의와 해석학을 넘어서』, 나남, 1989, 333쪽.]

코가 대상으로 삼았던 주제들(진리-권력-도덕)과 그에 따른 주체의 구성으로 푸코의 사유를 분석하는 것이 더 생산적일 수 있다.

예를 들어 푸코는『성의 역사』2권(1984)의 서론에서 섹슈얼리티의 출현에 관한 분석의 세 축을 정리한다. 그것을 일반화하면 다음과 같다. 1) '지식'을 절합하는 담론적 실천들의 형태, 2) 담론적 실천을 규제하는 '권력' 체계, 즉 권력 관계, 전략, 기술, 3) 개인이 스스로를 경험으로서 정립하거나 '주체'로 인식하는 형태. 그리고 이 세 축 각각에서 작동하는 진리 게임들에 대한 분석. 푸코는 자신이 수년 전부터 하고 싶었던 작업은 바로 '진리의 역사'라고 말한다.[131]

하지만 '진리의 역사'는 푸코가 하고 싶었지만 하지 못했던 것이 아니라, 명명하지 않은 채 혹은 공개된 저서를 통해 표명하지 않은 채 콜레주드프랑스에서 꾸준히 해온 작업이라고 봐야 할 것이다. 이를테면 『지식의 의지에 관한 강의』의 테마를 이 '진리의 역사'의 틀에 따라 재서술할 수 있을 것이다. 1) 형이상학의 형성과 관련된 담론적 실천들[과 소피스트의 배제], 2) 정의/재판을 둘러싼 권력 체계, 3) 지식을 욕망하는 주체로서의 오이디푸스. 이런 종합적 독해를 통해 푸코의 분석의 세 축을 시기 구분으로 이해하는 기존의 독법, 즉 1) 고고학, 2) 계보학, 3) 윤리학과 거리를 둘 수 있다.

---

131) "제가 하려고 한 것은 사유가 진리와 맺는 관계들의 역사입니다. 진리에 대한 사유인 한에서의 사유의 역사. 제게 진리가 존재하지 않는다고 이야기하는 자들은 모두 [저를] 단순화하는 자들이죠." Michel Foucault, "Le souci de la vérité" (1984), *DÉ*, t.4: 1980-1988, p.669. 불행히도 자크 부브레스는 푸코 자신이 염려했던 바로 이 일을 했다. 푸코가 니체의 논의를 따라 혹은 반대해 진리 자체를 거부했다는 것이다. Jacques Bouveresse, *Nietzsche contre Foucault: Sur la vérité, la connaissance et le pouvoir*, Marseille: Agone, 2016. 푸코는 합리성의 역사(과학, 실천, 담론이 만들어내는 진리의 역사)가 아니라 '진리의 역사'(진리 자체도 담론이나 실천의 내적 효과로서 담론의 역사의 일부가 되는 역사)를 서술하기 위해서 자신에게 니체 독해가 중요했다고 밝혔다. Foucault, "Entretien avec Michel Foucault"(1980), p.54. [『푸코의 맑스』, 66쪽.]

다시 한 번 말하거니와 푸코의 콜레주드프랑스 강의 전체를 모든 경험에 함축된 근본적 세 요소인 "진리 게임, 권력 관계, 자기와 그리고 타자와 맺는 관계 형태들"[132]에 대한 탐구로 볼 수 있다. 푸코의 강의는 시기별로 첫 번째 요소에서 두 번째 요소로 그리고 세 번째 요소로 무게중심이 바뀐 것처럼 보이는 것이 사실이다. 하지만 그것들은 어떤 단절을 함의하는 것이 아니라 진리의 사유로서의 사상사에 접근하는 여러 측면들에 대한 다면적 탐구인 것이다.[133]

또는 콜레주드프랑스 강의 전체를 희랍에서 희랍으로, 다시 말해 '진리의 의지'에서 '진실의 용기'로 회귀하는, 참/거짓을 나누는 배제의 체계에서 참/거짓을 나누는 상이한 게임으로 이행하는 진리/진실의 오뒷세이아로 읽는 방식이 가능하다.[134] 드페르의 말마따나 1970년 12월 9일 강의(본서 1강)에서 푸코가 천명한 연구 과제인 '참된 담론의 역사'의 귀결이 1982년 1월 6일 강의(『주체의 해석학』[1981~82년 콜레주드프랑스 강의]의 1강)에서 나타나듯 말이다.[135]

---

132) Michel Foucault, "Polémique, politique et problématisations"(1984), *DÉ*, t.4: 1980-1988, p.596.

133) 앨런 슈리프트는 푸코의 기획을 이전 작업에 대한 일련의 '교정,' 그러니까 언어에 특권을 부여하던 방법에서 권력으로, 그리고 주체로 넘어가는 식의 교정이었다고 보는 것은 실수라고 주장한다. "대신, 세 계기(고고학적인 것, 계보학적인 것, 윤리적인 것) 사이의 상호작용의 본성은 푸코의 사유에 존재하는 여러 니체적 차원들 가운데 하나로 해명될 수 있다"는 것이다. 니체 본인이 지식론, 심리학, 정치 사이의 경계를 흐렸듯 말이다. Schrift, *Nietzsche's French Legacy*, p.38.

134) 물론 이런 독해는 1983~1984년의 콜레주드프랑스 강의(『진실의 용기[자기의 통치와 타자의 통치 2]』)가 필연적으로 마지막 강의였다고 가정해야만 성립된다.

135) Foucault, *Leçons sur la volonté de savoir*, p.20, n.3. [『지식의 의지에 관한 강의』, 20쪽, 각주 3번]; Jean Terrel, *Politiques de Foucault*, Paris: PUF, 2010, pp.153~167. 장 테렐은 푸코가 니체에 관한 강의 말미에서 말한 "기만으로서의 진리에서 해방된 참된 진리"의 가능성은 1982년에 가서야 탐사된다고 주장한다. Jean Terrel, "Foucault, une politique de la vérité: De la critique de la volonté de vérité au courage de la vérité," *Cahiers philosophiques*, no.130, juillet 2012, p.11.

푸코의 작업을 진리의 역사 또는 진리의 정치사라는 틀에서 읽을 때, 푸코의 사유를 연속적으로 읽어낼 수 있을 것이다. 그렇게 한다면 콜레주드프랑스 강의 내에서 다뤄진 외견상 상이한 테마들, 즉 지식/진리에 대한 논의, 정신의학이나 비정상인에 관한 논의, 생명정치, 통치성, 자기 배려, 파르레시아, 자기와 타자에 대한 통치 등의 테마가 상호 배타적인 것이 아니라 사실상 하나의 같은 문제설정 아래에서 이뤄진 연구임을 밝힐 수 있을 것이다.

la volonté de savoir를 어떻게 번역할 것인가?

la volonté de savoir는 그간 '앎에의 의지,' '앎의 의지,' '지식의 의지' 등
으로 다양하게 옮겨졌다. 여기에는 savoir를 '앎'으로 옮길지 '지식'으로
옮길지, 전치사 de를 '-에의'로 옮길지 '-의'로 옮길지(혹은 아예 옮기지
않을지)를 둘러싼 쟁점이 있다. 이 쟁점은 니체의 Wille zur Macht의 번역
어 선택을 둘러싼 논의와 닮았다.[1] 그도 그럴 것이 la volonté de savoir는
la volonté de puissance(Wille zur Macht의 프랑스어 번역어)와 la volonté de
vérité(Wille zur Wahrheit)를 모델 삼아 만들어진 것으로 보이니 말이다.[2]
하지만 사정은 보이는 만큼 간단하지 않다. 니체는 la volonté de savoir
의 원어에 해당할 법한 Wille zur Wissen이라는 표현을 쓴 적이 없다. 드
페르가 본서의 「강의정황」에서 밝혔듯이 그것은 Wissensgier의 번역어

---

1) Wille zur Macht의 번역을 둘러싼 쟁점은 다음과 같다. ① Macht를 (물리학적) '힘'
   으로 옮길 것인지, (심리학적·정치학적 의미가 담긴) '권력'으로 옮길 것인지, ② zur
   를 '-에의'로 옮길 것인지(의지가 권력이나 힘을 향하는 것으로 이해), 말 것인지(권
   력과 의지가 서로 분리되지 않는 것으로 이해), ③ Wille zur Macht를 물리학적 세
   계에 이르기까지 전 존재를 포괄하는 현상, 즉 일종의 보편적 체계나 형이상학적
   체계로 볼 것인지, 생물 세계나 인간 세계 안의 문제로 볼 것인지 하는 문제. 고명
   섭, 『니체 극장: 영원회귀와 권력의지의 드라마』, 김영사, 2012, 448~459쪽.
2) 푸코는 독서 노트에서 칼 야스퍼스의 『니체: 그의 철학함에 대한 기초 이해』(1936)
   를 수차례 인용했다. Stuart Elden, *Foucault: The Birth of Power*, Cambridge: Polity,
   2017, p.36. [황재민 옮김, 『푸코: 권력의 탄생』, 도서출판 난장, 근간.] 푸코 스스로 la
   volonté de vérité, la volonté de savoir 같은 번역어를 만들어낸 것은 아니다. 야스퍼
   스가 쓴 『니체』의 프랑스어편에 이미 그 번역어들이 사용됐다. Karl Jaspers, *Niet-
   zsche: Introduction à sa philosophie*, trad. Henri Niel, Paris: Gallimard, 1950.

였다. 어느 경우든 '앎' 또는 '지식'의 원어는 독일어 Wissen이다. 그리고
그 단어는 독일어 Erkenntnis와 구분된다. 이 두 개념의 구별은 『지식의
의지에 관한 강의』 서두의 핵심일 뿐 아니라 la volonté de savoir의 번역
어 선택에도 빛을 비춰줄 것이다.

Erkenntnis(프랑스어로는 connaissance)는 '인식'을 가리키며, 사전적으로
정의하면 다음과 같다. "객관적으로 주어진 어떤 것(소여, 실재)을 주체
가 감각기관을 통해 경험하거나 지성을 통해 사고해 획득하는 의식 활
동." 푸코는 『지식의 고고학』에서 인식을 인식 주체의 통일성을 보장한
다고 가정되는 선험적^a ^{priori} 심급으로 놓는다.[3] 푸코는 담론을 경험이나
인식(또는 인식 형식)이라는 심급과 연관 짓지 않고 담론 형성 규칙과 실
증성을 통해 분석하고자 한다.[4] 이는 니체의 칸트 비판을 계승하는 것
이다. 『지식의 의지에 관한 강의』에서는 아리스토텔레스가 철학을 정초
하기 위해 전제했던 인식에 대한 인간의 본성적 욕망을 분석한다. 모든
인간에게 본성적으로 주어지는 인식에 대한 욕망이 있으며, 감각활동은
그 인식의 한 부분이다. 푸코는 진리가 서구 철학에서 인식과 인식 주체
의 욕망을 규정해왔고, 이로 인해 감각활동 내지 인식에 대한 욕망보다
진리(인식과 인식 대상 사이의 일치)에 대한 인식이 논리적으로 선행하
게 됐으며, 그 결과 모든 인식은 진리에 대한 인식일 수밖에 없도록 간
주됐다고 비판한다. 여기서 푸코는 니체가 칸트의 선험적 인식 이론에
가한 비판을 서구 형이상학의 첫 장면까지 확장한다.
　　그렇다면 Wissen(프랑스어로는 savoir)은 어떠한가? 푸코는 『말과 사
물』 출간 이후 이뤄진, 파리고등사범학교 인식론 서클의 질문서에 대한

---

3) Michel Foucault, *L'archéologie du savoir*, Paris: Gallimard, 1969, p.105. [이정우 옮김,
　『지식의 고고학』(개정판), 민음사, 2000, 117쪽.]
4) Foucault, *L'archéologie du savoir*, pp.236~237. [『지식의 고고학』(개정판), 251쪽.]

답변인 「과학의 고고학에 관하여」에서 (le) savoir를 다음과 같이 정의한다. "실증성의 체계에 의거해, 하나의 담론 형성의 단위 속에서 현시된 집합," "하나의 동일한 실증성의 체계에 의거해 단일한 담론 형성의 장 속에서 [현시된] 요소들(대상, 정식화 유형, 개념, 이론적 선택)의 집합"(이 요소들은 "과학에, 기술적 처방에, 제도에, 소설 속 서사에, 법적 실천 내지 정치적 실천 등에 투자된다").5) 따라서 우리는 앎과 지식 가운데 위의 정의를 담아낼 수 있는 단어가 무엇인지 택하면 된다. 앎이라는 단어는 동사 '알다'의 명사형으로서 사전상 "배우거나 경험해 모르던 것을 깨달음"을 뜻할 뿐이다. 반면 지식은 "경험적·사고적 인식 활동과 그 내용뿐 아니라, 원리적·통일적으로 조직되어 객관적 타당성을 요구할 수 있는 판단 체계"를 가리킨다. 따라서 푸코가 사용하는 savoir에는 앎보다는 지식이 더 적합한 단어임을 알 수 있다. 물론 지식의 체계성이 부각된다고 해서 지식을 단순히 인식들의 총합으로 볼 수는 없다. "지식은 인식들의 총합이 아니다. 인식에 대해서는 언제나 그것이 참인지 거짓인지, 정확한지 아닌지, 근접했는지 명확한지, 모순되는지 일관되는지 이야기할 수 있다. 위의 어떤 구분도 지식을 묘사하는 데 적합하지 않다."6) 즉 지식과 인식은 상이한 층위 내지 계열에 속한다.

　푸코가 답변서 제목으로 쓴 '과학의 고고학'이란 무엇일까? 그것은 과학의 가능성의 조건을 탐구하는 것이다. 이 탐구 방식에는 두 가지가 있다. 하나는 과학 담론 내부에서 과학성의 조건을 찾는 것이다. 이를 위해서는 과학–합리성의 구조–인식의 총합을 고려해야 한다. 다른 하나는

---

5) Michel Foucault, "Sur l'archéologie des sciences: Réponse au Cercle d'épistémologie" (1968), *DÉ*, t.1: 1954-1969, p.723. 이 정의는 『지식의 고고학』에서도 되풀이된다. "한 담론적 실천에 의해 규칙적인 방식으로 형성된 요소들의 집합, 반드시 과학을 탄생시키는 것은 아니지만 한 과학의 구성을 위해서 필수불가결한 그런 요소들의 집합." Foucault, *L'archéologie du savoir*, p.238. [『지식의 고고학』(개정판), 252쪽.]

6) Foucault, "Sur l'archéologie des sciences," p.723.

과학 담론 바깥에서, 즉 역사적 규정의 장을 훑어보며 과학성의 형식을 찾는 것이다. 이를 위해서는 담론 형성-실증성의 체계-지식의 장을 고려해야 한다.[7] 바로 여기서 우리는 인식과 지식의 구별을 발견한다. 이렇게 예고한 분석론은 『지식의 고고학』에서 다시 한 번 정리된 형태로 표명된다. "의식-인식-과학의 축(주체성의 지침에서 해방되지 못한다)을 가로지르기보다, 고고학은 담론적 실천-지식-과학의 축을 가로지른다. 그리고 지성사가 인식의 요소에서 자신의 분석의 균형점을 찾는 데 반해(그리하여 설령 의도에 반할지라도 초월적인 물음을 만나지 않을 수 없는 데 반해), 고고학은 지식에서, 다시 말해, 주체가 (초월적 활동으로서든 경험적 의식으로서든) 실세로 간주되는 법 없이 필연적으로 그 안에서 위치를 부여받고 의존하게 되는 영역에서 자신의 분석의 균형점을 찾는다."[8] 요컨대 푸코는 경험에서 인식을 거쳐 과학으로 이행하는 초월적 목적론, 정초하는 주체의 최고권, 과학 담론 내부에서 차례로 대체되는 연속적 역사와 같은 틀로 과학 담론을 서술하는 것에 맞서 "지식의 무명적 불연속성"에 바탕을 둔 지식의 고고학을 내세웠던 것이다.[9]

다음으로 우리는 푸코가 Wissensgier를 la volonté de savoir로 옮기면서 원어에는 없던 savoir의 동사적 용법도 염두에 두고 있는 것은 아닌지 살펴봐야 한다. 이런 의심 내지 가정에는 이유가 없지 않다. 프랑스어 문법상 de savoir를 전치사+명사로도 전치사+동사원형으로도 읽을 수 있기 때문이다. 예를 들어 스튜어트 엘든은 푸코가 니체의 Wille zur Macht를 관행에 따라 la volonté de puissance라고 옮기긴 했지만 Macht를 puissance가 아니라 pouvoir로 이해했으며,[10] 이때 pouvoir가 '할 수 있다'

---

7) Foucault, "Sur l'archéologie des sciences," pp.722~725.

8) Foucault, *L'archéologie du savoir*, p.239. [『지식의 고고학』(개정판), 253~254쪽.]

9) Foucault, "Sur l'archéologie des sciences," pp.730~731.

라는 동사와 '권력'이라는 명사를 동시에 뜻하는 것이라고 주장한다.[11] 이 논리는 유비적으로 la volonté de savoir에도 적용가능하다. 즉 savoir를 '알다'라는 동사와 '지식'이라는 명사를 동시에 뜻한다고 보는 것이다. 영미권 연구서나 번역서를 보면 la volonté de savoir가 will to know로 번역되기도 하고 will to knowledge로 번역되기도 함을 알 수 있다. 본서인 1970~71년 콜레주드프랑스 강의의 영역자 그레이엄 버첼은 강의 제목을 "Lectures on the Will to Know"로 옮겼다. 엘든은 한술 더 떠 will to know와 will to knowledge를 함께 읽어야 한다고 주장하는 셈이다.

푸코는 정말 savoir에 동사의 뉘앙스를 넣고 싶어 했을까? la volonté de savoir와 인접한 표현들 la volonté de puissance, la volonté de vérité에서 puissance와 vérité가 모두 '명사'인데 굳이 savoir만 동사/명사로 읽어야 할까? 드페르의 말마따나 푸코는 니체의 Wissensgier, 즉 Wissen(지식)+s+Gier(욕망)의 합성어를 la volonté de savoir로 옮긴 것이니 savoir는 Wissen의 대응어로 보는 것이 마땅하다.[12] la volonté de savoir를 다시 독일어로 (역)번역할 때 Wille zum Wissen이 된 것도 그 때문이다.

지금까지는 언어적 형태만 가지고 번역어를 논했다. 이제는 푸코가 실제로 그 개념을 사용한 맥락을 보자. 푸코는 『지식의 고고학』에서 "인

---

10) 미겔 데 베이스테기도 비슷한 주장을 한다. "니체의 Macht를 puissance(성교 능력 같은 의미에서의 역량)가 아니라 pouvoir(정치권력 같은 의미에서 권력)로 옮기며 푸코는 궁극적으로 니체의 분석 영역을 다른 곳으로 옮기며, 니체에게 고유한 자연주의의 위험을 벗어난다." Miguel de Beistegui, "Philosophy," *The Cambridge Foucault Lexicon*, New York: Cambridge University Press, 2014, p.351. 하지만 이 말은 pouvoir를 동사로 이해할 수 있다는 뜻이 아니라, 푸코가 Macht를 대부분의 니체 연구자들처럼 '힘'이라기보다는 '권력'으로 이해했음을 보여줄 뿐이다.

11) Elden, *Foucault*, p.32. [『푸코』, 근간.] 하지만 엘든은 푸코가 어느 텍스트에서 그렇게 했는지 전거를 대지 않는다.

12) 물론 푸코는 「니체, 계보학, 역사」(1971)에서 le vouloir-savoir를 la volonté de savoir와 교환 가능하게 사용하기도 하는데, 전자는 '지식욕'으로 후자는 '지식의 의지'로 옮기는 것이 타당한 것 같다.

간의 의식을 모든 생성과 실천의 근원적 주체로 만드는"사유 체계에 맞서는 탐구 계획을 밝힌다.[13] 『지식의 의지에 관한 강의』에서는 니체의 계보학을 참조해 이 계획을 발전시킨다. 이 맥락에서 니체의 Wissensgier에 착안한 서구 형이상학의 기본 전제에 대한 비판이 수행된다.

Wissensgier는 아리스토텔레스가 말했던 인식에 대한 욕망, 알고자 하는 자연적 욕망을 가리킨다. 이것만 놓고 보면, 우리는 그것을 알고자 하는 의지, 앎에의 의지, ('-에의'라는 일본어식 표현을 피하자면) 앎의 의지로 옮길 수 있을 것이다. 하지만 푸코는 아리스토텔레스 모델에 대해 le désir de connaître 또는 le désir de connaissance, 즉 인식에 대한 욕망이라는 표현을 따로 쓰기도 한다. 외려 la volonté de savoir는 인간의 알고자 하는 의지에 한정되지 않고, 인식하는 주체(알려는 주체)와 인식되는 대상(알려지는 대상)의 생성 이전에 작동하는 비주체적 실천이자 과정을 가리키기 위해 사용한다. 그것은 심지어 지식을 향한 의지(지식에의 의지)도 아니고 '지식을 산출하는 의지'인 것이다.

따라서 푸코의 혼란스러운 용어법을 이렇게 정리할 수 있다.[14] 서구 형이상학에서 전제하는 지식욕(Wissensgier의 번역어로서 ① la volonté de savoir, 선험적·정초적 주체가 가진 알고자 하는 본능, 알고자 하는 의지)이라는 것이 있는데 그것은 사실상 인식에 대한 욕망이다. 하지만 그 인식

---

13) Foucault, *L'archéologie du savoir*, p.22. [『지식의 고고학』(개정판), 34쪽.]

14) 프레데릭 그로는 인식에 대한 욕망과 지식의 의지를 맞세움으로써 이 혼란스러운 용어법을 피한다. "인식에 대한 욕망과 지식의 의지를 맞세울 필요가 있다. 플라톤과 아리스토텔레스에서 스피노자에 이르기까지 **인식에 대한 욕망**은 미리 주어진 주체와 진리 사이에 내적인 합치를, 원래 이미 은밀하게 맺어진 바로 그 내적인 합치를 맺을 수 있게 해준다. 그리하여 주체가 진리를 인식할 때 거치는 운동은 그것의 태곳적 본성을 완수하게 된다. 소피스트에서 니체와 프로이트에 이르기까지 **지식의 의지**는 진리 탐구 배후에서 끊임없이 움직이는 충동이나 지배욕의 게임을 발견한다." Frédéric Gros, "Michel Foucault, une philosophie de la vérité," in Michel Foucault, *Philosophie: Anthologie*, Paris: Gallimard, 2004, p.17.

에 대한 욕망 배후에는 그것과 전혀 다른 것, 즉 지식의 의지(푸코가 니체의 문제를 발전시켜 만든 독창적 개념으로서 ② la volonté de savoir, 인식의 가능성의 조건, 지식을 만들어내는 데 작동하는 힘관계, 지식을 산출하는 의지)가 있다. 다시 말해 서구 형이상학에 대한 서술적 계기(①)와 비판적 계기(②) 모두에서 푸코는 la volonté de savoir를 사용하고 있다. 이렇게 보면 la volonté de savoir가 will to know와 will to knowledge를 동시에 가리킨다는 해석도 틀린 것은 아닐 것이다. 다만 영어권에서는 그 이중성을 will to know(ledge) 같은 조어를 사용하지 않는 한 마땅히 하나의 구로 표현할 방법이 없다.

기존 번역어 '앎의 의지'는 savoir의 이중적 기능을 뒷받침해주는 장점이 있는 듯 보인다. 왜냐하면 앎이란 일견 '알다'라는 동사보다는 더 하고 '지식'이라는 명사보다는 덜 한 어떤 경계에 있는 듯하니 말이다. 하지만 이는 어디까지나 앎이라는 단어에 대한 우리의 표상에 기댄 것일 뿐 사전의 지지를 받지 못한다. 사전에 따르면 앎은 인식 활동을 가리키는 명사이므로, '앎의 의지'는 will to know의 번역어일 수는 있으되, will to knowledge의 번역어로는 충분하지 않다. 게다가 지금까지의 설명에 비춰볼 때 앎이라는 번역어는 오히려 connaissance의 의미에 가깝다. 반대로 '지식'은 사전적 의미상 인식, 앎을 포괄하므로, 위 두 계기를 모두 가리키기에 '지식의 의지'라는 표현이 적합하다.

『지식의 의지에 관한 강의』의 맥락에 국한시켰을 때 savoir는 앎이 아니라 지식으로 옮기는 것이 낫다고 우리는 주장했다. 이에 더해 savoir를 지식으로 옮기는 것은 인식과 구분되어 쓰이는 『지식의 고고학』의 용어법을 계승하는 동시에 이후 권력-지식론을 예비하는 장점이 있다.[15] 이

---

15) '지식'(知識)이라는 한자어를 우리말로 대체하기 위해, 또는 savoir를 知(지)로 옮기는 일본의 사례를 참조해 '앎'이라고 옮기는 경우가 있다. 전자의 경우, 그간 '지식'으로 번역된 개념들을 모두 '앎'으로 대체해야 하는데(앎의 고고학, 앎의 의지, 권력-앎, 과학적·생물학적 앎 등), 그런 대체가 얼마나 실용적인지 모르겠다.

를 확증하는 예로서, 권력-지식론을 설명하며 지식의 의지를 언급하는
『성의 역사』1권(1976)의 한 구절을 보자.

> 내가 가능한 한 오래 유지하고 싶은 애초의 전제는 권력과 지식, 진실과
> 쾌락의 장치, 억압과는 너무나 다른 이 장치가 반드시 이차적이고 부차
> 적이지는 않다는 점, 그리고 억압이 어쨌든 기본적이지도 승리하지도 않
> 는다는 점이다. 그러므로 애초의 전제는 이 장치를 진지하게 받아들이고
> 분석의 방향을 바꾸는 것이다. 일반적으로 인정되는 억압이나 우리가 알
> 고 있다고 추정하는 것에 비례하는 무지보다는 오히려 지식을 생산하고
> 담론을 증가시키고 즐거움을 유발하고 권력을 낳는 실증적 메커니즘으
> 로부터 출발해, 이 메커니즘이 출현하고 작동하기 위한 조건을 주의 깊
> 게 추적하고 이 메커니즘과 깊은 관계가 있는 금지나 은폐의 진상이 이
> 메커니즘과 관련해 어떻게 배치되는가를 탐색할 필요가 있다. 요컨대 우
> 리의 작업은 이런 지식의 의지에 내재하는 권력의 전략을 명확하게 규
> 정하는 것이다. 다시 말해 성생활sexualité이라는 구체적인 사례를 대상으
> 로 지식의 의지의 '정치경제학'을 구성하는 것이다.16)

여기서 알 수 있듯 (le) savoir와 la volonté de savoir의 savoir를 지시대
상이 다른 두 단어로 구분할 필요가 없다. '지식의 의지'에서 지식은『지
식의 고고학』이후 명료하게 표현된 바로 그 '지식'과 같다. 푸코는 지식
의 출현 가능성의 조건이라는 의미로 지식의 의지를 사용한 것이다.

volonté는 대부분의 연구자들이 '의지'라고 번역하고 있어 논란거리는
아니다. 니체는『선악의 저편』(1886)에서 의지작용[의욕]Wollen이 복합적

---

16) Michel Foucault, *Histoire de la sexualité, vol.1: La volonté de savoir*, Paris: Gallimard,
1976, pp.97~98. [이규현 옮김,『성의 역사 1: 지식의 의지』(3판), 나남, 2010, 83쪽.]

인 것, 즉 다양한 감정, 사고, 정서의 복합체라 말한다. 특히 의지는 '명령'의 정서를 구성요소로 갖는다. "의지하는 인간은 자기 안에 있는 복종하거나 복종한다고 믿는 그 무엇에 명령을 내린다."[17] 푸코는 이를 발전시킨다. 푸코에 따르면, 서구 철학에서 의지의 문제를 성찰할 때 토대가 되는 두 모델이 있다. 의지-자연-힘을 통해 추론하는 자연철학 모델(라이프니츠의 유형) 또는 의지-법-선과 악을 통해 추론하는 법철학 모델.[18] 하지만 푸코는 니체가 의지에서 본 명령-복종 관계를 투쟁의 관점에서, 전략적 관점에서 사고할 필요가 있다고 봤다. 의지를 투쟁으로 사고한다는 것은 니체의 계보학 모델을 따르고 '권력 의지' 개념에 기대는 것뿐 아니라, 맑스의 계급'투쟁'을 참조하는 것이다.[19]

---

17) 프리드리히 니체, 김정현 옮김, 「선악의 저편」, 『선악의 저편/도덕의 계보』, 책세상, 2002, 36~39쪽(제1장 19절). '의지'에 관한 니체의 생각을 정리한 것으로는 다음을 참조하라. 알렉산더 네하마스, 김종갑 옮김, 『니체: 문학으로서 삶』, 연암서가, 2013, 3장(특히 140~145쪽) 참조.

18) Michel Foucault, "Méthodologie pour la connaissance du monde: Comment se débarrasser du marxime"(1978), DÉ, t.3: 1976-1979, p.604.

19) Foucault, "Méthodologie pour la connaissance du monde," pp.605~606.

찾아보기

표지그림

Gustave Moreau(1826~1898), *Oedipe et le sphinx*, oil on canvas(206.4×104.8cm), 1864, The Metropolitain Museum of Art, New York.

지식의 의지에 관한 강의 콜레주드프랑스 강의 1970~71년
「오이디푸스의 지식」 수록

초판 1쇄 인쇄 | 2017년 9월 18일
초판 1쇄 발행 | 2017년 9월 25일

지은이 | 미셸 푸코
옮긴이 | 양창렬
펴낸곳 | 도서출판 난장·등록번호 제307-2007-34호
펴낸이 | 이재원
주   소 | (04380) 서울시 용산구 이촌로 105(한강로 3가 40-879) 이촌빌딩 401호
연락처 | (전화) 02-334-7485 (팩스) 02-334-7486
블로그 | blog.naver.com/virilio73
이메일 | nanjang07@naver.com

책값은 뒤표지에 있습니다. 잘못 만들어진 책은 구입하신 서점에서 바꿔드립니다.
ISBN 978-89-94769-21-9 04100
ISBN 978-89-94769-01-1 (세트)

이 도서의 국립중앙도서관 출판예정도서목록(CIP)은
서지정보유통지원시스템 홈페이지(http://seoji.nl.go.kr)와
국가자료공동목록시스템(http://www.nl.go.kr/kolisnet)에서 이용하실 수 있습니다.
(CIP제어번호: CIP2017023544)